历史与文明

国情国学教育系列教材

主编◇伍鸿宇

广东高等教育出版社
Guangdong Higher Education Press
·广州·

图书在版编目（CIP）数据

历史与文明/伍鸿宇主编．—广州：广东高等教育出版社，2020.2（2023.2 重印）
（国情国学教育系列教材）
ISBN 978－7－5361－6662－2

Ⅰ．①历…　Ⅱ．①伍…　Ⅲ．①世界史－高等职业教育－教材
Ⅳ．①K1

中国版本图书馆 CIP 数据核字（2019）第 296418 号

LISHI YU WENMING

出版发行	广东高等教育出版社
	地址：广州市天河区林和西横路
	邮编：510500　　营销电话：（020）87551597
	http://www.gdgjs.com.cn
印　　刷	广东鹏腾宇文化创新有限公司
开　　本	787 毫米×1 092 毫米　1/16
印　　张	19.75
字　　数	460 千
版　　次	2020 年 2 月第 1 版
印　　次	2023 年 2 月第 2 次印刷
定　　价	60.00 元

序言

近代以来，随着中国加速融入世界潮流，传统中国文化逐渐失去了昔日的活力。它由中国人安身立命的根本，蜕变为一种单纯的知识和学问，渐渐脱离了中国人的日常生活和生命感受。虽然近年来传统文化教育日益受到重视，各种社会力量都在努力探索复兴国学的方向和途径，但是，诸多的难题和困境有待进一步破解。其中最大的挑战是知识与实践、思想与行为、文化与生活之间长期的脱节，知识教育游离于生命体验之外，难以激发和感化生命的内在意志和情感，更无力达到知识教育与个人成长相融相生的状态。面对这样的现实，我们不能不思考：如何在当今社会重建文化传统与中国人生命之间的联系？如何在新的社会脉络中寻求民族文化与个体生命的相依相成？

世界风云不断变幻，中国社会持续改革，大学生的生活方式、成长需求、学习模式和知识结构等也呈现出新的时代特点。传统的公共人文课程的教学理念和方法面临着种种挑战，亟须在思想观念、指导原则、课程设计和教学方式等方面有所突破和创新，建构一种适应性更强、教学成效更好的新时代课程模式。在这一模式中，教育的根本目的既不是技能训练，也非灌输知识，而是要让生命获得尊重，焕发出光彩。

从这一愿景出发，我们提出一种国情国学教育模式。它一方面强调“文化为根，生命为本”的国学传承，另一方面高扬“情系家国，心怀天下”的国情关怀，二者相融相济。它坚持从民族长远发展的需要出发，引导学生对传统文化展开思辨，汲取其中的思想营养，培养他们传承文化的主体意识；同时立足于当下国情，以国际视野和现代观点认识当代社会政治，思考民族未来。该模式旨在通过建构多元化的课程体系，利用学校、家庭和社会的各类资源，全面提升学生的国学素养和国情认知，为他们的生命成长和人生发展奠定基石。

倡导国情国学教育，并不是反对已然成为当今中国高等教育改革的重要潮流之一的博雅教育。恰恰相反，两者在理念上有颇多相似之处：两者的目标都是身心全面发展的理想的人格，强调人文情怀。中国传统教育的诸多思想，例如有教无类、因材施教、身体力行、言传身教、教学相长，再如正心诚意、修齐治平、经世致用、知行合一等，都是中国探索博雅教育的独特文化资源，由此可以生发出既与西方理念兼容，又与中国精神相通的，适合当今世界与中国国情，融入中国人生活的教育，可与西方的博雅教育在新时代脉络中相互激发与增益。

在这一理念的基础之上，国情国学教育致力于创新教育途径与方式，建构融合核心课程、教学研讨、系列讲座、文化创意、社会调查为一体的多层次教学模式，通过对中国古代的文学、文化和思想的深入解读，让学生对当今中国社会有更深层次的认识，进而帮助学生树立正确的人生观和世界观。为此，经过多年的探索和改革，我们设计了三门核心课程，从文、史、哲等不同的向度出发，帮助学生陶冶思想情操，培养思辨能力，开阔知识视野。这三门课程分别是“大学国文”“思想与社会”和“历史与文明”，下面分别概述：

一、大学国文

“大学国文”课程是国情国学教育中彰显赏析和陶冶的部分。我们认为，《大学国文》教材应该延续历代文人通过诗文修身养性的文化传统。修习诗文不仅可以养气质、增学识，更可以促感兴。事实上，对中国传统知识分子来说，学习语言文学的意义从来都不局限于文辞，而是体现着对提升人的内在情怀与心灵境界的追求。修习诗文是在审美的过程中育德性、养情怀、启智慧、展辞采，由此成就文质彬彬的“君子”。

该教材着眼于呈现“文学与生活”的传统，以文学的光彩化育心灵，促进学生的全面发展。《论语》中有“诗可以兴、可以观、可以群、可以怨”的说法，诗不仅可以感发情感和意志，认识自然和民风，还能够增进社会的认同，培养批判性思维。课程设计的目的不仅是提升学生的语言能力，还要借助文学的欣赏来培育人与成就人。今天的大学国文作为非中文专业学生的公共必修课，理应在这个层面上体现其价值与意义。

上编“文学的陶养”展示了中国传统文人陶养情操的心路，包含“学以修身心”“游以养情怀”“感以兴文思”“鉴以明事理”“赏以增雅趣”五个单元，突出“学”“游”“感”“鉴”“赏”的动态过程。这既是审美的过程，也是塑造人格的过程。对学生而言，“文学”不只是书本上的文字，“文学”就在我们每天的生活中，在我们每个人活泼泼的生命体验中。下编“文学的镜像”包含了“家国天下”“世间况味”“情深义重”“亦幻亦真”“生命感悟”五个单元。它们是作家心灵对世界的反映，这个“世界”是中国传统文化与社会生活的镜像，其中的情与理、价值取向与人生感悟向读者的心灵传递着生命的温度。

上下两编的主旨都着意于人，通过语言文学的赏析，帮助学生进一步提高运用汉语言文字的能力，同时丰富审美情感，涵养内在心性，达成精神层次的提升与人格的完善。

二、思想与社会

“思想与社会”课程是国情国学教育中突出多元和思辨的部分，其内容主要向学生介绍中国两个时期的思潮。第一是先秦时期的诸子百家思想，第二是从1840年鸦片战争一直到改革开放这一个多世纪中涌现出的各种思想，兼顾了中国古代哲学与现当代的革命思想：一方面向学生介绍包括儒家、道家、墨家、法家在内的先秦诸子哲学；另一方面则让学生了解鸦片战争以来中国人民探索新思想的过程，详细探讨以龚自珍、魏源为代表的晚清进步思想家，三民主义，马克思主义中国化和改革开放后的新思想等19世纪中期至今的思想潮流。

该教材着眼于分析“传统与现代”之间的联系。在层出不穷的观点和纷纭复杂的现象面前，我们希望帮助学生汲取传统文化中的思想资源，通过阅读、思考、讨论、辨析，批判地继承和借鉴前人丰富而深刻的思想成果；在了解中国传统思想精髓的同时，还能够用思想理论来分析和解决现实社会问题，能积极主动地对国家政治与社会发展展开深入思考。

教材内容分为九章，包括第一章“儒家”、第二章“道家”、第三章“墨子”、第四章“法家”、第五章“佛教”、第六章“晚清学术思想”、第七章“三民主义”、第八章“马克思主义的传播与中国化”和第九章“改革开放与中国特色：社会主义理论体系的形成”。从内容设计来说，第一章到第五章是对传统思想的介绍，而第六章到第九章则是在中国近现代以来社会问题层出不穷的情况下，思想家们对传统思想的扬弃以及对新思想的吸收改造。

该教材的主旨是以相对客观的方式介绍中国的社会思潮，并以开放的态度引领学生去思考，通过具有特色的内容和体例，帮助学生以多元视角去了解中国的思想传统，并在此基础上培养他们辩证思考的能力。

三、历史与文明

“历史与文明”课程是国情国学教育中突出比较和反思的部分。我们认为，认识传统并不意味着囿于传统、因袭传统，而是要拓宽视野，在比较中为学生开辟熔铸新知的思想路向，以利于传统文化在新时代的发展。在教学中应超越不同的空间、不同的社会制度、不同的传统，在时空纵横中展开讨论，这样既超越了传统，广纳了思想资源，又可以在更高的层次上回归传统，增强学生对发展传统文化的使命感，并触发深入的思考。

该教材着眼于对照“中国与世界”的异同，在具体编写过程中，将中国文明的进程放在纵向的历史脉络和横向的世界发展图景之中进行对比。一方面梳理中国文化的发展如何随着时代而改变；一方面展示世界其他地区的文化特点与成就，帮助学生了解中外文明的发展脉络，开阔学生视野，培养他们不局限一隅或单向度思考问题，而是从历史的、全球化的角度看待文化现象。

具体来说，该教材以中国文化与世界为主线，设置的十个专题分别为“中华文明与世界”“食”“衣”“住”“行”“礼”“文”“学”“技”“艺”，从饮食、服饰、礼仪、教育、科学、艺术等专题，介绍传统文化的历史发展脉络，说明传统文化如何与当时的个人及社会状况有机结合，并呼应时代需求而变化。

该教材以文化专题形式介绍中国传统生活方式、讲述文化发展与演变，同时也比较了不同社会脉络中文化发展的异同之处。其目的在于帮助学生理解各种文化现象，并以开阔的视野思考社会议题。在深入文化本质的同时，培养学生多元思考和批判性思维能力。

教材体例与教学活动

我们在设计三门核心课程的时候，不仅在教学理念、教学内容和教材设计方面力求创新，在体例上也希望有所体现。我们希望学生能够成为一个主动思考的学习者，因此本系列三本教材的每章都附有呈现多元视角的阅读文献和思考题。阅读文献包括一手资料和二手资料。举例来说，在《思想与社会》一书中，第一章“儒家”的阅读文献包括《论语》《孟子》和《荀子》的原文选段，还有冯友兰和余英时对儒家思想的评论和分析。这样可以让学生既养成根据文本进行思考的习惯，也让他们有足够的借鉴、学习思考和分析的方法。思考题则根据每一章的具体内容而设，重点在于激发学生的创造性思考，不局限于一个角度去分析问题。

在具体教学中，我们力求方式方法创新。首先，坚持团队教学，中心所有教师一起备课、讨论课件，取长补短，最大可能地保证教学质量；其次，采取两个课堂的模式，也就是课堂讲授与课堂讨论相结合，让学生更好地消化知识，并提高学生的思考能力；再次，课程考查方式多样，其中的“小组课题”是课程的特色之一。“小组课题”是由学生组成五至六人的学社，选定与传统文化相关的课题进行研究探讨，之后以纪录片、专题报告、戏剧表演等不同形式在课堂公开展示，最后提交一份翔实的书面报告。小组课题活动除了深化课程内容外，也有效地培养学生的创造力、自主探索与团队合作的能力。本系列的教材中有“小组课题范例”的附录，展示了往届学生的优秀成果，可为日后学生选题与书面报告的撰写提供参考。

此外，国情国学教育强调三个结合，即生命体验与文化经典相结合，创意传承与文化传统相结合，学术研讨与现实问题相结合，以此形成自己的特色。课程之外，我们每学期举办“国情国学教学研讨会”，通过邀请著名专家学者与学生面对面直接交流，对当代热点问题或国学经典展开深入研讨，引导学生正确认识和理解我们的社会和文化，培养独立思考的精神和家国情怀。我们每学年举办一届中国文化创意大赛，该活动以文化创意为主题，让学生借助新锐的思想和创意的体验，探求传统文化传承和传播的路径。中国文化创意大赛系列活动还有创意写作、DV 作品、中国传统文化专题报告等多种活动形式。我们在寒暑假组织国学研习营，带领学生深入历史文化故地进行文化考察，发展体验式教学，通过立体多元的教学模式，帮助学生了解历史、关注社会、开阔视野，从而能够求真知，立雅志，明确人生要走的方向，笃定前行。

三门课程是国情国学教育的核心内容，在多年教学实践的基础上，我们编写了这三本配套教材。我们将这些教学经验和设计理念呈现出来，希望借这三本教材与教育领域的同仁交流，接受大家的批评和指正，以期未来更好地完善课程设计和教学。同时，我们更期望国情国学教育理念能够得到更多关注和支持，愿我们的学生成长为拥有家国情怀、国际视野和批判性思维的一代。

伍鸿宇

2019 年 7 月

目录

第一讲 中华文明与世界

引言

随着经济的快速发展，中国的国际地位日益提升，中国文化逐渐走出了近代以来备受冷落和质疑的困境，迎来了世界的普遍关注。一方面，国内外有关中国文化的讨论日益增多、日趋深入；另一方面，人们对中国文化的误解也层出不穷。例如，一些人盲目自大、过于自信，以为全世界的问题和全人类的未来都掌握在中国人手里，都将由中国文化提供最终方案；另一些人不怀善意、别有用心，刻意夸大对中国崛起的某些恐惧和担忧，以致“中国威胁论”“中国崩溃论”轮番登场。这些现象产生的根源纷繁复杂，其中一个基本原因是人们对中国文化缺少全面的认知，尤其是不能从世界历史发展的脉络来认识中国文化。中国文化是中华文明的结晶，中华文明是世界文明的一部分。因此，要想对中国文化有深刻的认识和理解，就必须将它置于中华文明和世界文明的大背景下展开分析和判断。

中华文明是一种注重心性和教化的文明，与其他注重物质和力量的文明相比，它更具时代优势。当今时代已不是一个仅靠金钱和武力就可以赢得支持和认同的时代了，急需我们反思的是，如何在后现代社会重建国人的安身立命之本？如何在新全球化的世界重塑中华文明的影响力？如何在新时代条件下实现中华文明的伟大复兴？肩负这样的使命，我们首先要做的是深入地思考关于中华文明的一些基本问题：何为中华文明？与世界其他古老的原生文明相比，中华文明具有什么样的内涵和特色？在当今新全球化时代，如何认识和理解中华文明的价值和意义？第一讲将围绕这些问题展开讨论。

一、四大古文明

中华文明源远流长，与古埃及文明、古巴比伦文明（美索不达米亚文明）和古印度文明（哈拉帕文明）一起常被称为世界四大古文明。[①]

公元前3500年左右，埃及人就在古老的尼罗河流域创造了辉煌的古埃及文明。他们在种植、建筑、医药和信仰方面取得了非凡的成就。然而，从公元前1650年开始，古埃及先后被希克索斯人（Hyksos）、赫梯人（Hittite）、亚述人（Assyrian）和波斯人（Persian）入侵，古埃及文化的生命力受到多次冲击。尤其是公元前4世纪之后，该地区先后被马其顿、罗马、阿拉伯和奥斯曼等帝国占领，由此经历了漫长的希腊化、罗马化和阿拉伯化，到公元12世纪时，阿拉伯语已成为主要语言，埃及演变为一个伊斯兰教国家。

公元前3000年前后，苏美尔人（Sumerian）就在底格里斯河和幼发拉底河流域创建了灿烂的美索不达米亚文明（Mesopotamia Civilization）。到公元前2800年左右，该地区出现了十余个城邦，发展出较高的城市文明。大约公元前2371年，外来的阿卡德人（Akkadian）占领该区域，建立阿卡德王国，尤其是公元前2003年，苏美尔人创建的乌尔第三王朝灭亡，苏美尔人国家的历史结束。自此之后，阿摩利人（Amorite）、赫梯人、加喜特人（Kassite）、亚述人、波斯人、希腊人（Greek）和阿拉伯人（Arab）纷纷入侵，这片区域先后被波斯化、希腊化和阿拉伯化。

大约在公元前2500年，达罗毗荼人（Dravidian）就在印度河流域发展出了成熟的哈拉帕文明（Harappan Civilization）。到公元前2000年左右，该文明已发展到城市文明阶段，在农作物种植、制陶、纺织、染色等方面都已具备较高水平。遗憾的是，大约从公元前1750年开始，由于不明原因，或者是因为雅利安人（Aryan）入侵，导致这种文明被埋葬在废墟之下，彻底消失了，直到20世纪20年代才被发现。今天的印度传统文化是雅利安人入侵之后，历经波斯人、塞种人和大月氏人等的影响，从吠陀时代衍变下来的多种族、多文明融合的产物。

在人类历史的长河中，以上三个区域形成的古老的原生文明，由于部族瓦解、外族入侵或其他文明的冲击，出现了断层乃至断流。而大约公元前2000年，在古老东方的土

---

① 这里沿用通俗的说法，主要是指人类历史上早期的原生文明，不包括更多的次生文明。类似的提法还有很多，例如汤因比（Arnold Toynbee）提出世界六大文明古国，即古代埃及、苏美尔、米诺斯、古代中国、玛雅和安第斯；丹尼尔（Glyn Daniel）也提出世界文明有六大发源地，即埃及、两河流域、印度、中国、墨西哥和秘鲁。

地上，在黄河流域形成的原生文明——中华文明，成为世界上延续至今的古老文明之一。[①] 为了更直观地认识中华文明与其他三大古文明，下面列出一张古文明对照表（见表 1－1）。

表 1－1　四大古文明对照表

对照项目	古埃及文明	古巴比伦文明	古印度文明	中华文明
发源地	尼罗河流域	底格里斯河与幼发拉底河流域	印度河与恒河流域	黄河与长江流域
创造者	古埃及人	苏美尔人	达罗毗荼人	华夏族
代表文字	圣书体	泥板书	印章文	夏篆
代表城址	涅伽达（Naqada）	乌鲁克（Uruk）	哈拉帕（Harappa）	二里头
代表政权建立时间	约公元前 3100 年，进入埃及早王朝时期	约公元前 2800 年，形成苏美尔早王朝	约公元前 2300 年，印度河流域出现城邦	约公元前 2070 年，建立夏朝

二、世界历史中的中华文明

（一）文、文化、文明

何谓“文”？其含义和解释可能有许多种，一个基本的看法是“文”通“纹”，是指自然存在或者人为创造的各种颜色、纹样或符号。例如，《易·系辞下》里有“物相杂，故曰文”，《礼记·乐记》里有“五色成文”的说法。之后，随着人类生活经验的不断丰富，有人发现将各种颜色和符号有序摆放的时候，常常会呈现出一种美的形态，因此，“文”逐渐发展出美的性质。正是基于这一点，“文”后来衍生出更多更深的内涵，如文章、文采、文雅和美德等。例如《论语·雍也》里有“质胜文则野，文胜质则史，文质彬彬，然后君子”的说法。这些使“文”从自然之美发展到人为之美，从语言文字之美衍生到思想品质之美。

何谓“文化”？古今中外众说纷纭，难有定论。梁漱溟先生（1893—1988）认为，“文化，就是吾人生活所依靠之一切”[②]。英国学者泰勒（Edward Tylor，1832—1917）认

① 中华文明历史悠久，源头可以追溯至三皇五帝时期。这里参考世界通行的文明概念的标准，采用通常的说法，以夏朝为中国文明的开端。事实上，越来越多的考古发现，中华文明的历史远不止四五千年。例如，距今 5 000 多年有龙山文化，距今 6 000 多年有红山文化，距今 7 000 多年有仰韶文化、河姆渡文化，距今 8 000 多年有裴李岗文化等。

② 梁漱溟. 中国文化要义［M］. 2 版. 上海：上海人民出版社，2011：7.

为，“文化，或文明，就其广泛的民族意义来说，是包括全部知识、信仰、艺术、道德、法律、风俗以及作为社会成员的人所掌握和接受的任何其他的才能和习惯的复合体”①。但是，在古汉语里，“文化”还有另一层的含义。古代有“文化内辑，武功外悠”（《文选·补亡诗》）的说法。因此，作为一种与“武威”相对的方式或手段，“文化”衍生出“以文化成”、“文治教化”的复杂内涵。例如，《说苑·指武》有“凡武之兴，为不服也。文化不改，然后加诛”，《易·贲卦》有“观乎天文，以察时变；观乎人文，以化成天下”的表述。此处将“天文”与“人文”合在一起，涵括了天地万物。所以，梁启超先生（1873—1929）认为，“文化者，人类心能所开释出来之有价值之共业也”②。因此，我们可以将“文化”理解成人类在生产和生活过程中，在改造客观和主观世界的历程中，所创造出来的具有地域性、时代性和民族性的成果。

何谓“文明”？从人类发展史的角度，其基本含义是指在超越野蛮习俗、驱除蒙昧思维之后，人类迎来的文雅与光明的生存状态。因此，《易·乾卦》里就有“天下文明”之说，即“有文章而光明也”。作为现代词汇的“文明”，可能是在近代西方思潮里产生的。众所周知，英语里文明（civilization）的内涵可能与“城市、城邦、邦国”的历史和文化相连。摩尔根（Lewis Morgan，1818—1881）在《古代社会》（*Ancient Society*）中把人类社会的进化分为三个阶段：蒙昧（savagery）、野蛮（barbarism）和文明（civilization），认为“文明”是从使用字母和文字开始的，是人类脱离动物界的蒙昧阶段后，进一步脱离野蛮时期而进入的社会状态。它是随着阶级的产生、国家的建立、文字的形成和青铜器出现而形成的社会发展的产物。因此，人们通常将文字、城市和青铜器作为文明出现的三个基本特征。③ 我们可以将“文明”理解成人类借助新的技术手段改造客观与主观世界，进行生产和生活，从而实现人类发展需要的创造性成就。

如果从人类社会的发展历程来看，“文”、“文化”和“文明”可以分别归入不同的历史发展阶段：“文”是从远古时代开始，人类在生产和生活过程中创造的各类符号、纹样和涂饰，它们可能是原始文化的遗留，例如存在于石器、骨器等原始器物之上的各种纹饰；“文化”是从新石器时代开始，人类在进入更高一级的社会状态之后，创造的各类物质财富和精神财富，例如考古发现的陶器、屋舍和城址等；“文明”是人类走出蒙昧和野蛮后，进入更复杂的社会发展阶段，利用新的生产和生活工具，创造出的物质和精神文明成果，例如考古发现的各类青铜器、文字和宫庙等。

---

① 泰勒. 原始文化［M］. 连树声，译. 上海：上海文艺出版社，1992：1.

② 梁启超. 什么是文化［M］//梁启超. 饮冰室合集（典藏版）：第14册. 北京：中华书局，2015：98.

③ 一直以来，人们对文明的判断标准并不统一。摩尔根（Lewis Morgan）、恩格斯（Friedrich Engels）等强调文字，柴尔德（Vere Gordon Childe）强调城市，克拉克洪（Clyde Kluckhohn）强调文字、城市和礼仪中心。夏鼐先生在《中国文明起源研究》中将文字、青铜器和都市作为文明出现的标志。

（二）中华文明的起源

众所周知，古老的中华文明，不仅源远流长，生生不息，而且与世界其他古老的原生文明相比，它的起源和形成过程也具有自己的特点。

从地理环境看，中华文明的起源之地具有相对的独立性。其东面和东南面是汪洋大海，在航海技术发达以前，这是一道难以逾越的天然屏障。其北面是辽阔无垠的草原、戈壁和森林，在古代交通条件下，这是一片难以跨越的地域。其西北面是茫茫沙漠、戈壁和山脉，漫天黄沙和恶劣天气一度阻隔着先人探索的脚步。其西南面和南面是高山峡谷、崇山峻岭，足以让人望而止步。但是，就是这四面都是天然屏障围起来的中间，却是一片面积辽阔、自然多样、江河分布、水土富饶的土地。其中，黄河与长江构成了中华文明跳动的脉搏，古老的中华文明就是在这片土地上繁衍生息。

虽然中华文明起源的历史渺茫难考，但是，与其他世界古老文明一样，中国的先民也创造了一系列的文化传说和神话故事，例如三皇五帝的传说，借助这些传说故事，我们可以想象出中华文明形成的轨迹。盘古开辟洪荒，燧人氏钻木取火，伏羲氏创立八卦，女娲造人补天，炎帝开拓农耕，黄帝统一华夏，少昊凤鸟立制，尧舜开启禅让，夏禹创建王朝等，这些神话传说虽然无法确考，但无疑都是中华文明形成和发展过程中的一种集体记忆。

从 19 世纪以来，关于中华文明起源的理论有很多种，如中华文化西来说①、东西二元对立说②、中原中心说③、满天星斗说④、相互作用圈说⑤、重瓣花朵说⑥等。从目前的考古发现来看，多元一体的中华文明起源观更具合理性，越来越多的人倾向于中华文明并非起源于一时一地，而是在这块辽阔的土地上有着多种文明源头。从北方的草原大漠

---

① 1885 年，拉古别里（Terrien de Lacouperrie）认为中华民族的始祖黄帝是从巴比伦迁来的；1920 年，安特生（J. G. Andersson）在比较了仰韶文化与西亚的彩陶后，认为中华文明是从西亚传入的；1930 年，滨田耕作认为殷墟时代发达的青铜技术是由西方输入的；1939 年毕士博（Carl W. Bishop）认为中华文明里的彩陶、青铜器、大麦、战车、文字、牛、羊、马、鸡、小米、高粱等不是来自西亚就是来自印度。然而，随着 20 世纪 50 年代中国考古工作的展开和越来越丰富的考古发现，这种中华文明西来说逐渐失去了说服力。

② 随着 20 世纪 20—30 年代殷墟、仰韶文化和龙山文化考古发掘工作的展开，以李济、傅斯年等为代表的学者认为，中华文明是在仰韶文化向东、龙山文化向西的传播过程中融合而成。

③ 20 世纪 50 年代，以安志敏、石兴邦和张光直等为代表的学者认为，从仰韶文化发展而来的龙山文化是中原文化的根本，龙山文化形成后，向四周传播，奠定了中华文明的基础。

④ 20 世纪 80 年代，随着中原以外的考古发现越来越多，苏秉琦提出了“区系类型”理论，将中国古代文明划分为六大区系，20 世纪 90 年代进而提出“满天星斗”说，认为公元前 4000 年左右，从辽西到华南，从滨海到西北，中华大地文明的火花如满天星斗般灿烂。

⑤ 20 世纪 80 年代，张光直将新石器时代的文化划分为 8 个相互作用圈，以此解释中华文明的形成过程。

⑥ 20 世纪 80 年代，严文明认为，中华文明里的各种文化间存在不平等的差序格局，是一种分层次的向心结构。中原是花心，周边是花瓣，在中华文明形成过程中，中原起到了领先和核心作用。

到南方的丘陵水乡，从东方的沿海地区到西北的沙漠绿洲，在黄河与长江、淮河与珠江之间，散布着中华文明的发源地。正如苏秉琦先生（1909—1997）所指出的，早在新石器时代，中华大地上就产生了六个主要的早期文化群落，它们分别是以红山文化为代表的东北文化群落；以大汶口文化为代表的东方文化群落；以仰韶文化为代表的中原文化群落；以良渚文化、河姆渡文化为代表的东南文化群落；以三星堆文化、大溪文化为代表的西南文化群落；以楚文化为代表的南方文化群落等。这些文化群落相互交流、相互影响，最后都汇聚成了丰富多彩的中华文明。[①]

综合目前的考古资料，可以大致发现中华大地上的先民是如何一步一步走向文明的。早在旧石器时代，在这片辽阔的土地上就生活着不少原始人群落，目前已知的就有元谋人、蓝田人、北京人、山顶洞人等，他们运用不同的工具和手段，或打制石器，或采集果实，或狩猎食物，分别创造了西侯度文化、匼河文化、东谷坨文化和山顶洞文化等，开启了中华文明的源头。中石器时代，先民们磨制和打制石器并用，并开始使用火种，创造了大荔沙苑、灵井、下川等遗址。到了新石器时代，生产工具更加进步，他们开始农业耕作、畜牧养殖、建筑屋舍、手工制作、阶层分化等，创造了众多的文化遗址。例如，公元前6000多年的裴李岗文化，先民已经开始使用精致石器、陶器、磨盘、磨棒，建筑半地穴式屋舍，种植粟类，驯养猪狗等。公元前5000多年的仰韶文化，先民已经开始村落聚居，刀耕火种，渔猎采集，能够制造有华丽图案的彩陶；大致同期的河姆渡文化，先民已经能够建造干栏式建筑，栽培水稻，制造黑陶等。公元前4000多年的大汶口文化，先民已经有能力制造出比较精致的陶器、玉器、骨器等制品，还发现出了夫妻合葬的现象，在陶器上刻画字符等；大致同期的红山文化，发现了规模较大的女神庙，精致优美的玉龙和冶炼青铜的残片。公元前3000多年的良渚文化，出现了发达的稻作农业，结构复杂的墓台，成色精美的玉器，包括玉璧、玉琮、玉璜、玉环等一系列类型。公元前2500多年的龙山文化，先民已经可以大量制作磨光黑陶、骨器、蚌器等，发展出稳定的农耕技术，能够铸造青铜器，开始出现骨卜习俗等。一般认为，龙山文化是夏、商、周文化的主要渊源。公元前2000多年的二里头文化，出现了富有特色的陶器群，可以建筑大型都邑，拥有发达的铸铜技术，形成复杂的礼器制度等。公元前1500多年的二里岗文化，出现了相当规模的夯土城垣，铸铜、制骨、烧陶等手工业也已出现，有了陶器和陶片上的刻字符号。公元前1300多年的殷墟文化，先民使用工具已经较广泛，包括石器、木器、骨器和陶器等，甲骨文字已趋成熟，能建造大型王宫，青铜冶炼技术发达，手工业繁荣，出现阶层分化和完善的礼器制度等。可以说，发展到殷墟文化，中华文明已经达到一个相当成熟的文明阶段了。因此，有人认为，中华文明万年前开始萌发，七八千年前形成邦国，五六千年前形成王国，三四千年前达到成熟繁荣的地步。

通常认为，夏商周三代是中华文明最终走向成熟并定型下来的重要阶段。夏朝的历史还有待进一步考证，如果二里头遗址被确定是历史文献中记载的夏朝都城，那么通过二里头考古发掘的文物，可以窥见繁荣的夏代文明。而之后以殷墟为代表的殷商文明，

---

① 苏秉琦，殷玮璋．关于考古学文化的区系类型问题［J］．文物，1981（5）：10－17．

无疑已是更加成熟的中华文明了。正如许倬云先生所论，商代人已经达到了以黍稷与粮米为主食，以纺织品制作服饰，以夯土与木建构为居所，以青铜器为礼器，以巫觋为特色的信仰世界，以血缘为中心的生活世界，以文字为核心的文化创造。[①] 到了殷周交替之际，中华文明更是实现了天道观念的重要突破。周人部落原来生活在西部边缘地带，实力并不强大，但是通过苦心经营，最后成功推翻了商人的统治，赢取了天下。周人在解释这一历史进程时，并没有沿袭过往的说法，而是将这一历史伟业归功于“天”，认为周人之所以成功，是因为他们拥有天命。而具有无上权威的“天”之所以会选择周，是因为周人身上秉承了大德，所以才有“天命靡常，惟德是辅”的说法。周人的这种天命观，加上当时流行的封建制度，形成了周文化的开放性和包容性，也由此形成以天命观为基础，以封建制为支柱的华夏文明。

发展至此，中华文明成了一种成熟的、稳定的，具有强大生命力和影响力的世界性文明。与世界其他原生文明一样，为后续几千年的文明发展和衍变奠定了基石。因此，有学者认为，纵观人类文明发展的历程，可以发现，大致在这一时期，人类文明在不同地方都出现了一系列的突破。德国学者卡尔·雅斯贝斯（Karl Jaspers，1883—1969）通过对人类文明历程的综合研究，提出了“轴心时代”的观点。他发现，人类文明发展到公元前5世纪前后，在古希腊、以色列、印度和中国等地区涌现出了一批伟大的思想家，例如古希腊的苏格拉底、柏拉图，中国的老子、孔子，印度的释迦牟尼，以色列的犹太教先知们，他们从自身的知识和经验出发，对人类普遍性的问题提出了独创性的理论，由此形成了世界不同的文化传统。然后历经两三千年发展演变，最后都成了人类文明的主要精神财富。

（三）中华文明的特色

作为一种古老的东方文明，与世界其他原生文明相比，中华文明在漫长的进程中积淀和发展出了鲜明的内涵和特色。中华文明起源于东方一个相对独立的地理空间，对外相对封闭，但是又幅员辽阔，回旋余地大；自然地理相对稳定，但是东西南北差异大，多元互补性强。历经上千年的生产与生活实践，融合众多部落、族群和民族的共同智慧和经验，逐渐形成一种以农耕经济为基础，以礼乐文化为核心，以儒释道为主体，注重伦理和道德，追求和谐与和平，具有很强新陈代谢能力和广泛亲和力的文明。

1. 多元一体

中华文明是一种多源头文化的复合体。无论是古代的神话传说、文献资料，还是考古发现，都清楚地显示了中华文明是在这片广袤的土地上由众多族群文化融合发展而成的。

但是，这一问题曾经一度引起学者们的讨论。自20世纪20—30年代开始，随着半坡遗址、殷墟遗址、二里岗遗址等中原一带的早期文化相继被发掘，一些人认为，在中

① 许倬云. 中国文化与世界文化［M］. 贵阳：贵州人民出版社，1999：3.

华文明的形成过程中，中原的二里头文化最早达到拥有文字、青铜器与城市的文明标准。因此，中华文明的源头在中原地区。与此不同，另一些人则主张中华文明的起源是多元的，认为新石器时代几个大的区域文化都是中华文明的源头。这些分散在辽阔的华夏大地上的文化群落，犹如夜空中看到的“满天星斗”。随着20世纪70年代地方考古工作的积极展开，尤其是长江流域与辽河流域的考古发现日益增多，中原以外的早期文化获得了更充分的认识。人们发现，在某些方面，例如玉器制作、黑陶技术、稻作文化、干栏建筑等方面，周边的文化遗留还高于中原，由此，人们开始接受中华文明起源的多元性理论。

但是，这种多元性起源并不意味着众多的区域文化是一盘散沙、没有发展方向的。推动这些不同地域、不同类型、不同特色的区域文化发展演变的基本模式，是不同区域文化之间的接触、交流和融合。历史上中原的仰韶文化，齐鲁的大汶口文化，辽东的新乐文化，长江中下游的大溪文化、马家浜文化、河姆渡文化等，它们从来没有停止过相互交流和相互影响。例如，仰韶文化和大汶口文化相互交流，可以在河南的文化遗址中发现系列的大汶口陶器，而在大汶口遗址中，可以发现仰韶的彩陶技术。大汶口文化与长江流域的文化相融合，推动了中华文明历史上的龙山文化的形成，正如张光直先生（1931—2001）描述的。

> ……向南我们可以走入马家浜文化的领域，从这里我们有两条路线可走：向南穿过杭州湾到河姆渡的领域及其更南到东南海岸，在这里稍后我们可以接触到福建的昙石山与溪头文化和台湾的凤鼻头文化。另一条路是自马家浜转向西而沿长江向上流走。在这条路上我们先碰到安徽的薛家岗文化，然后在江西又碰到跑马岭文化（或称山背文化）。从这里我们可以再向上游走到湖北的大溪和屈家岭文化，或沿赣江转向南方走入粤北和石峡文化……①

在新石器时代后期，不同的区域文化多元发展，逐渐形成了以黄河和长江流域的农业文化为主体，吸收与融合周边区域文化资源的中华文明发展模式。通过这种主体文化与周边文化之间碰撞、交流、融合的方式，整合多种文明因素，中华文明形成了多元一体的格局。例如，中原仰韶文化里的彩陶技术，东南河姆渡文化里的稻作技术，东北红山文化里的玉器技术和东方大汶口文化里的黑陶技术，它们层层累积、起伏式前进，最后融合成中国历史上重要的龙山时代。正如费孝通先生（1910—2005）在论述中华民族的多元一体格局时所说的，“距今3000年前，在黄河中游出现了一个由若干民族集团汇集和逐步融合的核心，被称为华夏，它像滚雪球一般地越滚越大，把周围的异族吸收进了这个核心。它在拥有黄河和长江中下游的东亚平原之后，被其他民族称为汉族。汉族继续不断吸收其他民族的成分日益壮大，而且渗入其他民族的聚居区，构成起着凝聚和联系作用的网络，奠定了以这个疆域内许多民族联合成的不可分割的统一体的基础，形

---

① 张光直. 论“中国文明的起源”［J］. 文物，2004（1）：78－80.

成一个自在的民族实体，经过民族自觉而称为中华民族”①。与中华文明起源的多元性相比，它的一体性同样重要，甚至更重要。因为这种一体性给中华文明带来了宝贵的稳定性、生命力和影响力。

在中华文明的后续发展历程中，这种多元一体的格局始终发挥着重要作用。自古以来，中原地区就一直与周边地区保持着密切的文化互动关系。一方面，中原地区的人文科技被广泛地传播到周边地区；另一方面，周边地区的文化和技术也被中原地区学习和吸收，逐步形成了以中原地区为核心，以周边地区为区域性文化中心的“大中华文化圈”。

与中华文明不同，世界其他原生文明在发展史上并没有形成这样的格局。不能说它们的起源不是多元的，古埃及文明的早期阶段覆盖了尼罗河下游的主要居住点；美索不达米亚文明也曾经在两河流域的不同的区域萌芽；哈拉帕文明的源头散布印度河的两岸。但是，它们在历史的长河里，在文明起源、发展和衍变的过程中，没有在特定的时空里形成强有力的一体格局，来阻挡其他文明的渗透和冲击，最后无法摆脱在世界文明发展的浪潮里断层或消失的命运。

2. **伦理教化**

与世界上许多以宗教为核心的文明相比，中华文明的基本特征之一是其伦理性。世界上大部分民族和国家都曾拥有宗族性组织，但是像中华文明一样，家族制度与国家制度基本同构的现象比较少见。在中华文明早期，就已经逐步形成了以宗庙为社会文化中心，以礼乐为社会文化基础，个体的文化身份、政治身份与宗族身份紧密相连，修身、齐家与治国融为一体的政治形态和传统。

经过夏、商两朝的发展，中华文明的伦理化特征逐渐明显。早在殷商时期，由于祖宗崇拜而流行祖先祭祀的习俗，这些复杂的祭祀活动将宗族里的人凝聚在一起，按照男女、辈分、亲疏的不同，有秩序地排列起来，祭祀共同的祖先和神灵，从而形成长幼、男女、亲疏有序有别的社会文化观念。到了周朝，这种文化更是占据主流，它以当时的部族结构为基础，在周人攻伐中原和周边邦国的过程中得以强化，尤其是周朝政权建立后，在天下治理结构和模式的改造中走向成熟。周人不仅继承了以亲疏远近的血缘关系和上下分明的等级关系为核心的传统家族和宗族观念，而且结合时代变迁和社会发展的需要，将其发展成为一个调节和管理君臣、父子、夫妇、兄弟和朋友在内的、包含社会各层面和关系的普遍性的社会文化制度，即一种包括君臣、父子、贵贱和上下等多层面关系的严密的宗法社会制度，推动中国文化完成了从家、家族、宗族到社会、国家和天下的同构化的历程。

到了春秋战国时期，这种伦理性特征浓厚的宗法思想进一步发展，尤其是儒家思想结合时代需要，大力提倡和发展这种古老的宗法观念，在强调亲疏远近和上下等级观念的传统礼仪的基础上，发展出新的理论——仁爱观。它认为一个社会的运行，不能仅仅

① 费孝通. 论人类学与文化自觉［M］. 北京：华夏出版社，2004：121 - 122.

建立在森严的宗法等级制度之上，而应该在这个制度之中建立起温情的人际关系。硬性的礼节制度只是流于形式，作用是有限的，而社会成员之间的仁爱道德才是社会稳定和发展的基础。正如《论语·为政》里说的，“道之以政，齐之以刑，民免而无耻；道之以德，齐之以礼，有耻且格”。这种仁爱思想后来被孟子和荀子从不同的方面加以深化，或者从人性本善出发，认为人天生具有仁爱的良知和内省能力，或者从人性本恶出发，强调必须通过礼法来约束人的本性，使之有节制、合规矩和守本分。这种从家到国，从礼到法，一步步衍生和展开而来的传统宗法观念，经过秦汉和唐宋时期不同侧面的扬弃，最后成为中国文化伦理化的根本。

正如陈来先生所论，“从西周到春秋的社会，其基本特点就是宗法性社会……一切社会关系都家族化了，宗法关系即是政治关系，政治关系即是宗法关系。故政治关系以及其他社会关系，都依照宗法的亲属关系来规范和调节……伦理关系的特点是在伦理关系中有等差、有秩序，同时又有情义、有情分。因此，在这种关系的社会中主导的原则不是法律而是情义，重义务而不重积利。春秋后期以降……宗法社会养育的文明气质和文化精神被复制下来”①。

可以说，中华文明对伦理的注重，使得它的生命力扎根于生生不息的家庭和家族之中，历经几千年而不衰。只是近代以来，随着经济生活、价值观念和家庭结构的改变，注重伦理的中华文明逐渐失去了它生存的土壤，一度失去了它原来的光彩。而世界其他原生文明之所以在历史的长河里断层或消失的一个原因，可能是它们的生命力并没有扎根于繁衍不息的家庭和家族层面。无论是印度文明、两河文明还是埃及文明，宗教和信仰的色彩浓厚，对彼岸世界的关注消解了对此岸生活的热情，使得它们的文明失去了伦理层面的巨大支撑力和推动力。

3. 开放包容

中华文明具有高度的包容性，在几千年的发展历程中，不断吸收和消化多元文化和异质文明，在文化包容和文明融会中不断更新自身。起源于黄河流域的中原农耕文化，广泛融合不同地区和不同特质的文化因子，逐渐发展成中华文明的主体，不仅孕育出成熟的表意文字、先进的农耕技术和开放的世俗伦理，而且形成了独特的礼乐思想、高效的治理体系和稳定的族群认同，构成了中华文明开放性和包容性的基础。

这种包容性首先体现在内部文化之间的相互交流和融合。早在起源阶段，各地形成的各种文化，例如中原的仰韶文化，华东的大汶口文化，东北的红山文化，东南的河姆渡文化、良渚文化，不断汇聚文明因子，最后融合成中华文明的重要阶段——龙山时代。春秋战国时代，不同思想文化的碰撞和交融更是蔚为壮观，知识分子的思想力和创造力达到新的高峰，儒家、道家、墨家、法家等诸子百家相互论辩，相互启发，在竞争和交流中彼此借鉴、相互包容，共同应对社会发展和时局需要，形成了中华文明史上的百家争鸣时代。即使是后来成为中华文明主体的儒学思想，也正是在历史发展过程中不断吸

① 陈来. 中华文明的核心价值：国学演变与传统价值观［M］. 北京：生活·读书·新知三联书店，2015：37－38.

收和融合其他学派的思想而形成的。秦汉时期，统一的王朝施行“书同文，车同轨”的政策，更加促进了关中文化、关东文化、巴蜀文化、长江流域文化、北方游牧文化之间的交流和融合。魏晋南北朝时期，北方少数民族南下中原，在带来游牧文化和习俗的同时，学习和借鉴中原汉文化，形成南北民族大融合的趋势。同时，不少中原豪门大族渡过长江，南下定居，带动了长江流域的开发，也促进了南北文化的大发展、大融合，为大唐王朝文化繁荣奠定了基础。纵观中国历史发展进程，不同地域、不同性质、不同民族之间的文化交流和融合从未停止过，每一次的文化融合都会带来历史的发展和突破。

这种包容性更是体现在对外来文化或文明的化解和融合能力。两千年来，中华文明无数次成功地化解了外来文明的冲击，将它们分解在中华文明的主体之中，使它们成为中华文明的新成分。例如，汉代传入的佛教，在与中国传统思想和文化结合后，成了中华文明的一部分，从此，儒释道变成了中国思想文化的主体。特别是佛教传入中国后，与中国文化充分结合，不仅产生了藏传佛教，而且还诞生了中国本土的佛教学派——禅宗。与此类似，中华文明还容纳了外部传入的伊斯兰教、基督教等世界其他宗教，吸收了外来宗教的许多文化元素，包括哲学思想、话语体系、制度形式和文学艺术等。此后，无论是明清时期，西学东渐，还是近代以来，西潮入华，中华文明都在保持自身文明的主体性的同时，化解了这些强烈的文化冲击，将这些外来技术、思想和文化融入中国文化的结构之中，并使其成为推动中华文明发展的力量的一部分。

首先，中华文明的包容性来源于中国传统思想的开放性。中国文化主张“中庸之道”，不偏狭、不极端，正是这种和而不同的思想和精神，使中华文明具有难得的文化包容度和融合力。其次，中华文明是世界几大原生文明中，唯一没有形成长期的、真正的、高度认同的宗教的文明，取而代之是生活化、世俗化和伦理化的社会文化。正因为如此，中华文明没有一神教文明那种强烈的“零和结构”的排他性，没有严格无神论的反宗教性，所谓的“华夷之辨”也仅仅是文化观念的差异。正如钱穆先生（1895—1990）指出的，在古代观念上，四夷与诸夏实在有一个分别的标准，这个标准不是“血统”而是“文化”。所谓“诸侯用夷礼则夷之，夷狄进于中国则中国之”，此即是以文化为华夷分别之明证，这里所谓文化，具体言之，则只是一种“生活习惯与政治方式”。① 所以，中华文明对内部文化和外部文明都表现出罕见的包容态度。

与中华文明不同，世界其他原生文明在它们的历史上没有表现出高度的包容性。无论是印度文明、两河文明还是埃及文明，由于文化结构上的排他性，或者强烈的宗教倾向，当它们面对来自周边或者遥远地域的文明挑战的时候，不能成功化解文明冲突的危机，更不能将外来文明融化为自身文明的一部分。例如，哈拉帕文化被雅利安文化摧毁，美索不达米亚文化被阿卡德文化冲散，古埃及文化被阿拉伯文化取代，最终导致了这些原生文明的断层或消失。

4. 生生不息

中华文明生生不息，具有活跃的新陈代谢能力。早在商周时期，中华文明就实现了

① 钱穆. 中国文化史导论［M］. 北京：九州出版社，2011：39.

从“祖先”到“天道”观念的突破。殷商末期，由于商纣王的残暴无德，面临失去王权的危机，而生活在西部边疆的周人部落顺势而为，成功推翻了商朝的统治，夺取了天下。后来，周人在解释这一历史变革时，提出了一种新的说法——周人之所以能够推翻商朝的统治，是因为他们拥有天命。而上天之所以降天命于周人，是因为周人身上秉承了大德。在当时而言，周人的这种天道观是一种全新的理念，为中华文明开拓出新的空间和方向。

春秋战国时期，随着社会政治和生活的急剧改变，中华文明又实现了从“天”到“人”的观念突破。在此之前，人们敬畏天地、祭祀祖先，沿袭商周时期传承下来的礼制。当时的诸子百家根据时代发展的需要，提出了一系列的新思想、新观念，其核心是引入以人为本的理念，将中华文明从复杂的崇拜礼仪中，引向社会现实和生活伦理层面，为中华文明扎根生活世界奠定了理论基础。随后，秦汉时期的社会动荡推动了传统政治和生活秩序的衍变，人们需要一种占主导地位的思想观念，来满足社会发展的需要。人本色彩浓厚的儒家在吸收了法家和墨家的合理成分后，发展成古代中国社会的主流思想和学问，也迎来了秦汉王朝的繁荣。

秦汉之后，由于内外文化的冲击，例如佛教的传播、周边少数民族文化的进入、玄学的流行和道教的兴盛，中华文明遇到了前所未有的挑战。面对社会现实，中华文明实现了多层面的突破，吸收佛教思想，拓展中国文化的思维境界，融合少数民族文化，增强中国文化的生命力，逐渐形成了一种具有强大包容性和影响力的文明，维护了中国文化的主体性，推动了唐王朝的发展与繁荣。与此同时，佛教积极吸收中国文化资源，产生了具有中国内涵的佛教学派——禅宗，对中国和东亚产生了巨大影响。从宋代开始，中华文明逐渐进入理论化、抽象化的发展阶段，形成了丰富的理学思想，有力地推动了汉唐儒学从一般的生活哲学、政治学说发展成为一种对生命、社会和宇宙的本质进行探讨的系统之学。

到了晚明时期，由于文化自身的发展和中国社会结构的变化，尤其是南宋以来，城市繁荣，市民生活活跃，商业资本萌芽，加之近代西方思想和学问的逐渐传入，宋明理学呈现出力不从心的局面，中华文明再一次遇到挑战。面对时局需要，中华文明一方面吸收西方思想与文化，另一方面实现了从理论化向实证主义的发展，运用实证精神反对“存天理、灭人欲”的理论，推动中国文化进入“朴学”阶段，从而保持和提升了中华文明的生命力。

近代以来，中国传统文化和思想遭到了严峻的挑战，尤其是面对西方的坚船利炮和文化侵蚀，中国传统文化面临巨大危机，甚至一度被全盘否定和抛弃。在鸦片战争、甲午战争和辛亥革命相继失败之后，中国人分别从器物层面、制度层面和思想层面反思自身文化的局限，发起了救亡图存的洋务运动、戊戌变法和新文化运动，可以说，中华文明经历了所谓的“三千年未有之大变局”，从根本层面展开反思，传统的天下观念、价值体系、政治理念和社会伦理逐渐被现代西方文化所侵蚀，凤凰涅槃，中华文明开启了百余年的文化更生历程，成功引领中国重新融入世界舞台。20 世纪 80 年代开始的改革开放，在推动中国经济起飞的同时，也唤醒了中国人深层的传统文化意识，中华文明迎来了新一轮的复兴热潮。

与中华文明不同，世界其他原生文明缺乏活跃的新陈代谢能力。当古印度人面对雅利安人、波斯人和阿拉伯人的文化入侵，当苏美尔人面对阿卡德人、亚述人和阿拉伯人的文化占领，当古埃及人面对波斯人、罗马人和阿拉伯人的文化殖民，它们的古老文明并没有焕发出时代需要的新陈代谢的能力，并没有在时代危局和文化危急中实现突破，而是在与其他文明的冲撞中沉沦了。

5. **对中华文明特色的反思**

从不同的角度和立场还可以分析和归纳出很多中华文明的特色来。需要指出的是，由于人类发展历程的相似性和共同的心性观念，使得世界各地各时期的文明表现出很多相似性，世界上并不存在一种与其他文明截然不同的、独特的、唯一的文明。以上详细论述的这些基本特色可能不一定是中华文明独有的，有些内容和特点在世界其他文明中可能也存在，不过，这些从发展历程中梳理出来的特色，对我们认识和理解中华文明有较大的帮助。这些特色可以被理解为中华文明在漫长的历程中发展和积淀出来的优点和优势。但是，任何一种文明都必然存在不足和缺点，中华文明也不例外。

一如古代中华文明扎根于家庭和家族中，从家到国，从礼到法，从家庭秩序到国家秩序都是一脉相承的；但是，这种浓厚的宗法性和伦理性，在给中华文明带来超强的稳定性和生命力的同时，也会产生诸多问题。因为过于封闭和顽固的长幼、上下、等级观念和秩序，容易造成权威崇拜，唯上、唯书、唯权的思想根深蒂固，不利于个人独立性的发展，不利于文化的改革和改造，不利于社会的创新和创造。

二如中华文明有着强大的包容性，不仅能够吸收内部不同文化因子，而且能够巧妙融合外部文化资源，使得中华文明历经几千年而生生不息；但是，这种包容性也使得中华文明里的很多观念一旦形成就难以改革和改变。例如，中国人的天下观和朝贡体系，一直是古代中国人最基本的世界观、政治观和文化观，在很长一段时间里造就了中华文明的辉煌历史。但是，近代以来，当世界发展潮流发生了巨大改变，地理大发现、世界贸易体系、工业革命、现代国家观念纷纷取得成功和成熟的时候，中国人才逐渐从与世界新兴潮流的碰撞中清醒过来。

三如中华文明注重心性教化和文化传承，传统经典和人文历史在学术研究和思想讨论中占据核心地位，使得中华文明在人文思想方面非常发达，达到了很高的文明程度；但是，这种人文意识强烈的社会文化取向，容易导致对科学技术和自然探索的轻视，形成“万般皆下品，唯有读书高”的观念，从而科技发明和创造被视为奇技淫巧之学问，为文人士大夫所放弃。特别是隋唐以来的科举考试，严重局限了读书人的知识结构和思想维度，在培养出人文素养深厚、胸怀天下苍生的文士外，对自然探索和科技发明几乎失去了全部的兴趣。虽然古代中国在科学技术方面取得过辉煌成就，但这种过度强调经义传承和人文化成的社会文化意识形态，一定程度上影响了近代中国科学观念的发展和突破，延缓了现代科技发明的创新和运用。

（四）中华文明的成就与影响

近代以前，中华文明在人类历史上占据着非常重要的地位。无论是经济、科技，还是思想文化和制度方面，都曾一度领先世界，古代中华文明散发出的璀璨光芒，不仅照亮了东方，而且影响了整个世界。

纵观历史，古代中国经济取得过耀眼的成就。几千年来，以家庭为基本生产单位，力求精耕细作、谋求自给自足的小农经济，加上官营和私营手工业以及逐渐发展起来的商业贸易构成了古代中国经济的主体，形成了两千多年辉煌的农耕文化。早在西周时期，实行封建分封和井田制，农业和家禽畜养业较成熟，青铜铸造技术高，社会经济进入相对繁荣时期，东方文明的基础逐渐形成；春秋战国时期，铁制工具和牛耕技术广泛使用，采用垄作法，营造水利工程，农业生产力迅速提高，盐业、纺织业、青铜业、酿酒业快速发展，家庭手工业形成，城邑里出现商品交易市场，孕育出了轴心时代的中国光芒；秦汉时期，制度上，统一货币度量衡，经济上，实行土地私有制，广泛采用耦犁、耧车和代田法，采取休养生息政策，修建大型河渠，发明鼓风炉，冶铁、纺织等手工业发达，成功开辟了丝绸商路，极大地促进了中外贸易，使秦汉王朝成为当时世界经济发展的高峰之一。

魏晋南北朝时期，民族大融合，农业和畜牧业交流发展，出现均田制和租调制，成功发明灌钢冶炼技术，制瓷业、纺织业、造纸业等进一步发展。后来经济重心南移，江南逐步开发，南方城市兴起，出现了商品买卖的草市，为中国社会经济的后续繁荣奠定基础。隋唐时期，人口激增，耕地面积扩大，采用耕耙耱、曲辕犁，建造龙骨车和筒车，修建大型运河，纺织业、制瓷业、造船业、矿冶业和制茶业发达，当时的官营手工业专业化程度高，城市商业非常繁荣，部分地区开始出现集市和夜市，发展出长安、洛阳等大型城市，通过陆上和海上丝绸之路进行对外贸易，开创了中国史上气象开阔、傲视天下的盛唐时代。宋元时期，南方经济崛起，农业更加精耕细作，出现圩田和梯田，引入优良作物占城稻，号称“苏湖熟，天下足”，纺织业、矿冶业、陶瓷业、造船业和造纸业等技术发达，商品生产和贸易达到空前繁荣，各类集市规模庞大，并发行了世界上最早的纸币——交子，多处设置市舶司，对外贸易活跃，使得宋朝成为中国史上富甲世界的朝代之一，无论是经济总量还是人均水平，都是当时世界经济的最高峰。

明清时期，农业、手工业继续发展，尤其造船业更加发达，家庭手工业迅速提升，农村商品经济萌芽，促进商品市场形成，大中城市繁荣和城乡商业市镇崛起，白银货币化，世界白银主产地日本和墨西哥的白银不断流入中国，一个以白银为中心的全球贸易网络逐步形成。直到19世纪中期，中国经济总量依然远超欧洲列国。

因此，有学者认为，在公元第一个千年里，中国在经济总量和人均收入方面都领先世界，是世界经济舞台上的主导国家。特别是大约从公元5世纪开始，由于罗马帝国的分裂，欧洲地区的经济出现历史性的衰退，但是，中国经济却进入稳定发展时期，人均收入一直处于世界领先的地位，这种领先地位一直延续到15世纪前后。有学者指出：“在技术水平上，在对自然资源的开发利用上，以及在对辽阔疆域的管理能力上，中国都超过了欧洲。在此后的3个世纪中，欧洲才在人均收入、技术和科学能力上逐渐超过了中国。”①

可惜的是，大约从14世纪开始，中国经济进入漫长的停滞期。与此相反，欧洲尤其是西欧的经济进入快速发展阶段，在经过200多年漫长的复兴历程后，西欧的人均经济水平超过了处于世界领先状态的中国。当欧洲强国前赴后继相继开辟通往美洲和亚洲的贸易通道之时，明清两朝却相继推行闭关锁国的海禁政策，与世界的商业贸易和知识交流日益减少，郑和下西洋之后，近代中国再也没有更大规模的走向世界的壮举。抱残守缺、闭关自守的对外政策使中国隔绝于15世纪以来世界大规模的海外贸易扩张。

除了经济上创造的伟大成就，中国古代科技也同样发达。虽然古代中国有没有科学，有没有现代西方定义上的科学，科学和技术是不是应该分开，古代中国曾经发达的是科学还是技术，这些问题至今没有定论。但是，如果我们将科技理解成古代先民在征服主观和客观世界过程中积累的一切知识、经验、技术和科学，我们就可以肯定地说，在很长一段时期内，古代中国的科技文化在不少领域保持着世界领先的地位。为此，英国学者李约瑟（Joseph T. M. Needham，1900—1995）认为，在科学技术方面，古代中国人曾经远远领先古希腊，在世界科学与文明发展史上曾经与阿拉伯人并驾齐驱，尤其是在公元3世纪到13世纪，中国的科学知识水平遥遥领先西方世界。②

古代中国在天文、数学、医学、农学、地理以及工艺技术等方面都有着卓越的发明创造。四大发明先后登上历史舞台，经由丝绸之路传播到世界各地，为世界科技和社会进步做出了巨大的贡献。马克思（Karl Marx，1818—1883）在《机器：自然力和科学的应用》中指出过，火药将骑士阶层炸得粉碎，指南针打开了世界市场，印刷术变成新教的工具，因此，这三大发明预示了资产阶级社会的到来，成为近代科学复兴的重要手段。③

由于丝织业的长期发展，西汉时就已出现造纸技术。东汉蔡伦在总结前人经验的基础上，改进流程和工艺，将造纸术发展成为一门独立的技术和产业。他用树皮、麻头、破布和旧渔网等材料制成植物纤维纸——蔡侯纸，从根本上改变了古代文字书写和文化传播的载体和方式。7世纪左右，造纸术开始传向周围地区如朝鲜、日本等，之后经由阿拉伯人传入欧洲。与埃及的莎草纸、欧洲的羊皮纸相比，中国的植物纤维纸具有成本低、书写便利、携带方便、品质高等优势，为推动欧洲文艺复兴创造了条件。

由于在雕刻印章和拓印文字方面积累了丰富的经验，中国很早就出现了雕版印刷技术，9世纪中期这种技术达到比较成熟的阶段，印制出了被认为是世界上最早的雕版印刷品——《金刚经》。这一技术发展到宋代更加成熟，毕昇在此基础上进一步发明了活

① 麦迪森. 中国经济的长期表现：公元960—2030年［M］. 伍晓鹰，马德斌，译. 上海：上海人民出版社，2008：2.

② 高巍翔. 春秋战国经济、政治和思想的协进与我国封建社会形成的文化生态性［J］. 兰州学刊，2008（8）：149.

③ 张富厚. 科学技术转化为生产力的途径［J］. 辽宁大学学报，1983（2）：27.

字印刷术，使印刷术得到极大的推广和普及。大约12世纪左右，中国的新印刷技术传入欧洲，估计受此推动，欧洲的印刷技术也逐渐发展起来。所以，15世纪中期德国人古腾堡（Johannes Gutenberg，1398—1468）很有可能是受中国活字印刷术的影响，成功印刷出了欧洲第一本《古腾堡圣经》。与当时欧洲在羊皮纸上印制文字相比，中国的活字印刷术具有方便灵活、成本低、效率高等优势，为欧洲科学发展和文艺复兴创造了条件。

中国古代有着为求长生不死而炼制丹药的漫长历史，在长期炼丹制药的过程中，产生了中国的火药技术。早在隋唐时期，中国就已将发明的火药运用于军事战争，唐朝末年甚至出现火炮、火箭，1250年中国人制造出第一架火药炮“震天雷”。这些具有巨大威力的火药、火器很快被蒙古人、阿拉伯人学习，经过他们的传播，13世纪末传入欧洲，1327年欧洲开始出现火炮设计图。后来，火药和火器在欧洲摧毁封建堡垒的过程中发挥了重要作用。为此，恩格斯（Friedrich Engels，1820—1895）指出：“火器一开始就是城市和以城市为依靠的新兴君主政体反对封建贵族的武器。以前一直攻不破的贵族城堡的石墙抵不住市民的大炮；市民的枪弹射穿了骑士的盔甲，贵族的统治跟身披铠甲的贵族骑兵队同归于尽了。”①

早在春秋战国时代，中国人就在采矿和冶炼过程中，认识到了磁石具有指向南北的特性，并由此研制出了世界上最早的指南器——司南。虽然中国人早期并不完全理解它的科学原理，但是最迟在北宋时，运用人工磁化铁针技术制作而成的指南针，已经开始应用于航海、军事、土地测量等。大约13世纪左右，指南针技术传入欧洲，迅速被当时的欧洲技术发展所吸收，为后来大航海时代哥伦布（Christopher Columbus，1450—1506）、麦哲伦（Fernando de Magallanes，1480—1521）等人推动的环球航行创造了重要的技术条件。因此，英国学者培根（Francis Bacon，1561—1626）在《新工具》中写道：“……印刷术、火药和磁铁。因为这三大发明首先在文学方面，其次在战争方面，再次在航海方面，改变了整个世界许多事物的面貌和状态，并由此产生无数变化，以致似乎没有任何帝国、任何派别，能比这些技术发明对人类事务产生更大的动力和影响。”②

遗憾的是，从16世纪开始，由于种种原因，例如中国文化缺乏理性科学精神，中国科学过度技术化、实用化、政治化，儒家文化强调道器之别等因素，中国的科学技术开始落后于欧洲。欧洲在随后几个世纪掀起了一系列的技术革命和工业革命，推动欧洲的科学技术迅速超越了中国。到19世纪中期，由于综合国力衰落，科学技术停滞不前，中国更沦为欧洲列强侵凌、掠夺的对象。对此，英国学者李约瑟提出了自己的疑问：为什么中国可以创造出如此灿烂的古代科技文明？为什么拥有如此丰富的古代科技文明却没有实现近代科学和工业革命？这就是有名的“李约瑟难题”。③

---

① 马克思，恩格斯. 马克思恩格斯全集：第9卷［M］. 中共中央马克思恩格斯列宁斯大林著作编译局，译. 北京：人民出版社，2009：174.

② 培根. 新工具［M］. 许宝魁，译. 北京：商务印书馆，1984：129.

③ 李约瑟. 中华科学文明史：上［M］. 罗南，改编. 上海交通大学科学史系，译. 上海：上海人民出版社，2014：5－6.

除了社会经济、科学技术之外，古代中国在思想文化和制度层面也拥有世界性的影响力。这种影响首先体现在亚洲。历史上很长一段时间，传统中国文化和制度在周边地区如朝鲜、日本、越南和东南亚等得到过广泛而深入的传播，大致在唐朝时期，东亚华夏文化圈已基本形成。这一庞大的文化圈是一个超越国家与民族、超越文化和疆界的文化共同体，它以古代中国为中心，以中国汉字为媒介，以儒家思想、礼法制度、汉传佛教为文化基础，以天下观念、朝贡体系为政治基础，以礼制天下、世界大同为共同价值理念，推动了东亚和东南亚历史上持续的发展和繁荣。

长期以来，中华文化在对外传播过程中，不仅成功塑造了亚洲华夏文明圈，而且将文明的因子和影响力撒向了欧洲。与近代西方文化对中国影响的历程相似，传统中国的思想文化和制度对欧洲的影响也经历了从器物到制度再到思想的三个层次：首先是中国的四大发明传入欧洲，推动了文艺复兴的进程和地理大发现，然后是启蒙思想家借用中国文化和制度中的思想和资源，成功为欧洲塑造了一个可资借鉴的开明君主制度，再是中国古代儒家的道德和伦理哲学，为西方政教改革与革命注入了思想力量。

以启蒙运动为例，中世纪的欧洲处于教会统治之下，受基督教教会的长期控制，整个欧洲失去了理性和自由。为了发展商品经济和维护自身权益，新兴的社会力量急需一种新的思想文化资源，来推翻封建专制和教会统治。遥远的东方国度——中国进入了他们的视野，中国文化与制度成了他们的思想武器。从 14 世纪开始，以马可·波罗（Marco Polo，1254—1324）为代表，大量的传教士、商人和旅行者将中国古代文化典籍和制度介绍到欧洲。由此，推动了当时欧洲人对中国商品的喜爱和对中国文化的推崇，催生了欧洲历史上的“中国热”。

作为一种文化运动，“中国热”对欧洲的文艺复兴运动产生过一系列的启发作用。当时欧洲的启蒙思想家，例如莱布尼茨（Gottfried Leibniz，1646—1716）、孟德斯鸠（Baron de Montesquieu，1689—1755）、伏尔泰（François-Marie Arouet，1694—1778）、卢梭（Jean-Jacques Rousseau，1712—1778）等都非常喜爱中国器物，崇拜中国文化和思想。他们在反思自身文化的基础上，将中国古代文化中的人道主义自然观、伦理观、价值观、仁爱观、等级观等视为他们在欧洲建立理想秩序和未来社会的重要思想来源。莱布尼茨认识到，中国人应该向欧洲传教士学习欧洲先进的数学、自然科学知识，从而弥补这些方面的不足；而欧洲人就应该加快学习中国人那些理性的生活方式和他们的自然神学。如果欧洲只是向中国人传播知识，而不向中国人学习，那么欧洲人很快地就会被中国人抛下。伏尔泰甚至认为，孔子所生活的那个时代是人类历史上最美好、最值得尊敬的时代，孔子所倡导的道德法规最符合人性的需求和社会的需要，是欧洲人应该努力学习的对象。伏尔泰甚至发出感慨，当欧洲还处在野蛮的森林中苦苦探索的时候，东方的中国人已经开始运用开明的制度治理国家，他为自己不能生活在中国那样的国度而感到遗憾。

虽然启蒙运动时期，中国文化严重被误解、被美化、被修饰，成为一种与当时的欧洲文化相对立的“他者”而存在，是启蒙思想家们借以批判欧洲习俗和制度的文化资源。但是，他们对中国和中国文化的推崇，引发了欧洲社会对中国的普遍热情。教会关于中国的书籍以及大量的旅游报道越传越广，在受过教育的群体中，几乎人人都以读过有关中国的书为荣。在一定程度上，中国文化的确推动了欧洲启蒙运动不断向前发展。

令人感到遗憾的是，当西欧科学技术飞跃前进，工业革命不断推动西方社会突飞猛进的时候，中国社会却仿佛走入了一条歧途，抱残守缺，封闭自守，日益隔绝于世界发展的大潮流之外，中国文化也逐渐从强势地位转变为弱势地位，不断失去它在世界文化中的价值和影响力。尤其是康乾盛世之后，中国开始衰落，鸦片战争之后，中国文化基本失去了对世界的辐射和影响。对此，美国学者彭慕兰（Kenneth Pomeranz）指出，18世纪之前，中国与西欧的发展水平大体相似，不分上下，但是，到了18世纪末期，世界发展进入一个特别时期，中国与西欧步入了两个完全不同的轨道，沿着不同的方向分道扬镳了，之后差距越拉越大。他把这个大历史现象描述为“大分流”（The Great Divergence）。德国学者贡德·弗兰克（Andre Frank，1929—2005）指出，古代中国由盛转衰的原因，是明朝开始以白银取代纸钞，确立银本位的货币体系造成的。因为银本位时代，大量的外银流入，美洲和世界其他地方生产的白银接近一半流向了中国，致使中国王朝对货币供应量的调控能力大大削弱。到17世纪时，美洲白银产量下降，世界白银供应匮乏，中国出现了严重的经济危机。后来又因为人口过剩而抑制生产技术革新，导致中国进入全面衰落期。

（五）中华文明的近代挑战

19世纪以来，欧洲日益崛起，中国却江河日下。尤其是1840年开始，由于列强入侵和晚清腐败，中华文明一度面临生死存亡的危急时刻。是抱残守缺，在世界历史的潮流中沉沦，还是奋发图强，在世界发展的浪潮中重生，一直是敏锐的中国人反复思索和讨论的问题。中华文明的新陈代谢能力和中国社会的顽强生命力最终推动中国走上了求新图变的历史道路，从而开启了中国近代历史上近百年的现代化历程。这是一场全方位的、彻底的社会文化大变革，是中华文明三千年未有的大变局、大突破，它经历了从器物层面、制度层面到文化层面的历史过程。

19世纪中期，欧洲列强实力崛起，开始纷纷抢占殖民地、原料产地和商品市场，于1840年和1856年对华发动了两次鸦片战争。两次鸦片战争的失败，促使当时一部分中国的知识分子反思其中的原因，他们逐渐从传统的梦幻中清醒过来，努力在世界发展的变局中寻求强国御辱之道。当时的知识分子主要从器物层面反思致败的原因，认为清政府之所以被打败，主要是因为欧洲列强拥有坚船利炮。于是从1860年开始，朝野上下掀起了“师夷长技以制夷”的洋务运动。然而，企图富国强兵的洋务运动并没有使中国走上富强的道路。

1895年甲午战争惨败，进一步激起了不少知识分子对时局的反思。《马关条约》签订后，康有为（1858—1927）、梁启超等人联合参加科举考试的各地举人，向光绪皇帝进言，明确提出拒和、迁都、练兵、变法等主张，由此揭开了维新变法的序幕。他们从制度层面反思时局变化，认为要想改变中国弱国之命运，只是引进西方先进的武器和设备是远远不够的，还必须学习西方更有效、更成功的政法制度。但是，1898年9月，清廷发生政变，康有为、梁启超逃往国外，戊戌变法停止。

虽然戊戌变法被中途叫停，没有取得预计的效果，但是却为后来中国社会的变革积蓄了力量。1911 年，孙中山（1866—1925）领导革命党人在武昌发动起义，之后成功推翻了清朝的统治，并建立了以民主共和为基础的中华民国，摧毁了延续两千多年的封建帝制。然而，辛亥革命胜利不久，袁世凯（1859—1916）又成功上演了一场复辟的闹剧。为了从根本上寻求救国图强之道，一些进步的知识分子意识到，只有从根本上反思中国文化的局限性，改造国民性，引进西方的民主与科学，才能让古老的中国走上新的道路。新文化运动开启了 20 世纪中国大变革、大改造的序幕。

为什么近代中国会经历如此大的转折？为什么近代中国的历程会如此反复？面对近代中国历史的复杂性和曲折性，不同立场的学者会从不同的角度进行分析和探讨，其中有两种学术观点值得深入了解：天下观批判和冲击—回应理论。

近代以来，中华文明一改历史上的强大生命力和影响力，变得羸弱不堪，备受西方文明的冲击和挑战。引起这些冲突的原因很多，有学者认为，从思想文化和制度层面展开反思，这些历史冲突是中西两种文明体系冲撞的结果，更具体而言，是中华文明里的“天下观”与西方文明的“世界观”之间的冲突。

长期以来，中国文化建构出一个稳定的天下体系，核心是文明程度最高，由王朝直接统治的区域，其次是文明程度次之，由王朝通过朝贡和册封制度加以控制的周边地区，最后是文明程度最低，华夏文明无法传入的蛮夷之地。与这种地理层次相对应的，是一种价值观念和秩序，为此，美国学者列文森（Joseph Levenson，1920—1969）指出，“早期的‘国’是一个权力体，与此相比较，天下则是一个价值体。作为价值体的天下，乃是一组体现了自然、社会和人类至真至善至美之道的价值，体现在人间秩序，乃是一套文明的价值以及相应的典章制度”[①]。因此，顾炎武（1613—1682）认为，“易姓改号，谓之亡国。仁义充塞，而至于率兽食人，人将相食，谓之亡天下”[②]。

毫无疑问，这种强大的天下观体系具有超强的统摄力和凝聚力，是古代中国处理国家政治和周边事务的制度基础，也是古代中国社会经济持续发展与繁荣的重要动力。但是，随着 17 世纪欧洲掀起工业革命、文艺复兴和地理大发现的浪潮，现代民族国家开始登上历史舞台，世界性的贸易和市场网络逐渐形成，国际关系和秩序发生巨大改变，中国的天下观—朝贡体系与西方的世界观—殖民体系显得明显不相容。从 18 世纪末期开始，这两大体系不断发生碰撞，最后以中国体系的崩溃结束。

事实上，天下观是古代中国人卓越的文化创造，是中华文化具备大气象、大格局的文化建构，是不同于西方主流观念的东方思维，在当今时代继承和发扬这种思想和文化，可以为世界未来发展提供一种新的思维、新的视野。它是古代中国人的世界秩序观，它的最高理想是世界和谐、天下大同。华夷之辨本质上是文明之辨，而非狭隘的民族主义

① 列文森. 儒教中国及其现代命运［M］. 郑大华，任菁，译. 桂林：广西师范大学出版社，2009：84.

② 顾炎武. 日知录集释［M］. 黄汝城，集释. 秦克诚，点校. 长沙：岳麓书社，1994：471.

观念；朝贡贸易实际上是平等互利，而非你死我活的剥削和掠夺。这样的世界观使得中华文化具备包容非华夏民族文化的能力，形成了中华文化特有的凝聚力、向心力和影响力。

除了从内部探索近代中国何以至此的原因外，也有人从外部寻找历史动力。为此，美国学者费正清（John Fairbank，1907—1991）提出了冲击—回应理论。他认为，以儒家为代表的中国文化是封闭的，与世隔绝的，致使中国社会早期处于停滞或循环往复的状态，只有靠西方冲击，才能打破固有的社会秩序而走向现代化道路。中国历史变化的根本内容和动力，就是西方对中国的冲击和中国对冲击的反应。[①] 这一理论背后蕴藏的逻辑是，凡是近代的都是西方的，中国近代史是西方历史的延伸，是在西方刺激下模仿西方的过程，中国的近代化（modernization）因此完全等于西化（westernization）。这种分析无疑是西方中心主义的产物，正如美国学者保罗·柯文（Paul Cohen）指出的，研究中国历史，特别是研究西方冲击之后中国历史的美国学者，最严重的问题一直是种族中心主义造成的歪曲。他认为冲击—回应理论的最大问题并不是理论存在错误，而是应用的范围有限。它可以用来解释近代中国的部分情况，但不能被机械地套在一切问题上，否则中国文明内部的复杂程度会被忽视掉。[②]

（六）全球化时代中华文明的价值与使命

20 世纪 30 年代，美国作家赛珍珠（Pearl Buck，1892—1973）曾在《中国：过去和现在》中写道：

> 今日中国的青年人不再接受孔子智慧的教育……这个国家的人对孔子已不再熟悉，他（孔子）在十几个世纪前花毕生精力从混乱中创造秩序，从不道德中创造道德来拯救它。他的话是永存的，因为它们是真理，真理总有一天要胜利的。会有那么一天，孔子将回到他自己的国家。……他的话在这里照亮了一个美国人的心，它们成为我存在的一个部分。[③]

她的这段文字描述了中华文明近代以来的尴尬和无奈。尤其是近代以来，中华文明经历了曲折的发展历程。从全面否定传统的文化虚无主义，到“文化大革命”所造成的文化沙漠，再到全球化时代的文化迷失，曾经使许多中国人的生命陷于迷惘和绝望。

进入 21 世纪，古老的中国在经历了一百多年的艰难探索后，终于走出了历史的迷雾，走上了面向未来的发展之路。特别是经过 40 年的改革开放，中国正以前所未有的速度迈向世界经济的巅峰，重返它在世界历史上应该有的地位。随着中国经济发展和综合国力提升，中国人深层的传统文化意识被唤醒，中华文明在经历了漫长的沉寂后，迎来

---

① 王俊义. 从“冲击—反应论”到“中国中心观”的历史转变：《剑桥中国清代前中期史》述评［J］. 社会科学战线，2010（12）：95－102.

② 柯文. 在中国发现历史：中国中心观在美国的兴起［M］. 林同奇，译. 北京：中华书局，2002：53。

③ 林语堂. 中国人［M］. 郝志东，沈益洪，译. 上海：学林出版社，1994：5.

了新一轮的复兴热潮。

面向未来，中华文明要为中国人自己提供安身立命的根本。当今时代，如何让人找到诗意栖居的精神家园？如何让生命重新焕发光彩？这是全球化时代中华文明复兴所必须面对的课题。众所周知，文明具有双重结构，一方面人是文明的创造者，另一方面文明也塑造了人。人的理想、追求与创造是文明发展的核心动力，同时文明根脉的传承与滋养又决定着人的素养，因此文明之根脉生长与生命之滋润养育是未来社会发展的重要问题。中国人之所以被称为中国人，中华民族之所以被称作中华民族，其特性不在地理之别，不在生理之别，而在文化之别、精神之别和文明之别，没有中华文明，中国人就不成其为中国人，中华民族就不成其为中华民族。虽然全球化时代文化大传播、大繁荣，国际上各种文化、思想和观念纷至沓来，让人应接不暇。但真正能让中国人在这个众声喧哗的时代安身立命的只能是中华文明。

近代以来，无论什么时期、什么处境，中华文明的生命力从未断绝，一代又一代的中国人为此而努力。1958 年，一批境外学人联名发表了《为中国文化敬告世界人士宣言》，为在艰难时局下进一步传扬中华文化而加油鼓劲；2004 年，许嘉璐、季羡林（1911—2009）、任继愈（1916—2009）等 72 位学者公开发表《甲申文化宣言》，表达了在新的历史时期，要与海内外华人一起，努力弘扬中华文化。进入 21 世纪以来，从民间到政府，从普通百姓到知识精英，越来越重视传统文化。但是，我们传承中华文明，并不是以守旧为目的，而是指中国人必须在自己的传统文化中找生命的源头活水；与此同时，世界在不停地变化，我们也必须提出新的观念来应对现实世界的新局。朱熹（1130—1200）有诗云：“问渠那得清如许？为有源头活水来。”《中庸》中说：“万物并育而不相害，道并行而不相悖……致中和，天地位焉，万物育焉。”中华文明的发展，应该体现海纳百川的包容与汇通。

面向世界，中华文明应该在新一轮的全球化浪潮中，为处理全球问题和改善全球治理，贡献现代西方文明所难以提供的思想和智慧。当今世界已进入一个文明冲突和对话都异常激烈的时代。这个时代不同于历史上任何一个时期，全球化的触角已深入世界的每一个角落，没有哪一种文化或文明可以置之度外。各种文化或文明，一方面相互对话、交融和共存，另一方面又相互冲突、互异和对立。

21 世纪中华文明的复兴正是在这样一个时代背景下展开的。全球化时代，急需架起不同文明之间理解沟通的桥梁，新世纪的中华文明应该摆脱文明冲突的桎梏，成为文明对话的支持者和推动者，在日益尖锐的世界形势中努力增进不同文明之间的宽容和理解，既在文明的差异性中努力达成一致性，又在文明的多样性中积极寻求统一性，从而实现人类社会的持久和平与共同繁荣。正如费孝通先生所说的，争取实现“各美其美，美人之美，美美与共，天下大同”的文明和谐状态。[①]

毫无疑问，中华文明可以为当今世界的和平与发展注入新的动力。当今人类社会面临着诸多矛盾和问题，特别是随着西方现代性在全球的渗透和扩展，人与人、人与自然

---

① 费孝通. 论人类学与文化自觉［M］. 北京：华夏出版社，2004：188.

以及人与社会之间的冲突尤其激烈。面对这些世界性的难题，人们已经意识到，仅靠西方现代性的价值体系是不可能解决这些矛盾、化解这些冲突的，因而不少有识之士开始转向中华文明，认为其蕴含的丰富思想可以为人类解决世界性难题提供智慧。例如：

（1）天下观与全球治理。传统中国的“天下观”有着强大的包容性，与现代西方的“世界观”不同，它更强调仁爱、和平和责任。与表面看起来平等，实际上并不平等的现代“殖民体系”不同，古代中国发展出的“朝贡体系”表面上看起来不平等，实际上并不存在掠夺和侵占。因此，传统文化里的天下观也许是救治现代国家体系弊端，实现全球良性治理的良药。

（2）天人合一与全球生态。天人合一思想是中国传统哲学的重要特色，是东方综合思维模式的完整体现，是中国文化对人类的贡献。面对当今的生态危机，有众多的学者认为儒家思想以天人合一为根基，主张爱物成物，取之有时，用之有度，所谓“必有以知天地之恒制，乃可以有天地之成利”，包含着丰富而独特的生态思想，与生态文明深度契合，是深化和发展这一理论的宝贵资源。

（3）和而不同与国际关系。“以和为贵”“贵和尚中”“和而不同”的思想被当代学者重视，认为是中华文明为21世纪人类提供的智慧。在处理国际关系、解决国际争端与文化冲突的实践中，“和”的智慧已经彰显了现代意义与价值。

（4）忠恕之道与人伦道德。“己所不欲，勿施于人”的仁爱思想，“仁义礼智信”的道德原则和“温良恭俭让”的人际准则，在当今社会仍然有着巨大的吸引力和影响力。重德修身、推己及人、追求崇高的历代贤士所努力追求的思想人格，是中华传统人伦的基本精神，也是丰富人类伦理思想的重要资源。

在全球化的今天，中华文明的复兴已经不是狭隘的民族性议题，而是一个世界性话题了。今日中国之崛起并非无本之木、无源之水，回顾历史就会发现，中国只是在缺席一百多年后正在重返世界经济的中心，重返它本来在世界舞台上的位置。毋庸置疑，中国的崛起不应只是经济上的兴盛，更应该是文化上的复兴。中华文明源远流长，是一种延续五千年不断的文明，它包含着许多西方文明所缺乏的观念、思想和精神，不仅是今天中国人安身立命的根本，更是当今世界解决全球性问题的重要思想和智慧。

1 新石器文化的区系类型及聚合过程

许倬云. 万古江河：中国历史文化的转折与开展［M］. 长沙：湖南人民出版社. 2017：28－37.

第一个文化圈是以辽西与内蒙古中南部为中心区系的北方。……这些地区，地处后日的长城线，是农牧交错的过渡地带。有此生态特色，于是不同文化群体，会同时并存，互相影响。距今七八千年，阜新查海遗址和敖汉旗兴隆洼遗址，相距不到二百公里，但两个文化却各有特色。其后，由查海文化发展的红山文化，以赤峰为中心，与另一以朝阳为中心的富河文化，曾同时并存。……

第二个文化圈是以山东为中心的东方，其新石器文化又可分为鲁西南与胶东两个地方文化系列。鲁西南滕州市北辛发现距今七千年的早期农业文化。其后的大汶口文化，遗址分布密集。北辛—大汶口—龙山文化，自成一个独特的文化系统，其中一些文化特质，绵延四五千年之久。胶东地区则另有自己发展的线索，年代跨度由距今七千年到二千年，上下五千年，有其一定的地方色彩。……

第三个文化圈，是以关中、晋南、豫西为中心的中原。……在中原文化圈这一广袤的区域，内部有几个自成格局的地区：陇山以西，虽然是中原的一部分，其文化与西陲地方文化有相当关系；郑州以东的地方文化，则与山东地区的文化有密切交换，以致呈现过渡的模糊现象；中心地带是宝鸡到郑州一线。然而，在中心地带的仰韶文化，仍有东西两个系列：宝鸡与陕县之间为西支，洛阳与郑州之间为东支。

中原文化圈的文化发展，也与前两个文化圈一样，跨越距今七千年到二千年，有五千年的分合与进退。距今六千年前后是仰韶文化的发展期，距今五千年前后，则已是后仰韶文化时期了。这一漫长岁月，从仰韶的早期与晚期，过渡到客省庄二期文化，然后到周文化，其间有相当清楚的连续性。中心地带的仰韶文化西支，则又有两个文化系统平行发展，从六千年前北首岭下层文化裂变为二系：一个是半坡类型，一个是庙底沟类型，都是关中的地方文化，两者纠缠交错，同时存在，最后庙底沟类型发展的力量较大，向东延伸，远达郑州，而半坡类型却是株守渭河流域，拱手让庙底沟类型占了仰韶类型主流。……

第四个文化圈是环太湖的东南地区。这一地区，遍地是河川湖泊，生态环境与华北完全不同，由新石器时代以来，即以栽培稻米的农业，加上渔捞与采集水产为主要生活方式。这一区域的内部，可区分为太湖地区、宁镇地区及淮河地区，当然其中又有更小的区别。太湖地区的文化系列，上起七千年前的马家浜文化，到四五千年前的良渚文化，向下延伸到三千年前的吴越文化，也有四五千年之久。……宁镇地区的北阴阳营文化，西向到达安徽潜山的薛家岗；北阴阳营文化的上层则出现河南偃师二里头与郑州二里岗文化的特色。是以，宁镇地区有东西与南北两个方向的交流。淮河地区的花厅遗址文化，则为良渚文化与大汶口文化的交汇，接受两者的影响，形成独特的地方文化。……

第五个文化圈是以环洞庭湖与四川盆地为中心的西南地区，其中江汉平原与四川盆地是两分区。江汉平原这一地区的农业，早在七八千年前，即出现于洞庭湖滨的城背溪与彭头山，更早的可能的稻作遗存发现于湖南道县的玉蟾岩。……江汉地区在进入青铜文化时期，因为楚国兴起，遂以“楚文化”代表整个地区的文化了。四川盆地的文化，内部又可分为巴、蜀两个系列。距今五六千年前，广汉三星堆的底层，即古代巴蜀文化的根源。三千多年前的三星堆文化与万县的古代巴文化，分别发展为巴、蜀两系的青铜文化，其间也分别与商周及楚文化有所交流。

第六个文化圈是以鄱阳湖—珠江三角洲一线为中轴的南方。这一区的东系是由浙江到福建、台湾以至潮汕地区的沿海丘陵地；中系是赣水溯源，跨过五岭，进入北江，直达珠江三角洲；西系则是沿湘水过五岭，入西江流域一线。各系都有几何形印纹陶，但是由于这一地区地形复杂，交通不便，是以不但各系具有自己的特色，内部还有更小的文化群。这一地区面向太平洋，太平洋西边的岛屿链及南北走向的洋流与季候风，使这一地区有联系大陆与海洋的优势。

以上六大文化圈之间，在新石器时代彼此有所影响。在华北地带，中原的后期仰韶文化，鲁南苏北的青莲岗—大汶口诸文化，与江汉间的屈家岭文化毗邻而居，有切不断的交流。到了距今四千年前，北方的红山文化经过张家口草原通道，折向山西的汾河河谷，在临汾盆地的襄汾陶寺遗址，与来自关中的仰韶文化汇合，故陶寺文化接受了江汉文化与东部沿海文化的影响。这几方面的聚合，终于给予中原文化巨大的发展能量，蔚为夏商周“三代”文明的主流。三千余年前，周代开国，中原的华夏与东方的文化，融合为黄河流域的主流文化。稍后，楚文化集合江汉与南方文化的力量，成为长江流域的主流文化。更稍后，东南的吴越文化，一度向这两大主流文化挑战。中国本部几个大文化圈终于在秦汉时代开始融合，但至今中国各地文化的差异，仍可以回溯到新石器时代。

2 中国史绪论

梁启超. 大师的国学课3：读史的方法［M］. 南昌：江西教育出版社，2013：138.

第一上世史。自黄帝以迄秦之一统，是为中国之中国，即中国民族自发达、自争竞、自团结之时代也。其最主要者，在战胜土著之蛮族，而有力者及其功臣子弟分据各要地，由酋长而变为封建。复次第兼并，力征无已时，卒乃由夏禹涂山之万国，变为周初孟津之八百诸侯，又变而为春秋初年之五十余国，又变而为战国时代之七雄，卒至于一统。此实汉族自经营其内部之事。当时所涉者，惟苗种诸族类而已。

第二中世史。自秦一统后至清代乾隆之末年，是为亚洲之中国，即中国民族与亚洲各民族交涉繁赜、竞争最烈之时代也。又中央集权之制度日就完整，君主专制政体全盛之时代也。其内部之主要者，由豪族之帝政变为崛起之帝政。其外部之主要者，则匈奴种、西藏种、蒙古种、通古斯种次第错杂，与汉种竞争。而自形质上观之，汉种常失败，自精神上观之，汉种常制胜。及此时代之末年，亚洲各种族渐向于合一之势，为全体一致之运动，以对于外部大别之种族。

或问曰，此中世史之时代，凡亘二千年，不太长乎。曰：中国以地太大、民族太大之故，故其运动进步，常甚迟缓。二千年来，未尝受亚洲以外别种族之刺激，故历久而无大异动也。惟因此时代太长之故，令读者不便，故于其中复分为三小时代焉。俟本篇乃详析之，今不先及。

第三近世史。自乾隆末年以至于今日，是为世界之中国，即中国民族合同全亚洲民族，与西人交涉竞争之时代也。又君主专制政体渐就湮灭，而数千年未经发达之国民立宪政体，将嬗代兴起之时代也。此时代今初萌芽，虽阅时甚短，而其内外之变动，实皆为二千年所未有，故不得不自别为一时代。实则近世史者，不过将来史之楔子而已。

3 轴心时代

雅斯贝斯. 历史的起源与目标［M］. 魏楚雄，俞新天，译. 北京：华夏出版社，1989：8－9.

最不平常的事件集中在这一时期。在中国，孔子和老子非常活跃，中国所有的哲学流派，包括墨子、庄子、列子和诸子百家，都出现了。像中国一样，印度出现了《奥义书》（Upanishads）和佛陀（Buddha），探究了一直到怀疑主义、唯物主义、诡辩派和虚无主义的全部范围的哲学可能性。伊朗的琐罗亚斯德传授一种挑战性的观点，认为人世生活就是一场善与恶的斗争。在巴勒斯坦，从以利亚（Elijah）经由以赛亚（Isaiah）和耶利米（Jeremiah）到以赛亚第二（Deutero-Isaiah），先知们纷纷涌现。希腊贤哲如云，其中有荷马，哲学家巴门尼德、赫拉克利特和柏拉图，许多悲剧作者，以及修昔底德和阿基米德。在这数世纪内，这些名字所包含的一切，几乎同时在中国、印度和西方这三个互不知晓的地区发展起来。

这个时代的新特点是，世界上所有三个地区的人类全都开始意识到整体的存在、自身和自身的限度。人类体验到世界的恐怖和自身的软弱。他探询根本性的问题。面对空无，他力求解放和拯救。通过在意识上认识自己的限度，他为自己树立了最高目标，他在自我的深奥和超然存在的光辉中感受绝对。

这一切皆由反思产生。意识再次意识到自身，思想成为它自己的对象。人们试图通过交流思想、理智和感受而说服别人，与此同时就产生了精神冲突。人们尝试了各种最矛盾的可能性。讨论，派别的形成，以及精神王国分裂为仍互相保持关系的对立面，造成了濒临精神混乱边缘的不宁和运动。

这个时代产生了直至今天仍是我们思考范围的基本范畴，创立了人类仍赖以存活的世界宗教之源端。无论在何种意义上，人类都已迈出了走向普遍性的步伐。

4 中华文明的核心价值

陈来. 中华文明的核心价值：国学流变与传统价值观［M］. 北京：生活·读书·新知三联书店，2015：75－76.

与世界上其他古文明是在较小地理范围内展开不同，中华文明一开始就是在黄河－长江两大流域为主的广大地域中形成和发展起来的，它承载和积聚了规模巨大的人口，赋予了中华文明巨大的稳定、吸纳和整合的力量。在人类历史上，有的文明有古无今，有的文明有今无古，中华文明则有古有今，它在先秦时代就已达到辉煌的程度，又经历秦以后两千多年的发展，是世界上唯一不曾中断的、生生不息的连续性文明。中华民族与中华文明是以汉族及汉字文化为主体的，但中华民族自始以来就是在多民族融合的多元一体格局中形成发展的，中华文明也是由汉族和各民族共同创造的。中华文明的基础是农耕文明，而中华文明是世界上农耕文明发展最充分的文明，在农耕文化的基础上产生的“天人合一”、“天下和平”及家族伦理观念得到了特别突出的发展。除了思想、学术、文艺、科学的丰富创造外，中华文明在其长期发展中贡献了独特的制度发明，如汉代大一统的中央集权与郡县制的结合，唐代科举制度的出现，这些制度发明为中华文明的长久赓续发挥了积极作用，对作为上层建筑的文化发展也起了重要作用。中华民族的文化在历史上的繁荣发展，不仅是内部各民族文化交融的结果，也是不断吸收外来文化，壮大、更新自己的结果，显示了中华文明广博的包容性。因此，中华文明不是孤立发展的，是在特定历史条件下，在地理、政治、经济、社会、制度、对外交流等多种因素的影响及相互作用中发展的。同时，中华文明的精神、中华文明的发展也为中华民族生生不息的发展提供了精神动力：自强不息的精神使得中华民族在危难中奋发有为，不断前进；厚德载物的精神使得中华民族能容纳百川，不断丰富壮大。中华民族的民族精神与中华文明的基本精神，互为体现，在中国几千年的历史发展中发挥了重要的功能，为中华民族提供了强大的凝聚力、顽强的生命力以及巨大的创造力。

英国著名历史学家汤因比说：“就中国人来说，几千年来，比世界上任何民族都成功地把几亿民众，从政治、文化上团结起来。他们显示出这种在政治、文化上统一的本领，具有无与伦比的成功经验。”

5 文明的冲突

亨廷顿．文明的冲突［J］．张林宏，译．国外社会科学，1993（10）：19－21.

文明特性在将来会日益重要，新世界将在更大的范围上形成于7种或8种主要文明的互动。这几种文明是：西方文明，儒教文明，日本文明，伊斯兰文明，印度文明，斯拉夫—东正教文明，拉美文明，以及某种程度的非洲文明。沿着这些文明间彼此区分的虚线，将会爆发大规模的冲突。

原因何在?

首先，文明间的差异不仅存在，而且是根本的。各种文明因历史、语言、文化、传统，以及更为重要的宗教的不同而迥然相异。不同文明的人们，不但对神与人，个人与集体，国民与国家，父母与孩子，丈夫与妻子之间的关系看法颇异，而且对权利与义务，自由与权威，平等与等级之间的相对重要性也持不同的观点。这些差异是历史的产物，不会很快消失。它们比政治意识形态和政治制度的差异更为根本。差异并不必然意味着冲突，冲突也并不必然标志着暴力。然而，在过去的几个世纪中，文明的差异却引发了十分漫长而残酷的冲突。

其次，世界变得越来越小。不同文明的民族间的互动在增加；不断增加的互动强化了文明意识和文明之间以及文明之内人民之间差异的觉醒。北非移民在法国遭到法国人歧视的同时，却得到了“善良的”欧洲天主教廷的大量收容。相对于加拿大和欧洲国家的投资来说，美国人对日本的投资更为厌恶。同样地，正如唐纳德·霍罗威茨所指出的，“一个艾比欧人可能是尼日利亚东部地区的奥韦里义比欧人或奥尼查艾比欧人。在拉各斯，他仅是一个义比欧人。在伦敦，他被看成尼日利亚人。在纽约，他又成为非洲人”。不同文明的人们间的互动激起人们的文明意识，这反过来又鼓舞了差异和敌视的延伸或退回到历史深处的思想。

第三，全世界的经济现代化和社会进化进程正通过存在已久的地方特性把人们区分开来。这种进程把民族国家弱化为一种特性根源。在世界的绝大部分地方，宗教采取被称为“原教旨主义”运动这种形式渗透进来填平这道鸿沟。这种运动，存在于西方基督教、犹太教、佛教、印度教，以及伊斯兰教中。大部分国家和宗教中，积极奔波于原教旨主义运动的那些人，是那些年轻的、受过高等教育的中产阶级技术人员、固定职业者和商人。……

第四，西方的双重作用促进了文明意识的增强。一方面，西方居于权力的顶端。同时，或许正因如此，非西方文明的寻根现象正在产生。人们不断地听到各种议论，包括日本的内化倾向和“亚洲化”，印度尼赫鲁遗产的终结和“印度化”，中东西方社会主义和民族主义思潮的失败和“再伊斯兰化”，鲍里斯·叶利钦的国家中西化和俄罗斯化的争论。居于权力顶端的西方与非西方国家迎面相撞，而非西方国家却带着不断增长的愿望、意志和资源来采取非西方的方式塑造这个世界。……

第五，文化特质和差异是稳定的，与政治的和经济的特性与差异相比较，更不易折衷和转化。在前苏联，共产主义者能变成民主主义者，富者能变成穷者，穷者会变成富者，但俄国人不会变成爱沙尼亚人，阿塞拜疆人不能变成亚美尼亚人。在阶级与意识形态斗争中，关键问题是，“你站在哪边？”人们能够也的确能够选择和改变阵线。在文明的冲突中，关键问题为“你是什么？”这是一条无法改变的前提。……

最后，经济区域主义正在增长。从 1980 年到 1989 年间，欧洲区内贸易占其贸易总量的比例从 51% 上升到 59%，东亚从 33% 上升到 37%，北美从 32% 上升到 36%。区域经济集团的重要性还会增强。一方面，成功的区域经济主义会强化文明意识。另一方面，经济区域主义可能只有扎根于共同的文化背景才会成功。……

因而，文明在两个层次上产生冲突。在低层次上，沿文明虚线相邻而居的集团，经常在对领土和对方的控制上激烈斗争。在高层次上，不同文明的国家，为相对军事和经济实力而竞争，为控制国际组织和第三方而争夺，竞相兜售各自的政治、宗教价值观。

6 我国民族发展的回顾

吕思勉. 中国通史［M］. 成都：四川人民出版社，2017：456－458.

当公元前三千年以前，我国民族，栖息于黄河流域的时代，已经有高度的文化了，这就是传说中所谓巢、燧、羲、农之世。当这时代，我民族的疆域，还不甚大，与我栖息于神州大陆之上的民族很多。其后黄帝起于河北。黄帝一族的武力，似乎特别强盛，东征西讨，许多异民族，都为我所慑服了，然而这一族，也不是专恃武力的，同时亦有较高度的文化。此时我国民族，行封建政体，凡封建所及之处，即是我国民族足迹所及之处。星罗棋布于大陆之上，各据一定地点，再行向外发展，武力文化，同时并用。至于战国之末，而神州大陆之上、可以称为国家的，都因竞争而卒并于一。至此，而我国为一大国的基础定；我民族融合神州诸民族，而形成一大民族的基础亦定。

秦、汉以后，中国本部之地既已统一了，乃再行向外发展。其中汉、唐时代，是我国民族，以政治之力，征服异民族的。五胡乱华，以及辽、金、元、清的时代，则不免反受异族的蹂躏。但因我国文化程度之高，异族虽一时凭借武力，荐居吾国，卒仍不能不为我所同化。此诸族者，当其荐居中国之时，亦能向外拓展，大耀威棱，这并非他们有此能力，实在还是利用我国的国力的，所以还只算得我民族的事业。当此时代，我国力之所至，西逾葱岭，东穷大海，南苞后印度半岛，北抵西伯利亚的南部。亚洲的地理，若依自然的形势，分为五区，则其中部及东部，实在是隶属于我国的。我国今日，本部以外的疆域，都勘定于此时代之中，这是说国力所及。至于人民的足迹，则其所至较此尤远，地球之上，几乎无一处不达到现在南洋、美洲，都有很多的华侨。便是西伯利亚，西至欧洲，亦都有华人流寓。其形势，亦从这时代已开其端。虽然政治之力，尚未能及于此诸地方，这是我民族不尚武力的结果。最后的胜利，本未必属于武力，我民族自然发展所及之处，真要论民族自决，恐未必终处于异族羁轭之下的。若论内部的文化，则我国当此时代，有很完密的政治制度，很精深的学术，很灿烂的文明，都为异族所取法。不但已同化于我的民族，深受吾国文化之，即尚未同化于我的民族，其沐浴吾国文化的恩惠，亦自不少，如朝鲜、日本、安南等都是其最显著的。这实在是我民族在发展的过程中，对于世界最大的贡献。

世界的文明，一起源于美洲，一起源于亚洲的东部，一起源于亚洲南部的大半岛，而一起源于亚、欧、非三洲之交。除西半球的文明，因距旧世界太远，为孤立的发达，未能大发扬其光辉外，其印度半岛的文化，当公元一至七世纪之世，即与我国的文化相接触、相融合的，当其接触融合之时，彼此都保持平和的关系，绝无侵掠压迫的事实发生。乃至最近四世纪以来，我国的文化，和西洋的文化接触，就大不然了。他们的文化，是挟着武力而来的，而且辅之以经济之力。我民族遂大受其压迫，土地日蹙，生计日窘，不但无从发展，几乎要做人家发展的牺牲了。然而这只是一时的现象，须知一种文化的转变，是必须要经过相当的时间的。其体段大，而其固有的文化根底深的，其转变自不如浅演的小民族之易。然而其变化大的，其成就亦大。我国民族，现在正当变化以求适应于新环境的时候，一旦大功造成，其能大有造于世界，是可以预决的。到这时代，我民族的发展，就更其不可限量了。我国民族，是向来不以侵略压迫为事的，我国而能有所贡献于世界，一定是世界的福音。

思考与讨论

1. 2017 年 1 月 18 日，习近平主席在瑞士日内瓦出席“共商共筑人类命运共同体”高级别会议，并发表题为《共同构建人类命运共同体》的主旨演讲。他指出，当前世界经济增长乏力，金融危机阴云不散，发展鸿沟日益突出，兵戎相见时有发生，冷战思维和强权政治阴魂不散，恐怖主义、难民危机、重大传染性疾病、气候变化等非传统安全威胁持续蔓延。世界怎么了，我们怎么办？为此，他提出“构建人类命运共同体，实现共赢共享”。

问题：请结合中华文明的价值与意义，谈谈你对当今时代构建人类命运共同体的看法。

2. 2013 年 9 月和 10 月，中国先后提出了建设“新丝绸之路经济带”和“21 世纪海上丝绸之路”的合作倡议，简称“一带一路”。这一倡议将充分依靠中国与有关国家既有的双多边机制，借助既有的、行之有效的区域合作平台，积极发展与沿线国家的经济合作伙伴关系，共同打造政治互信、经济融合、文化包容的利益共同体、命运共同体和责任共同体。

问题：请结合世界历史中的中华文明，谈谈你对这一倡议的理解。

3. 2017 年 11 月 13 日，美国《时代》周刊国际版的封面用中文和英文两种语言写上“中国赢了”（China Won）。这是《时代》周刊封面第一次出现两种语言。在内文《中国经济是如何赢得未来的》一文中，作者指出，如今，中国已经成为全球经济中最具实力的国家，而美国则落居第二。

问题：请结合近代中国发展历程和当代中国国情，对此现象发表你的评论。

推荐阅读

1. 梁漱溟. 东西文化及其哲学［M］. 上海：上海人民出版社，2015：75－162.

2. 钱穆. 国史新论［M］. 北京：生活·读书·新知三联书店，2018：1－63.

3. 冯友兰. 中国哲学史［M］. 上海：华东师范大学出版社，2011：3－230.

4. 牟复礼. 中国思想之渊源［M］. 王立刚，译. 北京：北京大学出版社，2009：1－114.

5. 许倬云. 中国文化的发展过程［M］. 北京：中华书局，2017：1－108.

6. 许嘉璐. 中华文化的前途和使命［M］. 北京：中华书局，2017：27－92.

7. 陈来. 中华文明的核心价值：国学流变与传统价值观［M］. 北京：生活·读书·新知三联书店，2015：1－69.

引 言

人生在世，不可一日无饮食。人类的生命，乃至于族群的延续传承，以及历史与文化的积累，可说植根于饮食活动之上。“夫礼之初，始诸饮食”可说是中国古代对饮食、对人类文明的重要性最直观的理解。

而饮食又不只是吃喝，更关系到人类与自然的互动及生活方式。所谓“靠山吃山，靠海吃海”“春生夏长，秋收冬藏”，不同的自然环境与生产方式，形塑了当地人们的饮食形式，以及相关联的文化传统。例如，为顺应季节变化而有时令饮食的观念，但在“南稻北麦”的影响下，南方人习惯在冬至吃汤圆，北方人则是吃饺子。反过来说，历史文化也会影响到人们的饮食内容，如重阳节登高、吃糕，中秋吃月饼等，都是文化与饮食交互影响的实例。

联合国教科文组织设置“世界非物质文化遗产”，以保护各国的文化传统，包含各种实践、表演、表现形式、知识和技能及有关的工具、实物、工艺品和文化场所。其中特别强调其“非物质”和“文化”，即精神层面的传承。“饮食文化”从2010年开始被收录进非遗名录，入选的意义不在于食物本身，而是这种食物背后的文化内涵。如墨西哥传统饮食入选的理由是“传统墨西哥饮食是一种文化模式，包含农业、仪式、古老技艺、烹饪技术以及自古传承下来的习俗和礼仪。囊括从种植、丰收到制作、享用的过程，整个链条彰显了传统饮食的全民共享性”。

饮食不仅仅是生活需求，它更是一种生活方式，在丰富多样的各色菜肴之中，更蕴含着无数先人对饮食的理解、思考与理念。这些无形的概念代代相传，形成了中国独具特色的饮食文化。

一、中国饮食的发展与变迁

（一）原始时代：饮食的发轫

《礼记·礼运》中，对上古时代的饮食发展有以下描述："昔者……冬则居营窟，夏则居橧巢。未有火化，食草木之实、鸟兽之肉，饮其血，茹其毛。……后圣有作，然后修火之利，范金，合土，以为台榭、宫室、牖户，以炮，以燔，以亨，以炙，以为醴酪。"意即太古之初的人群本来如同野兽一般，居住在洞窟中或树上，生食各种草木与虫鱼鸟兽，茹毛饮血，过着原始的生活。直到知晓用火以后，人类才进入文明的时代。

古代传说将火的使用归因于圣人的发明，但从考古发掘中显示，人类学会用火料理食物，历经了一段十分漫长的过程。在距今 170 万年的元谋人（发现于云南省元谋县）遗址中发现了烧骨与大量炭屑，由此可推断他们已知用火，能以火烧烤他们的猎物。但是当时的人类可能还是利用雷电、野火等因素产生的自然火，尚未掌握生火技术，直到发现可以敲打燧石、钻木生热等方式生火，才能稳定地使用火来料理食物。《韩非子·五蠹》云："民食果蓏蚌蛤，腥臊恶臭而伤害腹胃，民多疾病。有圣人作，钻燧取火以化腥臊，而民说之，使王天下，号之曰燧人氏。"强调熟食能够避免各种肠胃疾病，对人类的发展极为重要。

按照传说，燧人氏之后的伏羲氏"结网罟以教佃渔，养牺牲以充庖厨"，人类文明进入渔猎和畜牧的时代；神农氏"尝百草""制耒耜，教民农作"，人类找寻各种能食用、药用的植物进行人工栽培，开始了农业的时代。

《礼记·礼运》注云："中古未有釜甑，释米捭肉加于烧石之上而食之耳。今北狄犹然。"意即人类在发明陶器之前，曾经利用烧石法来加热食材，汉代的北方民族依然保留了这种烹调法。进入新石器时代以后，陶器的发明使烹调技术飞速进步。传说中"神农耕而作陶""黄帝作釜甑""黄帝始蒸谷为饭、烹谷为粥"，古人将陶器和烹饪技术的发明归功于圣王，可以看出陶器炊具对人们生活的重要性不亚于火的使用，必须特别予以纪念。

在距今五六千年前的仰韶文化半坡遗址中，出土了大量的陶鼎、盆、甑、缸、豆等食器，为后世的金属食器造型打下了基础。

（二）周代：饮食之礼

随着时代的发展，饮食内容和礼仪也越发繁复。《韩非子·喻老》中说了一个故事："昔者纣为象箸而箕子怖，以为象箸必不加于土铏，必将犀玉之杯；象箸玉杯必不羹菽藿，则必旄、象、豹胎；旄、象、豹胎必不衣短褐而食于茅屋之下，则锦衣九重，广室高台。吾畏其卒，故怖其始。居五年，纣为肉圃，设炮烙，登糟丘，临酒池，纣遂以亡。故箕子见象箸以知天下之祸，故曰：'见小曰明'。"这个故事的本意是以纣王穷奢极侈，酒池肉林以至亡身丧国的历史教训，告诫人们应当见微知著，居安思危。但是从叙述中，我们已经可以看出商代贵族饮食的选材、陈设、用具、环境，都已经相当精致了。

到了周代，人们的饮食内容已十分丰富。以谷物为例，就有“五谷”“六谷”“百谷”之说。周代的“五谷”指麦、稷、黍、菽、麻五种作物。《诗经·周颂》咏：“贻我来牟，帝命率育”，来即小麦，牟即大麦，周的先人就已开始种植了；稷是今日的小米，在北方称为谷子，被称为“五谷之长”，古代以“社稷”代指国家，可见其重要地位；黍即现代的黄米，也叫黍子；菽原指大豆，后来泛指豆类，《诗经·小雅》：“中原有菽，庶民采之”，可知平民常以豆类充饥饱腹；麻指大麻种子，有苴、枲等别称。

菽和麻是平民才吃的粗粮，贵族则是食用稌、黍、稷、粱、麦、苽等“六谷”。稌即稻，虽然在河姆渡文化遗址中已出土了稻谷，可知南方很早就已种植稻米，但中原地区直到周代才开始种植。粱是稷的优良品种，稻粱经常并称，在当时属于珍贵粮食。苽指菰米，又称雕胡，是水生植物茭白的种子，由于采收不易，也是珍贵的食材。

随着饮食知识的提升，人们已经懂得如何辨别有病的牲畜，以及动物不宜食用的部位，并且发展出了繁复的烹调技巧，以及等级分明的饮食礼仪等。

据《周礼》记载，周代有许多官员专职负责管理饮食活动，如甸师、渔人、牧人等官员供应食材，庖人、亨人、内饔、外饔等负责烹调料理，醢人、酒人等制作酱料与酒水，食医职掌饮食配伍与食疗，司尊彝、司几筵等管理宴会器具和场地，大行人、掌客、司仪等负责执行饮宴礼仪。

《礼记·内则》中，对于先秦时代的饮食规范有着详细的记录，包含食材的选择、饭菜和酱料的搭配、烹饪调味的技巧、宴会食品的摆放、饮食礼仪的细节。其中的“八珍”是八种料理肉食的方法，可以一窥当时中原顶级贵族的饮食风尚。

而《楚辞·招魂》中，则体现了战国时期楚地美食的风格，巫师诱惑楚怀王魂魄归来的王室美食，其原料包含了大量野味与水产，调味重视酸苦，并且佐餐以甜点与各种甜饮、冻饮。① 由此可以看出，当时南北饮食文化已经有相当明显的差异了。

（三）秦汉：饮宴与外来食材

在主食种类上，秦汉时期与前代差异不大，但是石磨已经普及，能够将谷物磨制成粉状，有利于制作糕点和饼食，而不像前代以粒食为主。如马王堆遗策中记录的陪葬糕点，有粔籹、卜、卵等。面食按照制作工艺，用水煮的称为“汤饼”，以笼蒸的为“蒸饼”，炉烤者为“烤饼”。

而谷物脱壳技术也有很大提升，睡虎地秦简《仓律》中记载了谷物精制后的分量变化：“粟一石六斗大半斗，舂之为粝米一石；粝米一石为糳米九斗；九斗为毇米八斗。”

① 参见《楚辞·招魂》：“室家遂宗，食多方些。稻粢穱麦，挐黄粱些。大苦咸酸，辛甘行些。肥牛之腱，臑若芳些。和酸若苦，陈吴羹些。胹鳖炮羔，有柘浆些。鹄酸臇凫，煎鸿鸧些。露鸡臛蠵，厉而不爽些。粔籹蜜饵，有餦餭些。瑶浆蜜勺，实羽觞些。挫糟冻饮，酎清凉些。华酌既陈，有琼浆些。归来反故室，敬而无妨些。”

各种谷物都有数种精细程度不同的精制成品，贵族吃的是精米，平民百姓“常食脱粟饭、酱菜而已”，吃糙米饭搭配腌渍的泡菜；甚至只能吃“粝藿”，以糙米配着豆叶果腹。

虽然秦汉政府提倡节约，有时下令禁止民众饮宴，但是当国家有庆典时也会“赐酺”，开放百姓欢饮。而民间婚丧节庆还是会准备酒食宴客，《汉书·食货志》云：“百礼之会，非酒不行”，酒宴仍是民众生活的重要部分。

贵族的饮宴之风更盛，从出土的汉代壁画、帛画、画像砖石上，都可以看到贵族盛大的宴会景象。西汉枚乘（？—约前140）《七发》中便借吴客游说楚太子的情节，浓墨重彩地描述了贵族饮食之精美豪奢，与宴会中欢歌笑语、纵情痛饮的热闹场面。

张骞（前164—前114）通西域后引入了黄瓜、石榴、葡萄、胡桃（核桃）、香菜、扁豆、胡麻（芝麻）等蔬果，也传入了炉烤式的“胡饼”，大大丰富了人们的饮食生活。

除了食材更加丰富之外，汉代开始使用植物油。此前料理时使用动物油，称为膏脂。两汉时期则发现胡麻、油菜、大豆等种子富含油脂，能够榨油，从而增加了食用油的种类及产量。

此外，豆腐据传是淮南王刘安（前179—前122）在炼丹时意外发明的，使大豆得到更广泛的运用，成为中式餐点中极为重要的一部分。

图2-1　打虎亭汉墓壁画饮宴图局部

爱民而得到天下归心，服饰只追求实用与庄严，俭朴的衣饰反映了他们的美德，世人敬重他们的品德而不是衣冠。后世统治者追求服装的高贵奢华，结果却是“用财甚费，与民为雠”。如果君王效法的是节俭朴素，就算不能臣服诸侯，总还对百姓有益。若是夸耀宫室壮阔服装精美，便是害民了。

在传统“圣王”观念影响下，统治者需要“德治天下”，纠正民间的不良风气。为使民风淳朴，历代统治者常会颁布奢侈禁令，但成效往往不彰，最主要的原因就是统治阶层依然使用这类豪华服饰，自然难以使民众心服。为了加强禁奢效果，统治者便需要以身作则。

如唐中宗时，安乐公主（684—710）有百鸟毛裙，据说“正看为一色，旁看为一色，日中为一色，影中为一色，百鸟之状，并见裙中”，引来贵族之家纷纷效法，以至于“江岭奇禽异兽毛羽，采之殆尽”。唐玄宗继位后，“命宫中出奇服，焚之于殿廷，不许士庶服锦绣珠翠之服”。更将两京的官织锦坊停业，这才遏止了民间采捕鸟兽与滥用珠玉锦绣的风气。

北宋仁宗时流行鹿胎冠子，捕杀孕鹿剖胎鹿皮制成头冠，对生态的危害极大。宋仁宗（1010—1063）下诏：“应臣僚士庶之家不得戴鹿胎冠子，今后诸色人不得采杀鹿胎并制鹿胎冠子。如有违犯，许人陈告，犯人严行断遣，告事人如告获捕鹿胎人，赏钱二十贯；告戴鹿胎冠子并制造人，赏钱五十贯，以犯人家财充。”对于所有犯禁者一律惩处，因此很快平息了捕杀胎鹿的问题。

3. **服妖**

“服妖”即“服装上的妖异现象”。《尚书》云：“貌之不恭，是为不肃，厥咎狂，厥罚常雨，厥极恶，时则有服妖。”《汉书》的解释更为通俗易懂：“风俗狂慢，变节易度，则为剽轻奇怪之服，故有服妖。”

当社会动荡，人们不再遵守传统价值观，求新求变的时代，就会出现许多新潮或混搭的造型，在观念保守的人看来，可谓奇装异服，刻意作怪，如前文的百鸟毛裙、鹿胎冠子，在史书里都属于服妖之流。而古人又相信“天人感应”，自然会把这类新奇时装视为不祥之兆，因此服妖通常被记录在史书的“五行志”中，并且试图与社会现象挂钩。

如《晋书》中将晋惠帝（259—307）时妇女戴“五兵佩”，又流行把发簪做成兵器造型，“以金银玳瑁之属，为斧钺戈戟，以当笄”，将之与贾后（257—300）乱政相联结。又将东晋太元年间流行巨大的假髻与后来的长期内乱相联系：

> 太元中，公主妇女必缓鬓倾髻，以为盛饰。用髲既多，不可恒戴，乃先于木及笼上装之，名曰假髻，或名假头。至于贫家，不能自办，自号无头，就人借头。遂布天下，亦服妖也。无几时，孝武晏驾而天下骚动，刑戮无数，多丧其元。至于大殓，皆刻木及蜡或缚菰草为头，是假头之应云。

《宋史·五行志》中也有服妖的记载。如后蜀孟昶（919—965）在位末年，妇女高髻名为“朝天髻”、南唐李煜宫中流行用雨水将衣物染成浅碧色，号称“天水碧”，都被认为是赵宋统一天下的征兆。但是宋理宗（1205 — 1264）时女子流行前后掩裙式的“赶上裙”、头顶“不走落”高髻、缠足的纤直脚式“快上马”、眼角点粉的“泪妆”等，都被认为是亡国之兆，象征百姓在国破家亡之后沦为北虏奴隶，啼哭着被劫掠而去。

史书之外，文人笔记中也不乏服妖的记载。如陆游（1125—1210）《老学庵笔记》记载：“靖康初，京师织帛及妇人首饰衣服，皆备四时。如节物则春旛、灯球、竞渡、艾虎、云月之类，花则桃、杏、荷花、菊花、梅花皆并为一景，谓之一年景。而靖康纪元果止一年，盖服妖也。”

事实上，“一年景”的装饰法在整个宋朝都很流行，北宋仁宗皇后画像里随侍的两个宫女头上戴的花冠杂以各色花卉（应多为绢花），就属于“一年景”式的装饰法，而南宋理宗时的贵妇黄升墓中也随葬有“一年景”花纹的霞帔。

将“一年景”与“靖康之难”联系在一起，显示“服妖”与政治和社会并无实质关联，而是一种象征和后见之明的“预兆”。通常反映的是在社会强烈动荡之下人心的不安，以及对于象征稳定的“过去”、“传统”和“道德”的追慕与向往。

（三）服饰与人文

1. 经济

当代的服装与布料都是工业化的产物，直接作为商品在市场上贩卖，除了少数名牌衣物在使用后仍有若干价值，绝大多数的服装都接近消耗品，即使新品在过季后也是价值骤降。

这个现象是工业革命之后才出现的，在工业革命之前，布料乃至于服装都是“硬通货”，虽然不如黄金白银，但也是足以保值的高价商品。

古云“男耕女织”，纺织在古代是家庭手工业，务农人家在田边种植桑麻，就可以养蚕缫丝、绩麻织布，不仅自家能拿来做衣服，还可以出售。《管子·牧民》中说“藏于不竭之府者，养桑麻、育六畜也”，纺织与畜牧都是农业国家的致富之道。

明代《松江府志》记载：“（松江）俗务纺织，不止乡落，虽城中亦然。里媪晨抱纱入市，易木棉以归，明旦复抱纱以出，无顷刻闲。织者率日成一匹，有通宵不寐者。田家收获，输官偿息外，未卒岁，室庐已空，其衣食全赖此。”这段记载揭露了更残酷的现实——农家一年耕种所得根本不足以应付纳税与自家使用，必须靠妇女纺织所得，才能支付家庭开销。

为了使家庭纺织品能在市场上顺利销售，同一时期布料的“幅宽”都差异不大，通常在 50～60 厘米之间。唐代就规定市售布料必须规格化，《唐律疏议》中记载当时布料的标准是幅宽一尺八寸（约 54 厘米），丝绸一匹须长四十尺（12 米左右），麻布五十尺（15 米左右）。如果长宽不足、偷工减料，制造者、品管及贩卖者都要受罚。

在某些时代里，布料甚至不仅作为商品，其本身就是货币。如唐代就是“钱帛并行”制，各种布料都能够用于购物。在唐代社会稳定的时期，一匹绢的价格约等于十斗米。[1] 白居易《买花》诗中“灼灼百朵红，戋戋五束素”就是以素绢为计价单位。冯贽《云仙杂记》载：“开成中，物价至微，村落买鱼肉者，俗人买以胡绢半尺”，可以看出连裁开的布料也同样具有货币功能。妇女在家中纺织，在当时几乎与“印钞票”是同义词了。

若是纯论服装的商品价值也相当高昂。明代世情小说《金瓶梅》中详列物价：西门庆的结拜兄弟常时节得到西门庆资助后，为自己和妻子添购了七件绸缎衣物与几件“布草衣服”，一共花了六两五钱银子，而一个普通小丫鬟的身价也是五六两，与几件好衣服的价格相当；一处“门面两间，到底四层”的房子价值一百二十两，但李瓶儿的貂鼠皮袄便值六十两，相当于半间临街带店面的楼房了。

因此，古人对于服装的重视与讲究不完全是审美需求，同样也有经济考量。女子出嫁时妆奁中预备的“四季衣裳”“首饰匹料”除了让她们装点自己之外，也是一份随时能够典当贩卖的保值动产，足以作为未来生活的保障。

2. **礼仪**

礼仪活动在古代社会中极为重要，大至国家的朝会典礼、祭祀天地，小至家庭的婚丧节庆，一切都需依礼进行。

在先秦时代“礼不下庶人”，礼仪是贵族独享的活动，因此周代冠服制度只规定了贵族的各级礼服。而现实来说，当时生产技术低下，连“七十者衣帛食肉，黎民不饥不寒”都已是足以称王于天下的理想社会，可以看出当时平民生活水平远低于此，也确实没有能力置办礼服。

后代朝廷在政权初定后，也积极建立礼仪制度，举办诸如祭天地鬼神、圣王先贤的传统仪式，借此表明其政权的“正统”地位。为了表示对古礼、道统的继承，不论当时的流行服装为何，朝廷礼服都必须“复古”“崇古”，只能做细节的调整，或者对《礼记》等古籍记载采取新的诠释，而不能做出大幅度的变更。

即使满清入关后“剃发易服”，但是依然保留了祭祀天地日月、三皇五帝等古礼，而皇帝祭服虽为满式，却还是刻意对应了“十二章纹”“上衣下裳”（朝、祭服为上衣连下裳制）、“衣色玄黄”（朝褂石青、衣袍明黄）等传统元素。

除了国家大典之外，朝廷对贵族及官员的服装也有细致规定，而对于平民通常仅有禁令，禁止他们模仿贵族穿着，却很少制定适用于民间的礼仪。但是，随着儒学在社会中的普及与深化，民间也出现了婚、冠等礼仪需求。虽然能直接援用《仪礼》中的士礼，但是其艰深晦涩，又与时代落差太大，难以直接套用。

柳宗元（773—819）《答韦中立论师道书》就记载了一个事例：

> 古者重冠礼，将以责成人之道，是圣人所尤用心者也。数百年来，人不复行。近有孙昌胤者，独发愤行之。既成礼，明日造朝，至外廷，荐笏，言于乡士曰：“某子冠毕。”应之者咸怃然。京兆尹郑叔则怫然，曳笏却立，曰：“何预我耶?”廷中皆大笑。

唐代冠礼不行，固然有当时士人并不重视的原因，但究其根源，是因为周代贵族在

---

① 陈磊. 隋唐时期的物价研究：以江淮地区为中心［J］. 史林，2012（4）：51－64.

不同场合需要穿戴不同的服饰，冠帽与其相配的衣装象征了他们的社会身份，犹如现代的西装与军装的差异。而唐人穿着礼服（朝服、公服等）的场合太少，日常都是圆领袍搭配幞头，生活中几乎没有戴冠的机会，自然对冠礼及其象征意义毫无触动。

考虑到礼仪在民间的普及需求，宋代士人试图建立士庶通用的礼仪时，采用的是当代服装，如《司马氏书仪》中，行冠礼时家长“有官者具公服靴笏，无官者具幞头靴襕或衫带，各取其平日所服最盛者”，加冠者所服也是当时的正式服装，而非强制要求穿着古代礼服。虽然看似不遵守古礼，却符合了“礼，时为大，顺次之，体次之，宜次之，称次之”① 的精神，优先考虑礼仪的时代性与合理性，不拘泥于古。

后代的民间礼仪也承袭了这个特点，虽然礼服通常采用复古款式，但也会加入当时的流行元素，并将之赋予符合礼仪精神的意义。②

三、传统服饰与现代生活

随着清朝灭亡、民国建立，不论礼仪服装还是日常装束，都渗入了大量西方元素。如民国初年制定的服制中，就将西式礼服作为男子的礼服正装，传统的长袍马褂仅作为常礼服使用。女装也积极吸收当时欧洲的流行元素，不管“倒大袖袄裙”或者“旗袍”，都与当时的西方服饰相呼应。

而中华人民共和国成立之后，传统服饰乃至于旗袍等“时装”，也被打上了象征资产阶级腐朽的烙印。改革开放之后，“蓝蚂蚁”“灰蚂蚁”们换下了颜色单调朴素的工人装，穿上了紧随西方潮流的当代服饰，传统服饰被留在戏剧里和舞台上，距离人们的生活十分遥远。

在中国国力上升后，人们对传统文化重拾兴趣，传统服饰再度回到人们的视野中。“汉服热”“汉服运动”虽然只有十余年历史，但已经让新一代年轻人对于传统服饰有了亲切感。不少爱好者也试图透过复兴传统服饰，进一步复兴传统礼俗，重建完整的礼仪体系，如“周制婚礼”“明制婚礼”等，都可以看到他们的努力。

不过总体而言，在产业结构改变、社会快速变迁，传统节庆日益受到冷落的现代，传统服饰主要出现在校园活动里，日常生活中并不占主要地位。不管走在大街上、办公楼里，或者家族节日团聚，都难得见到传统服饰的身影。偶然出现时则会被众人注目，被视为表演活动、艺术照相等。传统服饰在现代社会的“异质性”，或许还胜过西式的婚纱礼服。

若是要结合传统服饰、礼俗与当代社会，从邻近的日本的例子来看，不仅需要民间

---

① 参见《礼记·礼器》。

② 如北京师范大学—香港浸会大学联合国际学院举办的成人礼，在古礼的“三加”中，分别采用深衣（女用褙子）、中山装（女用民初衫裙）、学士袍，并由师长加冠，期许学生作为成人，能够承担服装所代表的“师、生、家、国”的社会责任。

的热情参与，还需要政府的配合推广。但就目前而言，地方政府多只是将传统礼仪与服饰作为旅游观光的卖点，尚未将其视为文化建设的一环。

但是，传统服饰中的造型、纹饰、配件也被现代服装大量吸收运用，如欧美时尚界每隔几年便要流行一次的“中国风”、化用传统花纹的服装面料、“非遗”工艺的饰品等，在生活中俯拾即是。从这一点来看，传统服饰从未走远。

在“结合新的时代条件传承和弘扬中华优秀传统文化，传承和弘扬中华美学精神”的号召下，中国传统服饰日后在中国社会中的发展，可以说相当值得期待。

表 3－1　中外服饰文化对照表

时代	中国	世界其他地区
原始时代（距今 250 万—5 000 年）	相传黄帝之妻嫘祖养蚕缫丝，臣子制作衣裳冠冕 新石器时代的仰韶文化西阴遗址中，发现了切割过的蚕茧 仰韶文化与龙山文化层中出土了陶、骨制的簪、笄 河南青台遗址出土瓮棺葬中的丝绸残痕，与包括纺轮、针、锥、匕等大量纺织工具，可推测距今 6 000 年前已有原始纺织技术，并能织造丝绸 距今 6 000 多年前的新石器时代江苏吴县草鞋山遗址中已有葛布残片、浙江吴兴钱山漾遗址中发现丝、麻的残片	两河流域的苏美尔人穿着羊毛的包绕式长袍，并为后来的亚述、巴比伦文化所继承 图 3－23　苏美尔雕像 古埃及人为了便于清洁，流行剃光毛发与佩戴假发，不同身份阶级的假发造型都不同。男性以围腰布为主要服饰，女性则穿着紧身长裙，主要衣料为亚麻。男女都重视化妆

续上表

时代	中国	世界其他地区
夏(前2070—前1600)	孔子云：“禹，……恶衣服而致美乎黻冕。”可知夏代时统治阶层已有精美的礼服	克里特岛的米诺斯文化中男子穿围腰裙，女子上穿紧身衣，下身搭配钟形裙  图3－24　持蛇女神像
商（约前1600—前1046)	安阳殷墟遗址所出土的玉人像，可看出贵族身穿精美的服饰，而奴隶衣不蔽体，发型也与商人不同  图3－25　殷墟玉人像	古埃及新王国时期，流行以细亚麻布压出细折的披肩与长裙，头顶香脂  图3－26　埃及第十八王朝时期画像
周（前1046—前256)	周朝已确立了完整的冠服制度，规定各级贵族在不同仪式中的穿着 《周礼》记载朝廷有专门负责管理服装的官员，也有专门制作服装、配饰的机构 东周以后“礼崩乐坏”，各地都有其流行服饰 湖北马山楚墓出土大量战国前期的服饰	古希腊服饰用别针与腰带将不剪裁的布料固定在身上，早期的多利亚式采用毛料或麻布，硬挺而少皱褶；后期的爱奥尼克式采用细麻布，强调皱褶感  图3－27　雅典娜神像

续上表

时代	中国	世界其他地区
秦汉（前221—220）	湖南长沙马王堆出土了西汉初期的服饰，女装以曲裾与直裾深衣为主 张骞（前164—前114）通西域引入红蓝花，成为此后胭脂与布料染红的主要原料 东汉明帝时重建皇帝与百官的冕服制度	古罗马公民以T型合身衣外搭长披肩，以不同的缠绕方式区分阶级。皇帝的紫袍使用提尔紫（地中海的海螺提取）染成，价格高昂。丝绸通过贸易传入罗马帝国，极受贵族喜爱  图3-28　屋大维像，身穿“托加”
魏晋南北朝（220—589）	魏晋士人好服“五石散”，药效发作时的燥热与皮肤敏感使得服装必须宽松柔软，其美感与精神状态塑造了当时“名士”风流不羁的形象 北魏孝文帝（467—499）推行全面汉化，令官民皆改作汉式服装 袴褶服到南朝发展出“广袖褶衣”“大口裤”，又影响了北朝	东罗马帝国流行在长袍上加饰几何纹的条饰，贵族衣饰上添加金银刺绣与珠宝钉饰。6世纪时从中国学得丝绸生产方法  图3-29　狄奥多拉皇后镶嵌画

续上表

时代	中国	世界其他地区
隋唐五代（581—960）	唐朝整理礼制，重新确立了六冕制度 唐朝男装以圆领袍服为主，女装以短衫搭配高腰裙、帔为基本款式，初期尚窄，盛唐以后越发宽大 胡风在唐朝社会也颇为流行，如翻领袍、回鹘冠、时世妆等 中唐以后服装日益豪奢，唐文宗（809—840）尝云："吾闻禁中有金鸟锦袍二，昔玄宗幸温泉，与杨贵妃衣之，今富人时时有之。"	西欧中世纪初期服饰受日耳曼民族影响，开始习惯穿着裤子（罗马时代认为是蛮族服饰） 日本推古天皇（554—628）任用圣德太子（574—622），定"冠位十二阶"制（603），以冠帽颜色区分官员位阶。飞鸟时代的高松冢古坟壁画显示当时日本服饰、墓葬等带有明显唐风，受到中国文化的影响。奈良时代制定的《养老令》中模仿唐制定官员朝服，并于养老三年（719）"初令天下百姓右襟"，改左衽为右衽  图3－30　高松冢古坟壁画
宋（960—1279）	宋代士人试图建立适用于士庶的礼仪制度，如司马光《司马氏书仪》、朱熹《朱子家礼》等，冠、婚等礼仪不再使用"三礼"中记载的古代礼服，而是采用当代服饰，使社会大众更易接受采纳 宋代开始出现"缠足"的风气 宋代法律禁止模仿辽、金服饰，可知当时存在服饰文化交流的现象	日本停止派遣遣唐使后，从追随模仿中国的"唐风文化"逐渐转型为展现日本审美情趣的"国风文化"，贵族服装顺应气候和住宅而变得宽大拖曳  图3－31　《源氏物语绘卷》 1096—1291年间多次的十字军东征，令西欧贵族见识到东方的华丽风格，也开始在加宽衣袍、袖子，并在领口、袖口增加花纹缘饰  图3－32　《服饰的历史》版画集：12世纪日耳曼地区的贵族妇女和中产阶级妇女

续上表

时代	中国	世界其他地区
元（1271—1368）	元朝官服采用汉式，并无太大修改 横跨欧亚的蒙古帝国服饰融会各地特色，如中亚的纹样与织金工艺、金人的云肩等装饰 蒙古式袍服下摆宽大，其审美风尚对汉人也产生重大影响	“哥特式时代”强调垂直细长的线条，服装中加入大量插片以形成上身紧合、下身宽大的衣型，从平面剪裁转为立体构型，男女服饰也明显出现差异。贵族服饰中加入家族纹章，以此区别和炫耀身份  图 3－33　“cotte”的裁片
明（1368—1644）	明朝在官服中加入“补子”，以区分文武及官品 广泛种植棉花，使棉布取代麻料，成为百姓的主要衣料 由于百姓“纳捐”便能得到官职虚衔，穿着官员命妇服饰，使得明中期以后服饰僭越状况越发严重 晚明以后服装时尚变化迅速，服饰走向商品化与专业化	15 世纪以后，欧洲服饰形成男子穿紧身短上衣与紧身裤，女子穿袍式长裙的分化  图 3－34　《服饰的历史》版画集：15 世纪的勃艮第宫廷服饰 随着文艺复兴对人文的重视，人们通过服装以表现个性，服饰奢侈的风潮随之而来。服装利用填充物、裙撑、束腰，以塑造理想的体型，并在服装上缝制大量珠宝  图 3－35　亨利八世  图 3－36　伊丽莎白一世

续上表

时代	中国	世界其他地区
清（1636—1911）	清朝建立以满式风格为主的宫廷服饰体系，清前期仍保有俭朴利落的满洲特色，中期以后受汉人服饰影响而变得宽大华丽 汉人女装在原本明末风格的基础上吸收了满式服装的特点，逐渐发展出新的样式 随着外国势力进入中国，上海取代了苏州，成为服装潮流的先驱 图 3－37　晚清汉族妇女	17 世纪的“巴洛克风格”以豪奢、浮夸的艺术特色著称，服装取消了过量的填充物，采用织花面料与大量装饰  图 3－38　路易十四时期的宫廷画 18 世纪的“洛可可风格”强调纤巧繁复的装饰感，在服装上使用大量刺绣、花朵，女装使用紧身胸衣和篮形裙撑①以塑造体型  图 3－39　洛可可时期贵族服饰　图 3－40　鲸骨胸衣 法国大革命后，象征平民的长裤取代了贵族式的短裤长袜，奠定日后男装的基本款式 工业革命使得布料得以大量生产，亦加速服装时尚变化，19 世纪初期流行罗马式高腰裙的“帝政样式”，1815 年以后开始流行 X 型的“浪漫主义”造型，19 世纪中叶以后裙撑越发巨大，并且向后发展，逐渐形成臀垫式的款式 20 世纪初，束腰对健康的危害成为社会共识，束腰逐渐从女装中消失   图 3－41　以纤腰著称的奥匈帝国伊丽莎白皇后

① 英文为 Panniers，有“篮形裙撑”“驮篮式裙撑”等名称，早期是在身体左右侧挂上篮状或袋状的裙撑，后来发展成宽而扁的笼子状，穿上礼服裙后有如会走路的餐桌。

文献阅读

1 礼记·冠义

礼记译解［M］. 王文锦，译解. 2版. 北京：中华书局，2016：817.

凡人之所以为人者，礼义也。礼义之始，在于正容体、齐颜色、顺辞令。容体正，颜色齐，辞令顺，而后礼义备。以正君臣、亲父子、和长幼。君臣正，父子亲，长幼和，而后礼义立。故冠而后服备，服备而后容体正、颜色齐、辞令顺。故曰：冠者，礼之始也。是故古者圣王重冠。

2 诗经·鄘风·君子偕老

诗经［M］. 王秀梅，译注. 北京：中华书局，2015：92－95.

君子偕老，副笄六珈。委委佗佗，如山如河，象服是宜。子之不淑，云如之何？

玼兮玼兮，其之翟也。鬒发如云，不屑髢也。玉之瑱也，象之揥也，扬且之皙也。胡然而天也？胡然而帝也？

瑳兮瑳兮，其之展也。蒙彼绉絺，是绁袢也。子之清扬，扬且之颜也。展如之人兮，邦之媛也！

3 金瓶梅词话·第十四回　花子虚着气丧身　李瓶儿送奸赴会（节选）

兰陵笑笑生. 梦梅馆校本金瓶梅词话［M］. 台北：里仁书局，2007：193－197.

一日正月初九日，李瓶儿打听是潘金莲生日。未曾过子虚五七，就买礼坐轿子，穿白绫袄儿，蓝织金裙，白苎布䯼髻，珠子箍儿，来与金莲做生日。

冯妈妈抱毡包，天福儿跟轿，进门就先与月娘插烛也磕了四个头，说道：“前日由头，多劳动大娘受饿，又多谢重礼！”

拜了月娘，又请李娇儿、孟玉楼拜见了。然后潘金莲来到，说道：“这个就是五娘。”又磕下头，一口一声称呼：“姐姐，请受奴一礼儿！”金莲那里肯受，相让了半日，两个还平磕了头。金莲又谢了他寿礼。

又有吴大娘子、潘姥姥，都一同见了李瓶儿，便请西门庆拜见。月娘道：“他今日门外玉皇庙打醮去了。”一面让坐下，换茶来吃了。

良久，只见孙雪娥走过来，李瓶儿见他妆饰少次与众人，便去起身来问道：“此位是何人？奴不知，不曾请见的。”

月娘道：“此是他姑娘哩。”这李瓶儿就要慌忙行礼，月娘道：“不劳起动二娘，只拜平拜儿罢。”于是二人彼此拜毕，月娘就让到房中，换了衣裳，分付丫鬟明间内放桌儿摆茶。

须臾围炉添炭，酒泛羊羔，安排上酒来。当下吴大妗子、潘姥姥、李瓶儿上坐。月娘和李娇儿主席，孟玉楼和潘金莲打横，孙雪娥回厨下照管，不敢久坐。

月娘见李瓶儿钟钟酒都不辞，于是亲自巡了一遍酒。又令李娇儿众人各巡酒一遍，颇嘲问他话儿。便说道："花二娘搬的远了，俺姊妹们离多会少，好不思想！二娘狠心，就不说来看俺们看儿。"

孟玉楼便道："二娘今日不是因与六姐做生日，还不来哩！"

李瓶儿道："好大娘三娘，蒙众娘抬举，奴心里也要来。一来热孝在身，二者拙夫死了，家下没人。昨日纔过了他五七，不是怕五娘怪，还不敢来。"因问："大娘贵降在几时？"

月娘道："贱日早哩！"

潘金莲接过来道："大娘生日八月十五，二娘好歹来走走。"

李瓶儿道："不消说，一定都来。"

孟玉楼道："二娘今日与俺姊姊相伴一夜儿呵，不往家去罢了。"

李瓶儿道："奴可知也和众位娘叙些话儿。不瞒众位娘说，小家儿人家，初搬到那里，自从拙夫没了，家下没人。奴那房子后墙，紧靠着乔皇亲花园，好不空！晚夕常有狐狸打砖掠瓦，奴又害怕。原是两个小厮，那个大小厮又走了。正是这个天福儿小厮看守前门，后半截通空落落的，倒亏了这个老冯是奴旧时人，常来与奴浆洗些衣裳，与丫头做鞋脚累他。"

月娘因问："老冯多大年纪？且是好个恩实妈妈儿，高言儿也没句儿！"

李瓶儿道："他今年五十六岁，属狗儿，男儿花女没有，只靠说媒度日。我这里常管他些衣裳儿。昨日拙夫死了，叫过他来与奴做伴儿。晚夕同丫头一炕睡。"

潘金莲嘴快，说道句："却又来，既有老冯在家里看家，二娘在这过一夜儿也罢了。左右那花爹没了，有谁管着你？"

玉楼道："二娘只依我，教老冯回了轿子不去罢。"那李瓶儿只是笑，不做声。

说话中间，酒过数巡。潘姥姥先起身往前边去了。潘金莲随跟着他娘，往房里去了。

李瓶儿再三辞："奴的酒勾了。"

李娇儿道："花二娘怎的在他大娘、三娘手里吃过酒，偏我递酒，二娘不肯吃？显的有厚薄。"于是拿大杯，只顾斟上。

李瓶儿道："好二娘，奴委的吃不去了，岂敢做假？"

月娘道："二娘你吃过此杯，略歇歇儿罢。"那李瓶儿方纔接了，放在面前，只顾与众人说话。

孟玉楼见春梅立在傍边，便问春梅："你娘在前边做甚么哩？你去连你娘潘姥姥快请来，你说大娘请来陪你花二娘吃酒哩。"

春梅去不多时，回来道："俺姥姥害身上疼，睡哩。俺娘在房里匀脸，就来。"

月娘道："我倒也没见，你倒是个主人家，把客人丢下，三不知往房里去了。俺姐儿一日脸不知匀多少遭数，要便走的匀脸去了。诸般都好，只是有这些孩子气。"

正说着，只见潘金莲上穿了香色潞紬雁衔芦花样对衿袄儿，白绫竖领，妆花眉子，溜金蜂赶菊钮扣儿；下着一尺宽海马潮云，羊皮金沿边挑线裙子，大红段子白绫高底鞋，妆花膝裤，青宝石坠子，球子箍，与孟玉楼一样打扮。惟月娘是大红段子袄，青素绫披袄，沙绿紬裙头，上带着䯼髻貂鼠卧兔儿。

玉楼在席上，看见金莲艳抹浓妆，鬓嘴边撇着一根金寿字簪儿，从外摇摆将来，戏道："五丫头，你好人见，今日是你个驴马畜，把客人丢在这里，你躲房里去了。你可成人养的？"那金莲笑嘻嘻向他身上打了一下。

玉楼道："好大胆的五丫头！你还来递一钟儿。"

李瓶儿道："奴在三娘手里吃了好少酒儿，已却勾了。"

金莲道："他的手里是他手里帐，我也敢奉二娘一钟儿。"于是揎起袖子，满斟一大杯递与，李瓶儿只顾放着不肯吃。

月娘陪吴大妗子从房里出来，看见金莲陪着李瓶儿的，问道："他潘姥姥怎的不来陪花二娘坐？"

金莲道："俺妈害身上疼，在房里歪着哩，叫他不肯来。"

月娘因看见金鬓上撇着那寿字簪儿，便问："二娘，你与六姐这对寿字簪儿，是那里打造的？倒且是好样儿，倒明日俺每人照样也配恁一对儿戴。"

李瓶儿道："大娘既要，奴还有几对儿，到明日每位娘都补奉上一对儿。此是过世公公宫里御前作带出来的，外边那里有这样范？"

月娘道："奴取笑斗二娘要子，俺姊妹们人多，那里有这些相送？"

众女眷饮酒欢笑，看看日西时分，冯妈妈在后边雪娥房里，管待酒，吃的脸红红的出来，催逼李瓶儿起身，不起身，好打发轿子回去。

月娘道："二娘不去罢，叫老冯回了轿子家去罢。"

李瓶儿只说："家里无人，改日再奉看列位娘，有日子住哩。"

孟玉楼道："二娘好执古，俺众人就没些分上儿。如今不打发轿子，等住回他爹来，少不的也要留二娘。"

自这说话，逼迫的李瓶儿就把房门钥匙递与冯妈妈。说道："既是他众位娘再三留我，显的奴不识敬重。分付轿子回去，教他明日来接罢。你和小厮家仔细门户。"又叫过冯妈妈，附耳低言："教大丫头迎春拿钥匙开我床房里头一个箱子，小描金头面匣儿里，拿四对金寿字簪儿，你明日早送来，我要送四位娘。"

那冯妈妈得了话，拜辞了月娘。月娘道："吃酒去。"冯妈妈道："我刚纔在后边姑娘房里，酒饭都吃了，明日老身早来罢。"一面千恩万谢出门，不在话下。

4 更衣记（节选）

张爱玲. 张爱玲经典作品选［M］. 北京：当代世界出版社，2002：21－28.

第一个严重的变化发生在光绪三十二三年。铁路已经不这么稀罕了，火车开始在中国人的生活里占一重要位置。诸大商港的时新款式迅速地传入内地。衣裤渐渐缩小，"阑干”与阔滚条过了时，单剩下一条极窄的。扁的是“韭菜边”，圆的是“灯果边”，又称“线香滚”。在政治动乱与社会不靖的时期——譬如欧洲的文艺复兴时代——时髦的衣服永远是紧匝在身上，轻捷俐落，容许剧烈的活动，在十五世纪的意大利，因为衣裤过于紧小，肘弯膝盖，筋骨接榫处非得开缝不可。中国衣服在革命酝酿期间差一点就胀裂开来了。“小皇帝”登基的时候，袄子套在人身上象刀鞘。中国女人的紧身背心的功用实在奇妙——衣服再紧些，衣服底下的肉体也还不是写实派的作风，看上去不大象个女人而象一缕诗魂。长袄的直线延至膝盖为止，下面虚飘飘垂下两条窄窄的裤管，似脚非脚的金莲抱歉地轻轻踏在地上。铅笔一般瘦的裤脚妙在给人一种伶仃无告的感觉。在中国诗里，“可怜”是“可爱”的代名词。男子向有保护异性的嗜好，而在青黄不接的过渡时代，颠连困苦的生活情形更激动了这种倾向。宽袍大袖的，端凝的妇女现在发现太福相了是不行的，做个薄命的人反倒于她们有利。

那又是一个各趋极端的时代。政治与家庭制度的缺点突然被揭穿。年轻的知识阶级仇视着传统的一切，甚至于中国的一切。保守性的方面也因为惊恐的缘故而增强了压力。神经质的论争无日不进行着，在家庭里，在报纸上，在娱乐场所。连涂脂抹粉的文明戏演员，姨太太们的理想恋人，也在戏台上向他的未婚妻借题发挥，讨论时事，声泪俱下。

一向心平气和的古国从来没有如此骚动过。在那歇斯底里的气氛里，“元宝领”这东西产生了——高得与鼻尖平行的硬领，像缅甸的一层层叠至尺来高的金属项圈一般，逼迫女人们伸长了脖子。这吓人的衣服与下面的一捻柳腰完全不相称，头重脚轻，无均衡的性质正象征了那个时代。民国初建立，有一时期似乎各方面都有浮面的清明气象。大家都认真相信卢骚的理想化的人权主义。学生们热诚拥护投票制度，非孝，自由恋爱。甚至于纯粹的精神恋爱也有人实验过，但似乎不会成功。

时装上也显出空前的天真，轻快，愉悦。“喇叭管袖子”飘飘欲仙，露出一大截玉腕。短袄腰部极为紧小。上层阶级的女人出门系裙，在家里只穿一条齐膝的短裤，丝袜也只到膝为止，裤与袜的交界处偶然也大胆地暴露了膝盖，存心不良的女人往往从袄底垂下挑拨性的长而宽的淡色丝质的裤带，带端飘着排穗。

民国初年的时装，大部分的灵感是得自西方的。衣领减低了不算，甚至被蠲免了的时候也有。领口挖成圆形，方形，鸡心形，金刚钻形。白色丝质围巾四季都能用。白丝袜脚跟上的黑绣花，象虫的行列，蠕蠕爬到腿肚子上。交际花与妓女常常有戴平光眼镜以为美的。舶来品不分皂白地被接受，可见一斑。

军阀来来去去，马蹄后飞沙走石，跟着他们自己的官员，政府，法律，跌跌绊绊赶上去的时装，也同样的千变万化。短袄的下摆忽而圆，忽而尖，忽而六角形。女人的衣服往常是和珠宝一般，没有年纪的，随时可以变卖，然而在民国的当铺里不复受欢迎了，因为过了时就一文不值。

时装的日新月异并不一定表现活泼的精神与新颖的思想。恰巧相反。它可以代表呆滞；由于其他活动范围内的失败，所有的创造力都流入衣服的区域里去。在政治混乱期间，人们没有能力改良他们的生活情形。他们只能够创造他们贴身的环境——那就是衣服。我们各人住在各人的衣服里。

一九二一年，女人穿上了长袍。发源于满洲的旗装自从旗人入关之后一直与中土的服装并行着的，各不相犯，旗下的妇女嫌她们的旗袍缺乏女性美，也想改穿较妩媚的袄裤，然而皇帝下诏，严厉禁止了。五族共和之后，全国妇女突然一致采用旗袍，倒不是为了效忠于清朝，提倡复辟运动，而是因为女子蓄意要模仿男子。在中国，自古以来女人的代名词是“三绺梳头，两截穿衣”。一截穿衣与两截穿衣是很细微的区别，似乎没有什么不公平之处，可是一九二〇年的女人很容易地就多了心。她们初受西方文化的熏陶，醉心于男女平权之说，可是四周的实际情形与理想相差太远了，羞愤之下，她们排斥女性化的一切，恨不得将女人的根性斩尽杀绝。因此初兴的旗袍是严冷方正的，具有清教徒的风格。政治上，对内对外陆续发生的不幸事件使民众灰了心。青年人的理想总有支持不了的一天。时装开始紧缩。喇叭管袖子收小了。一九三〇年，袖长及肘，衣领又高了起来，往年的元宝领的优点在它的适宜的角度，斜斜地切过两腮，不是瓜子脸也变了瓜子脸，这一次的高领却是圆筒式的，紧抵着下颔，肌肉尚未松弛的姑娘们也生了双下巴。这种衣领根本不可恕。可是它象征了十年前那种理智化的淫逸的空气——直挺挺的衣领远远隔开了女神似的头与下面的丰柔的肉身。这儿有讽刺，有绝望后的狂笑。

当时欧美流行着的双排钮扣的军人式的外套正和中国人凄厉的心情一拍即合。然而恪守中庸之道的中国女人在那雄赳赳的大衣底下穿着拂地的丝绒长袍，袍叉开到大腿上，露出同样质料的长裤子，裤脚上闪着银色花边。衣服的主人翁也是这样的奇异的配答，表面上无不激烈地唱高调。骨子里还是唯物主义者。

近年来最重要的变化是衣袖的废除。（那似乎是极其艰难危险的工作，小心翼翼地，费了二十年的工夫方才完全剪去。）同时衣领矮了，袍身短了，装饰性质的镶滚也免了，改用盘花钮扣来代替，不久连钮扣也被捐弃了，改用嵌钮。总之，这笔账完全是减法——所有的点缀品，无论有用没用，一概剔去。剩下的只有一件紧身背心，露出颈项、两臂与小腿。

现在要紧的是人，旗袍的作用不外乎烘云托月忠实地将人体轮廓曲曲勾出。革命前的装束却反之，人属次要，单只注重诗意的线条，于是女人的体格公式化，不脱衣服，不知道她与她有什么不同。

我们的时装不是一种有计划有组织的实业，不比在巴黎，几个规模宏大的时装公司如 Lelong's Schiaparelli's，垄断一切，影响遍及整个白种人的世界。我们的裁缝却是没主张的。公众的幻想往往不谋而合，产生一种不可思议的洪流。裁缝只有追随的份儿。因为这缘故，中国的时装更可以作民意的代表。

究竟谁是时装的首创者，很难证明，因为中国人素不尊重版权，而且作者也不甚介意，既然抄袭是最隆重的赞美。最近入时的半长不短的袖子，又称“四分之三袖”，上海人便说是香港发起的，而香港人又说是上海传来的，互相推诿，不敢负责。

一双袖子翩翩归来，预兆形式主义的复兴。最新的发展是向传统的一方面走，细节虽不能恢复，轮廓却可尽量引用，用得活泛，一样能够适应现代环境的需要。旗袍的大襟采取围裙式，就是个好例子，很有点“三日入厨下”的风情，耐人寻味。

思考与讨论

1. 在部分人沉迷于“消费主义”的今日，“快时尚”成为一种服装界常见的营销策略，通过快速地模仿、生产新款时装，并以相对名牌低廉许多的平价出售，快速攻占市场。

但是“快时尚”造成的过度生产与过度消费现象，以及制造环节中产生的大量污染，和对廉价劳工的剥削问题，也为人们所诟病。

问题1：你经常购买衣服吗？请谈谈你的服装打扮在日常开销中所占的比例，以及你是如何处理过季的旧衣物的。

问题2：你认为服装产业应该如何平衡获利与社会责任？

2. 2018年夏季，随着《延禧攻略》的收视长虹，剧中运用的通草、绒花、点翠、纺织工艺等传统元素也大受观众注目。

南京与扬州的绒花业过去曾盛极一时，但早已成为只剩老师傅支撑，无人接手的“夕阳产业”。在影视的推动下，本来乏人问津的绒花在淘宝热卖，也让坚持绒花制作的“非遗传承人”有了传承这项工艺的希望。

问题1：你如何看待“汉服”“非遗工艺”的商业化现象？

问题2：传统服饰文化在现代社会应当如何传承？

推荐阅读

1.《图解天工开物》：“贰　乃服”与“叁　彰施”，参见：宋应星. 图解天工开物［M］. 海口：南海出版公司，2007.

2.《衣冠楚楚：中国传统服饰文化》：“第八章　中国传统服饰的文化特色”，参见：吴欣. 衣冠楚楚：中国传统服饰文化［M］. 济南：山东大学出版社，2017.

3.《品味奢华：晚明的消费社会与士大夫》：“第三章　流行时尚的形成——以服饰文化为例”，参见：巫仁恕. 品味奢华：晚明的消费社会与士大夫［M］. 北京：中华书局，2008.

4. 撷芳主人. 大明衣冠图志［M］. 北京：北京大学出版社，2016.

引言

古建筑是什么？古建筑是凝固的诗，是木头的碑，是遗世的美，彰显着自强不息的匠人精神！古建筑，作为中国传统文化的结晶，既是古人智慧的物质载体，也是当今全球化趋势下，中华民族独立性的最佳代表之一。这引发了现代人对传统建筑艺术的重新认识。

建筑是什么？建筑是人们为了满足社会生活需要，利用所掌握的物质技术手段，并运用一定的科学规律、环境理念和美学法则创造的人工环境。

举世皆知，中华文化历史悠久，中国古建筑艺术异彩纷呈。唐际根先生指出，考古发现证明中国古建筑的历史超过 8 000 年。[①②]

然而，就在 100 年前西方人撰写的建筑史中，称西方建筑为“历史传统的”，把东方建筑称为“非历史传统的”。英国人詹姆斯·弗格森（James Fergusson）所著的《印度及东洋建筑史》（*History of Indian and Eastern Architecture*）竟有如此谬论：“中国无哲学，无文学，亦无艺术。建筑作为艺术毫无观赏价值，只不过是一种工业而已，极其低俗，极其不合理，如同儿戏。”当时欧洲人对东方建筑科学文化艺术无知，他们以为中国建筑千篇一律，没有风格！不少日本学者更是倡言，如果要看唐代以前的伟大古建筑，只能到日本的京都和奈良！[③④]

---

① 根据 2012 年中央电视台纪录片《中国古建筑》第 1 集嘉宾，中国社会科学院考古研究所唐际根研究员的发言整理。

② 参考《中国古建筑大系》（10 卷，中国建筑工业出版社，1993 年出版）；《中国建筑艺术全集》（24 卷，中国建筑工业出版社，1999 年出版）；《中国古代建筑史》（5 卷，中国建筑工业出版社，2009 年出版）；《中外建筑史》（同济大学出版社，2010 年出版）。

③ FERGUSSON J，BURGESS J，SPIERS R P. History of Indian and eastern architecture [M]. 2nd ed. London：John Murray，1910.

④ 伊东忠太. 中国建筑史 [M]. 廖伊庄，译. 北京：中国书画出版社，2017：2－6.

对于这种“无知”，百年来众多学者专家和建筑学业界建筑师不断地驳斥和纠正。其中包括“建筑侠侣”梁思成和林徽因夫妇、中国营造学社的成员[①]，外国学者日本伊东忠太先生、美国费正清（J. K. Fairbank）和费慰梅夫妇（Wilma Fairbank）等。中国古建筑目前已被公认是世界三大建筑体系之一，其他两个是欧洲及伊斯兰建筑体系。而中国传统建筑与古埃及、古西亚、古印度、古爱琴海、古美洲建筑一样，属于世界六支原生的古老建筑体系，每年大量外国游客和专家学者纷至沓来，对于中国古代建筑和传统民居产生了浓厚的研究兴趣。截至2019年9月，中国已有55项世界文化和自然遗产列入《世界遗产名录》[②]，其中很多与传统建筑相关。

事实上中国古建筑的建筑设计理念独特，别具风格。借用黑格尔（G. W. F. Hegel，1770—1831）美学理论中的术语来说，不论是“象征型建筑”的中国汉唐宫殿，“理想型建筑”的西周四合院民居，还是“浪漫型建筑”的江南园林，千年之下仍可看出中华民族的独特设计智慧，留给现代人宝贵的生活哲学启示！[③]

正如梁思成的弟子、清华大学楼庆西先生说：“要让我们中国人，对我们中国的传统建筑文化感到骄傲。需要了解它，理解它，调动大家去关注中国传统建筑，从它中间看到美，看到艺术，看到价值。”第四讲的学习目标是让学生认识和欣赏中国古代城市、宫殿、民居和园林的建筑艺术，进而参与古建筑的文化传承与保护。

---

① 中国营造学社做出重大贡献的社员包括：朱启钤、梁思成、刘敦桢和罗哲文。

② World Heritage List［EB/OL］.［2019-09-16］. http://whc.unesco.org/en/list/.

③ 黑格尔. 美学［M］. 朱光潜，译. 北京：商务印书馆，1997.

一、发展与变迁

从史前时代遮风避雨的简陋住所，到武则天朝气势恢宏的明堂；从“墙倒屋不塌”的斗拱民居，到“非壮丽无以重威”的明清宫殿，中国古建筑身上每一条斑驳的裂痕，仿佛都充满着诉说不尽的故事。

中国建筑逐步形成了一种成熟的、独特的体系，不论在城市规划、建筑群、园林、民居、建筑空间处理、建筑艺术与材料结构的和谐统一、设计方法、施工技术等方面，都有卓越的创造与贡献。直到今天，这些方面仍可供我们创造现代化而又民族化的中国特色建筑参考和借鉴。①

笔者参考过梁思成、伊东忠太、李允鉌等众多著名学者的研究，现将中国古建筑的分期简介如下，从中可以看出在同一时期中外所对应的不同历史文化和建筑风格。

（1）创立时期：周代至春秋战国时代（日本神武天皇即位），相当于古埃及、西亚及希腊建筑时期（前11—前3世纪）。

（2）成熟时期：秦汉时期（日本上古），相当于希腊化及罗马化时期（前3—3世纪）。

（3）融会时期：融会外来文化的魏晋南北朝时期（日本上古），相当于欧洲早期基督教、拜占庭建筑时期（3—6世纪）。

（4）全盛时期：隋唐时期（日本飞鸟、奈良、平安时代），相当于欧洲拜占庭、罗马纳斯克及早期哥特式时期（6—10世纪）。

（5）延续时期：宋、辽、金、元时代（日本藤原、镰仓时代），相当于欧洲哥特式建筑时期（10—14世纪）。

（6）成熟（停滞）时期：明清时代（日本室町、江户时代），相当于欧洲文艺复兴建筑以及其后产生的各种形式和流派的时期（14—19世纪）。②③④

欧洲希腊—罗马文化（Grece-Roman Culture）的古建筑以基督教的大教堂为代表，而中国的古建筑则不乏规模宏大的皇城与宫殿。因此，从宏观方面理解中国的皇城与宫殿的规划（urban planning）理念，是掌握古建筑理念的一条线索。此外，中国还有大量异彩纷呈的民居，是欣赏中国古建筑之美的另一条线索。为大家准备的中国古建筑之旅，就从古代原始人出没的新石器时代开始吧。

---

① 梁思成．图像中国建筑史［M］．北京：中国建筑工业出版社，2016：5－10．

② 梁思成．中国建筑史［M］．上海：百花文艺出版社，1998．

③ 伊东忠太．中国建筑史［M］．廖伊庄，译．北京：中国书画出版社，2017．

④ 李允鉌．华夏意匠：中国古典建筑设计原理分析［M］．天津：天津大学出版社，2005．

（一）新石器时代：半坡遗址的原始小屋

新石器时代具有代表性的房屋遗址主要有两种：一种是流行于长江流域多水地区的由巢居发展而来的“干阑式建筑”。另一种是流行于黄河流域由穴居发展而来的“木骨泥墙房屋”。约公元前4800—前4300年，中国陕西西安半坡村和临潼姜寨村有氏族社会聚居遗址，出现木构架房屋雏形；约公元前5000—前3300年，中国浙江余姚河姆渡留存大型木构榫卯干阑式房屋。

中国先民的第一间房子已不可考，但甲骨文提供了有用的线索：

“家”的甲骨文字形，上面是“宀”（mián），尖顶的中式房子，下面是“豕”（即猪），表示屋里养着一头猪。原始人类定居畜养，安居乐业，家和万事兴，乃是文化进步的开始。①

中国古代文献也有与建筑相关的文字记载。

《礼记·礼运》：“昔先王未有宫室，冬则居营窟，夏则居橧巢。”《易经·系辞》：“上古穴居而野处，后世圣人易之以宫室，上栋下宇，以待风雨，盖取诸大壮。”这段文字被认为是最早有关建筑概念的理论，描绘了中国古时期房屋由穴变室的过程。《韩非子·五蠹》中记载：“上古之世，人民少而禽兽众，人民不胜禽兽虫蛇。有圣人作，构木为巢以避群害，而民悦之，使王天下，号曰有巢氏。”这段文字则明确了建筑最开始形成的原因，即远古时期民力孱弱，在与自然对抗过程中生存较为困难，于是以建巢来增强生存能力。

让时光回溯到史前，回到考古发现的新石器时代半坡文化遗址。

半坡遗址位于陕西省西安市东郊，是黄河流域一处典型的原始社会母系氏族公社村落遗址，属新石器时代仰韶文化，距今6 000年以上。已发掘出46座房屋，出土生产工具和生活用品约1万件。

从中国古建筑的角度看，新石器时代的半坡遗址对后世有三个启示。第一是聚落的布局成为后世城市的雏形，第二是建立圆形及方形的小屋，第三是众多小屋的中央有一所较大的议事厅，这可能是中国古代宫殿的雏形。

首先，半坡聚落总面积约5万平方米，呈圆形的聚落内，密集排列了46座房屋，有方形和圆形两种，面积20～40平方米。整个居住区的周围，有一条宽和深5～6米的壕沟，起到防卫的作用。壕沟外为公墓区及陶窑区。这种早期的原始聚落，可以说是后世城市的雏形。

其次，半坡人的住房，从已发现的房屋遗迹来看，有圆形的，也有方形的，有半地穴式的，也有地面上的，这些房屋均采用木骨涂泥的构筑方法。半坡晚期的方形房屋，是从早期的“半地穴式”发展而来的。这种房屋完全用椽、木板和黏土混合建筑而成。整个房子用12根木桩支撑，木柱排列3行，每行4根，形成规整的柱网，初具“间”的雏形，它是我国以间架木为单位的“墙倒屋不塌”的古典木构框架式建筑。

---

① 家［EB/OL］.［2018－07－28］. http://www.vividict.com/WordInfo.aspx?id＝3041.

最后，半坡的议事厅有一个窄长的入口，随后是一座约160平方米的大房子，前面是活动空间，后面则分为3个小间。前面的空间是供氏族成员聚会、议事的场所；后面3个小间，应该是氏族公社最受尊重的老祖母或氏族首领的住所。因为要扩大空间，所以技术上就需要横梁了。

《墨子·辞过》中记载："古之民，未知为宫室时，就陵阜而居，穴而处下，润湿伤民，故圣王作为宫室。为宫室之法，室高足以辟湿润，边足以围风寒，上足以待雪霜雨露。"古代社会中的"前朝后寝"的宫室正是源于半坡这种"前堂后室"的大房子，以大房为中心，四周围绕众多小房屋。

尽管世界建筑异彩纷呈，但越往上溯源，它们的一致性越强。那些取自自然的最基本的建筑结构方式——支柱、梁架、屋顶，被中国人、埃及人、玛雅人、希腊人选择下来，并各自演绎着他们的建筑之梦。尽管随后建筑外形呈现出区域性差异，光怪陆离的当代建筑风格令人难以捉摸，但作为规范与理想的来源，半坡遗址的原始小木屋让后人重新思考"为什么建筑?"和"我们要建筑什么?"的问题。①②

（二）商周：殷商宫殿、西周四合院

1. 殷商宫殿

中国建筑的创立时期，是从周代至春秋战国时代，相当于古埃及、西亚及希腊建筑时期（前11——前3世纪）。

从夏商周三代到明清，中国历代统治者都喜欢盖雄伟的宫殿，以彰显皇权至高无上。中国以下6个宫殿都青史留名，代表了一定的建筑成就：①殷商宫殿——最古遗址；②春秋高台——帝王至尊；③秦阿房宫——渭水仙境；④唐大明宫——气魄雄伟；⑤宋代宫殿——千步廊和工字殿；⑥明清故宫——严整对称。其中最早的宫殿是殷商宫殿。

关于殷商宫殿的建筑，考古出土的包括：河南偃师二里头夏代宫殿遗址、湖北黄陂盘龙城商代中期宫殿遗址和河南安阳殷墟商代晚期宗庙、宫室遗址。

殷墟的洹北商城位于河南省安阳市，城址大体呈方形，东西宽2.15公里，南北长2.2公里，总面积约4.7平方公里。考古只发现夯土台基，没有瓦的遗存。说明夏商两代宫室仍处于"茅茨土阶"的原始阶段。正如王贵祥先生指出，最古遗址的殷商宫殿，与半坡遗址相比，多了台基，高度至少1米，最高的达到3米即一层楼，此外还有严格的"中轴线"布局，成为数千年来中国历代城市的特征。

殷墟建筑特色造型庄重肃穆、质朴典雅，反映出中国古代建筑特有的均衡感、秩序感和审美意趣，集中体现了殷商时期的宫殿建设格局、建筑艺术、建筑方法、建筑技术，代表了中国古代早期宫殿建筑的先进水平，其中二里头与殷墟中区都沿轴线做庭院布置，

① 根据2012年中央电视台纪录片《中国古建筑》第1集嘉宾，中国社会科学院考古研究所唐际根研究员的发言整理。

② 夏娃. 建筑艺术简史［M］. 合肥：合肥工业大学出版社，2006：2-3.

是中国 3 000 余年院落式宫室布局的先驱。①

2. **西周四合院民居**

考古发现最早的西周四合院民居，在陕西岐山县凤雏村。这个西周初年的建筑遗址，是一个相当严整的两进四合院式的建筑。这个遗址既可以证实古代文献上的一些记载，又可以看出当时的建筑并非像儒家经典上所规定的那样死板，可能令一些学者大吃一惊。

这个遗址与文献记载不同之处包括：第一，除庭院外，所有建筑物都建在台上；第二，堂前有三阶而非两阶；第三，堂上楹柱达到 10 根而非 2 根，而且立在屋顶下而并非在堂边；第四，堂与室并不由户、牖相通，而是以廊相连，廊的左右形成第二进的两个小庭院，面对着室的门也有阶。

遗址中的某些部分与记载相合。例如，大门外有影壁，大门旁有塾，庭院的左右有廊庑（很像后代的厢房）等。

（三）春秋战国：高台宫室

春秋战国时代，宫廷建筑盛行高台宫室，乃是象征型建筑，彰显了帝王至尊的至高无上，祈祷与上天沟通的神圣处所。陕西岐山凤雏西周早期的宫室遗址出土了瓦，数量少，可能主要用于檐部和脊部，春秋战国时才广泛用于宫殿。此外，春秋时代各国开始建造长城。

根据《仪礼》记载，春秋时期士大夫住宅由庭院组成，入口有屋三间，明间为门，左右次间为塾；门内为庭院，上方为堂，即为生活起居之用，又是会见宾客、举行仪式的地方；堂左右为厢，堂后为寝。

（四）汉代：未央宫、明堂辟雍

中国建筑的成熟时期，大约在秦汉时期，相当于欧洲的希腊化及罗马化时期（前 3—3 世纪）。汉代建筑的突出表现是木架建筑渐趋成熟。砖石建筑和拱券结构有了很大发展。常见的抬梁式和穿斗式两种主要木结构形成。汉代古建筑的代表作是未央宫和明堂辟雍，两者均名震古今。

1. **汉未央宫**

《史记》记载着一个故事：汉高祖刘邦，征战回来，见到宫殿建筑得过于奢华而动怒。主持工程规划的萧何（约前 257—前 193）冷静地对他说："天子以四海为家，非壮无以重威，且无令后世有以加也！"萧何的意思是说：宫殿不单是为了居住，而是带有象征意义，以壮丽的风格来彰显皇权威严，更要一次完成，不要让后世不停地加建。萧何不单成功说服了刘邦而让工程完成，更为中国日后的宫殿下了定义：象征型建筑，在实

---

① 根据 2012 年中央电视台纪录片《中国古建筑》第 1 集嘉宾，清华大学建筑学院王贵祥教授发言整理。

用以外兼具更深层次的文化意义。

现在以西汉初年修建的未央宫前殿考古遗址为例，考察一下象征型建筑的内涵。

“未央”一词最早出自《诗经·小雅·鸿雁之什·庭燎》：“夜如何其？夜未央，庭燎之光。”诗中的“未央”解作“未尽”“未已”。

未央宫建成之后，西汉皇帝都居住在这里，未央宫成为西汉200余年间的政令中心。在此发生过许多重大历史事件，举凡皇帝登基、大典、重要朝会等，都在此举行。未央宫更是中国古代“丝绸之路”的东方起点，张骞就是在未央宫领取汉武帝的旨意出使西域的。因此，未央宫揭示了丝路发展初期西汉帝国的都城城市文化特征和文明发展水平，见证了西汉帝国对丝路开创所发挥的决定性作用。西汉以后，未央宫仍是多个朝代的理政之地，隋唐时也被划为禁苑的一部分，存世1 041年，是中国历史上使用朝代最多、存在时间最长的皇宫。

象征型建筑未央宫的第一个特征就是“大”。建筑学者估计未央宫总面积有北京紫禁城的6倍之大，未央宫前殿遗址比明清的太和殿大16倍之多。

未央宫的第二个特征就是采用中轴线，然后分左右的格局。总体的布局呈长方形之状，四面筑有围墙。长乐宫与未央宫分列于汉长安城安门大街东西两边，因而它们又分别称为东宫和西宫。汉代尚“右”，方位以“西”为尊，西宫就是皇室正宫。

从象征型建筑来分析，未央宫又称“紫宫”或“紫微宫”，中国古代天文学家分天体恒星为三垣，中垣有紫微十五星，也称紫宫。紫宫是天帝的居室，把未央宫称为紫宫，是因为它是人间皇帝的宫城。未央宫是中国古代规模最大的宫殿建筑群之一，亭台楼榭，山水沧池，布列其中，其建筑形制深刻影响了后世宫城建筑，奠定了中国两千余年宫城建筑的基本格局。宫殿与园林合一，未央宫宫苑的池塘、树木，布局自由，富有园林气息。①

2. 明堂辟雍

汉代另一地标性建筑是主要用于礼仪的“明堂辟雍”，深具“天人合一”与“天圆地方”的象征。

汉代的“明堂辟雍”位于长安，它是中国古代最高等级的皇家礼制建筑之一。皇帝是“天子”，皇帝在“明堂”祈祷于天。此外，它也是颁布政令，接受朝觐和祭祀天地诸神以及祖先的场所。

“辟雍”即明堂外面环绕的圆形水沟，环水为雍（意为圆满无缺），圆形像辟（辟即璧，皇帝专用的玉制礼器），象征王道教化圆满不绝。

从象征型建筑来分析，“明堂辟雍”身处一座方城之内，“辟雍”是圆形的，其中的“明堂”又是方形的。

“明堂辟雍”充满数字象征意义。明堂中心太室为方殿圆顶。圆顶直径3丈（约10米），天为阳，3为阳数；方殿每面6丈（约20米），地为阴，6为阴数，形、数相合，

① 李毓芳. 汉长安城未央宫的考古发掘与研究［J］. 文博，1995（3）：82－93.

象征天圆地方。建筑通高 81 尺（约 27 米），象征“黄钟九九之数”；9 室象征九州；12 堂象征十二月、十二辰；28 柱象征二十八宿；36 户象征三十六雨；明堂每面 24 丈象征二十四节气等。①

（五）隋唐：赵州桥、武则天明堂、长安城

中国建筑的融会时期，是融会外来文化的魏晋南北朝时期，相当于欧洲早期基督教、拜占庭建筑时期（3—6 世纪）。至于全盛时期，当然是隋唐时期（日本飞鸟、奈良、平安时代），相当于欧洲拜占庭、罗马纳斯克及早期哥特式时期（6—10 世纪），中国建筑理念、风格和建造方法影响日本、韩国、泰国等亚洲国家。

1. 赵州桥

被称为“中国第一桥”的赵州桥，又称安济桥，由著名匠师李春设计建造，坐落在河北省赵县，距今已有 1 400 多年的历史。

梁思成说：“河北赵县安济桥……可称为中国工程界一绝。”英国剑桥大学李约瑟先生说：“在西方圆弧拱桥都被看作是伟大的杰作，而中国的杰出工匠鲁班，约在 610 年修筑了可与之辉映，甚至技艺更加超群的拱桥。”

1991 年，美国土木工程师学会选定中国的赵州桥为世界第 12 处“国际土木工程历史古迹”，并在桥北端东侧建造了“国际历史土木工程古迹”铜牌纪念碑。桥梁专家福格·迈耶（H. Fugl-Meyer）的赞词说：“罗马拱桥属于巨大的砖石结构建筑……独特的中国拱桥是一种薄石壳体……中国拱桥建筑，最省材料，是理想的工程作品，满足了技术和工程双方面的要求。”②

至今，来往赵州桥的中外游人不绝于途，可以说它是功在当代，利在千秋。

2. 武则天明堂

中国建筑西北设计院张锦秋总设计师说：“建筑是时代的缩影，唐代建筑风格充满自信，博大恢宏。”这正好可以用来形容武则天明堂。

唐初议建明堂，在《旧唐书·礼仪志》中留下了详细的记载。它是一个集中了儒、道、阴阳、堪舆各家象数观念，象征含义非常丰富的巨大楼阁，在建筑艺术史上有着重要的地位。明堂基座正八角形，直径 280 尺（约 93. 33 米），高 12 尺（即 4 米）；上建两层方形楼阁，通高 90 尺；上下两层都是重檐，最上面是圆形屋顶。全部建筑从平面、高度尺寸，到栏杆、窗棂、斗拱构件的数目，都做了详细规定，共达 50 项之多。每项数字都有所象征，象征含义引自《周易》《尚书》《礼记》《道德经》《河图》《淮南子》《易纬》等书。例如，庭院每面 360 步，为“乾策二百一十六”与“坤策一百四十四”之和；门宇 5 间，为阳数三、阴数二之和；堂心柱高 55 尺，为“大衍之数”；飞椽 929 根，为“从子至午之数”等。

---

① 张一兵. 明堂制度研究［M］. 北京，中华书局，2005.

② 刘丽，王正明. 赵州桥多维价值的现代研究［J］. 古建园林技术，2007（1）：18－21.

这座明堂以下层方形象征四时，中层八角象征十二辰，上层圆形象征二十四节气。另于室内中央用铁铸成水渠以象征辟雍。明堂有上下贯通的巨木中柱，作为斗拱梁架依附的主干。明堂后建有高五层的天堂，内置高百尺的夹纻佛像。天堂的第三层已高过明堂，是更高大的建筑。明堂、天堂的规模和复杂程度超过唐两京所有宫殿，高达今日的二十多层楼高，前后两次建造，日役万人，都没有超过一年时间。清华大学建筑学院段智钧博士认为其反映当时的建筑设计、施工能力已达到封建社会的最高水平。①②

3. **长安城**

名震古今的唐代长安城，是中国先秦至晚清的8座有代表性的首都城市之一。这8座城市的主要特点简列如下：①先秦咸阳——离宫别馆；②西汉长安——七星伴月；③北魏洛阳——城郭严谨；④南朝建康——秦淮纡余；⑤隋大兴——规模宏大；⑥唐长安——里坊中正；⑦宋东京——繁华拥挤；⑧元大都、明清北京——横平竖直，中轴对称，皇权至上。

唐长安城是在隋代大兴城的基础上，按照中国传统规划思想和建筑风格建设起来的城市，所谓“定鼎之基永固，无穷之业在斯”，它关系到国家的巩固与发展。唐代三大诗人之一的白居易在《登观音台望城》一诗中，曾写下“百千家似围棋局，十二街如种菜畦”的名句。

唐长安城由外郭城、皇城和宫城、禁苑、坊市组成，面积近百平方千米（包括唐代新建大明宫、西内苑、东内苑），是世界历史上面积最大的都城。城内百业兴旺，宫殿参差毗邻，最多时人口超过100万，显示出古代中国民居建筑规划设计的高超水平。

唐长安城的城池在规划过程中包含天人合一的思想观念。“法天象地”，帝王为尊，百僚拱侍。为容纳更多的人口以及迁徙江南被灭各国贵族以实京师的宏伟计划，将城池建设得超前迈古，面积达84平方千米，是汉长安城的2.4倍，明清北京城的1.4倍，比同时期的拜占庭帝国（Byzantine Empire）都城君士坦丁堡（Istanbul，昔称Constantinople）大7倍，较公元800年所建的巴格达城（Baghdad）大6.2倍，古罗马城也只是它的五分之一，此后几千年间，它一直是人类建造的最大都城，是当之无愧的“世界第一城”。

从象征型建筑的角度分析，宫城、皇城、外郭平行排列，以宫城象征北极星，以为天中；以皇城百官衙署象征环绕北辰的紫微垣；外郭城象征向北环拱的群星。因此，唐人即有诗吟“开国维东井，城池起北辰”，说的就是这种布局效应。当然，它也是封建皇帝据北而立，面南而治的儒家传统思想的一种体现，它作为历代帝王治国总的指导思想，贯穿始终，也体现到都城的规划布局上，增加了皇帝君权神授思想的神秘色彩。

据宋敏求《长安志》引《隋三礼图》记载，大兴城的街数、坊数的设计也都有所依凭。皇城之南四坊，以象四时；南北九坊，取则《周礼》九逵之制；皇城两侧外城南北

① 根据2012年中央电视台纪录片《中国古建筑》第2集嘉宾，中国建筑西北设计院张锦秋总设计师和清华大学建筑学院段智钧博士的发言整理。

② 虞甜甜，欧必胜．唐东都“武则天明堂”建筑概览［J］．兰台世界，2015（18）：56－57.

一十三坊，象一年有闰。

长安城中东西、南北交错的25条大街，将全城分为两市108坊。其中以朱雀大街为界将城区分为东西两部分：东部隶属万年县，本应有55坊，因城东南角曲江风景区占去两坊之地，故实领53坊；西部属于长安县，有一市55坊。

一百零八坊排列的象征寓意：108坊恰好对应寓意108位神灵的108颗星曜（如《水浒》中的108将）；南北排列13坊，象征着一年有闰；皇城以南，东西各4坊，象征着一年四季；皇城以南，南北9坊，象征着《周礼》一书中所记载的所谓“五城九逵”。

从城市的平面布局来看，规划者严格讲求左右对称。全城以宫城的承天门、皇城的朱雀门和外郭城的明德门之间的连线，也即承天门大街（亦名天街）和朱雀大街为南北向中轴线，以此为中心向左右展开。为突出北部中央宫城的地位，以承天门、太极殿、两仪殿、甘露殿、延嘉殿和玄武门等一组组高大雄伟的建筑物压在中轴线的北端，以其雄伟的气势来展现皇权的威严。①

（六）宋元：《营造法式》规范官方及民间建筑

中国建筑的延续时期：宋、辽、金、元时代，相当于欧洲哥特式建筑时期（10—14世纪）。

这个时期最值得注意的建筑大事，是宋代李诫（1035—1110）编辑和出版《营造法式》一书，以规范宫殿及民居的建造标准，该书也记载了世界级建筑模数制设计的斗拱。全书共34卷，分释名、制度、功限、料例和图样共五部分。《营造法式》成为当时官方建筑的规范。特别值得重视的是，书中提出了一整套木构架建筑的模数制设计方法。《营造法式》规定，凡设计和建造房屋，都要以“材”作为依据。“材”有八个等级，可以按房屋的种类和规模来选用。中国古代的技术书籍，多重文字，很少图样。《营造法式》不仅内容十分丰富，而且附有非常珍贵的建筑图样，开创了图文并茂的一代新风。附图共占6卷，凡是各种木制构件、屋架、雕刻、彩画、装修等都有详细图样。这些图样细腻逼真，丰富多彩。其中既有工程图，也有彩画画稿，既有分件图，也有总体图，充分反映了中国古代工程制图学和美术工艺的高度水平。这些图样不仅能够帮助人们更清楚地理解文字表达的内容，而且可以使人们从中看出当时的建筑艺术风格。②③④

《营造法式》详细记载了斗拱。斗拱是中国建筑中特有的构件，宋《营造法式》中称为“铺作”，清工部《工程做法》中称“斗科”，通称为“斗拱”。斗拱是由方形的斗、升、拱、翘、昂组成，是较大建筑物的柱与屋顶间的过渡部分。其功用在于承受上部支出的屋檐，将其重量或直接集中到柱上，或间接地先纳至额枋上再转到柱上。斗拱

① 任云英，朱士光．从隋、唐长安城看中国古代都城空间演变的功能趋向性特征［J］．中国历史地理论丛，2005，20（2）：48－56.

② 陈明达．营造法式大木作制度研究［M］．北京：文物出版社，1981.

③ 李路珂．《营造法式》彩画研究［M］．南京：东南大学出版社，2011.

④ 2016年，福州大学举办宋代营造法式研究学术研讨会。

使人产生一种神秘莫测的奇妙感觉，在美学和结构上都拥有一种独特的风格。无论从艺术或技术的角度来看，斗拱都足以象征和代表中华古典的建筑精神和气质。

《营造法式》规范了官方及民间的建筑。北宋画家张择端绘《清明上河图》，描绘开封城市面貌，其中城门、民居、商店、车马、河船，均清晰可见。宋代终止了唐代的宵禁，里坊制解体，城内各区均可设市场以方便民众购物。宫殿方面，北宋元丰后汴京宫殿以大庆、垂拱、紫宸三殿为三朝。元大都宫殿与周礼传统不同，中轴线前后建大明殿与延春阁两组庭院应是蒙古习俗的反映。民居方面，汴梁民居十分自由，有院子闭合、院前设门的，有沿街开店、后屋为宅的。宋代院落周围增加了居住面积，多以廊屋代替回廊，前大门进入后以照壁相隔，形成标准的四合院。宋元时代砖石塔出现，目前保存的元代代表木建筑包括：山西洪洞的广胜下寺和山西永济永乐宫。

（七）明清：象征型建筑——紫禁城

中国古建筑的成熟时期（又称停滞时期）：明清时代，相当于欧洲文艺复兴建筑以及其后产生各种形式和流派的时期（14—19 世纪）。

德国人敏斯德堡（Oskar Munsterberg）对于北京的宫殿建筑，禁不住惊奇地赞美道："不愧是足以显示中国帝王威严的雄伟景观。"①

黑格尔在《美学》一书中论及"欧洲建筑发展的三种类型"，他本来描述第一种"象征型建筑"是这样说的："在这种建筑中物质的重压，使精神压抑、束缚，建筑表现为厚重、沉闷、单调和充分的物质性。这一类建筑的典型是古埃及的金字塔和神庙。"

笔者并不认为中国的宫殿是"沉闷、单调"的，而是着重"象征型"的丰富的文化内涵与寓意。当然，把中国故宫（如其中的天、地、日、月坛，太庙）与古埃及的金字塔和神庙比较，也是可以的。

明清北京故宫，从明代始建，清代沿用及加建。故宫的布局严格对称，层层门阙殿宇和庭院空间相联结组成的庞大建筑群，把封建"君权"抬高到无以复加的地步。

纵观汉、唐到明清的宫室，其发展趋势是：第一，规模渐小，占地面积减小；第二，宫中前朝部分加强纵向的建筑和空间层次，门、殿增多；第三，后寝居住部分由宫苑相结合的自由布置演变为规则、对称、严肃的庭院组合，汉未央宫、唐大明宫台殿敕造错综布列，富有园林气氛，不似明清宫殿森严、刻板。

北京处于东北方，是北斗星在大地的投影。北斗星是天上的中心，北京自然也就是天下的中心，因而紫禁城按照中轴线严格地规划宫殿。其中太和殿处于正中，比其他宫殿高，是天子举行大典、接受朝贺的地方；而中和殿、保和殿及后寝三宫乾清宫、交泰宫、坤宁宫，都处于轴线上。紫禁城内的其他宫殿则左右东西地对称排列：外为朝廷之所，文华殿居左，武英殿居右；后是安寝之宫，太子宫寝居东，后宫居西。

为了压制元朝，明紫禁城在元皇宫延春阁上堆土形成了煤山（今景山公园）。该山

① MUNSTERBERG O. Chinesische Kunstgeschichte［M］. Esslingen a. N.：Paul Neff Verlag（Max Schreiber），1910.

是全城的制高点，正好位于全城的中轴线上，紫禁城修建了护城河，形成了金水环绕的格局，人为地为紫禁城制造出了背山环水的格局。

《周礼·考工记》提出的“九经、九纬”就是以中主轴为对称轴的。“左祖右社，前朝后市”的布局也是阴阳对称观念的反映。对称就意味着调和。以北京为例，南有天坛，北有地坛；东有月坛，西有日坛；左有太庙，右有社稷坛。太庙为阴，祭祀祖先。社稷坛为阳，祭祀土地、谷物稷神。对称的中心点，就是风水穴。在风水观念看来，阴阳极是互相对立的一个事物的两极，它们互相依存，不可缺少，阴、阳调和在城市的平面布局上所反映出来的，就是对称、明朗。

楼庆西先生指出，紫禁城的建筑设计概念以多、高、中为尊。故宫中轴线上的建筑有永定门—箭楼—正阳门—端门—午门—内金水桥—太和门—太和殿—中和殿—保和殿—乾清门—乾清宫—交泰殿—坤宁宫—坤宁门—天一门—银安殿—承光门—顺贞门—神武门—景山门—万春亭—寿皇门—寿皇殿—地安门—鼓楼、钟楼。建筑轴线十五里（即 7 500 米），是世界之最，也体现出依照洛书的方位常数十五之数建造的依据。以中轴线为标准分左分右，这就是中国传统文化的“阴阳”理念，而且被广泛运用于各个领域，更出现了现在建筑知识的“对称美”。①

前故宫博物院副院长单士元先生说：“故宫是一部中国古代的百科全书。”事实也的确如此。紫禁城在建筑、文化、艺术、科学、历史等方面有着丰富的内涵，值得学者专家进行广泛而深入的研究。凡是研究故宫的人都有这种感受：你对它研究得时间越长，了解得越多，就越觉得它内容包罗万象，内涵深广。②

（八）明清：理想型建筑——四合院民居

到了明代（1368—1644），砖已普遍应用在民居、长城、无梁殿，并出现了木工行业的木书《鲁班营造正式》。琉璃技术也已经很进步，如明成祖时建造的南京报恩寺塔，外表全用琉璃砖镶面，山西洪洞广胜寺飞虹塔，也用琉璃面砖。山西大同的九龙壁、北京的琉璃门、琉璃牌坊，说明了明代琉璃工艺水平的提高。

明清时期，商品经济进一步发展，人口增长迅猛，城市住宅密度更大。在长年积累下，民间的构造技术和工艺比前代更加精良，空间设计也更加完善，加之战争前后的移民活动，各地文化的交流频繁，产生了多元而成熟的民居形式。

黑格尔在《美学》一书中讨论欧洲建筑发展的三种类型，他原来描述第二种“理想型建筑”是这样说的：“在这种建筑中，物质与精神达到高度的协调和统一，建筑表现为庄重、典雅与明朗的效果，这一类建筑的典型是古希腊建筑。”中国民居的确有“庄重、典雅与明朗的效果”，称之为“理想型建筑”应该也是合宜的。

北方民居主要形式为合院式民居，不同地区也有差异。北京官话地区，其民居以北

① 根据 2012 年中央电视台纪录片《中国古建筑》第 5 集嘉宾，清华大学建筑学院楼庆西教授发言整理。

② 王飞. 单士元：一个公民续写的故宫历史［J］. 档案天地，2011（4）：30－35.

京四合院为代表；晋陕官话地区，以窄院民居为代表；东北地区，以宗族大院为代表。

南方多为天井式民居，五大民系（湘赣、越、闽、粤和客家）因其所处地理环境、习俗和文化的差异，各个民系的天井式民居都有各自不同的特色。

所谓四合院，就是以正房、倒座、东西厢房围绕中间庭院所形成的内院式住宅。

四合院是北方地区院落式住宅的典型。其平面布局以院为特征，根据主人的地位及基地情况，有两进院、三进院、四进院或五进院等。大宅除纵向院落以外，横向还增加平行的跨院，并设有花园。以最常见的三进院的北京四合院为例：前院较浅，以倒座为主，主要用作门房、客房、客厅；大门在倒座以东、宅之巽位，靠近大门的一间多用于门房或男仆居室；大门以东的小院为塾；倒座西部小院内设厕所。前院属对外接待区。

外院内院之间以中轴线上的垂花门相隔，界分内外；内院正北是正房，也称上房、北房或主房，是全宅地位和规模最大者；内院两侧为东西厢房，为晚辈居所；正房两侧较为低矮的房间是耳房；由耳房、厢房山墙和院墙所组成的窄小空间为露地；连接垂花门、厢房和正房的为抄手游廊；后院的后罩房居院落的最北部。住宅有后门，后门的位置在后罩房西北角的一间，后院是家庭服务区。整个四合院中轴对称，等级分明，秩序井然，宛如京城规制缩影。

北方四合院的特色，民间用“天棚鱼缸石榴树、先生肥狗胖丫头”两句话来概括。“天棚”是四合院中消暑纳凉的理想方法，鱼缸作为理水的补充，一是为了观赏，二是能够调节空气，三是还具有防火的功能。石榴树既美观又寓意吉祥，是子孙昌盛的象征。其他常种植的树种还有槐树、枣树、丁香、葡萄、海棠、玉兰、牡丹等。夏季枝繁叶茂，遮阴纳凉；秋季硕果累累；冬季落叶之时，又可使室内阳光充足。再加上“肥狗”和“胖丫头”，在室内的隔扇、花罩的棂心内设有装饰、欣赏类的字画来配合读书先生的风格。①②

各地民居各有地方色彩和风格，例如明清徽派的建筑风格有所谓“青砖小瓦马头墙，回廊挂落花格窗”。以下列出民居建筑的构建，方便同学们实地考察时再做分析。

1. 屋顶的形式

屋顶是我国传统建筑造型艺术中非常重要的构成因素。古代屋顶式样丰富，并有等级高低之分。中国传统建筑 5 种主要的屋顶形式分别是：庑殿式、歇山式、攒尖式、悬山式、硬山式。

2. 传统建筑的“关节”：斗拱

斗拱是中国建筑中特有的构件，是屋顶与屋身立面的过渡，也是中国古代木构或仿木构建筑中最有特点的部分。斗拱主要由水平放置的斗、升和矩形的拱及斜放的昂等构件组成。除了实用功能，斗拱也带来建筑艺术的美学。

---

① 根据 2012 年中央电视台纪录片《中国古建筑》第 6 集嘉宾——清华大学建筑学院贾珺副教授简述民居四合院的社会功能整理。

② 深度分析 | 四合院空间 [EB/OL]. (2017-11-23) [2018-07-28]. http://www.sohu.com/a/206315051_763435.

3. 中国传统建筑的吻

“吻”亦称“正吻”，古建筑和仿古建筑中用于建筑屋项正脊两端，属琉璃瓦类产品。正吻造型花样多是龙、兽等动物，在房屋建筑上起防水和装饰效果。

4. 瓦当

瓦当是在屋面上覆盖瓦缝的筒瓦，其最下面一块有半圆形或圆形的端头装饰，最早见于西周晚期，用以装饰美化和掩蔽建筑物檐头的建筑附件。瓦当上刻有文字、图案，也有用四方之神的“朱雀”“玄武”“青龙”“白虎”做图案的。

5. 影壁

影壁又称照壁，是设在建筑或院落大门里面或外面的一堵墙壁，面对大门，起到屏障的作用。同时，它也是一种极富装饰性的墙壁。

6. 雀替

雀替是放在柱子上端用来与柱子共承受上部压力的物件，其位置在梁与柱或枋与柱的交接处，它除了具有一定的承重作用外，还可以减少梁、枋的跨距或是增加梁头的抗震能力。

7. 天花/藻井

天花是遮蔽建筑内顶部的构件，而建筑内呈穹隆状的天花则称作“藻井”，这种天花的每一方格为一井，又施以花纹、雕刻、彩画，故名藻井。“藻井”一词，最早见于汉赋。藻井的形式有四方、八方、圆形等，构造复杂。有的藻井各层之间使用斗拱，雕刻精致、华美，具有很强的装饰性；有的藻井则不用斗拱，而以木板层层叠落，既美观而又简洁大方。

8. 花窗

花窗图案丰富多样，有不同的形式与装饰，例如：荷花、梅花、葵花、海棠、树叶及花边、花结等植物图案；有卧蚕、龟背锦、蝴蝶及鱼鳞等图案；有万字、亚字、回字、井字、十字、工字等；有轱辘线、冰裂纹、绳纹等图案；有各种几何图案如八角、六角、三角、四方、套方、半圆、镜园、椭圆、套环、方胜、瓶型、直棂、破子直棂、书条川、青条川、整纹川、一码三箭、菱形、方格、斜纹、毯纹、风车纹、插角乱纹、软脚纹、步步锦、灯笼锦、回云纹、如意纹等。以植物、动物、字形、几何图案等数十种图案为基础，又相互交错，组成了无数种寓意吉祥如意的图案样式。

9. 罩

罩是室内隔断的一种，用硬木浮雕或透雕而成，其立面形象大体呈倒凹形。

10. 屏风

屏风，中国传统建筑物内部挡风用的一种家具，所谓“屏其风也”。屏风作为传统家具的重要组成部分，历史由来已久。屏风一般陈设于室内的显著位置，起到分隔、美化、挡风、协调等作用。它与古典家具相互辉映，相得益彰，浑然一体，成为中式家居装饰不可分割的整体，而呈现出一种和谐之美、宁静之美。①

（九）明清：浪漫型建筑——名闻欧洲的江南园林

黑格尔在《美学》一书中论及欧洲建筑发展的三种类型，在描述第三种“浪漫型建筑”时是这样说的：“在这种建筑中，精神流溢于物质之外，建筑用精雕细刻的细部与丰富多变的外轮廓，表现为欢腾、雀跃的精神性效果，这一类建筑的典型是西欧中世纪哥特建筑。”

中国园林也是“浪漫型建筑”，“表现为欢腾、雀跃的精神性效果”。中国园林在世界三大园林体系（中国、日本、欧洲）中占有光辉的地位，在 3 000 多年前的周朝，中国就有了最早的宫廷园林。中国园林和欧洲园林的不同之处在于：西方园林讲求几何数学原则，以建筑科技为主；中国园林则以自然景观和观者的美好感受为主，更注重天人合一。中国园林在 18 世纪由传教士传到欧洲，风行一时，如德国皇宫里有“中国茶亭”等。

中国的园林在秦、汉以前称为苑囿，魏晋时代侧重欣赏园林的隐逸意识，如唐代著名山水诗人王维的辋川别业。到了宋元，古典园林艺术臻于鼎盛，明清更是升华的阶段，私家园林有了很大发展，造就了一批从事造园活动的专门家，如明代计成（1582 年生，卒年不详）、清代李渔（1611—1680）等。计成编著的《园冶》，是我国古代最系统的园林论著，而张涟（1587—1673）、李渔对堆叠假山则有独到的见解。当时有“四大园林之城”：苏州、杭州、扬州、湖州，其中苏州一城就有“四大名园”：拙政园、沧浪亭、狮子林、留园。

从塑造的境界来划分，中国园林的境界大体分为三种：官员的吉祥治世境界、修道士的和谐出世境界、文人雅士的自然境界。

官员的吉祥治世境界重视政治意义和吉祥寓意，这一境界多见于皇家园林和高官府第，著名的皇家园林圆明园中约一半的景点体现了这种境界。

修道士的和谐出世境界注重表现中国佛家和道家思想中讲求自然恬淡和修养身心，这一境界多见于佛寺道观，例如四川青城山的古常道观、湖北武当山的南岩宫等。

文人雅士的自然境界重点表现园林主人的情思，这一境界大多反映在文人园林之中，如宋代苏舜钦（1008—1048）的沧浪亭，司马光（1019—1086）的独乐园等。

中国园林建筑将山水地形、花草树木、庭院、廊桥及楹联匾额等精巧布设，使得山石流水处处生情，意境无穷。为了创造园林的浪漫意境，充分表现想象的象外之象、景外之景，明清园林美学着重强调了以下两点：第一，借景手法：采取虚实相生、分景、隔景、借景等手法，组织空间，扩大空间，丰富美的感受。第二，虚景手法：不仅重视实景，而且重视声、影、光、香等虚景。

中国明清名园迭出，与明代著名造园家计成和他的《园冶》传世极有关系。计成“少有林下风趣，逃名丘壑中”。他的园林代表作品包括：明崇祯五年（1632）在仪征县

① 王其钧. 中国建筑图解词典［M］. 北京：机械工业出版社，2007.

（今江苏仪征）修建的“寤园”，在南京修建的“石巢园”，在扬州改建的“影园”等等。他根据丰富的实践经验整理了修建“吴氏园”和“汪氏园”的部分图纸，并于崇祯七年（1634）写成中国最早和最系统的造园著作——《园冶》。《园冶》被誉为世界造园学最早的名著，提出了著名的“虽由人作，宛自天开”的造园理念，并且说：“轩楹高爽，窗户虚邻，纳千顷之汪洋，收四时之烂漫。”影响所及，中国园林匠师历来强调“人和大自然的亲切融合”（天人合一），而与欧洲的园林学强调“自然服从匀称的法则”、“人对大自然的征服”等概念大异其趣，因此至今中国造园术在世界建筑界依然具有独特的地位。[①②③]

二、内涵与特色

（一）建筑之体：重视台基、墙倒屋不塌

中国古建筑的建筑设计理念独特，别具风格，不论是象征型建筑的宫殿、理想型建筑的四合院民居，还是浪漫型建筑的江南园林，千年之下仍可看出中华民族的独特思想意念，留给现代人宝贵的生活哲学启示。

中国古建筑设计的第一个特点是重视台基、墙倒屋不塌。电影《叶问·终极一战》结尾前以大特写镜头对准主人公咏春拳大师叶问晚年撰写的一副对联：

处世树为模，本固任从枝叶动；
立身钱作样，内方还要外边圆。[④]

虽然这是以传统文化论武功，但如果以这个比喻论建筑，也是合适的。

西方古罗马的《建筑十书》已经提出及讨论建筑的三要素：安全（firmitas）、实用（utilitas）与美观（venustas）。中国古建筑的本体设计重视安全性，中国的古老房子虽然是木建筑，但通过使用巧妙而科学的斗拱结构，在古代能尽力做到“墙倒屋不塌”的安全效果。[⑤] 斗拱，宋代称为“铺作”，清代称“斗科”或“斗拱”，在江南则称为“牌科”，斗拱的主要构件是：拱、斗、昂。中国古代建筑主要是木构架结构，即采用木柱、木梁构成房屋的框架，屋顶与房檐的重量通过梁架斗拱传递到立柱上，墙壁只起隔断的作用，而不是承担房屋重量的结构部分。“墙倒屋不塌”这句古老的谚语，概括地指出了中国建筑这种框架结构最重要的特点。这种结构，可以使房屋在不同气候条件下，满

① 根据2012年中央电视台纪录片《中国古建筑》第7集整理。

② 周维权. 中国古典园林史［M］. 3版. 北京：清华大学出版社，2008.

③ 居阅时. 庭院深处：苏州园林的文化涵义［M］. 北京：生活·读书·新知三联书店，2006.

④ 叶问：终极一战（2013）［EB/OL］.［2018－07－28］. https://movie.douban.com/subject/10794042/.

⑤ 维特鲁威. 建筑十书［M］. 高履泰，译. 北京：中国建筑工业出版社，1986.

足生活和生产所提出的千变万化的功能要求。

此外，中国古建筑为防止木柱根部受潮，以及加强稳固性，也采用抬高基座的方法，建筑学上称为："台基法"（foundations raised platforms）。在发展过程中逐渐从安全性过渡到美观性，台基出现不同的高度、层级与形式，显示建筑物和物主在封建制度中的地位。例如，皇帝宫殿的太和殿、皇陵和天坛，才可以采用最高等级的三层汉白玉台基。

重视台基、墙倒屋不塌，既是古建筑的设计理念，也是前人工匠留给现代人宝贵的生活哲学："处世树为模，本固任从枝叶动。"

（二）建筑之用：屋身灵活、仓室厅均可

美籍华裔建筑师贝聿铭说："每个人来到一个城市，第一个印象就是它的建筑，因此，建筑对一个城市的面貌起非常重要的作用。"①

中国古建筑设计的第二个特点，建筑学界称为："结构灵活"（structural flexibility），重视实用性，体现在三个方面。

（1）以四合院为例，同样的一所建筑物，既可以作为官署，又可以作为民居，或者小型的佛庙、道观、儒家书院等。这与欧洲每一所房子一般都需要独立的建筑设计图，如果改变功能，就要重新画图设计的情况差异颇大。

（2）中国古建筑的内部，以空间的使用和功能性来说，可作书房，可作米仓，可作卧室，也可作厅堂，功能多样。

（3）中国古建筑屋身部件的设计灵活，屋顶呈曲线或曲面，如唐代佛光寺，各个佛殿檐篷远看好像飞鸟的翅膀，可以抵御极大的压力，也极具美感，因此中国佛殿建造法也为亚洲邻国如日本、韩国所参考仿造。

（三）建筑之善：配合环境、天人合一

中国古建筑设计的第三个特点是配合环境、天人合一。

崇尚自然、喜爱自然，自古亘有。中国先民们早就注意到"天时、地利、人和"的协调统一。《周易·乾卦》："夫大人者，与天地合其德，与日月合其明，与四时合其序，与鬼神合其吉凶。先天而天弗违，后天而奉天时。"儒家崇尚"天人合一"，道家推崇"自然无为""天也，自然也"。不论是儒家的"上下与天地同流"（《孟子·尽心》），还是道家的"天地与我并生，万物与我为一"（《庄子·齐物论》），都把人和天地万物紧密地联系在一起，视为不可分割的共同体。

在这种美学观念的影响下，人们处理建筑与自然环境的关系，当然不是持着与大自然对立的态度，用建筑去控制自然环境；相反，乃是持着亲和的态度，从而形成了建筑和谐于自然的大格局。

例如，西晋大官石崇（249—300）形容他在洛阳近郊修建河阳别墅（金谷园）说："其制宅边，却阻长堤，前临清渠，柏木几于万株，流水周于舍下。"（石崇《思归引·

① 赵海涛，陈华钢. 中外建筑史［M］. 上海：同济大学出版社，2010：356.

序》）诸如此类的描述，文献记载中屡见不鲜。

又如古建筑中通过“举架”技术建造的凹曲屋面，不仅造型优美，还包含有深刻的文化内涵。它是中国古代“天圆地方”说和“天人合一”观念在建筑上的生动体现。所谓“无规矩不成方圆”，在古人的观念中，建筑物上圆（以曲线表示）象天象规，下方（用方正的台基和屋身表示）法地法矩，通过法天象地表现出“天圆地方”的宇宙观念。凹曲屋面形如“人”字，它又与古代天地人学说相吻合，天在上，地在下，人在中间，符合“天人合一”学说。

从此以后，那些建置在城市以外的佛寺、道观、别墅、山村聚落都十分重视相地选址，不仅是为了满足各自功能的需要，还在于如何发挥建筑群体横向铺陈的灵活性而因山就势、臻合于局部的山水地貌、谐调以总体的自然环境。它们无异于点染大地风景使其凝练生动、臻于画境的“风景建筑”。

天圆地方、天人合一，既是古建筑的设计理念，又是前人巧匠留给后人宝贵的生活哲学：“立身钱作样，内方还要外边圆。”

（四）建筑之美：颜色美观、装饰生动

中国古建筑设计的第四个特点是以色彩丰富、对比强烈，重视建筑的观赏性功能见称，并使用一定的“设色方案”（colour scheme）。中国古建筑的色彩也有两大类：一是北方的皇家建筑，红墙、红柱、黄瓦彩画，辉煌富丽，有若工笔重彩；二是南方园林寺观，白墙、黑柱、青瓦，平和淡泊，犹如水墨写意。

例如在北方的宫殿、官衙建筑中，很善于运用鲜明色彩的对比与调和。房屋的主体部分，也即经常可以照到阳光的部分，一般用暖色，特别是用朱红色；房檐下的阴影部分，则用蓝绿相配的冷色。这样就更强调了阳光的温暖和阴影的阴凉，形成一种悦目的对比。

朱红色门窗部分和蓝、绿色的檐下部分往往还加上金线和金点，蓝、绿之间也间以少数红点，使得建筑上的彩画图案显得更加活泼，增强了装饰效果。

一些重要的纪念性建筑，如北京的故宫、天坛等再加上黄色、绿色或蓝色的琉璃瓦，下面并衬以一层乃至好几层雪白的汉白玉台基和栏杆，在华北平原秋高气爽、万里无云的蔚蓝天空下，它的色彩效果是无比动人的。

中国古建筑用色的含义，有时只有参考古代的五行之说才能得到确切的解释。《黄帝内经》也有记载五行与五色的搭配关系：

> 木，青龙位，正东方位，青色。
> 火，凤凰位，正南方位，红色。
> 水，玄武位，正北方位，黑色。
> 金，白虎位，正西方位，白色。
> 土，黄龙位，中央方位，黄色。

因此，黄色成了皇帝的专用的颜色，清代王公府第只能用绿色的琉璃瓦。[①]

中国古建筑也采用了许多生动的装饰，体现出中国建筑的美学特征。在宋代李诫的《营造法式》中记述了古代建筑中对大木作、小木作、砖、瓦、石、油诸作的装饰手法和式样，也包括为创造艺术环境而设置的建筑小品。例如，明清徽派的建筑风格有所谓“青砖小瓦马头墙，回廊挂落花格窗”。

一是装饰的式样、色彩、质地、题材等，都是为了达成一些建筑的社会功能。如宫殿屋顶用黄色琉璃，彩画用贴金龙凤，殿前用日晷、嘉量、龟鹤、香炉等小品，以表示帝王的尊严；私家园林用青砖小瓦、原木本色和精巧自由的砖木雕刻，以体现超然淡泊的格调。

二是彩画油饰也是为了保护木材，具有实用价值。例如：屋顶吻兽是保护屋面的构件，花格窗棂是便于夹纱糊纸。石雕的柱础、栏杆、螭首（吐水口）、木构件的梭柱、月梁、拱瓣和菊花头等梁枋端头的各种形式，本身就是对结构构件的艺术加工。[②]

三、传统建筑与现代生活

随着清朝的终结，中国封建制度和宫殿建筑已告一段落。但民间聚族而居的中式传统建筑却依然有生命力，与现代城市高楼大厦共生。如何保护好文化遗产的古建筑，甚至让他们焕发出新生命？这是对现代中国市民的一人挑战。习近平在《〈福州古厝〉序》中说：“发展经济是领导者的重要责任，保护好古建筑，保护好传统街区，保护好文物，保护好名城，同样也是领导者的重要责任，二者同等重要。”中国考古学会原理事长、故宫研究院名誉院长张忠培说得好：“我们现在提倡创新，但是离开了传承，何来创新？文物保护不是一开始就解决创新问题，它解决的是传承问题，传承好了才能创新！”

近年来，粤港澳大湾区越来越多的历史建筑在各界推动下得以保存并焕发出新的生命力，可以为现代人带来一些灵感与启示。

以香港为例，由旧荔枝角医院百年老建筑群改建而成的香港饶宗颐文化馆，包括宾馆、演讲厅、展览馆、荷花池，更有婚嫁的摄影景点。香港的雷生春项目也是一个公认的成功案例。这座有着 80 余年历史的雷氏私家老宅，历经 4 年“活化”，成为保留原有风貌的香港浸会大学中医药学院诊室。其他案例包括：前西式法院变成艺术大学课堂，旧警署变身文物酒店……这种活化理念不断给人带来惊喜，为人们提供了鲜活、生动的古建保育样本。香港这座一度被认为“没有历史”的城市也慢慢摸索出一条“活化”古建的道路。澳门的“阿婆屋”、旧教堂也纷纷大变身，成为文化创意产业及新旅游景点。

① 李允鉌. 华夏意匠：中国古典建筑设计原理分析［M］. 天津：天津大学出版社，2005：267－269.

② 伊东忠太. 中国古建筑装饰［M］. 刘云俊，张晔，译. 北京：中国建筑工业出版社，2006.

广州的联合书店，原为中华书局广州分局旧址，2009 年由香港联合出版集团出资修葺这座六层高的百年骑楼，现在成为闹市中一家人文气息甚浓的书店。还有佛山岭南新天地、祖庙东华里一带保存着广东最完整的明清建筑群，目前由开发商打造，引进大量国际品牌，成为当地一大休闲消费商圈。

香港古迹保护协会主席前大学建筑学院院长龙炳颐先生曾经说过："活化古建筑操作虽然不易，但更关键的是政府要有保育自身文化的远见。至少要知道有什么，然后做判断，保育什么，最后才是怎么保育，整个过程非常复杂，需要多方参与，因此要不断培养大家的认知。"清华大学吴良镛先生也说："我们从传统走向现代，不是简单地以现代性取代传统，而是在继承传统的基础上，经由传统的现代转化而发展出现代性……把历史的东西用新的观点挖掘出来，这就是创新。"

表 4－1　中外建筑文化对照表

时代	中国	世界其他地区
新石器时代（距今 1 万—3000 至 2000 年不等）	约前 4800—前 4300 年，陕西西安半坡村和临潼姜寨村有氏族社会聚居遗址，出现木构架房屋雏形 约前 5000—前 3300 年，浙江余姚河姆渡留存大型木构榫卯干阑式房屋	前 3000 年，巴比伦城逐渐形成 约前 27 世纪，埃及萨卡拉建昭赛尔金字塔，为台阶形 前 2350—前 1750 年，印度按规划建摩亨朱－达罗城，有大量砖建筑
夏（前 2070—前 1600）	前 1750—前 1500 年，河南偃师二里头遗存商代早期宫殿遗址，是中国已知最早的宫殿遗址	前 2000 年，埃及代尔·埃尔—巴哈里建曼都赫特普三世墓 前 2000 年，克里特岛建米诺斯王宫
商（约前 1600—前 1046）	前 14—前 11 世纪，河南安阳留存商代盘庚迁殷后的都城和宫殿遗址（殷墟）	前 1530—前 323 年，埃及卡纳克建阿蒙神庙
周（前 1046—前 256）	**古建筑创立时期：周代至春秋是战国** 前 11 世纪，《诗经·大雅》记载，周文王营灵囿；中国西周兴建洛邑（今洛阳）	**前 11—前 3 世纪，埃及、西亚及希腊建筑时期** 前 8 世纪，亚述建萨尔贡王宫

续上表

时代	中国	世界其他地区
春秋战国（前770—前221）	前7世纪，春秋时期楚国始建长城 前5世纪，春秋末期《考工记》成书，其中“匠人”部分是中国现存最早的建筑文献	前6世纪，建新巴比伦城；巴比伦建空中花园 前5世纪，建雅典卫城，中有帕提农神庙等建筑 前518—前460年，波斯建波斯波利斯豪华宫殿
秦汉（前221—220）	**古建筑成熟时期：秦汉时期** 前214年，秦始皇在战国时期秦、赵、燕三国北边长城的基础上修成万里长城 前212年，渭河南岸兴建阿房宫 前210年，骊山（今陕西临潼境内）建成秦始皇陵 前194年，西汉建新都长安城 4年，长安建明堂辟雍，为皇帝宣明政教和祭祀的场所 68年，洛阳建白马寺，为中国最早的佛寺	**前3—3世纪，希腊化及罗马化时期** 前3世纪，希腊哲学家伊壁鸠鲁筑园于雅典 约前250年，印度桑吉建窣堵波 前27—前23年，罗马维特鲁威著《建筑十书》 70—82年，罗马建大角斗场 82年，罗马建第度凯旋门
魏晋南北朝（220—589）	**古建筑融会时期：魏晋南北朝** 366年，开凿敦煌石窟 5世纪末，开凿云冈石窟 516年，洛阳建永宁寺木塔，为有记载的最高木构建筑	**3—6世纪，欧洲早期基督教、拜占庭建筑时期** 120—124年，罗马建万神庙，为当时穹顶技术最高成就 312年，罗马建君士坦丁凯旋门 532—537年，拜占庭在君士坦丁堡建圣索非亚大教堂
隋唐五代（581—960）	**古建筑全盛时期：隋唐时期** 582年，隋代建新都大兴城（唐代改称长安城） 591—599年，工匠李春建造了赵州桥（安济桥），是世界上最早的敞肩石拱桥 605年，隋代营建东都洛阳城，隋炀帝在洛阳营建西苑 684年，建成唐乾陵，为中国古代陵墓利用地形最成功的范例 782年，五台山重建南禅寺大殿，是中国现存最早的木构建筑 857年，五台山建佛光寺大殿，为现存唐代殿堂型构架唯一遗例	**6—10世纪，欧洲拜占庭、罗马纳斯克及早期哥特式时期** 607年，日本在奈良兴建法隆寺 710年，日本建成新都平城京（奈良） 759年，日本奈良建唐招提寺，中国鉴真法师主持 876—879年，埃及开罗建伊本·土伦礼拜寺

续上表

时代	中国	世界其他地区
宋元（960—1368）	**古建筑延续时期：宋、辽、金、元** 1001—1055 年，建定县开元寺塔，高 84 米，是中国现存最高砖塔 1038 年，大同建华严寺，寺内薄伽教藏殿为现存最古经藏 1056 年，建成佛宫寺释迦塔，高 67.31 米，是世界上现存最高大的木构建筑 1100 年，李诫编成《营造法式》，1103 年刊行 1125 年，画家张择端绘《清明上河图》，描绘开封城市面貌 1264 年，刘秉忠等开始规划营建大都城（今北京） 1271 年，大都城建成妙应寺白塔（元称圣寿万安寺塔），是中国内地最早建造的喇嘛塔	10—14 **世纪，欧洲哥特式建筑时期** 1063—1092 年，意大利建比萨主教堂，1174—1350 年建比萨斜塔 1163—1250 年，法国建巴黎圣母院 1220—1269 年，法国建亚眠主教堂，为典型的哥特式建筑 1248 年，德国兴建哥特式科隆主教堂，至 19 世纪全部建成 1296—1462 年，意大利建佛罗伦萨大教堂，1420—1434 年建造穹隆顶，成为文艺复兴建筑的开端
明（1368—1644）	**古建筑成熟（停滞）时期：明清时期** 1368 年，明代建南京城 1376—1382 年，南京建灵谷寺无梁殿，是中国现存最早的无梁殿 1406 年，建明北京城，1417 年兴建紫禁城宫殿 1409 年，明十三陵动工 1420 年，始建北京太庙 1420—1540 年，北京建天坛 1512 年，苏州建拙政园 1559—1577 年，上海建豫园 1561 年，浙江宁波建天一阁 1634 年，造园家计成的《园冶》出版	**欧洲文艺复兴时期建筑** 1377—1492 年，德国建哥特式建筑乌尔姆主教堂，尖塔高 161 米，为中古时期欧洲最高建筑 1485—1520 年，意大利威尼斯建圣马可广场 1506—1626 年，罗马建圣彼得大教堂，意大利文艺复兴建纪念碑 1546 年，法国巴黎兴建罗浮宫 1562 年，意大利建筑师维尼奥拉著《五种柱式规范》 1570 年，意大利建筑师帕拉第奥发表《建筑四论》 1638—1867 年，罗马建圣卡罗教堂，为典型的巴洛克建筑 1630—1653 年，印度建泰吉玛哈尔陵

续上表

时代	中国	世界其他地区
清（1636—1911）	1663 年，河北遵化建成清东陵主陵孝陵 1703—1790 年，在承德建避暑山庄 1709—1772 年，北京建圆明园，1860 年被英法联军焚毁 1734 年，清工部《工程做法》刊行 1750 年，北京始建清漪园，后改名颐和园 1862 年，北京改建恭王府萃锦园，为北京宅园实例 1868 年，上海建成外滩公园 1908 年，北京农事试验场附设公园开放，后扩建为北京动物园	1661—1756 年，法国巴黎建凡尔赛宫 1754—1762 年，俄国彼得堡建冬宫 1772 年，英国出版钱伯斯介绍中国园林的著作《东方造园泛论》 1793—1867 年，美国建国会大厦，是罗马复兴建筑的代表作 1808—1836 年，法国巴黎建雄师凯旋门，后改称星形广场凯旋门 1823—1847 年，英国伦敦建大英博物馆 1861—1847 年，法国建巴黎歌剧院，为折中主义建筑的典型 1887—1889 年，法国巴黎建埃菲尔铁塔

1 外人眼中之中国建筑

伊东忠太. 中国建筑史［M］. 廖伊庄，译. 北京：中国书画出版社，2017：2－6.

第一章　总论

第一节　中国建筑的定位

中国建筑在世界建筑界中居于何位？如果按世界古今建筑大致分为东西两派的说法，自然是属于东洋建筑。“东洋”一词，本来是以欧洲为本的命名，近东，远东之称均以距欧洲远近而定。而从建筑的角度来看，东洋亦有三大系统并存。

这三大系统，一是中国系，二是印度系，三是伊斯兰教系。这三大系统各有自己的特色发展，并逐渐扩展到亚洲大陆全域，非洲北部以及欧洲的部分区域和南洋的部分区域。可以说在东半球范围之内，除了欧洲的大部分地区之外，其余都是属于东洋建筑的领域。

中国系建筑由汉民族所创，以中国本土为中心，南至安南，交趾，北及蒙古，西抵新疆，东含日本，地域之广，达 1 200 余万平方公里，人口占世界的 30%。其艺术在幽深难测的古代历史中诞生并发展，保持着古时的风貌，迄今连绵不断，并在世界建筑界大放异彩，实在是令人惊叹。

印度系的建筑艺术始源于印度五河地区，在印度河，恒河沃野发达并逐渐扩展到印度，后印度（除安南，交趾以外）的东印度诸岛的大部分地区，面积达830余万平方公里，人口相当世界的20%。印度艺术的起源亦极为悠远，性质亦极为特殊，但是自伊斯兰教传入以后，远古的风貌就近乎不复存在了。

伊斯兰教系的建筑艺术起源于亚拉伯，随着伊斯兰教的勃兴而迅速传遍世界各地，领域之广堪称世界第一。亚洲没有伊斯兰教痕迹的地方仅是西伯利亚的大部分和日本。

非洲尚未受伊斯兰教侵入的地区仅有南部和中部的一小部分。在欧洲，俄罗斯南部及巴尔干半岛的一隅，阿拉伯影响迄今犹存。伊斯兰教曾经在西班牙繁荣，在西西里岛扎根，所覆盖区域至少有4 500余万平方公里。但是伊斯兰教艺术现在却有些不振，就连曾经极其隆盛的巴格达文化和莫卧儿王朝时的印度伊斯兰教艺术，现在剩下的也不过是些残迹而已。

东洋的三大建筑艺术中，至今仍然生机盎然且傲视世界的只有中国建筑艺术了。中国建筑艺术有不少值得观赏的地方，其最高潮时代的作品不乏冠绝世界的优秀作品，这已是世界公认的事实。近来欧美的学者都把目光一起转向了中国建筑艺术，从考古学的角度，从文学史的角度，从艺术的角度以及其他领域开始精心研究中国的原因就在于此。

中国建筑艺术是独自生成的，不是从其他国家传习来的。汉人所创建的中国建筑艺术的确有一种不可思议的特色，就像每个人自觉感到的那种全然不同于欧美的趣味，同属东洋却又相异于印度系，与伊斯兰教系也是大项径庭……对中国建筑艺术价值的认识，世人自然是仁者见仁，智者见智，而我认为中国建筑艺术有其伟大的气魄和不可捉摸的魅力。

第二节　外人眼中之中国建筑

自古以来有关中国建筑的研究不够完善。中国人自己并没有把建筑放在重要的位置上，因此相关的文献相当匮乏。据我所知，仅有宋代编纂的《营造法式》，明代著本《天工开物》以及近代出版的数种图书而已，并且这些书都深奥难懂，与今日的科学系统相去甚远，不能不让人抱有隔靴搔痒之憾。

欧美学者开始注意中国建筑的历史大概不过百年。欧美人一开始就没有把中国放在眼里，对其建筑更是低估……英国人詹姆斯弗格森（James Fergusson）所著《印度及东洋建筑史》（*History of Indian and Eastern Architecture*）中有如下一节："中国无哲学，无文学，亦无艺术。建筑作为艺术毫无观赏价值，只不过是一种工业而已，极其低俗，极其不合理，如同儿戏。"

再举一例，英国建筑家佛雷彻尔（Banister Fletcher）写了一本《世界建筑史》（*A History of Architecture on the Comparative Method*），书的最后一章题为"非历史的样式"，内容包括了伊斯兰，印度，中国诸系的建筑，有关中国建筑的数页写得实在是支离破碎不成体系。中国建筑从数千年前起便蓬勃发展，至今日仍雄踞世界一方，这不正好说明佛雷彻尔是出于偏见吗？不过，佛雷彻尔认为中国塔类颇有意思，在这一点上他比弗格森有进步。

最近又有德国人敏斯德堡（Oskar Munsterberg）以《中国艺术史》（*Chinesische Kunstgeschichte*）为书名出书两册，其中有一节是关于建筑史的……对于北京的宫殿建筑，敏斯德堡禁不住惊奇地赞美道："不愧是足以显示中国帝王威严的雄伟景观。"此外还有不少外国人对中国建筑的片面研究和论述，在此不一一介绍。

2 院落住宅——北京四合院

楼庆西．中国古建筑二十讲：插图珍藏本［M］．北京：生活·读书·新知三联书店，2001：189－194.

四合院是北京传统民居形式，辽代时已初成规模，经金、元，至明、清，逐渐完善，最终成为北京最有特点的居住形式。所谓四合，"四"指东、西、南、北四面，"合"即四面房屋围在一起，形成一个"口"字形。经过数百年的营建，北京四合院从平面布局到内部结构、细部装修都形成了京师特有的京味风格。

元大都城的规划产生了胡同与两条胡同之间的四合院住宅，经过明清两朝，这种住宅进一步得到发展，于是"北京四合院"成了北京住宅的代名词。

北京四合院的基本形式是由单栋房屋放在四面围成一个内向的院落。院落多取南北方向，大门开在东南角，进门即为前院。前院之南与大门并列的一排房屋称为倒座，之北为带廊子的院墙，中央有一座垂花门，进门即为住宅内院，这是四合院的中心部分。内院正面座北朝南为正房，多为三开间房屋左右带耳房，院左右两边为厢房，南面为带廊子的院墙。正房、厢房的门窗都开向内院，房前有檐廊与内院周围廊子相连。在正房的后面还有一排后罩房，这就是北京四合院比较完整的标准形式。就它们的使用来看，内院的正房为一家的主人居室，两边厢房供儿孙辈居住，前院倒座为客房和男仆人住房，后罩房为女仆住房及厨房、贮存杂物间。内院四周有围廊相连，可便于雨天和炎热的夏季行走。

四合院大门面临胡同，进门以后，迎面是一面照壁，这是一座砖筑的短墙，或者就把面对着大门的厢房山墙当作照壁。在照壁上多有砖雕作装饰，内容以植物花卉居多，也有象征着吉祥、长寿、多福的动物纹样。有的住家还在照壁前布置堆石、花木等盆景，使这里成为进门后第一道景观。前院北墙正中的垂花门是通向住宅内院的大门，因门的前檐左右两根柱子不落地而垂在半空，柱下端雕成花形作装饰，因而称为"垂花门"，造型端庄而且华丽。住宅内院是一家活动的公共室外空间，在院落中央有十字砖铺路面以便行走，其他部分多种植花木以美化环境。四合院所用花木还颇有讲究，多要求春季有花，夏季有荫，秋季有果，而且最好还有某种象征意义的树木花卉。常见的有海棠与梨、枣，石榴、葡萄、夹竹桃、月季等。四月开春粉红的海棠花与雪白的梨花，使庭院满堂春意，棠棣之花还象征着兄弟和睦；石榴虽不能遮荫，但其花其果的艳红却给庭院带来富贵色彩；枣花虽不显眼，但秋季挂满枝头的红枣也十分讨人喜爱，而且“枣”与“早”谐音，与石榴的多子结合在一起还有“多子”、“早生贵子”象征家族兴旺的吉祥意义；葡萄枝叶能遮荫，葡萄架下好乘凉，结出串串果实，量多而味美；夹竹桃花色诱人，这些花木各具特色。有条件的人家还在四周房屋的台基、窗台上摆设四季盆花，在屋檐下悬挂鸟笼子，把小小院落打扮得有色有声，情趣盎然。

四合院的规模与讲究程度随住宅主人权势之高低和经济实力的大小而决定。普通百姓之家，只有四边房屋围合成院，既无前院又无后罩房。官吏、富商殷实之家，如果三世或四世同堂，一座标准四合院已经容纳不下众多的人口，满足不了主人对生活的要求，于是出现了把几座标准四合院纵向或横向相串联组合而成的大型四合院住宅。这种串联并不是简单的叠加重复，而是有主有从，根据使用的要求，有大小与比例上的变化。例如两座标准四合院纵向组合，则把前面的四合院取消后罩房，后面的四合院取消前院，使两座四合院的内院前后直接相通，前院的正房变成厅堂，穿过厅堂进入后内院。有的将横向串联的四合院改作园林部分，在这里堆土山，挖水池，种植花木，点置亭台楼阁，组成为一座有居住、园林两部分的大型住宅。明朝对诸亲王实行分封制，将诸王子分封至全国各地为王，到清朝又改为将诸王集中于京都，奉以厚禄不给实权的办法，于是在北京出现了一大批专门供这些皇亲国戚居住的住宅，称为王府，王府占地面积大，由多座四合院纵横组合而成，有的还有专门的园林部分，它们是最讲究的四合院。

四合院大小等级的区别也反映在它们的大门形制上。王府的大门自然是最高的等级，但在王府中还有高低的区别，因为按清朝廷对宗室的分封制度，共分十四个等级，与此相对应，分赐给这些王子的王府也分为亲王府、郡王府、贝勒府、贝子府、镇国公府、辅国公府等几个等级。这些不同的王府在建筑规模与形制上也各有规定，它们的大门形制在《大清会典》中也有记载，例如亲王府大门为五开间屋，中央三开间可以开启，大门屋顶上可用绿色琉璃瓦，屋脊上可安吻兽装饰。郡王府大门为三开间屋，中央一间可开启。更讲究的王府大门不直接对着街道，而是在大门前留出一个庭院，院子前面有一座沿街的倒座房，两边开设旁门，进旁门后才能见到大门。京城文武百官和贵族富商之家多用“广亮大门”，广亮大门的形式是广为一间的房屋，门安在房屋正脊的下方，房屋的砖墙与木门做工很讲究，墙上还有砖雕作装饰。所以它虽没有王府大门那样的气派，但也称得上是有身份人家的大门了。其余的大门是用门扇安在大门里的前后不同位置来区分它们的等级，门扇的位置越靠外的等级越低，它们分别称为金柱大门、蛮子门和如意门。普通百姓居住的小四合院的大门不用独立的房屋而只在住宅院墙上开门，门上有简单的门罩，称为随墙门。中国封建社会的等级制在住宅建筑的大门上也表现得如此明显。

四合院形式住宅的优点是有一个与外界隔离的内向院落小环境，它们保持了住宅所特别要求的私密性和家庭生活所要求的安宁。在使用上也能够满足中国封建社会父权统治、男尊女卑、主仆有别的家庭伦理秩序的要求。正因为如此，四合院也成为全国许多地区共同采用的住宅形式。

3 园林建筑

李允鉌. 华夏意匠：中国古典建筑设计原理分析［M］. 天津：天津大学出版社，2005：305－309.

中国建筑中的“园林建筑”和现代西方的所谓“景观建筑”（landscape architecture）或者“景观设计”（landscape design）在内容上似乎相近，但是在性质上以至基本概念上，二者之间是有一定距离的。中国的园林建筑不但是一个独立的项目，而且在发展上成为与一般建筑相平行的另一个体系。“景观建筑”或者“景观设计”，即使它们的规模十分巨大，但是它们的设计目的不外乎是配合城市或者建筑的需要，或者说是从属于一定的设计。事实上，在中国古代的城市和建筑计划中，也同样存在着这种“景观建筑”的要求。至于称为“园林建筑”的设计，就不是指这类城市中的绿地，而是指那些独立的，自成一体，纯然另成一种自我性格的“小天地”。

中国的园林建筑是中国建筑历史特殊条件下发展起来的一种特殊产物。以往，曾有人对园林建筑做过这样的理解：“人类建筑，有两个目的：其一为生活所必需，其一为娱乐所主动。就我国历史言，其因形式而分类者，如平屋，乃生活所必需也；如台楼阁亭等，乃娱乐之设备也。其因用途而分类者，如城市宫室等，乃生活所必需也；如苑囿园林，乃娱乐之设备也。……”①

由上述的看法，可以引申出一些结论：园林建筑和一般建筑是基于两种不同的目的而分别地发展起来的，其次就是园林建筑兴起的思想基础在于摆脱一般建筑的“规矩准绳”的“束缚”。大体上说，这是符合中国园林建筑发展实际的一种分析。……

所谓“宫室务严整，园林务萧散”，二者分别产生于对立的性格和不同的设计原则，因此就无法混同起来。这是两种不同的人工环境，两种不同意境的世界。

即使是外国的建筑师，也清楚地看出中国的“园”与“屋”之间在设计上相持着完全不同的，相反的原则。安德鲁·博伊德（Andrew Boyd）对中国的园林建筑就有过这样的描述和分析：

“在一座中国房屋中，花园以及人工景色是基于与所有建筑根本不相同的原则。我们曾经指出过中国的思想受到儒家与道家的双重影响。这种相反的二重性清楚地表现在中

① 乐嘉藻. 中国建筑史［M］. 北京：团结出版社，2005：161－178.

国房屋和中国花园，以及它们的扩大，城市和园林之间互相对立，互为补充的关系上。

"房屋和城市由儒家的意念所形成：规则，对称，直线，等级森严，条理分明，重视传统的一种人为的形制。花园和景观由典型的道家观念所构成：不规则的，非对称的，曲线的，起伏和曲折的形状，对自然本来的一种神秘的，本源的，深源和持续的感受。

即使规模不大，中国的园林都在追求唤起对原始自然的联想，以由此而引导出来模塑园林的风格；避免笔直的，一览无余的园径和视线，无论何处都要使之往之而不尽，尽量不致千篇一律；制造假山和起伏的地形，放置石块以及经常引入流水。园林成为一种成功的事物，它就是游山玩水经验的反映和模拟的创作。当人置身其境时有如在最荒寒的山水画中，其间差不多常常都有一些人物，茅舍，山径和小桥。建筑和自然之间是没有被分割开来的。中国的园林较之欧洲的有更多的建筑元素，这种合而为一的东西是中国传统上的一种伟大的成就。"①

中外有关中国园林建筑的著作多半提及《红楼梦》对其设计的影响。如刘致平在他的《中国建筑类型及结构》一书中说："自从曹雪芹《红楼梦》面世以来，造园近乎全以《红楼梦》大观园为蓝本。于是大观园的造园理论，如曲折变化，高低疏密有致，实中有虚，虚中有实，山路婉转，水面映掩，花木扶疏，曲径通幽等，遂为我国封建社会末期造园的发展规律了。"②

总的来说，将中国的园林建筑简单地归结为一种道家意识的反映是并不足以完全说明问题的。其实，它凝聚着中国人的美学观念和思想感情，它根据绘画和文学的艺术意念来追求和创造美的世界，或者说它是"凝固了的中国绘画音乐和文学"。③ 西方一些著作说"中国人醉心于自然之美而较少着意于建筑的设计"④，很可能就是把大型的园林建筑误以为是出自天然的美景。其实，整个人类文化的出发点和目的往往是完全相同的，所不同的，很多时候只不过是手法和形式而已。

思考与讨论

1. 外国建筑师眼中的四合院。

北京四合院作为中国古代建筑的基本形式，也引发了外国建筑师对其进行研究与设

---

① HITCHCOCK H R, LLOYD S, RICE D T, et al. World architecture: an illustrated history [M]. London: Paul Hamlyn, 1968: 107-108.

② 刘致平. 中国建筑类型及结构 [M]. 3版. 北京：中国建筑工业出版社，2000.

③ 西方有"建筑是凝固了的音乐"之说，此句乃借此而言。

④ FLETCHER B. A History of architecture on the comparative method [M]. London: B. T. Batsford Ltd, 1956.

想。在威尼斯、光州、上海、伊斯坦布尔、圣保罗等双年展获奖，被公认为当今民用建筑设计的代表人物的日本东京工业大学副教授、著名建筑师塚本由晴（Tsukamoto Yoshiharu）认为，现代人应关心的是四合院还有什么进化的可能；如何在保留四合院、胡同的建筑形式的同时，为下一代创造新的生存模式。最近，他又尝试将自己的建筑理念运用到中国，为北京设计了"第四代四合院"，特别强调建筑和人之间的和谐感。

问题1：从你对中国传统建筑的认识出发，你认为中国北京四合院反映了中国古建筑的哪些特点？

问题2：你认为中国四合院要怎样改造，才能更为适合现代人居住？

2. 东京的一座摩天大楼将成为全世界最高的木建筑。

美媒称，东京的一座摩天大楼将成为全世界最高的木质建筑。日本住友林业公司称，其1 148英尺（约合350米）高的木质塔楼将于2041年竣工，纪念该公司届时成立350周年（按：该公司在木材行业的经营可追溯至1691年），建造这座塔楼将耗资6 000亿日元（约合355亿元人民币）。

据美国有线电视新闻网报道，这座70层的高塔将是混合材料结构，其中90%由木质材料建造，钢筋防震框架将支撑木质设计。这是地震带城市建筑物的重要特点。这座摩天大楼外部将设有绿色的阳台，有助于将这座建筑与它所处的环境统一起来。

住友林业公司在一份公告中说："我们的目标是通过在高层楼房中更多使用木质建筑来创造环保、使用木材的城市。"

新型的超强木材部分推动了木质建筑的发展趋势。剑桥大学自然材料创新中心的迈克尔·拉梅奇博士说："从结构上看，有一大批新型木质材料具备修建大楼的能力。"例如，胶合层积材就是将木质薄片以合适的角度交错放置后用防火胶砌合形成的更强力材料。报道称，最令拉梅奇感兴趣的材料是竹子，这是一种在亚洲建筑中使用了多个世纪的材料。竹子的生长速度是树木的5倍，但有相似的机械特性。拉梅奇说："我们正在研究工程用竹子，我们可以把竹筒的外壁切成长方形并把它们粘成大型厚板，它看起来像大块木料，但比木料更结实。"

当然，木质建筑涉及易燃的问题，那么木质摩天大楼有火灾风险吗？拉梅奇说："这是一个严重的观念问题，木料不像公众所想象的那样燃烧。伦敦和芝加哥的大火都是被小木片点燃的，非常大块的木头很难点燃——它们不是易燃材料。"

问题1：从你对中国传统木建筑的认识出发，你认为日本建筑公司的这个项目是否可行？

问题2：试从中国传统建筑的理念出发，谈谈你认为现代的大厦要怎样改造，才能更为宜居。

推荐阅读

1.《中国古建筑二十讲：插图珍藏本》："第一讲　从'墙倒屋不塌'说起""第二讲　北京——中国古代城市规划的杰作""第三讲　从四合院到紫禁城""第十讲　皇家园林""第十一讲　私家园林""第十二讲　院落住宅""第十四讲　牌楼、华表、影壁及其他""第十五讲　建筑装饰"。参见：楼庆西．中国古建筑二十讲：插图珍藏本［M］．北京：生活·读书·新知三联书店，2001.

2.《中国古代建筑小史》："16．乡土建筑之根——民居""17．华夏建筑的特色"。参见：孙大章．中国古代建筑小史［M］．北京：清华大学出版社，2016.

第五讲 行

引 言

行即通常意义上的交通，是指人们有意识地进行移动。在这种位移中，人员和物资得以流通，从而扩大了人们的社会空间，丰富了社会生活，并逐渐与世界相连。以此形成的交通运输网络和文化交流格局不断扩充着中国传统文化的内涵，也为世界文化交流史提供了中国特色。

中国古代的行，呈现出水陆并举的特征。陆路方面，秦汉确定了后世的基本道路框架，全国道路体系随朝代更迭，有一定的变化和补充。西南西北区域与中原的连接在历史上多受到特别的建设和经营。水路方面，大型国家水利设施的兴建，沟通了诸多水系；大运河则纵向沟通南北，后世或裁弯取直或疏浚河道，功于当下。域外的航运事业则不断向东向南延伸。

古代中国交通的开发，政府和政策往往起着决定性的作用。国家致力于此，则交通大发展；反之，则交通网络萎靡。交通策略上的贯彻或者颠覆，反映在历史进程中，可以看出其对中国发展走向的深远影响。交通的发展程度也与国力密不可分，不论是陆路外交线路还是海上对外交通，都以国家经济实力为基础，并直接受到沿线国家政治经济形势的影响，几度兴废。经济实力使各类交通构想得以落实，交通的延伸也刺激了物资的流动和区域的经济变化。交通的通达程度更离不开交通工具和航海技术的革新。技术水平决定着航行的效率和质量，各类交通方式运输能力的不断提高和航行线路的不断扩展都依赖于当时中国科学技术的大发展。

一、中国交通的发展与变迁

中国位于亚洲东部、太平洋西海岸，国土面积约960万平方千米，拥有广阔的内陆腹地和漫长的海岸线。这样的区位地理特征，让中国古代的交通呈现出陆路与水路并举的面貌。陆路交通指的是人们自然走出来的或者是人为修建在陆地上的供人与车、马行进的路。[①] 水路交通则可分为国内范围的河运和国际范围的海运。随着人类活动范围的扩大，水陆道路逐渐从单一的线发展成为纵横交错的网。从国家的角度来看，道路和航路的开拓、维护直接关系到中央政权的管辖范围、政令通达的行政效率和与周边地区交流沟通的可能；从地区本身来看，特殊的地理位置和行政职能，让部分城市和港口成为交通网络上重要的枢纽。

（一）陆上交通

1. 内陆交通网络

史料中载有黄帝“东至于海，登丸山，乃岱宗。西至于空桐，登鸡头。南至于江，登熊、湘。北逐荤粥，合符釜山，而邑于涿鹿之阿”（《史记·五帝本纪》）等部落首领的出行记录，这些记录表明远古时期的人们，已经有意识地扩大生存空间。商朝时，商人“服牛乘马，引重致远”（《周易·系辞》），说明当时的道路条件已经允许人们从事较远距离的商业活动。商代交通的干线主要是殷—商纵线和洛阳—亳—奄之间的横线，一纵一横，贯穿全境，为后世的内地交通搭起了最初的骨架。[②] 西周时，镐京与洛邑之间修建了“周道”，“周道如砥，其直如矢”（《诗·大东》）。“周道”是当时交通的中轴线，后来的秦朝、汉朝、唐朝的政治经济文化重心也都在这条轴线上，即使到了宋元明清时期，这条交通线也仍然是贯穿东西的大动脉。[③] 同时，周朝时人们以洛邑为中心修建了呈辐射状的道路。“径容牛马，轸容大车，涂容乘车一轨，道容二轨，路容三轨。”（《周礼·遂人》）春秋战国时期，群雄并立，诸侯间的交流需依仗交通道路的通达，诸侯混战又破坏了部分交通。除周道外，各诸侯国以都城为中心，形成了区域间的交通网络。

公元前221年，秦朝建立。秦始皇（前259—前210）采取“筑驰道、修直道、凿栈道”等措施，在疆域范围内基本形成了以咸阳为中心，向四方辐射，连通各地重要城市的全国交通网络。汉朝的道路网络在秦基础上巩固。至汉武帝（前156—前87）时，疆域迅速扩张，因而道路网络也随之延伸。大体上说，秦汉时期的内陆交通线有6条：

（1）东路干线：自长安而东，出函谷关，经洛阳、定陶而至临淄。

（2）北路干线：自长安而北，直达九原郡（今内蒙古包头）。

---

① 董莉莉，陈树淑．周流天下：中国传统交通文化［M］．济南：山东大学出版社，2017：8.

② 陈鸿彝．中华交通史话［M］．北京：中华书局，2013：30.

③ 王崇焕．中国古代交通［M］．北京：商务印书馆，1996：15.

（3）西北干线：自长安而西，至陇西郡（今甘肃临洮）。

（4）河东干线：自蒲津（今山西永济西）渡黄河，经平阳（今山西临汾）、晋阳（今山西太原南），至平城（今山西大同东）。

（5）西南干线：自长安向西南经褒斜道，过汉中，至成都及云南地区。

（6）南路干线：自长安向东南出武关（今陕西丹凤东），经南阳，至江陵。①

魏晋南北朝时期，朝代更迭频繁，处于割据纷争中的陆路道路建设，只能在各自政权范围内进行。其规模具有一定的局限性。

隋唐时期，全国范围内的交通网络在政治平稳、经济发达的背景下进步。隋文帝（541—604）时，致力恢复六朝交通，随后兴建大兴城。隋炀帝（569—618）重新修建驰道、直道，还有运河御道。唐朝得益于此，最终形成了以长安和洛阳为东西轴心，四通八达的道路网络。以长安为中心通往全国的道路有：东行至洛阳，东北行至幽州（今北京）、营州（今辽宁朝阳），西北行至安西都护府（今新疆吐鲁番东高昌故城）、北庭都护府（今新疆吉林萨尔北），西南行至益州（今成都），南行经梁州、洋州达金州（今陕西安康），东南行经荆州（今湖北江陵）、洪州（今南昌）至广州。以洛阳为中心通往全国的道路有：西行至长安，南行通荆州，东南行通扬州、福州，东行通汴州（今开封），东北行通登州（今山东蓬莱），北行通太原、代州（今山西代县）。②

五代十国、宋、辽、金时期的陆路交通线路基本沿袭前朝。此时多为不同政权对峙，因而没有严格意义上的全国统一道路。元朝时期，国家在空前辽阔的疆域范围内实现政权统一。元朝的道路网络以大都（今北京）为中心，都城规划九经九纬，再向城外四周辐射，可直接通达至中书省直辖的山东、山西和河北三地的首府，再由各路的重要交通要冲地带向全国 11 个行省首府所在地及西北边远地区延伸，形成三级交通网络。

明初的陆路交通网为东北—北方—东南—华中—西南—西北干线。东北干线从北京出发，可直达黑龙江的奴儿干都司（庙街）。北线从北京北上宣化，或北通内蒙、外蒙境内；或西去大同并河套以远，接通哈密以西。通往东南、中南和西南的道路有：大运河并行线，从北京经天津到江苏徐州分道一去扬州、苏州、杭州、福州，另一道通安徽凤阳、合肥、南京；或从合肥径直去江西南昌，南下过大庾岭通广州。另有北京南下经鄂州、长沙、桂林去广州的中南大道。最后是北京到太原的大道。在太原以远，有过黄河向洛阳、襄阳的南下线，有过蒲津去西安的西去线。西北线可以到肃州，通新疆哈密卫等地；或去青海西宁，再通往乌斯藏都司（拉萨）；还可以越秦岭转西南去成都。③

清朝的道路经过调整和完善，最终确定了三等交通网络。一等是官马大路，由北京通往各省城；二等是大路，自省城通往地方重要城市；三等是小路，自大路或各地重要城市通往各市镇的支线。

① 董莉莉，陈树淑．周流天下：中国传统交通文化［M］．济南：山东大学出版社，2017：11.

② 陈鸿彝．中华交通史话［M］．北京：中华书局，2013：262－264.

③ 陈鸿彝．中华交通史话［M］．北京：中华书局，2013：376－377.

2. **驰道、直道和栈道**

（1）驰道。公元前220年，秦始皇下令“修驰道”。驰道是专供天子巡游而建的道路。驰道的道路宽五十步，大概相当于今天的69米，每隔三丈植以青松。其建设非常坚固，需要用金椎夯实，使之隆高，高于地表，以分流水。而且大多在平坦开阔的地面，便于车马快速通过。驰道以咸阳为中心，可通达至燕地、齐地、吴地、楚地，连接了原六国都城和全国主要城市及边防要塞。

（2）直道。为加强北方戍务，抵御匈奴进犯，秦始皇于公元前212年开始修筑直道。直道是从甘泉（今陕西淳化）向北，直通九原（今内蒙古包头）的交通大道。驰道多利用战国原有道路，修建速度较快，直道则是在秦统一后进行规划，艰难开通的。直道工程质量极高，体现出秦帝国的工程水准和行政效率。直道的修建对巩固初生的统一政权具有极其重要的战略意义，在后世也一直发挥着军事和运输作用。

（3）栈道。栈道又称“复道”“阁道”，是早期兵家制胜的重要交通设施。栈道主体大多在山区，盘旋在高山峡谷之中，“施于险绝，以济不通”（《战国策·秦策》）。历史上有明确记载的第一次大规模开辟的秦蜀栈道包括褒斜道、故道和金牛道。褒斜道沿渭水支流斜谷和汉水支流褒谷而下。金牛道也称石牛道，因“石牛粪金”的传说得名。故道，即陈仓道、陈仓。在反秦战争中，刘邦为夺关中，听取韩信建议，“明修栈道，暗度陈仓”，因而闻名。

3. **丝绸之路**

中国古代最著名的丝绸之路有通过河西走廊的“西北丝绸之路”，西南经云、贵等地区的“西南丝绸之路”和“海上丝绸之路”。

“西北丝绸之路”是张骞（？—前114）出使西域①后开通的。汉武帝为了联合西域抗击匈奴，派遣使臣张骞先后两次出使西域，由此中原与西域诸国的交往日益频繁。西北丝绸之路最初东以长安为起点，一直向西经过河西走廊到达敦煌。敦煌往西分成南北两条道路：南路出阳关，沿今塔里木盆地南沿、昆仑山北麓，经古楼兰、和田等城到达喀什；北路出玉门关，沿今塔里木盆地北沿、天山南麓，经吐鲁番、库车等地到达喀什。南北两路在喀什会合后，继续往西，经帕米尔高原，然后经过阿富汗、伊朗和中亚诸国，再过地中海，最后到达丝绸之路的终点——古罗马的首都罗马城和威尼斯。②

东汉时，班超（32—102）传承张骞的事业，维护丝路的交通。公元97年，甘英在班超的派遣下，奉命出使大秦（今罗马）。甘英行至波斯湾尽头，“临海欲渡”时，受到波斯渔民的劝阻。只能望洋兴叹，踏上归途。

隋唐两朝，出于对外政治威望与经济交流的考虑，陆上丝绸之路极受统治者重视。随后不断向东扩张的阿拉伯帝国，与唐帝国发生冲突。伴随着大唐帝国的由盛转衰，海上丝绸之路兴盛，陆上丝绸古道逐渐转向沉寂。元朝时期，发达的驿路系统使中原通往

---

① 汉朝时的西域泛指玉门关（今甘肃敦煌市西）、阳关（今甘肃敦煌市西南）以西中亚、西亚乃至欧洲。但狭义的西域是指天山以南、昆仑山以北、葱岭以东存在着的36个小国。

② 王崇焕. 中国古代交通［M］. 北京：商务印书馆，1996：20.

欧洲的道路畅通无阻。然而海路的日益成熟，欧洲政局的变化以及新航路的开辟使这条曾经沟通东西方的丝绸之路慢慢成为遗迹，但直到明朝时期，西北丝绸之路一直存在。[①]

西南丝绸之路的名气不及西北丝绸之路。实际上，历史上四川成都一带丝绸业一直非常发达，特别是蜀锦，深受西南邻国喜爱，商人们在西北丝绸之路开通前200年就开始长途贩运。其路线大致是从今成都出发，西行新津、雅州（今雅安）、汉源、嶲州（今西昌）、会州都护府（今攀枝花），入曾州（今大理）、永昌（今保山），西行至腾冲城（今腾冲），由此可达大婆罗门国、小婆罗门国及骠国（今印度、缅甸等国）。[②] 这条贸易通道，对中国与印度做出重要贡献。宋代以后，由于海上丝绸之路的兴盛，西南丝绸之路逐渐沉寂。

（二）水路交通

1. 水上交通网络

文物显示在新石器时代，已有先民造舟楫的行为[③]，“刳木为舟，剡木为楫”（《周易·系辞》），说明远古人造舟，是从掏空巨型树干作为独木舟开始。同时砍削出扁平的楫，击楫划舟而行。[④] 到大禹时期，已有“水行乘船”（《史记·夏本纪》）的明确记载。春秋战国时期，人们利用水的规律开辟沟渠，人工运河开始发展。吴王夫差（约前528—前473）开凿的邗沟，是江南运河的故道，连接了长江与淮河；魏人开挖鸿沟，将古黄河、古济水与颍水、淮水连成一体，进而又通过邗沟与长江联通。[⑤]

秦汉时期的水路交通以黄河、长江、淮河以及珠江为主干，以各小支流以及人工河道为辅，形成了贯通全国的内河航运网络。秦汉时期的水运交通线主要有5条。

（1）自长安或洛阳进入黄河，沿鸿沟进入淮河，沿淝水进入巢湖，顺长江东下，经丹徒运河进入吴越地区。

（2）自长安或洛阳进入黄河，沿鸿沟进入泗水，过淮河至邗沟，再经丹徒运河进入江南地区。

（3）自长安过武关（今陕西丹凤东）、南阳，循汉水进入江陵，自江陵入长江、湘江、灵渠、漓江、珠江至广州地区。

（4）自成都经岷江，入长江、湘江、灵渠、漓江、珠江至广州地区。

（5）关东地区进入关中地区主要是经泗水、菏水、济水进入黄河，从黄河进入渭水至京师地区。东汉王景治河后，关东地区通往关中地区主要是沿济水、黄河而行。[⑥]

魏晋南北朝时期，割据势力各自为政，南方政权因拥有良好的自然水域条件，在内

① 董莉莉，陈树淑．周流天下：中国传统交通文化［M］．济南：山东大学出版社，2017：19.
② 赵云旗．中国古代交通［M］．北京：中国国际广播出版社，2011：16.
③ 秦国强．中国交通史话［M］．上海：复旦大学出版社，2012：12.
④ 陈鸿彝．中华交通史话［M］．北京：中华书局，2013：10.
⑤ 陈鸿彝．中华交通史话［M］．北京：中华书局，2013：96.
⑥ 房仲甫，李二和．中国水运史［M］．北京：新华出版社，2003：80－82.

河运输上继续发展。

隋唐时期，国力强盛。（隋唐）大运河的开凿，沟通海河、黄河、淮河、长江、钱塘江五大水系，成为内河航运的命脉；此外还有长江水运线，从成都经三峡到扬州，顺及沔汉湘赣与太湖、洪泽湖、鄱阳湖、洞庭湖等天然水道。[①]

两宋时期的内河航运承袭唐朝。汴河在汴梁成为北宋首都后得到大规模的整治和重用，成为新的河运中心。同时，扩建了蔡河、五丈河和金水河，在汴河流域构成“汴京四渠”。南宋以临安为水路疏浚和开发中心，维持小规模的运河系统。

元朝时，北京成为新的国都，无法作为水运网络的中心城市，辐射四方。在前代的基础上，开凿济州河、会通河和通惠河三段，完成了京杭大运河。明清两朝依然以大运河为主要的内河运输网络。明朝定都南京时，江、河、运、渭都是重要的河运通道，迁都北京后，河运航道转为运河、南河、中河、北河、通济河、白河、通惠河联络而成的大运河。[②]

2. 邗沟

邗沟，又称“山阳渎”，是我国也是世界上最早的有史书记载的运河。其走向大致是从邗城（今扬州境内）西南引长江水，绕过城东，折向北流，从陆阳、武广两湖（分别位于今高邮市东西）间穿过，北注樊梁湖（今高邮市北境），又折向东北，穿过博芝、射阳两湖（位于兴化、宝应间），再折向西北，到末口（今淮安市东北）入淮河。[③] 邗沟渠道较曲折是为了充分利用自然水系，降低工程难度和成本。开通后方便了吴国向北输送军队和粮食，进军中原。这条水路经过多次改道和整治，沟通江、淮、河、济四大水系[④]，也成为后代大运河的重要河段。

3. 灵渠

灵渠是世界上最早的跨越山岭的运河，与都江堰、郑国渠合称“秦代三个伟大的水利工程”。公元前219年，秦始皇派尉屠睢（？—前214）攻打岭南。由于地形险峻，战线过长，粮草供给困难，无法顺利取胜。秦始皇遂派监禄凿渠运粮，开凿一条通往岭南地区的水道。这条运河大约在公元前214年完工，从而连接了湘江和漓江两大水系，使中原地区的粮草通过水路越过五岭进入岭南地区，长江水系和珠江水系自此直接通航。秦朝利用灵渠的开通，顺利攻占岭南各地，统一南越，随即设置岭南三郡（桂林郡、南海郡和象郡），确立了中央对岭南地区的管辖。

4. 大运河

大运河是我国内河航运中最重要的人工运河，也是世界上开通时间最早、最长和规模最大的运河。大运河流经北京、天津、河南、河北、山东、安徽、江苏和浙江共八个省市，贯穿华北平原与江汉平原，连接海河、黄河、淮河、长江和钱塘江等五大水系，

---

① 陈鸿彝. 中华交通史话［M］. 北京：中华书局，2013：267.

② 白寿彝. 中国交通史［M］. 长沙：岳麓书社，2011：140.

③ 王崇焕. 中国古代交通［M］. 北京：商务印书馆，1996：107.

④ 江、淮、河、济四大水系是指长江，淮水、黄河和济水。

是中国古代南北交通的大动脉。大运河可分为浙东大运河、隋唐大运河和京杭大运河三个部分。

浙东大运河是中国大运河之南起始端。[①] 最早起源于越国的山阴故水道[②]，最后形成的是西钱塘江、东姚江之间东西向的人工运河。浙东大运河北起钱塘江南岸，经西兴镇到萧山，东南到钱清，再东南过绍兴城至曹娥江，过曹娥江至梁湖镇，东经上虞与姚江汇合，全长约 250 里。浙东大运河开创后有一个不断完善的过程，但主干道没有较大变化。南宋时期成为南宋都城临安连接明州、绍兴等地的生命线。[③] 元、明、清时期，由于国都北移，浙东地区整治动乱，包括元末方国珍割据、明中叶倭寇骚乱、清代鸦片战争外敌入侵等[④]，浙东大运河凋敝。

隋唐大运河因隋炀帝而广为人知。实际上，运河网络在隋文帝时开始创建。公元584年，宇文恺设计了从京都东流至潼关要地的运河，命名为广通渠，公元 589 年完工。隋炀帝时，则将开凿地区性的重要运河转到建设全帝国的水运体系，因此在广通渠的基础上，又修建了通济渠、永济渠和江南河。形成从长安出发，由广通渠入黄河进洛水到洛阳，从洛阳由永济渠直到涿郡（今北京），从洛水入通济渠达淮河，从淮河入邗沟达长江，从长江入江南河至杭州的隋唐大运河[⑤]。宋朝时，国都迁至黄河南岸的汴梁，这里离江南鱼米之乡较近，大运河的作用更加明显。通济渠称为汴河，山阳渎为淮南运河，孟渎为浙西运河，永济渠为御河。

元明清三朝定都北京，在隋唐大运河的基础上新凿或修缮，建成京杭大运河。明、清两朝时大运河仍是南北交通的主要通道，大批的货物和粮食通过大运河运往京城。除了粮船外，还有许多官船、商船和民船也穿梭在大运河上。

（三）海外交通

1. 海上交通网络

从《诗经》《左传》《山海经》等经典中可以看出，先秦时期的人们与大海已经有了接触。春秋战国时期，为了躲避战乱，燕、齐的国民从陆地迁徙到现在的朝鲜半岛，还有的东渡日本。

秦始皇统一全国后，为求长生不死药，曾派遣方士入海，体现出当时对大海的初步探索。秦始皇的五次巡游中，有四次巡游海上，其基本的线路说明当时的航海已经可以从黄、腄向北过渤海至辽东半岛并远至朝鲜、日本，向南绕成山至琅琊、浙江等地。[⑥]

---

① 陈桥驿．中国运河开发史［M］．北京：中华书局，2008：437.

② 吴越时期的范蠡修建了山阴故水道，山阴故水道和故路道并存，东起当时练塘，经山阴城（今绍兴城）阳春亭、东郭门，又经城南南缘河道经过偏门外至今柯岩等，过西小江至固陵达钱塘江，横贯整个山会平原，沟通东西两小江，通过此故道沟通了对外钱塘江北岸的航运，沟通吴越水上交通。

③ 董莉莉，陈树淑．周流天下：中国传统交通文化［M］．济南：山东大学出版社，2017，65.

④ 陈桥驿．中国运河开发史［M］．北京：中华书局，2008：514.

⑤ 赵云旗．中国古代交通［M］．北京：中国国际广播出版社，2011：26.

⑥ 董莉莉，陈树淑．周流天下：中国传统交通文化［M］．济南：山东大学出版社，2017：74.

秦末动乱，赵佗（约前240—前137）在岭南自立，发展南方的对外贸易。随后汉朝灭南越国，南方出海的港口成为汉朝海外航线的一支。汉武帝时期，通过多次巡海和武力征战，山东半岛的沿海航行更加成熟，日本列岛与中国有了直接的交往。到东汉时期，从中国出发，经过南中国海，到达印度洋地区的海上交通线已经形成。东方的航线则继续加强与日本列岛的联系。汉朝已经开始向远洋发展，走向世界。中国船只此时可远达印度半岛的南部和锡兰（今斯里兰卡），并以此为中介，将当时世界东西方的两大帝国——汉帝国和罗马帝国连接起来，为“海上丝绸之路”打下基础。①

魏晋南北朝时期，国内尤其是北方动乱，干扰了国内水运交通的发展，但反观海上航线，则所受影响并不大。朝鲜半岛此时也出现高句丽、百济和新罗三国鼎立的局面，日本则从分裂走向统一。当时并存于东海海域的政权都与中原政权保持或者试图保持关系，多次派遣使节，以“朝贡”和“赏赐”的名义通好。建都江南的吴国为牵制曹魏政权和发展贸易，曾尝试绕道夷洲（今台湾）打通去日本的航线。南洋方面，孙权曾派宣化从事朱应和中郎将康泰出使南洋，此次航行最远到达大秦（今罗马）。②

隋朝时，隋炀帝大举开展对外海上交通的活动。与南海诸国和东海的日本都有密切往来。至唐朝开元、天宝年间，广州江中“有婆罗门、波斯、昆仑等舶，不知其数”③，南方航运生机勃勃。东海方面，日本积极学习中国文化，与中国展开贸易，到中国的使者、学生和僧侣的数量都在唐朝达到顶峰。此时全国范围内的水陆交通便利，尤其是大运河的开通，极大地方便了国家各类商品的运输，降低运输成本，由此，陶瓷、手工艺品和丝绸等大量向海外出口。安史之乱后，唐朝由盛转衰，陆上丝绸之路无以为继，西域沿途的政治局势变幻，中华帝国也无法控制，因此唐朝后期的对外交通由陆海并举，陆地为重转换为以海道为主。总体来说，这一时期出现了稳定的由中国经马六甲海峡、印度洋到波斯湾和东非的航线，大食的商船沿着这条航线直驶中国，而唐朝的船舶也可直抵波斯湾内。在东方，中国与日本列岛之间，出现了横渡东海的新航线，比原来迂回经过朝鲜半岛、山东半岛的航路大大缩短。④

唐朝末期的陆海对外交流态势，在宋朝得以延续，海上交通进一步发展，西北丝绸之路中断。此外航海技术和造船技术有了划时代的提高和创新，指南针、海道图广泛应用于远洋航海。北宋时期，辽朝占有燕云十六州及以北地区，与朝鲜半岛的陆地交通无法开展，因此只能依靠海上航线。在可控的范围内，朝廷设置市舶司，设计并贯彻市舶条例，以利于海外贸易的发展。

元朝政府在欧亚开疆拓土的同时，也极力开展海上贸易。在泉州、庆元等城市设立多个市舶机构。忽必烈派遣大军东征日本，南征爪哇、占城，其海外扩张的积极态度刺激了海外交通的发展。

---

① 刘东．中华文明读本［M］．南京：译林出版社，2017：201.

② 赵云旗．中国古代交通［M］．北京：中国国际广播出版社，2011：32.

③ 真人元开．唐大和上东征传［M］．汪向荣，校注．北京：中华书局，1979：74.

④ 陈高华，陈尚胜．中国海外交通史［M］．北京：中国社会科学出版社，2017：35.

明朝在海外交通与交流的政策上出现重大转折，一方面是郑和（1371—1433）近30年的下西洋壮举，另一方面是萎靡的对外正式交流与猖獗的走私贩私。清朝入关后，基本沿袭明朝的海外交通政策，除派遣使节去琉球外，没有主动派遣使团出使他国，也并不如明朝一样热衷开展朝贡贸易，禁海锁国政策导致航海活动逐渐停滞。鸦片战争后，在西方列强的胁迫下，清政府签订了一系列不平等条约，被迫开放众多沿海港口。中国海外交通的格局发生重大变化。

2. **海上丝绸之路**

"海上丝绸之路"是指古代中国与南亚、东南亚、西亚、中亚和欧洲等地区进行经济与文化交流的海上通道。[①] 其形成于秦汉时期，繁荣于唐宋时期，是世界上已知的最为古老的海上航线。"海上丝绸之路"可分为东海丝绸之路和南海丝绸之路。

古代中国与朝鲜半岛、日本列岛的海上交通，溯至久远。秦朝徐福的东渡路线即为东海丝绸之路的雏形，汉朝时的历史记载和文物[②]显示出当时中日通过朝鲜半岛进行的海上往来。隋唐时期，在东北亚地区，在中国的山东半岛、长江口以及东北沿海诸口岸，朝鲜半岛诸口岸，以及日本列岛诸口岸特别是本州与九州地区之间，形成并发展了关系密切、规模庞大的海上贸易网络[③]，即为东海丝绸之路的繁荣。

汉武帝时，致力于开拓海外航线。开辟出以徐闻、合浦为起点，沿海岸线到马来半岛，再向北航行至泰国西海岸、缅甸东海岸，再登陆到达缅甸西海岸，经印度洋到达黄支国、已程不国（今斯里兰卡）[④] 的南海航线。限于当时的航海水平，到达已程不国需要由东南亚、南亚地区各地的商船转送。因此，海上丝绸之路之开辟是由中国人、罗马人从东西两端，加之沿途东南亚、南亚、阿拉伯、埃及各地人民共同完成的。公元166年，大秦王安敦遣使者走海路，在越南登陆，到洛阳谒见中国皇帝，说明海上丝绸之路已经直接开通。[⑤] 唐代贾耽（730—805）的著作《皇华四达记》中指明了"广州通海夷道"，由广州出发，经马来半岛、苏门答腊、斯里兰卡，直抵波斯湾头的航线，这是唐宋时期日臻完善的南海丝绸之路。[⑥] 此时南海丝绸之路与中国东南沿海交通紧密对接，并与航向日本、朝鲜半岛的东海丝绸之路相连。[⑦]

宋元两朝的航海技术有了很大进步，加之元朝积极开疆拓土和发展海外事业，海上丝绸之路的东南二线大多沿袭前朝。东海航线分为南北两条：北线从登州或密州板桥镇（今山东胶州）出发到高丽首都开城府；南线从明州、泉州出发，沿朝鲜半岛西岸岛屿向北航行至开城府。南海航线开辟出横渡印度洋的航线。明朝海上丝绸之路的鼎盛时代，

---

① 董莉莉，陈树淑. 周流天下：中国传统交通文化［M］. 济南：山东大学出版社，2017：85.

② 历史记载见于《汉书·地理志》《后汉书·光武帝纪》等；文物如日本福冈地区出土的"汉倭奴国外国王印"等。

③ 何芳川. 中外文化交流史［M］. 北京：国际文化出版公司，2016：70.

④ 陈鸿彝. 中华交通史话［M］. 北京：中华书局，2013：449.

⑤ 何芳川. 中外文化交流史［M］. 北京：国际文化出版公司，2016：50.

⑥ 何芳川. 中外文化交流史［M］. 北京：国际文化出版公司，2016：69.

⑦ 李庆新. 海上丝绸之路［M］. 合肥：黄山书社，2016：4.

郑和的航队遍访东南亚、南亚、西亚直至东非 30 多个国家和地区①。随后由于当朝海事政策的紧缩和海上世界的风波，传统意义上的海上丝绸之路没落。

3. **郑和下西洋**

明成祖朱棣即位后，依靠此时雄厚的国力，以巩固、扩大朝贡关系为海外交通政策，为追求“帝王居中，抚驭万国”的大国气象，积极发展和海外诸国的联系，派遣郑和下西洋。此时的西洋指的是南海以西的海洋及沿海洋各地②，从 1405—1433 年，郑和的船队横跨印度洋，直通波斯湾、阿拉伯海和红海，沿东非海岸到达了南半球，先后或多次到达占城、爪哇、苏门答腊、斯里兰卡、故里、彭亨、孙剌、比剌、麻林等 20 多个国家。就航行活动本身来说，郑和下西洋从航行规模、航行范围到航行技术都比哥伦布和达·伽马的航行更大、更先进，并且在时间上早了近一个世纪。

二、中国交通的内涵与特色

中国古代的交通流变，从远古时期的发轫到清朝的总结，集中体现了所处朝代的治国策略和经济实力，也产生了丰富的行游文化。总体而言，行是维护古代中国统一与稳定的政治手段，从国内来说，统一包括疆域的开拓和边防的经营，还包括各种交通制度的规整和执行；国际方面则包括维持既定的外交政治地位。在政治稳定的前提下，交通网络实际带来的是经济的广泛交流与发展，各族人民、各国人民在国内国际贸易的沿线城镇聚集、交往，形成人口迁移和商品交换，从而改变了人们的生活方式和国家的经济结构；繁荣的国际商贸网络也进一步提升了古代中国的国际影响力，与政治影响或相得益彰或互为补充。在文化层面，帝王将相、文人墨客、商贾僧侣也通过不同的方式在古代交通史上留下行迹，丰富了中国古代历史和文学的内涵，基于航路开发形成的交流之路，终将东西方文明连接。

（一）行与政治

1. **统一与稳定**

交通系统是统一国家形成与发展的首要条件。③ 国家在获得政权之前，大多依仗占据良好的交通要道和关塞，形成绝对的军事优势；夺得天下后，一方面修整因战争毁坏的道路体系，恢复国力，另一方面蓄力开发新的道路，巩固统治。改朝换代的朝廷需要在新的疆域范围内昭告天下，所以从政治的角度上说，交通网络的延伸是君主权力的实际确认，政令通过道路能够到达的区域就是中央可以行使政权的空间。

战国时期，秦国因积极开拓交通线路、建桥造车，得以补给物资、长距离作战，成

① 何芳川. 中外文化交流史［M］. 北京：国际文化出版公司，2016：71.

② 白寿彝. 中国交通史［M］. 长沙：岳麓书社，2011：157.

③ 王子今. 秦汉交通史稿［M］. 北京：中国人民大学出版社，2013：2.

为军事实力较强的诸侯国之一。三国时期割据不断，但各个政权都在自己有限的条件内，积极发展局部交通，以增强实力。曹魏政权，以邺城（今河北临漳）、洛阳、长安为中心，发展区域交通。蜀汉位居西南，向北开凿剑山，架设栈道；向西南整修石门道、清溪道、旄牛道等。东吴则大力发展水路交通。

秦朝建立后，开始实行“车同轨”的交通政策。这一政策虽然只是要求各处车辙的度数相等，各轮间的距离划一，实际上体现出政治大一统的精神，即如果车辙和车轮的度数不能同一，一辆车便不能畅行各处，也就不能适应这个新的时代的需要。[①] 同样，在驰道、直道的修筑规格上，也有严格准确的制度规定，《汉书·贾山传》记载：“为驰道于天下，道广五十步，三丈而树”。标准化可以提高政治运作职能，交通的标准化管理则是维护国家统一的必要手段。各类交通制度的设定体现出这一治国思想，尤其是与军事相连的交通制度，如关津制度、驿传制度都是为了保证政令传达和区域稳定。

一般而言，统一政权确立后，对中原地区的绝对管控可以较快建立，边境地区的稳定则需要进行专门的交通经营。灵渠的开凿，让秦始皇得以统一岭南地区，将中国的疆域范围向南推进。张骞开辟的丝绸之路，确立了汉朝对西域的有效管辖，张帝国之臂掖。唐朝通往国外和少数民族地区的交通干线有西域道（从洛阳或长安出发，经敦煌往西，最终达波斯，通往地中海地区）、唐蕃古道（通往今西藏地区）和南诏道（通往今云南地区）。[②] 兴起于唐，形成于宋明，在清朝达至顶峰的茶马古道，长久地沟通和稳定了汉藏关系。元朝兴修了穿越山区和通达边陲地带的大道，如云南驿道、贵州山道等，确定中央对边远的管辖。此外，中央王朝还通过征服、成立保护国或者宗女和亲等方式来确保友好关系。汉元帝时，昭君嫁给呼韩邪单于，呼韩邪单于后来控制匈奴全境，与汉朝交好半个多世纪。唐太宗时，文成公主进藏，唐中宗又将金城公主嫁与赞普赤迭祖赞，以此实现稳定边疆、平和民族关系的目的，并推进了少数民族的发展。

2. **中心与四方**

以国都为中心向四方辐射的交通网络是中国古代陆路交通的主要特点，这样的交通概念与古人置国都于全国中心地区的观念有关。[③] 《尚书·禹贡》中提到了五服制度，《周礼·夏官·职方氏》提出九服制度，都是以国都为中心，四方按亲疏远近依次排列。由此，秦汉定都咸阳和长安，成为当时全国交通网络的核心区域，后世以此为陆路交通的基本框架，尽管各朝国都不尽相同，元朝和明朝等出现过迁都，或者如隋唐有东西二京，但交通线路都以国都为中心，靠近国都的地方交通线路频密，边远地区或不曾建都的地方则线路单一、交通落后。随着疆域的扩大，以国都为中心向外辐射的道路不断增加、延长和补充。唐朝沿袭秦汉的道路，但新增从长安“南取库谷路至金州”“正西微北至凤翔”两条重要通道。与之相应的，是国都所在地的交通网络更多元，交通职能更复杂。汉朝的国都长安是全国陆路交通的中心，也是内河航运的中心和丝绸之路的起点。

---

① 白寿彝．中国交通史［M］．长沙：岳麓书社，2011：48.

② 傅林祥．交流与交通［M］．南京：江苏人民出版社，2011：64.

③ 曹尔琴．中国古都与交通［J］．唐都学刊，1992（4）：1－7.

君主作为某种程度上的国家中心，对交通的关注和重视可以体现当朝的政治风格和经济实力。汉武帝执政期间，积极进取，北逐匈奴，西敌氐羌，南战百越，因而大量兴修道路；唐朝是中外交流的繁荣时期，唐太宗通过西征，击败东突厥，扫除高昌、焉耆、龟兹等地的分裂势力，设安西都护府，管辖安西四镇（龟兹、疏勒、于阗、碎叶），保障西域丝绸之路的畅通；唐玄宗命张九龄开大庾岭道路，使广州进口的货物可以顺利通过江西运到扬州，再由扬州经过运河和长江，分散到京师长安和其他地区。[①] 明成祖之后，“西洋取宝船”被罢设，直到宣德五年（1430）才因“以践国祚岁久，而诸番国远者犹未朝贡”而命郑和第七次出使，而其规模和影响已远非前六次可比[②]，体现出明朝不同时期统治者治国心力的不同。

从另一方面来说，统一全国的君主，需要在帝国范围内昭告天下、体察国计民生，因此帝王巡游成为古已有之的传统。秦始皇在位时，曾先后五次巡游，多次前往泰山，举行封禅。[③] 之后，历代帝王都有巡游之举。隋唐时期，隋炀帝西巡，率领军队从京都大兴城出发，到达河西走廊的张掖郡。自此，丝绸之路复通，东西交流得以延续。此外，隋炀帝曾多次南下巡游，巡游线路即为后来的京杭大运河各段。隋炀帝的水上巡游，让当时的舟船工艺提升到相当的高度，沿线经过的城市如扬州等，则在后世进一步繁荣。清朝的康熙乾隆执政期间，分别六次下江南，借巡游的机会，巩固了清朝的政治[④]；康熙乾隆也注重检查民生工程设施的情况，福荫沿途百姓。巡游以高效的方式实现了君主对疆域范围内政治经济局面的把握，确认了交通运输能力和军队及粮草的调动供应能力，路线也多从京畿扩散到江南或西南地区，沿线的道路状况、交通配套设施在短时间内得到改善。

（二）行与经济

1. 海陆与南北

交通的发达需要看地势，水陆是其大别，水路之中，河川和海道不同，海道之中，沿海和远洋又有区别。[⑤] 从经济层面上说，古代陆运只能依靠人力或畜力，持续性有限而成本较高。而“水性使人通”，虽然河流会阻断道路，但加以利用就可节省劳力。“七泽十薮，三江五湖”，丰沛的自然水系资源加之人工运河的不断修建，水路的交通到后世远较陆路发达。随着经济重心的南移，我国南方的海陆通道不断开发，南方航线在国民经济和对外贸易中的重要性越来越凸显。

---

① 陈高华，陈尚胜. 中国海外交通史［M］. 北京：中国社会科学出版社，2017：54.

② 白寿彝. 中国通史［M］. 上海：上海人民出版社，2000：402.

③ 春秋战国时期，在齐鲁人心中，泰山是最高的山。人间的帝王应该到最高的泰山上去祭天，表示受命于“天”。在泰山上祭称“封”，在泰山下的一座小山——梁父山的祭称为“禅”。

④ 当初清兵入关时，江南反抗激烈。康熙、乾隆每游江南，必减江南赋税，又到处题诗题词，并亲祭曲阜孔庙和明朝皇陵，以显扬清朝的恩泽、满人的汉文化修养及满人对汉族圣人汉族先王的尊重。因而受到江南士绅的普遍、热烈的欢迎。

⑤ 吕思勉. 中国通史［M］. 北京：光明日报出版社，2013：220.

秦汉作为古代交通的奠基时期，已经出现通畅快速的陆路运输、水路运输和近海航运，此时的分化还不甚明显。到魏晋南北朝时期，由于国家处于割据分裂状态，并且战火不断，陆路交通遭到很大破坏，交通通行效率相对低下，此时，水运的优势则显现出来。我国河湖众多，且河流下游多位于南方，所以南方的河运没有受到分裂政局的影响，反而成为众多政权增蓄实力的首要选择。孙吴积极开挖人工运河，沟通了丹阳和建业（今江苏南京），成为后来江南运河的雏形。水上交通工具的进步，极大地提高了水上交通运输速率。长江中下游地区和两广、福建等地的经济开发取得突出成就，南北格局开始形成。

隋唐时期，陆上丝绸之路繁荣，海上丝绸之路中的东方航线和南方航线也积极延伸。航道的发展并非呈现单线状，而是呈网络状，因而广泛地沟通了中、朝（韩）、日三大民族，也促进了南海诸国与中国的往来，海上交通呈现出规模化、密集化的态势。唐朝后期国力衰退，陆上丝绸之路无力维系，对海洋航线的依赖越来越大。

宋朝时，陆上丝绸古道呈现时断时续、时高时低的发展态势。海上丝绸之路随着航海技术发展和商品发展，依然兴盛，海路逐渐取代陆路成为中西交通的主要通道。中国的农耕技术、兵制等传到朝鲜半岛，纺织技术传到日本。丝绸、瓷器也开始远销海外。元朝时，由于北方黄河之祸惨烈，部分河道败坏淤塞问题严重，导致内河航道在利用上不及隋唐时期，依赖大运河的物资运输无法完全满足社会生活的需要，海运成为最主要的运输方式。此时，世界历史已进入大航海时代，海洋为世界所倚重。

2. **交流与发展**

经济的发展需要社会资本的不断流动，因而对交通效率具有很高的要求。“富商大贾周流天下，交易之物莫不通”，在政治平和的社会环境中，交通越顺畅、所到之处越远，经济的血脉就越活跃，交流与发展就更深远。

1877 年，德国地理学家李希霍芬（Ferdinand von Richthofen，1833—1905）在其著作《中国——亲身旅行和据此所作研究的成果》一书中，首次将中国通往西域，沿途进行贸易的路称之为“丝绸之路”。以汉代丝绸之路来看，公元前 2—2 世纪，沿着欧亚大陆交通干线，从西向东，有四大帝国并列，即欧洲的罗马（前 30—284）、西亚的安息（帕提亚，前 3 世纪中叶—226）、中亚的贵霜（45—226）、东亚的汉朝（前 206—220）。在公元元年前后，四大帝国都在国势昌盛的时期，积极向外扩张，如罗马帝国将版图扩大到幼发拉底河上游一带，贵霜帝国曾把势力伸进塔里木盆地，汉朝则打败匈奴，控制河西走廊，进驻天山南路。张骞的凿空和甘英的远行，使东西方世界直接联系起来，其结果是中国、印度、西亚和希腊罗马四大古代文明有了直接的交流和影响，此后，任何文明的发展都不再是相对孤立的进行的。[①] 到唐朝时，丝绸之路再度复兴，通过这条道路输入中国的西方工艺品和思想，又由于唐朝和古代日本之间的交往而东输日本，所以丝绸之路从唐代的都城长安又向东延伸，跨越海洋，到达当时日本的都城奈良。[②] 这条交通要

① 袁行霈. 中华文明之光：中外文化交流［M］. 北京：北京大学出版社，1999：45.

② 刘东：中华文明读本［M］. 北京：译林出版社，2017：68.

道丰富了整条道路上的交通和文化交流，为亚洲各地的文明进步提供了推力。

明朝时，郑和七下西洋，虽然以政治目的为重，但实际产生的国际影响力深远，使中国与亚非国家得以友好往来，传播了先进的中华文化，促进当地的发展，同时也为世界地理大发现开辟了东方航路。从世界范围来看，15 世纪末至 16 世纪初，西欧进入资本主义原始积累时期，欧洲各国对资本积累的需求促进了海外贸易的大发展，随着新航路的开辟，东方世界成为重要目标，于是，葡萄牙、西班牙和荷兰先后开始与中国交往。[①]世界海洋贸易体系逐渐建立，几乎所有的涉海国家都直接或间接地参与早期全球化进程。此后，从西欧出发前往中国的海洋航线出现两条新航路：一是从欧洲港口起航，沿非洲西海岸南下，绕过非洲南端好望角，横渡印度洋，经苏门答腊岛西南部海面穿越巽他海峡，北上进入南海，到达中国澳门、广州等港口；或者绕道马六甲海峡，从中南半岛海面到达中国港口。另一条是从欧洲港口起航横渡大西洋，经美洲新大陆绕过麦哲伦海峡，横渡太平洋，航行至菲律宾群岛，再从菲律宾直航到中国东南沿海地区。[②] 而明清逐渐闭关锁国，历史也随之证明，航海事业的发达与否，以及与之相关的对外关系开放与否，关系到中华民族的荣辱兴衰。[③]

（三）行与文化

1. 比德与自然

孔子说“仁者乐山，智者乐水”（《论语·雍也》），后人将这种观念称之为“君子比德”。“比德说”肯定游览山水能够给仁人君子美感享受，这种美感在于自然山水具有类似于仁人君子的品格特征，如大水的深不可测象征智者的学识渊博，大山的养育万物象征仁者的秉德无私。[④] 它注重人与自然的相互感应，注重美与善的统一，着重从人的伦理道德去看自然现象。[⑤] 在比德的概念中，游览山水是途径与过程，从中得到或者体现出的德行才是旅行最重要的部分，因而旅行与修行联系在一起，成为修身养性的手段。登高观海有感而发的诗文被视为一种表达个人道德情操的方式，自然景观也成为培养道德节操和个人修养的重要资源[⑥]。因此，“文以载游”成为我国古代文学的传统，后来发展出经世致用，参透人生哲理的旅行观。

从比德学说的对象来看，行游赋予了自然景物文化生命，后人再将这些自然景物放入自己的文字中，则有了特定的修辞作用。人物和自然进行结合，自然地理人格化，人物也自然地理化。如中国的名山大川总是与某一位特别的文化人物相连。泰山成为帝王拜天祭祖的地方。经过人格化和神化之后，泰山变成了皇权的象征，其意义也拓展到了

---

① 白寿彝. 中国通史［M］. 上海：上海人民出版社，2000：408.
② 李庆新. 海上丝绸之路［M］. 合肥：黄山书社，2016：5.
③ 刘东：中华文明读本［M］. 北京：译林出版社，2017：205.
④ 章必功. 中国旅游史［M］. 昆明：云南人民出版社，1992：37.
⑤ 王明煊，胡定鹏. 中国旅游文化［M］. 杭州：浙江大学出版社，1998：51.
⑥ 张聪. 行万里路：宋代的旅行与文化［M］. 杭州：浙江大学出版社，2015：222.

宗教、政治和社会领域。黄帝象征着华夏文明的起源，代表着黄河流域的黄土高原与华夏文明的特殊关系，位于陕中的黄帝陵把黄帝与黄土高原的特定自然地理联系起来。吕洞宾与黄鹤楼、岳阳楼的特殊联系，赵匡胤与陈桥驿，都是历史文化人物被自然地理化的结果。①

儒家积极入世的思想关怀下，山水都有品格，所以对山水的欣赏也是人自我品格与价值的投射和期许，这种自觉的迁移在官宦语境下的行游中特别明显。然而，追求自然逍遥的旅游也是古代中国旅游观的一类。看山是山，看水是水，强调山水的客观与自然，也试图追求旅行者心态的客观和自然。这种思想，与“澄怀味象”等概念一起，构成比较完整的自然美理论和旅游审美理论。②

《庄子·知北游》中说：“天地有大美而不言，四时有明法而不仪，万物有成理而不说。圣人者，原天地之美而达万物之理，是故至人无为，大圣不作，观于天地之谓也。”表现出庄子自然之美为美的看法。这种“天然”说，将自然作为实在的审美对象，而不仅仅是道德伦理与儒家人格的化身，由此拉开了中国古代社会人们游历自然山水的序幕，魏晋南北朝时期文人名士畅神山林，追寻自然之美的风气与先秦道家的自然审美观有直接的关系。③

2. 宦游与旅游

中国的行游文化有着十分悠久的历史。人们通过行游，将自己置于历史与自然之中，在时间和空间中行走。一方面离开现实，一方面又借由自然看清自己，回归现实。这种文化习惯，被众多文学作品记录并刻画，行游文化也由此变得丰富。中国传统中的行游以宦游和旅游为主。前者，大多为朝廷受命，赴任一方。升迁或者罢黜，直接决定了宦游者的行迹和观感。因而离愁别绪常在饯别辞行的诗歌中展现，壮志难酬的苦闷也多在行路难的文章中出现。旅游，则更显自由，拜访名山大川、名胜古迹，发思古之幽情，寄情于山水。由此产生的山水诗、山水文、山水画都体现出彼时相对逍遥的人生状态。但无论是怎样的心境，旅行者的确在旅途中不断塑造着自己的品格；行游过程中产生的文学作品也成为了解时事、同情诗人的重要途径。

送别是宦游的起点，离愁别绪在中国文学史上占有相当重的分量。伴随送别仪式的大多有酒与诗。借由饯别的机会，抒发离愁别绪的慨叹，表达祝福或者勉励，唐代著名的送别诗《渭城曲》是其典型代表。送别后，仕人踏上旅途，自此，旅行不仅意味着分离，也为重逢创造了机会。与送别聚会上的悲伤情绪相伴的是结交新友、期待与老友相聚的喜悦。旅行使得官员旅行者们可以结识同乡、同门或者同年的人，因而扩大了交际网络，形成新的友谊。

唐朝时，出现了一批常年走南闯北的文人，他们一般官场失意，功名受挫，如杜甫；或者看不起科举，不愿应试得官，而寄希望于编织关系，收获社会名气，晋升仕途，如

① 郭少棠．旅行：跨文化想像［M］．北京：北京大学出版社，2005：114．

② 章必功．中国旅游史［M］．昆明：云南人民出版社，1992：139．

③ 王明煊，胡定鹏．中国旅游文化［M］．杭州：浙江大学出版社，1998：54．

李白。唐朝诗人很多都在自己的一生中漫游了相当长的时间，比如杜甫的漫游至少有20年。在漫长的漂泊与自问中，留下了极其丰富的行游诗歌，显示了自己的才华与情操。

除却宦游之作，寄情于山水，游目感怀外，还有更单纯的旅行与游玩，中国的旅行家以徐霞客（1587—1641）为代表，西方则以众多的商人、传教士为这类旅行的典型。

徐霞客约从22岁开始行游天下，足迹踏遍江苏、山东、山西、河北、河南、陕西、安徽等16个省区。他的行迹记录在《徐霞客游记》一书中，其考证地理之详尽，包括生态地质等科学思想的渗透，在众多的山水作品中独树一帜。

中外交流的深入，航行技术条件的完备使外国旅行者们从海陆两路，纷至沓来，在中国行游文化中占据一席之地。其中以商人和传教士的社会文化影响最大。元朝时期，意大利旅行家马可·波罗来到中国，在中国多个城市居住近20年。后来，人们根据马可·波罗口述的在中国的经历，写就《马可·波罗游记》，书中记载了公元13世纪众多国家的情况，其中对中国的介绍尤为详尽。游记的流传，让世界看到了中国的富庶，从而促使更多的外国人怀揣着他们对中国的想象和目的来到中国。

三、传统交通与现代生活

1. “一带一路”①

2013年9月和10月，中国国家主席习近平在出访中亚和东南亚国家期间，先后提出共建“丝绸之路经济带”和“21世纪海上丝绸之路”（简称“一带一路”）的倡议，得到国际社会高度关注。随后，2015年3月，国家发展改革委、外交部、商务部联合发布《推动共建丝绸之路经济带和21世纪海上丝绸之路的愿景与行动》，详细介绍了“一带一路”倡议的时代背景、共建原则、框架思路、合作重点、合作机制等内容。

面对复杂变化的国际金融格局和经济全球化、文化多样化的潮流，作为与世界经济联系越来越紧密的大国，中国提出共建“一带一路”的倡议，旨在促进经济要素自由流动，推动沿线各国实现经济政策协调，开展更大范围的区域合作，共同打造开放、包容、均衡、普惠的区域经济合作架构。

“一带一路”倡议坚持联合国宪章的宗旨和原则、坚持开放合作、坚持和谐包容、坚持市场运作、坚持互利共赢等。合作重点则包括政策沟通、设施联通、贸易畅通、资金融通和民心相通。其合作机制是：加强双边合作，开展多层次、多渠道沟通磋商，推动双边关系全面发展。强化多边合作机制作用，发挥上海合作组织（SCO）、中国—东盟“10+1”、亚太经合组织（APEC）、亚欧会议（ASEM）、亚洲合作对话（ACD）等现有多边合作机制作用；继续发挥沿线各国区域、次区域相关国际论坛、平台的建设性作用；

① 整理自：国家发展改革委，外交部，商务部. 推动共建丝绸之路经济带和21世纪海上丝绸之路的愿景与行动［EB/OL］.（2015-03-29）［2018-07-28］. https://www.yidaiyilu.gov.cn/wcm.files/upload/CMSydylgw/201702/201702070519013.pdf.

支持沿线国家地方、民间挖掘“一带一路”历史文化遗产，办好丝绸之路（敦煌）国际文化博览会、丝绸之路国际电影节和图书展；倡议建立“一带一路”国际高峰论坛等。

“一带一路”贯穿亚欧非大陆，一头是活跃的东亚经济圈，一头是发达的欧洲经济圈，中间广大腹地国家经济发展潜力巨大。丝绸之路经济带重点畅通中国经中亚、俄罗斯至欧洲（波罗的海）；中国经中亚、西亚至波斯湾、地中海；中国至东南亚、南亚、印度洋。21 世纪海上丝绸之路重点方向是从中国沿海港口过南海到印度洋，延伸至欧洲；从中国沿海港口过南海到南太平洋。根据“一带一路”走向，陆上依托国际大通道，以沿线中心城市为支撑，以重点经贸产业园区为合作平台，共同打造新亚欧大陆桥、中蒙俄、中国—中亚—西亚、中国—中南半岛等国际经济合作走廊；海上以重点港口为节点，共同建设通畅安全高效的运输大通道。

“一带一路”倡议立足于两千多年前的陆上丝绸之路与海上丝绸之路，也立足于当今的中国与世界，“一带一路”建设可以让古丝绸之路焕发新的生机，也会以新的形式让亚欧非各国联系得更紧密。

2. 港珠澳大桥

新中国成立后，我国的大型基础设施建设突飞猛进。中国桥梁，作为跨越与沟通的重要建筑形态，也在技术不断进步、审美不断发展的背景下，取得瞩目成就。长江上第一座由我国自主设计建造的双层式铁路、公路两用桥——南京长江大桥，香港回归之日通车的中国第一座大型悬索桥——虎门大桥等不断刷新中国桥梁的新纪录。这些现代化的桥梁，重新定义了人们对中国制造的理解。其中，在 2018 年投入使用的由港珠澳三地合作修建的港珠澳大桥，成为一国两制下，三地亲密合作，共建大湾区的力证。

2003 年 7 月，国家发改委与香港特别行政区政府共同委托完成了《香港与珠江西岸交通联系研究》，研究结果表明，港珠澳大桥具有重大的政治及经济意义，最具迫切性和必要性。同年 8 月，国务院批准三地政府开展港珠澳大桥前期工作，并同意粤港澳三地成立“港珠澳大桥前期工作协调小组”，全面开展各项前期工作。2009 年 3 月，在中央的高度关注和支持下，经历六年多的前期工作后，粤港澳三地协作配合，港珠澳大桥在伶仃洋上开始动工。

港珠澳大桥是世界上最长的跨海大桥，设计使用寿命长达 120 年，大桥全长 55 公里，包括 22.9 公里的主体桥梁，4 个人工岛和 6.7 公里的世界最长最深的海底沉管隧道，隧道将埋设在海平面以下 40 多米的深处。规模大、难度大、风险大是港珠澳大桥建设的最突出特点。

党的十九大报告明确提出：要支持香港、澳门融入国家发展大局，以粤港澳大湾区建设、粤港澳合作、泛珠三角区域合作为重点，全面推进内地同香港、澳门互利合作，制定完善便利香港、澳门居民在内地发展的政策措施。港珠澳大桥的顺利完工除了打通湾区交通，提高交通效率，给大湾区建设提供持续动力外，也为粤港澳大湾区的进一步建设提供新的经验和思路。港珠澳大桥由香港、珠海、澳门合作共建，在建桥过程中，三地的法律法规有差异，技术标准不同，建设程序、思维方式都不同。但港珠澳大桥将这些不同连接起来，打造出了新的大湾区名片，也将香港澳门与内地联系起来，最终将大湾区与中国梦连接起来。①

表 5-1　中外交通文化对照表

时代	中国	世界其他地区
旧石器时代（距今 250 万—10 000 年）	8 万年前的许昌人已经开辟行程千里的通海道路 3 万年前的山顶洞人已经开辟通往海滨的道路	约 6 万年前，人类足迹已经踏上大洋洲大陆 约 3 万年前，美洲最早的居民从西伯利亚跨越白令海峡迁徙到美洲东北部
新石器时代（距今 10 000—2 000 年不等）	史料记载黄帝已经开始制作舟船，开发交通工具，修建道路，并发明人力车，少昊时发明牛力车 发明舟楫	前 4000 年，埃及人开始使用船航行 前 2000 年中叶，克里特人已经能够制作桨船和帆船
夏（前 2070—前 1600）	发明马拉车 车辆开始用于物品交换运输和狩猎运输，并逐渐用于战争	（缺）
商（约前 1600—前 1046）	王亥利用牛车开始进行远距离的物质交换，开创中国古代的商业 约前 1300 年，商王盘庚迁都殷	前 15 世纪、前 14 世纪，迈锡尼已经具备较强的航海能力，其造船能力在特洛伊战争中特别突出 前 1300 年左右，古希腊人建成特洛伊城

① 整理自：《港珠澳大桥》上集［EB/OL］.（2017-06-30）［2018-07-28］. http://tv.cctv.com/2017/06/30/VIDEueO7Fx3ldK3FOnPwmzlu170630.shtml? spm=C55924871139.Pyoh1UKNPqt4.0.0.

续上表

时代	中国	世界其他地区
周（前1046—前256）	前770年，周平王迁都城至洛邑 前498年，孔子在鲁国遭冷遇，开始周游列国 前486年，吴王夫差开凿邗沟 前256年，秦蜀守李冰修都江堰	前750—前550年，希腊城邦开展大规模殖民运动，组织部分居民迁移到海外，建立新的城邦 希腊人克特西亚斯始述及“Seves”地方，据说此即指中国，以其为产丝之国故名，其后罗马人书中常及此 前675年前后，希腊航海业发达，逐渐在爱琴海北岸、地中海沿岸等建立殖民地
秦汉（前221—220）	前221年秦统一中国。分天下三十六郡，实行“车同轨”政策，并修筑驰道、直道、长城等 前220—前210年，秦始皇五次巡游 前138—前115年，张骞两次出使西域，“丝绸之路”通 前105年，细君公主嫁乌孙王 前33年，王昭君出塞和亲 56年，光武帝封禅泰山。马第伯作《封禅仪记》，是现今所见最早的游记 57年，光武帝赠倭奴国使者“汉倭奴国王”金印 73年，东汉班超出使西域，西域与汉绝65年，至此复通 97年，西域都护班超派甘英出使大秦等，到达今波斯湾	前185年前后，孔雀帝国失去在印度的中央权力 前15年，罗马帝国疆域扩展到多瑙河上游 约1世纪中至3世纪，月氏人建立贵霜帝国，极盛时统治中亚和印度北部分地区，扼丝绸之路要冲 7年（一说18年）斯特雷波撰写《地理》，涵盖奥古斯都皇帝统治下罗马人和希腊人所知道的世界，是古代世界唯一流传下来的地理书籍 48年，在中亚拥有三百多年历史的匈奴帝国解体 大秦（古罗马帝国）王安敦遣使汉朝。中西“海上丝绸之路”开通 122年，哈德良长城动工，用以保卫罗马的不列颠行省
魏晋南北朝（220—589）	271年，地理学家裴秀（224—271）绘制《禹贡地域图》，提出“制图六体”，开创中国古代地图绘制学 412年，法显从海路返回，著《佛国记》（又名《法显传》） 413年，鸠摩罗什（344—413）与弟子译成《大品般若经》《法华经》《维摩诘经》《阿弥陀经》《金刚经》等 521年，郦道元《水经注》写成	225年，贵霜帝国在印度的统治结束 330年，罗马帝国迁都君士坦丁堡（即拜占庭） 435年，狮子国（今斯里兰卡）、阇婆婆达国（今印度尼西亚）、扶南并遣使献于宋 508年，克洛维一世开始营建巴黎，并将其作为王国首都，即鲁特西亚

续上表

时代	中国	世界其他地区
隋唐五代（581—960）	582 年，隋文帝令宇文恺主持建大兴城，后唐朝扩建为长安城，成为当时世界上最宏大、繁荣的城市 605 年，宇文恺等奉命营建东京洛阳。隋炀帝坐龙船巡行江都 604—614 年，日本先后四次派遣使者入隋 607 年，隋炀帝派裴矩经略西域，裴矩撰成《西域图经》 610 年，大运河南北贯通 627 年，玄奘从长安启程赴天竺求取佛经 645 年归，次年进献其所撰《大唐西域记》 641 年，文成公主奉唐太宗之命，嫁给松赞干布，和亲吐蕃 707 年，吐蕃派遣使者入唐，唐许以金城公主嫁吐蕃赞普 713 年，高僧义净（635—713）卒。著有《大唐西域求法高僧传》等 753 年，唐朝高僧鉴真（687—763）东渡日本，传律宗	622 年，穆罕默德离开麦加，前往麦地那，伊斯兰教称这一事件为“希吉拉”（旧译“徙志”） 景教（基督教的一支）教士阿罗本由波斯来中国，始于长安建寺，为基督教第一次传入中国。781 年，《大秦景教流行中国碑》立于盩厔（今周至） 7 世纪末，中国纸由中亚陆路传到印度，后又传去造纸术 701 年，拂菻遣使来朝 717 年，阿倍仲麻吕跟随日本使团来长安留学，公元 753 年受玄宗派遣作为唐朝使节一同前往日本 724—781 年，日本天平时代，是中国唐代文化输入的极盛时代 751 年，中国造纸术传入大食。后经中亚渐次传入欧洲，结束了欧洲使用草纸和羊皮纸的历史 793 年，北欧的诺曼人（维京人）袭击英格兰，开始“海盗时代”
宋元（960—1368）	北宋后期指南针已用于航海 1219—1224 年，成吉思汗西征 1275 年，马可·波罗到达元大都 1219 年，丘处机应成吉思汗相邀，率门下弟子同游西域	1096—1291 年，十字军东征 1130 年，耶路撒冷王国准许在王国内各重要城市开辟商业特区，专供威尼斯商人使用

续上表

时代	中国	世界其他地区
明清 (1368—1911)	1405—1433年，郑和七下西洋 1517年，葡萄牙国王遣使率舰队来华，在广东遭拒后，开炮强行进入广州 1581年，意大利耶稣会士利玛窦来华传教 1607—1640年，徐霞客游历中国。著《徐霞客游记》 1622年，德国传教士汤若望来华 1642年，荷兰殖民者占领台湾 1644年，清顺治帝迁都北京 1684—1707年，康熙南巡，六下江南 1698年，第一艘法国商船抵达中国，一批传教士随船而来 1782年，广州十三行正式成立，经营对外贸易 1784年，美国商船“中国皇后”号达到广州进行丝、茶贸易，中美关系自此始 1793年，英国派马戛尔尼率使团来华，提出开埠通商，清廷不允 1847年，容闳赴美 1872—1875年第一批幼童赴美，1881年被召回 1917—1920年，孙中山在《建国方略》中提出近代铁路构想	13世纪，活字印刷术传入朝鲜，火药传入阿拉伯地区 1296年，马可·波罗旅行东方各国的见闻被记录整理成书，《马可·波罗游记》在欧洲广为流传 1492年，意大利航海家哥伦布从西欧出发，一直向西航行，发现了美洲新大陆 1497—1498年，葡萄牙人达·伽马沿非洲西岸经好望角进入印度洋，开辟了东西方贸易的新航线 1519—1522年，麦哲伦率船队从西班牙出发，完成人类历史上第一次绕全球一周的航行 1620年，英国百余名清教徒乘“五月花号”航船渡海赴美，在北美新英格兰建立普利茅斯殖民地 1756—1763年，通过七年战争，英国最终确立起海上和殖民霸权 1814年，英国史蒂芬森发明火车 1869年，苏伊士运河开通。1875年，英国取得对苏伊士运河的控制权 1874年，日本派兵侵略台湾 1904年，巴拿马运河动工。1914年开通

1 尚书·禹贡（节选）

尚书［M］. 王世舜，王翠叶，译注. 北京：中华书局. 2016：88－91.

五百里甸服。百里赋纳总，二百里纳铚，三百里纳秸服，四百里粟，五百里米。

五百里侯服。百里采，二百里男邦，三百里诸侯。

五百里绥服。三百里揆文教，二百里奋武卫。

五百里要服。三百里夷，二百里蔡。
五百里荒服。三百里蛮，二百里流。

2 中国古代衣食住行·道路

许嘉璐. 中国古代衣食住行［M］. 北京：北京出版社，2016：210－214.

古代有关道路的名称要比今天多。《尔雅·释宫》：“一达谓之道路，二达谓之歧旁，三达谓之剧旁，四达谓之衢，五达谓之康，六达谓之庄，七达谓之剧骖，八达谓之崇期，九达谓之逵。”所谓达即通，一达指没有岔道，三达指丁字形街，四达是两路十字交叉。

但是《尔雅》所列有些在文献中得不到证明，如歧旁、剧旁、剧骖、崇期。有些虽然常见于文献，可是到底所指为几达之道也很难说。例如衢，也有人说是五达，有人说是六达，甚至有说九达的。康、庄、逵是不是五达、六达、九达，从文献中也很难看得出来。大约道、路为通名，凡人、车常走的地方都叫道或路，比较宽阔的叫康、庄（康、庄都有大的意思），岔路多的叫衢、逵。《史记·孟子荀卿列传》：“自如淳于髡以下，皆命曰列大夫，为开第（宅第）康庄之衢。”《列子·仲尼》：“尧乃微服（穿普通衣服，化装）游于唐衢。”这两个衢字都指岔路，前面加上康或康庄修饰，意即指热闹的街市。《左传·隐公十一年》：“郑伯将伐许，五月甲辰，授兵于大宫。公孙阏与颖考叔争车，颖考叔挟辀以走，子都拔棘（同戟）以逐之，及大逵，弗及。”《淮南子·说林训》：“杨子（杨朱）见逵路而哭之。”这两个逵也是指岔道口。街与衢恐怕也没有什么分别。《史记·鲁周公世家》：“公（鲁哀公）游于陵阪，遇武伯于街。”《左传·哀公二十七年》记载此事“街”作衢。《史记·孙子列传》：“君不若引兵疾走大梁，据其街路，冲其方虚（正空虚的后方），彼必释赵而自救。”街路，即交通要道。

此外还有一些道路的名称也应知道。

径。小路叫径。《史记·廉颇蔺相如列传》：“相如度秦王虽斋（斋戒），决负约不偿城，乃使其从者衣褐，怀其璧，从径道亡，归璧于赵。”走中路，是因为小路一般较大路近，可以更快地到达，更重要的是没有关卡、人少，免得暴露。《论语·雍也》：“子游（孔子弟子）为武城宰。子曰：‘女得人焉耳乎？’曰：‘有澹台灭明者，行不由径，非公事未尝至于偃（子游的名）之室也。’”这是说其人方正，没有私人之请，连走路也一定要走“正路”。径又称间道，意思是避开众人的路。《史记·淮阴侯列传》：“（韩信）选轻骑二千人，人持一赤帜，从间道萆（同蔽）山而望赵军。”因而间行也是指走小道。又《项羽本纪》：“当是时，项王军在鸿门下，沛公军在霸上，相去四十里。沛公则置车骑，脱身独骑，与樊哙、夏侯婴、靳强、纪信等四人持剑盾步走，从郦山下，道芷阳间行。沛公谓张良曰：‘从此道至吾军，不过二十里。度我至军中，公乃入。’”步走，是因为小路不能通车；间行，也与蔺相如的从者从径道归赵用意一样；鸿门距霸上原本四十里，走小路只有二十里，是因为径、间道总是人们为了抄近而走出来的。

蹊也是小路。《史记·李将军列传》：“谚曰：‘桃李不言，下自成蹊。’此言虽小，可以喻大也。”桃、李树下的路自然是小路。因此《释名》说：“步所用道曰蹊。”

冲是交通要道。《左传·昭公元年》："（郑徐吾犯之妹）适子南氏，子晰怒，既而橐甲以见子南，欲杀之而取其妻。子南知之，执戈逐之，及冲，击之以戈，子晰伤而归。"冲要则通常专指军事上重要的地方。《后汉书·南匈奴传》："连年出塞，讨击鲜卑，还复各令屯列冲要。"也可以说要冲。

古人早就知道大路两旁应该植树。《国语·周语》："列树以表道。"可见古代路边确实栽树。

为了行人，首先是为了君王的使者和官员走在路上能及时得到休息，沿着国家的主要道路设有若干亭馆，有人看管，备有粮柴。《周礼·大行人》和《掌客》说天子境内沿途为诸侯前来朝聘准备粮食、马料，并且定量供应。其所述的具体条例并不可信，但行人在亭舍"打尖"则确是古已有之。《左传·僖公三十年》："若舍郑以为东道主，行李之往来，供其乏困，君亦无所害。"虽说郑要充当秦东方道上的主人，但负责供应使者的资粮却是守亭馆者的任务。这是谦辞。《三国志·魏志·张鲁传》："诸祭酒（五斗米教的正式成员）皆作义舍，如今之亭传，又置义米肉，悬于义舍，行路者量腹取足。"这已完全是民间自发的服务设施，但其性质与《周礼》所说还是一样的。

大约秦汉之际这种路上的馆舍就叫亭。亭者，停也。意即供行路者停下休息的。汉高祖刘邦未起事前就是一位亭长，这时亭是否还负责供应吃喝则已不可考。后代又有长亭、短亭的区别，据说十里一长亭，五里一短亭。柳永《雨霖铃》："寒蝉凄切，对长亭晚，骤雨初歇。"这时的亭似乎已经纯粹是供人歇脚的地方了。

3 交通方式的变化

王崇焕. 中国古代交通［M］. 北京：商务印书馆. 1996：6－9.

第一，舟、车、路的出现。远古人类从事狩猎、采集活动，以及频繁的迁徙活动，都是凭借人的体力。古代人们大都是沿河而居的。随着火和石斧的应用，适应捕鱼和渡河的需要，便创造出最早的水上交通工具——独木舟。有了独木舟，人们的活动范围扩大了，从此可以跨越水域，开拓新的天地，促进生产进一步发展。人类早期在运输方面的另一件大事是懂得驯养牛马、骆驼和大象等动物，并用它们代替人力运送货物，还供人骑乘。商周时期甲骨文、青铜器铭文中已有表示车的象形字，说明车早已出现，并反映出当时的车已有辕和可供乘坐的车厢，人们已掌握了"驾马服牛"的技术。车出现后，为了加快运送速度和提高负荷量，便有了修筑道路的要求。在春秋战国时期，诸侯各国为争夺中原霸权，纷纷修筑能够通行战车的道路，秦始皇统一六国后，更是大修驰道，"车同轨"，兴路政，使车辆直达全国各地。

第二，造船和航运的兴起。我国在商朝就能制造木船，在周朝，黄河、长江和珠江领域已有较大规模的内河船。人类在利用天然的内河、湖、海航运的同时，很早就懂得挖掘人工运河，接通天然河道，扩大航运范围。我国早在春秋时期就开凿了胥河、邗沟和其他一些运河。秦朝的人工运河灵渠在我国和世界航运史上有着重要的地位，它的总体布局和具体设计都是很科学的。汉代已有了比较完整的水军体制，发展了用途不同、类型多样的船舰。汉代楼船的出现是我国古代造船技术初步成熟的标志。汉代船舶技术的进步还表现在橹、舵和布帆等的发明和应用上。我国古代的造船和航运，长期在世界上保持着领先地位。

第三，机动运输工具的传入。18 世纪下半叶蒸汽机的发明，导致了产业革命。从 19 世纪初开始，蒸汽机相继应用于船舶和在铁路运行的车辆上，于是机动船和机车问世了。从此，开辟了近代运输的新纪元。1840 年鸦片战争以后，帝国主义把铁路等新型运输方式作为侵略工具传入了中国。19 世纪 30 年代，中国的海上运输中出现了由英国制造的蒸汽机船。1872 年，李鸿章筹办招商局，中国才自置蒸汽机船，且开始航行于海上和内河航线。中国第一条铁路是英国商人 1876 年修筑的淞沪铁路。1881 年中国修建了唐胥铁路。完全由中国人自己筹办的第一条干线铁路，是詹天佑主持设计和施工，并于 1909 年建成通车的京张铁路。在中国，汽车初见于上海，是在 1902 年从国外运进的。汽车运输要求修筑路面坚硬的公路。中国的公路始于 1908 年修筑的广西①龙州到那堪之间的公路，但没能全线通车。航空运输出现比较晚。著名飞行家冯如 1909 年制成了我国的第一架飞机。20 年代初，北京和天津之间开始了正式载运旅客的航空运输。

第四，邮政、电信的诞生和发展。人类社会很早就出现了传递信息的活动。古代邮驿就是适应这种需要而产生的。在古代，主要利用人力或畜力传输政令或军令。直到 1896 年，我国才正式建立起近代邮政。中国的电信业，也是帝国主义控制和掠夺的目标之一。1871 年，丹麦大北电报公司私自在我国沿海铺设海底电缆，并在上海租界设立电报局，开办电报业务。电话在 1881 年首先出现于上海英租界，属英商瑞记洋行经营，显然是为帝国主义的侵略政策服务的。在帝国主义在华经营电信业的同时，我国也在清朝末年开始自办起电报、电话和无线电通信业务。

4 世界史上广东之位置（节选）

梁启超．饮冰室合集：第 7 册［M］．北京：中华书局，2015：1795－1799.

十、广东与世界文化之关系

论泰西古代者，必以腓尼西亚 Phoenicia 占一重要位置，谓其为小亚细亚、埃及及希腊三种文明之媒介也。求诸东方，则广东庶几近之。今举广东对于世界文化上所贡献者如下：

（甲）自西方输入中国者

（一）宗教

（A）回教　苏哈巴以教主之父行，初至广东，其为最初传入者甚明。

（B）耶稣教

（1）景教　今之所传景教流行中国碑，属尼士特拉派（Nestorius）耶教之别宗，当时行于波斯者也。

---

① 此处原文为“广西省”，即今广西壮族自治区。

六朝唐间，广东波斯交通最盛，必由广东输入无疑。

（2）迦特力教（即罗马旧教）　元代意大利教士奥代理谷（Odoric）始至广东，为罗马旧教入中国之始。当时信奉颇盛，未几中绝。明万历间，利玛窦（Matteo Ricci）与其徒至广东，居肇庆十余年，实由罗马教之东洋布教会所派也。

（3）婆罗的士坦教（即新教）　嘉庆十二年，（一八〇七年）英人摩利逊（R. Morrison）始至广东，留二十五年，译《新旧约全书》，耶稣新教之输入自兹始。

（C）佛教　佛教虽早已至，然自广东海运开，往还特便，高僧接踵至，其助发达不少，若达摩之留粤，（今粤城有西来初地即达摩最初之迹也）后即传钵于粤人（六祖慧能），其影响于宋明学界者尤大也。

（二）学术

（A）历算　利玛窦在我学界为重要人物，尽人知之。彼翻译事业，其修养全在广东也。

（B）语学　米仑氏（Milne）之英华字典，成于道光三年，（一八二三年）实欧亚字书之嚆矢。米氏旅粤凡二十五年，所译皆粤音也。近三十年前，粤人所续编之字典，至今犹见重于学界。日人之研究英语，其始亦藉此等著述之力不鲜。

（C）医学及其他科学　广东博济医院，实为西医入中国之始。又道光间广州出版之《博物新编》等五种，近世科学最先之译本也。

至最近数十年间，泰西之技术思想，以次输入中国。其发起及传播者，广东人实占重要之地位，今不具征。

（乙）自中国输出西方者

罗盘针也，火药及火器也，制纸法及印刷术也，此三者，为西人致富强之原，然皆由十字军东征时，经阿剌伯人手，间接传自中国者。阿剌伯人至中国者，以广东为第二故乡，则此三物第一之贩卖场，实广东也。又蚕卵一物，我梁简文帝大宝元年，（五五〇年）一波斯人由广东携归康士但丁，西方之有丝产始此。又陶器由广东人精制后，更大输出于泰西。至西纪一七零八年，德国名匠勃查（Bottger）苦心研究，终青于蓝，而中国派之绘画美术，亦缘此以寖被于欧洲。凡此皆广东人对于世界文化上之贡献也。

十一、广东人之海外事业

广东人于地理上受此天然优胜之感化，其慓悍活泼进取冒险之性质，于中国民族中，稍现一特色焉。其与内地交通，尚不如与海外交通之便，故其人对内竞争力甚薄，而对外竞争力差强。六朝唐间，商船远出，达于红海，尚矣。即自明以来，冒万险，犯万难，与地气战，与土蛮战，卒以匹夫而作蛮夷大长于南天者，尚不乏人，以吾所考闻者：

（一）三佛齐国王梁道明

（二）三佛齐国王张琏

（三）爪哇顺塔国王某

（四）暹罗国王郑昭

（五）戴燕国王吴元盛

（六）昆甸国王罗大

（七）英国海峡殖民地开辟者叶来

以上七人之事业，见《新民丛报》传记门，今不再述。

夫明清之交，欧人经营南洋，始发轫焉，而我著著皆占先鞭。使有政府以盾其后，则今日此诸域者，恐无复英、法、荷、班人插足之余地也。此真粤人千古之遗恨也。

今我同胞在海外者，无虑五百万，而粤人三之二焉。宛转依人，嘻其惫矣。而南洋矿权，半在我手。近两年来，墨西哥、秘鲁航路新开，粤民以自力悬国旗往复于太平洋之船，既数艘焉，而墨西哥一隅，亦渐有为有秩序之殖民者，成绩且过于日本。呜呼！宁得谓吾民之终不可用也。

十二、广东之现在及将来

今之广东，依然为世界交通第一等孔道。如唐宋时，航路四接，轮樯充阗。欧洲线、澳洲线①、南北美洲线，皆集中于此。香港船吨人口之盛，虽利物浦、纽约、马赛，不能过也。若其对于本国，则自我沿海海运发达以后，其位置既一变；再越数年，芦汉、粤汉铁路线接续，其位置将又一变。广东非徒重于世界，抑且重于国中矣。独惜欧榻之鼾，殷殷盈耳；覆巢之卵，咄咄困人。仰溯前尘，俯念来许，旁皇终夕，予欲无言。

5 推动共建丝绸之路经济带和21世纪海上丝绸之路的愿景与行动（节选）

国家发展改革委，外交部，商务部．推动共建丝绸之路经济带和21世纪海上丝绸之路的愿景与行动［EB/OL］．（2015－03－29）［2018－07－28］．https://www.yidaiyilu.gov.cn/wcm.files/upload/CMSydylgw/201702/201702070519013.pdf.

六、中国各地方开放态势

推进“一带一路”建设，中国将充分发挥国内各地区比较优势，实行更加积极主动的开放战略，加强东中西互动合作，全面提升开放型经济水平。

西北、东北地区。发挥新疆独特的区位优势和向西开放重要窗口作用，深化与中亚、南亚、西亚等国家交流合作，形成丝绸之路经济带上重要的交通枢纽、商贸物流和文化科教中心，打造丝绸之路经济带核心区。发挥陕西、甘肃综合经济文化和宁夏、青海民族人文优势，打造西安内陆型改革开放新高地，加快兰州、西宁开发开放，推进宁夏内陆开放型经济试验区建设，形成面向中亚、南亚、西亚国家的通道、商贸物流枢纽、重要产业和人文交流基地。发挥内蒙古联通俄蒙的区位优势，完善黑龙江对俄铁路通道和区域铁路网，以及黑龙江、吉林、辽宁与俄远东地区陆海联运合作，推进构建北京－莫斯科欧亚高速运输走廊，建设向北开放的重要窗口。

西南地区。发挥广西与东盟国家陆海相邻的独特优势，加快北部湾经济区和珠江－西江经济带开放发展，构建面向东盟区域的国际通道，打造西南、中南地区开放发展新的战略支点，形成21世纪海上丝绸之路与丝绸之路经济带有机衔接的重要门户。发挥云南区位优势，推进与周边国家的国际运输通道建设，打造大湄公河次区域经济合作新高

① 澳洲即为大洋洲，此处使用原文的说法。

地，建设成为面向南亚、东南亚的辐射中心。推进西藏与尼泊尔等国家边境贸易和旅游文化合作。

沿海和港澳台地区。利用长三角、珠三角、海峡西岸、环渤海等经济区开放程度高、经济实力强、辐射带动作用大的优势，加快推进中国（上海）自由贸易试验区建设，支持福建建设21世纪海上丝绸之路核心区。充分发挥深圳前海、广州南沙、珠海横琴、福建平潭等开放合作区作用，深化与港澳台合作，打造粤港澳大湾区。推进浙江海洋经济发展示范区、福建海峡蓝色经济试验区和舟山群岛新区建设，加大海南国际旅游岛开发开放力度。加强上海、天津、宁波、舟山、广州、深圳、湛江、汕头、青岛、烟台、大连、福州、厦门、泉州、海口、三亚等沿海城市港口建设，强化上海、广州等国际枢纽机场功能。以扩大开放倒逼深层次改革，创新开放型经济体制机制，加大科技创新力度，形成参与和引领国际合作竞争新优势，成为“一带一路”特别是21世纪海上丝绸之路建设的排头兵和主力军。发挥海外侨胞以及香港、澳门特别行政区独特优势作用，积极参与和助力“一带一路”建设。为台湾地区参与“一带一路”建设作出妥善安排。

内陆地区。利用内陆纵深广阔、人力资源丰富、产业基础较好优势，依托长江中游城市群、成渝城市群、中原城市群、呼包鄂榆城市群、哈长城市群等重点区域，推动区域互动合作和产业集聚发展，打造重庆西部开发开放重要支撑和成都、郑州、武汉、长沙、南昌、合肥等内陆开放型经济高地。加快推动长江中上游地区和俄罗斯伏尔加河沿岸联邦区的合作。建立中欧通道铁路运输、口岸通关协调机制，打造“中欧班列”品牌，建设沟通境内外、连接东中西的运输通道。支持郑州、西安等内陆城市建设航空港、国际陆港，加强内陆口岸与沿海、沿边口岸通关合作，开展跨境贸易电子商务服务试点。优化海关特殊监管区域布局，创新加工贸易模式，深化与沿线国家的产业合作。

思考与讨论

1. 水运是古代中国极其重要的运输方式，为了保证航道通畅和沿线城市发展，历代名河多被修治，如大禹治水，勾践疏凿山阴故水道，苏轼疏浚西湖等。由此产生了丰富的文化——治水方法、技术等水利著作；石、桥、堤岸等名胜古迹；名人诗赋、游踪等文化遗产。而现在大运河这条水运线在国内运输交通中的重要性和效率性都大大降低了。

问题：请你谈谈对古运河等河道的文物保护和文化建设应有的态度和做法。

2. 2 000 多年前，中国汉代的张骞在驼铃声声中两次出访中亚，开辟出一条横贯东西、连接欧亚的丝绸之路；15 世纪末到 16 世纪初，达·伽马、麦哲伦扬帆起航，将欧洲国家的航海范围延伸至大西洋、印度洋和太平洋，最终完成环球航行，确立了全球海路；两次工业革命后，轮船、汽车、飞机进入人们的生活，彻底改变了人们沟通连接的方式和效率，世界联系日益紧密；而航天航空领域的不断突破，将人们的视野引向宇宙与太空。

问题：请你谈谈未来人类活动中空间伸展和交通方式的可能选择。

3. 梁启超在《世界史上广东之位置》中开篇提到："广东一地，在中国史上可谓无丝毫之价值者也。自百年以前，未尝出一非常之人物，可以为一国之轻重，（如六祖慧能及袁督师虽为历史上有关系之人物，然视他省伟人，其性质固有间。）未尝有人焉以其地为主动，使全国生出绝大之影响。（晋孙恩卢循虽根据广东，以扰中原，其影响不甚大；唐黄巢虽用广东，究不以为根据地也。）崎岖岭表，朝廷以羁縻视之；而广东亦若自外于国中。故就国史上观察广东，则鸡肋而已。虽然，还观世界史之方面，考各民族竞争交通之大势，则全地球最重要之地点仅十数，而广东与居一焉，斯亦奇也。"

问题1：广东在中国史上的地位。

问题2：广东在世界史上的地位。

问题3：看待一个城市的历史地位与发展前景应该具备怎样的视野。

4. 如果将发生位移定义为行，则简单的空间移动并不是唯一的行的领域——人们还可以在时间的维度进行移动，也就是神游。作为一种形而上的旅行，神游在文学史和宗教思想上都有很重要的表现。屈原的《楚辞·远游》开创的玄想虚拟式神游；两汉、魏晋南北朝的"游仙诗"和道教文学传统都展现出神游的旅行类型。与物质的旅游相对，神游是在一个想象的或者虚拟的时空中移动，在这里时间可以不遵循现代物理的规律，地点也可以随意随时转换。神游打破了现实时间的次序，人们既能拥有现在的人生经验回到古代语境中，也能走在时间前面，看到未来。虽然从现代科技的角度，时间旅行尚未实现，但不断创作出的神游作品如科幻、穿越等体现了人们对这一旅行形态的默认和喜爱。

随着互联网技术的发展，由此形成的网络时空存在于现实与幻想中，在网络虚拟空间中漫步也应该可以称之为行的一种。人们只需要一部联网的电脑或者带 Wi-Fi 的手机，即可进入到任何自己想进入的空间。

如果将视野再度转换，庄子曾说"人生天地之间，若白驹过隙，忽然而已"来感叹人生短暂，那么短暂生活于世间的人们，也不过是人生这一段时间的匆匆过客，人生如旅，浮生如梦，是也。

问题：以上是"行"的一种解释，请谈谈你的看法。

1. CCTV《一带一路》纪录片。

2. CCTV《河西走廊》纪录片。

3. CCTV《新丝绸之路》纪录片。

4. 许嘉璐. 中国古代衣食住行［M］. 北京：北京出版社，2016：172－210.

5. 袁行霈. 中华文明之光：中外文化交流［M］. 北京：北京大学出版社，1999：1－71.

6. 郭少棠. 旅行：跨文化想像［M］. 北京：北京大学出版社，2005：188－231.

引言

《礼记·曲礼》说："有礼则安，无礼则危。"不论是个人良好的人际关系，社会的稳定和谐，还是大国外交的得道多助，都源于有礼。

什么是礼仪？在《二十世纪中国礼学研究论集》第1篇《谈礼》中，金景芳先生说："礼仪，即礼节与仪式。"《中国礼仪大辞典》则这样定义"礼仪"："礼指特定民族、人群或国家基于客观历史传统而形成的，以确立、维护社会等级秩序为核心内容的价值观念、道德规范以及与之相适应的典章制度、行为方式。"

英语的礼仪（etiquette），原义为门票、车票，《牛津词典》界定为"社会或行业中的规矩或礼貌行为"。多数西方学者从社会学的角度解释礼仪，认为礼仪是一种"行为准则"，为不同的社会（society），社会阶层（social class）或群体（social group），界定了预期的社会行为（social behaviour）和行为规范（convention）。

中国是世界四大文明古国之一，古代有"礼仪之邦"的美誉，古代中国人强调重义守礼，礼仪生活非常丰富。中国深厚的传统礼仪文化，也令现代中国人追求和谐、稳定社会秩序以及美好生活，进而推动着社会的文明进程，使世界各国各族人民成为命运共同体。

2000多年前，周公（前1100？—前1043？）划时代地制礼作乐，孔子（前551—前479）大力提倡"仁、义、礼"，中国礼仪时至今日仍具有强大的生命力和活力。然而，中国传统的礼仪文化既有精华，也有糟粕。作为生活在"地球村"的大学生，大家如何在当代礼仪简单化与国际化的大趋势中，提高自己的礼仪修养并参与振兴优秀的中国礼仪？这是贯通第六讲引导大学生主要思考的问题。

一、发展与变迁

（一）礼仪的起源：原始人打招呼、夏商周青铜礼器

礼是时代的产品，人并非生而知礼。《礼记·曲礼》说："夫唯禽兽无礼，故父子聚麀。是故圣人作，为礼以教人。使人以有礼，知自别于禽兽。太上贵德，其次务施报。礼尚往来。往而不来，非礼也；来而不往，亦非礼也。人有礼则安，无礼则危。故曰：礼者不可不学也。"

学者认为中国礼仪文化的起源有两个来源，即见面礼与祭礼。

许多礼仪学者认为不论是中国的"拱手礼"还是西方的"握手礼"，可能同样源自原始时代的见面礼。原始人往往会为食物不足而互相争夺，甚至引起部落战争，然而，个别人为了表达善意，见面时彼此会放下石斧、石刀之类的武器，空手互相打招呼，来表示友善。这一种礼节，慢慢规范化而成为中国的见面礼"拱手礼"，或是西方的见面礼"握手礼"。

此外，考古出土商代青铜礼器证明，礼仪的另一个起源是祭礼。

"礼"的繁体字为"禮"。"豊"是"禮"的本字。豊，甲骨文像许多打着绳结的玉串（豆，有脚架的建鼓），表示击鼓献玉，敬奉神灵。金文承续甲骨文字形，当"豊"作为单纯字件后，有的金文再加"示"（祭祀）另造"禮"，强调"禮"的"祭拜"含义。

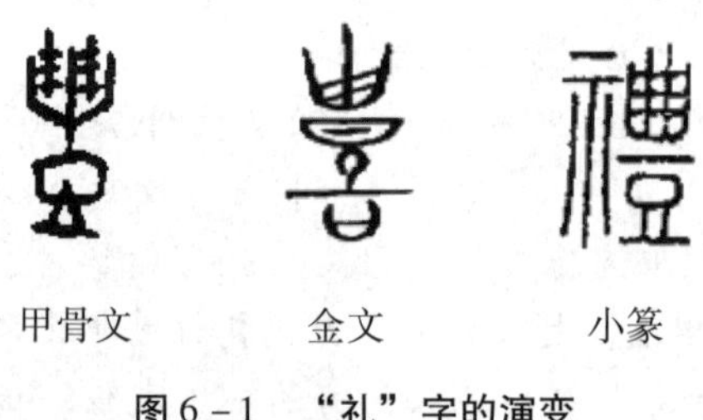

图 6－1　"礼"字的演变

《说文》说："礼，履也。所以事神致福也。"意思是履行你向神要求赐福的承诺。《释名》说："礼，体也。得其事，礼也。"即礼是一种仪式。《韵会》说："孟子言礼之实，皆文思二者。盖用人心之仁义而为之，品秩使各得其敘之，谓礼。"即人的仁义文思的心理反映在言谈举止，就是礼。

夏朝（前2070—前1600）时，国家雏形建立后，礼仪从祭祀天地鬼神活动扩大到政权建设中，特别是"礼治"思想的兴起。《左传》记载，大禹在建立夏政权时，铸造

“九鼎”作为权力和地位的象征，鼎上绘有鬼神百物的形象，《周礼》也记载尊彝上有鸟兽、植物、云山等图形。

商朝（前1600—前1046）时，人类进入奴隶社会，商代的统治阶级为了巩固政治方面的统治地位，把原始的宗教祭祀礼仪（以赎罪祭和感恩祭为主），发展成符合统治阶级需要的礼制。考古学家及文化人类学家提出，古代礼仪形成有3个标志，分别是先王崇拜、祖先崇拜和鬼神崇拜。中国考古学界出土了很多商代及周代的青铜礼器，其中包括三星堆出土的近400件青铜器。

据中国社会科学院2016年出版的“礼与中国古代社会”丛书引用中国过去数十年最新的考古发现和文献记载，礼仪起源于原始社会远古时代的祭祀活动。中国殷商时代已经盛行以上3种崇拜，所以学者认为是中华民族古代礼仪的重要内容，标志着古代礼仪的形成。

中国古人敬天地，重人伦。这个时期的礼仪内容包括：制定了明确血缘关系的婚嫁礼仪、区别部族内部尊卑等级的礼制、为祭天敬神而确定的一些祭典仪式、制定了一些在人们的相互交往中表示礼节和表示恭敬的动作。

（二）礼仪的形成：周公制礼作乐、孔子提倡仁义礼

到了周朝（前1046—前256），此时已有夏商两代的礼仪文化实践的经验累积，中国第一次形成了比较完整的国家礼仪与制度。古代中国被誉为“礼仪之邦”，应该归功于周公的伟大贡献，历史上称之为“周公制礼作乐”。

周公，姓姬，名旦，是周文王姬昌（前1152—前1056）第四子，周武王姬发（约前1087—前1043）的弟弟，曾两次辅佐周武王东伐纣王，并制作礼乐。周公一生的功绩被《尚书·大传》概括为：“一年救乱，二年克殷，三年践奄，四年建侯卫，五年营成周，六年制礼乐，七年致政成王。”周公姬旦提出了各方面的根本性典章制度，这一制度的形成对中国封建社会产生了极大的影响。司马迁（前145—前90）在《史记·鲁周公世家第三》记载：“周公旦者，周武王弟也。自文王在时，旦为子孝，笃仁，异于群子。及武王即位，旦常辅翼武王，用事居多。”

周公提出嫡长子继承制、宗法制、制礼作乐，为使人们各安其职，各尽其责。周代礼仪制度（周礼）依照亲疏、长幼、贵贱、尊卑的标准来确定每一等级。贾谊（前200—前168）评价周公：“孔子之前，黄帝之后，于中国有大关系者，周公一人而已。”

话虽如此，如果没有再经孔子大力“删诗书，订礼乐，编春秋”，更进一步带领儒家弟子周游列国，热心向各国推广五经六艺，提倡儒家核心的“仁义礼”思想的话，中国的礼学（三礼/三礼书）、礼制（五礼）和礼治（以礼治国）也不会早于亚欧各国发展成熟，并在古代世界独树一帜。简单地说，孔子的“仁义礼”思想，也可以看作内心存“爱心”（仁），人际关系要做到“公平”和“正直”（义），对外的行事为人要守“礼

仪”（礼）的三位一体的模式。

孔子的重要礼仪思想包括：慎独守礼、礼貌待人、礼尚往来，并且要注重仪态、仪表和仪容。仁为礼仪的内在心理基础和道德情感。孔子在《论语》中说过：“不学礼，无以立”，视礼为做人之根本。

“非礼勿视，非礼勿听，非礼勿言，非礼勿动”，礼为判断一切社会成员言行正确与否的道德标准。

“礼之用，和为贵”，与人为善，建立一种和谐的人际关系是礼的目的所在。

“人而不仁，如礼何”，人要是没有仁的品德，就不会遵循礼制。

孔子对礼仪非常重视，他把“礼”看成是治国、安邦、平定天下的基础。春秋末年，周礼“日失其序，天下无道”，孔子晚年致力于古代典籍的整理删修，包括《周礼》和《仪礼》。

中国礼仪发展到西周时期基本上完备，此时的“五礼”已经是一整套可以良好运作的涉及社会生活各方面的礼仪规范和行为标准。古代的礼制典籍亦多撰修于这一时期，如《周礼》《仪礼》《礼记》就是我国最早的礼仪学专书。在汉以后 2 000 多年的历史中，它们一直是国家制定礼仪制度的经典著作。《周礼》《仪礼》《礼记》被中国学者推崇为“礼经”。

中国礼仪的推广时期在春秋战国（前 770 —前 221）。这一时期，中国学术界形成了百家争鸣的局面，以孔子、孟子、荀子（约前 313 —前 238）为代表的诸子百家研究并发展礼教，对礼仪的起源、本质和功能进行了系统阐述，第一次在理论上全面而深刻地论述了社会等级秩序划分及其意义。孔子及弟子大力提倡仁义礼的思想，对中华文化的建立贡献极大。孟子将仁、义、礼、智、信视为基本道德规范，认为“辞让之心”和“恭敬之心”是礼的发端和核心。荀子则强调“礼者，人道之极也”，把礼看成做人、做事和治国成功的根本。这个时期中国的礼学、礼制已经成熟。

（三）简介“三礼书”

《周礼》《仪礼》和《礼记》是中国乃至世界文明史上三部重要的礼仪学著作，古代礼仪学者将之合称“三礼”，现代礼仪学者主张为了避免与古代礼制的五礼，及中式婚礼过程的“六礼”等名称混乱，所以主张称为“三礼书”。“三礼书”是记录周代礼典及阐述礼义的最重要的经典，其中《仪礼》所记各种礼典尤为详备，蕴含中国上古社会的民俗民风是“三礼书”的根本。彭林先生十分推崇“三礼书”，认为这三部礼学经典的出现标志着中国礼仪发展踏入成熟阶段。

1.《周礼》：治国之纲领，古老系统的官制记录，以人法天之纲领

《周礼》共 6 卷，搜集了周王室和战国时期的各种官职制度和名称，详细论述了各种官职的名称和职权范围，记载及论述九州区域划分、乡遂（古代地方行政单位，周代以一万二千五百家为乡）之自治、授田之制、市肆门关之政、王朝之教育、城郭道路、宫室之制、衣服饮食医药之制以及音乐舞蹈等礼俗。

2.《仪礼》：相互的时空观念，超越时空，显示古人的礼仪文化和传统智慧

《仪礼》共17篇，记载了先秦时期统治阶级的冠、婚、丧、祭、射、乡、朝、聘等礼仪制度，成为中国历代礼制理论及实践的首要蓝本，对统治阶级和知识阶层的衣食住行、婚丧嫁娶、待人接物等做了详细的规定，是了解和研究春秋战国时期的各种礼仪、制度的宝贵资料。

3.《礼记》：中国贵族礼仪，精致礼仪，礼的教化作用

《礼记》共49篇，据传为孔子的弟子及再传弟子所作，西汉礼学家戴圣（生卒年不详）所编，是解说《仪礼》一书，以及阐释各种礼仪的资料，辑录了战国至西汉初儒家的各种礼乐理论及礼乐制度。《礼记》强调礼仪对于稳定社会秩序、协调人际关系、成就道德人格的重要意义，也是了解和研究中国古代礼仪制度、日常礼仪规范和儒家礼仪思想的重要论著。

（四）“五礼”

谈到礼仪，中国与世界上大部分国家或民族最大的不同之处，在于其他古代文明的礼仪基本上都与宗教信仰密切相关，例如：希伯来国家信仰犹太教，中东国家主要信奉伊斯兰教，欧洲国家受基督教影响达2 000年，而亚洲各国之中不少信奉佛教等，而中国传统的礼仪在很早的时候已经独立于宗教之外。正如蔡尚思先生所指出：“（中国）礼学，只具有宗教的作用而不含有宗教的性质。”

中国古代礼仪体系的“五礼”，几乎涵盖了社会生活的各方面，充分反映了古代中华民族的尚礼精神。

1. 吉礼

《左传·成公十三年》记载：“国之大事，在祀与戎。”意思是国家最重要的事情，就是祭祀与军事。所以古代“五礼”中吉礼和军礼分别排在第一位和第二位。

《周礼·春官·大宗伯》中记载，周代国家官职专门设立了大宗伯，掌祭祀之礼，可见祭祀之礼在古代的重要地位。古人相信“泛神论”（宗教哲学史又称为“万物有灵论”），认为天地间有许多鬼神，影响着人世间的一切，包括国家的兴衰存亡。所以古人希望通过多作祭祀，讨好神明，神明便会保佑人们生活富足以及国家太平，因此称祭祀为“吉礼”。

吉礼是五礼之首，主要是对天神、地祇、人鬼的祭祀。祭祀天神，包括昊天上帝、日月星辰、风师、雨师等。祭祀地祇，包括社神（土地）、稷神（五谷农神）、五帝、五岳、山林川泽、四方诸小神等。祭祀人鬼，包括先王、先祖、国家英雄等，有春祠和秋尝即后世说的“春秋二祭”。

《说文·示部》说：“礼，履也，所以事神致福也。”意思是履行你对神明的承诺来献祭，就可以得到神明的祝福。

基本上世界上各个古文明（如古希伯来和古埃及）都制定了各种赎罪祭和感恩祭。虽然现今科学昌明，现代人普遍不再相信泛神论，但世界上仍有很多国家例如美国、加拿大、巴西、埃及、希腊等设有本国版本的“感恩节”，表达对天地的敬畏以及对大自然的感恩之情，也有当代中国学者倡议设立“中华感恩节”，以弘扬传统文化。

2. **军礼**

《周礼·春官·大宗伯》曰：“以军礼同邦国。”郑玄（127—200）注曰：“同谓威其不协签僭差者。”意思是说，天子以军威统一邦国的制度，使下面的人不敢僭越。古代军礼的内容包括：“大师之礼”，用于军队征伐；“大均之礼”，用于王者和诸侯在均土地、征赋税时的军事检阅、安抚民众；“大田之礼”，用于天子定期狩猎时练习战车、检阅车马等。

中国古代有所谓“三军尽出”，意思是说国家快要灭亡了，所有男子，女子和老幼都要全民参军来保家卫国，由此可知古人为何特别重视军礼。

古代的军礼是军旅操演、征伐之礼，包括军队作战时的规则，也包括军队的日常礼仪和纪律。春秋战国以后的朝代，基本上不再有像先秦那么完整的军礼，并逐渐演变成由职业军人来遵守及执行，军礼在民间开始式微。

虽然现代大部分国家已有职业军人，不再全民皆兵，但现代人仍应该持守“文武合一之谓士”的古典精神，并感激历史上无数的军人烈士不惜为国牺牲来保护国家及文化的存续。

3. **宾礼**

宾礼，是古代诸侯朝见天子，以及诸侯之间互相拜望之礼。

《礼记·王制》：“诸侯之於天子也，比年一小聘，三年一大聘，五年一朝。”郑玄注：“小聘使大夫，大聘使卿，朝则君自行”。“小聘”是诸侯每年派大夫朝见天子。“大聘”是诸侯每隔3年派卿朝见天子。“朝”，必须由诸侯每隔五年，亲自朝见天子。而不同情况朝见天子的宾礼也有不同名称，如：春见曰朝、夏见曰宗、秋见曰觐、冬见曰遇等。

诸侯之间互相拜望之礼也有不同礼节。第一种叫时聘，有事而派遣使者存问看望。第二种叫殷眺，是指多国使者同时聘问。还有一种叫“士相见礼”，包括“新升为士，或士自相见，或士往见卿大夫下见士，或卿大夫下见士，或见己国君，或士大夫见他国来朝者”等仪节。

虽然中国在清朝灭亡后已结束封建社会，开始注重法律面前人人平等。但中国古代封建社会的宾礼，提醒后人在世界各国不同的发展进程中，可能仍有一些国家保留等级之别，外地人旅游到访当地便要注意文化冲突的问题，采用“客从主人，入乡随俗”的原则，不要触犯当地的风俗，避免为自己惹来不必要的麻烦，甚至成为外交风波。

4. **嘉礼**

《周礼·春官·大宗伯》指出嘉礼的作用：“以嘉礼亲万民。”

狭义的嘉礼在后世有时特指婚礼。但古代的嘉礼范围很大，包含了广泛的社会生活内容，如君主登基、册立皇太子、策拜王侯、节日受朝贺、天子纳后妃、太子纳妃、公侯大夫婚礼、冠礼、宴飨、乡饮酒等。它起着沟通、联络感情、促进人际关系的作用，即“以嘉礼亲万民”。

嘉礼中的饮食之礼包括：族宴，平居无事设宴，以叙亲族情谊。族饮，有大事需谋划而设宴共商，集思广益。宾射之礼，君王与故旧朋友比试射艺。杨宽先生指出，射礼兼具社交和军事学习的性质，故古代贵族重视射礼。

嘉礼中的婚冠之礼包括：婚礼，含六个程序，分别是纳采、问名、纳吉、纳征、请期、亲迎，在这一讲稍后将会再做介绍；冠礼，男子 20 岁成年行加冠礼，方可出仕做官，成家立业、生儿育女；笄礼，女子满 15 岁时行笄礼，把头发挽成一个髻，用簪固定。

嘉礼中的饮宴礼仪还有不少：燕飨之礼，君王以酒食欢宴四方宾客；脤膰之礼，君王把宗庙社稷祭祀之肉赐予同姓之国，表示同享福禄；贺庆之礼，有婚姻甥舅关系的异姓诸侯国有喜庆之事时，君王致送礼物表示庆贺。

5. **凶礼**

《论语·为政》说：“生，事之以礼；死，葬之以礼，祭之以礼。”可见中国人非常重视孝道，并且把生时的侍奉与死后的丧葬礼仪并列来说。

狭义的凶礼在后世有时特指丧礼，涵盖丧礼、丧服、谥号等丧葬礼仪。日本把丧礼的专业工作人员称为“礼仪师”或“入殓师”。

中国古代的凶礼范围很大，包括：丧礼、荒礼、吊礼、禬礼、恤礼。丧礼，用于对各种不同关系的人之死亡表达自己不同程度的悲伤。荒礼，用于对某一地区某一国家受到饥馑疫疠的不幸遭遇，国王与群臣都采取减膳、停止娱乐等措施来表达同情。吊礼，用于对同盟国和挚友，遇有死丧或水火灾害而进行吊唁慰问。禬礼，用于同盟国中某国被敌国侵犯，城乡残破，盟主国会合诸国，筹集财货给以接济。恤礼，用于某国遭受外侮或内乱派遣使节前往慰问并给予援助。

《仪礼》中记述丧葬事宜的主要有 4 章：包括“丧服”“士丧礼”“既夕礼”和“士虞礼”。

古代社会多灾难，无论是地（震）、水（淹）、火（烧）、风（暴），都可以造成广泛的人命伤亡和财产损失。这提醒现代人要居安思危，长存感恩之心，并在亲人朋友遭难时要有同情心，加以慰问和援助。

（五）礼仪的强化：汉、唐

汉唐两朝是中国礼仪的强化时期。在我国长达 2 000 多年的封建社会里，尽管在不同的朝代礼仪文化具有不同的社会政治、经济、文化特征，却有一个共同点，就是一直为统治阶级所利用，礼仪是维护封建社会的等级秩序的工具，其主要特点包括：尊君抑臣、尊夫抑妇、尊父抑子、尊神抑人。

汉朝（前 206 — 220）时，汉武帝的治国方略是独尊儒术，把“礼仪”作为社会道德行为的标准，将其重要性提高到了前所未有的高度。两汉时期“以孝治天下”，建立了“举孝廉”的制度。

汉朝重视“礼仪”，对“礼仪”颇有贡献，但它对后世也有比较消极的影响，例如常常被现代人责骂的“三纲五常”和“三从四德”的说法，就是源于汉儒。

明文提倡“三纲五常”的，是汉代学者董仲舒（前 179 —前 104）。“三纲”指君为臣纲、父为子纲、夫为妻纲。从“三纲”可见以下主张：君尊臣卑、父尊子卑、夫尊妻卑。“五常”指“仁、义、礼、智、信”五种恒常重要的德行。

至于“三从四德”，见于东汉女学者班昭（约 49 — 120）的《女诫》一书，她在汉朝和帝时担任皇后及妃嫔的女教师。“三从”分别是：在家从父、出嫁从夫、夫死从子。至于“四德”，主要内容是指：

> 妇德，清闲贞静，守节整齐，行己有耻，动静有法。
> 妇言，择辞而说，不道恶语，时然后言，不厌于人。
> 妇容，盥浣尘秽，服饰鲜洁，沐浴以时，身不垢辱。
> 妇功，专心纺绩，不好言笑，洁齐酒食，以奉宾客。

对于“三从”的未嫁从（听从）父、既嫁从（辅助）夫、夫死从（抚养）子，以及“四德”的妇德、妇言、妇容、妇功（妇女的品德、辞令、仪态、女红）等传统观念，我们应该注意到它是从古代婚姻家庭制度中“男主女从”“男主外女主内”等特点而产生的，并且随着社会的变化也有一些改变。从现代人的角度来看，当今社会已经是“男女平等”“各顶半边天”，所以“三从四德”只有借鉴意义，比如说夫妻应该互相扶持、男女都应该重视品德仪表言辞修养，而绝对不再是困锁妇女的道德规条诫命。

唐朝（618 — 907）时，由于君王有胡人血统，部分文臣武将来至外国外族，唐代文化上倾向兼收并蓄，社会风气较为开放，男女地位较为平等。汉、唐两代公主再嫁的有 23 人，有的甚至结婚三次，当然士族、民间则比较保守。此外，由于中外贸易发达，经济繁荣，所以礼仪获得较大发展。

不过，唐朝的礼制和礼学也不是完全继承前代。例如《唐六典》和《开元礼》的制定本身就体现了以新著作来完善旧礼制的努力，孔颖达（574—648）《五经正义》与陆德明（约550—630）《经典释文》等重要著作也推进了唐代礼学的研究。

唐朝强化礼制，对治国安邦，施政教化，规范人们的行为，对国内以及周边的民族和亚洲国家的人格塑造，都起到了不可估量的作用。

（六）民间礼俗盛行：宋、元、明

到了宋元明三朝，中国的城市化和市民经济进一步发展，礼仪从周公所说的“五礼”，“礼不下庶民”，变得越来越与民间生活接近，民间礼俗（如四大民间礼俗：出生礼、成人礼、婚礼、丧礼）越来越受到重视。

宋朝（960 — 1279）建国时，鉴于唐末五代的政权更替，社会动荡，战乱频繁，维系社会秩序的伦理纲常的作用降低，所以宋初颁定了礼典《开宝通礼》，积极提倡文教。宋代又取消唐代的宵禁，民间市场兴旺，市民生活丰富多样。宋代民间礼俗盛行的例子之一，是流行在庆典的“簪戴礼仪”。据《宋史·舆服志》记载：“幞头簪花谓之簪戴”。《东京梦华录》及《梦粱录》分别记载立春、贺寿、节庆等，官民有簪戴之俗，采用真花或绢罗制作的假花，而非珠宝饰物。除了美观的因素以外，可能与当时宋王朝节省钱财，以应付战争有关。

元朝（1271 — 1368）的蒙古王朝以武力得天下，以武力统治天下，礼教失守。元代有所谓“九儒十丐”的说法，虽非正史，但足以反映社会礼制受到破坏，与汉唐盛世的礼仪之邦不能相比。

明朝（1368 — 1644）以驱逐蒙古人得国，重建汉人统治。明代科举盛行，考试材料采用宋代著名儒家学者朱熹提出的“四书”（《论语》《孟子》《大学》《中庸》）和汉代的“五经”（《诗经》《尚书》《礼记》《周易》《春秋》）。明代朝廷固然努力改革前代（元代）不重视礼教之弊，然而时代已经不同，明代民间婚、丧、冠、寿、社交礼仪等与先前比较，都已经发生很多变异，大量历史记载的案例显示：婚礼把六礼简化，丧礼混乱古制，冠礼废弛，寿诞礼大为盛行等。又例如《大明律》严令“良贱不通婚”，但民间婚姻不问门第只论钱财，所以谢肇淛在《五杂俎》中感慨地说：“今世流品，可谓混淆之极。婚娶之家惟论财势耳，有起自奴隶，骤得富贵，无不结姻高门，缔眷华胄者。”

（七）“中式婚礼”（三书六礼）

民间礼俗盛行，有所谓“四大礼俗”，基本上是全世界大部分国家和民族都有的，即：出生礼、成人礼、婚礼和丧礼。

婚姻是构成家庭、产生宗族的基础。古往今来，不同国家、不同民族的人们都把缔结婚姻看作人生的重大事件，给予高度重视，因而婚姻礼俗成为民俗中最绚丽多彩的内容。

中式婚礼自先秦到现今，大致上仍能传承源于《仪礼》及《礼记》“士婚礼”的“三书六礼”的模式，当然其细节在不同的时间段或地域存在各种各样的差异。其核心模式简介如下。

“三书”指在结婚过程中所使用的文书（也是礼物单），可以说是古时保障婚姻的有效文字记录。第一是聘书，即定亲之文书。在纳吉（男女订立婚约）时，男家交予女家之书简。第二是礼书，即在过大礼时所用的文书，列明过大礼的物品和数量。第三是迎亲书，即迎娶新娘之文书，是迎接新娘过门时，男方送给女方的文书。

“六礼”是结婚过程的六个步骤和相关的礼仪，分别指：纳采（送礼求婚）、问名（占卜吉凶）、纳吉（过文定）、纳征（过大礼）、请期（择定结婚的良辰吉日）、亲迎（又称迎亲）。

（八）礼仪的碰撞：清代烦琐的礼仪与天主教廷的礼仪之争

清朝执政者自满族入关统治汉人后，鉴于前朝元代蒙古人以较低文化统治较高文化的汉人不到100年便灭亡的教训，在文化政策上朝向另一极端，大量采用汉族的礼制并且使其复杂化，又引进满族旗人的发型（剃发留辫）、服饰（旗袍）以至宗教（喇嘛教）、文字（满文）等，导致清代礼仪显得烦琐，各民族之间出现文化冲突。明显的例子如清代官员的见面礼，当品级低者向品级高者行拜礼时，动辄一跪三叩，重则三跪九叩；武将因穿袍甲不易跪拜故采用单腿跪的“跪安礼”等，这些在《大清会典》中有详细说明。

毋庸讳言，中国传统礼仪自先秦至清代累积久远，其中既有精华，也有糟粕。最为现代人诟病的礼仪糟粕莫过于“贞节牌坊”，此外尚有“扎小脚”“穿耳”等残忍风俗，以及“红颜祸水”“女子无才便是德”等歧视女性的观念。

国内的“礼教吃人”是一方面，清中国更与外国发生文化冲突。其实在明朝时已经有天主教传教士来到中国，带来不少文化上及学术上的冲击，部分中国学术精英开始学习西学，包括科学及西方礼仪风俗。只是到了清代，更多外国商人及天主教、基督新教传教士到中国，中西两个体系的文化冲突，演变为“礼仪之争”，历史上又称“中西礼仪之争”。简单来说，西方天主教传教士就中国传统礼仪（例如跪拜帝皇、崇拜祖先等）是否违背天主教义提出争议。狭义而言，这是指康熙（1654—1722）与传教士就儒教崇拜引发的争论，罗马天主教教宗一改从前耶稣会士较为宽容的态度，强调中国儒教的跪拜帝皇及祖先等礼仪违反天主教义，结果引发清帝康熙的反制，从此严厉限制欧洲来华传教士的官方活动。

这次事件对中国和罗马教廷双方面均影响深远。在罗马天主教方面，教廷召开了一连串会议，反思宗教礼仪方面对各国教徒的管制是否过严，以及宗教“本地化”“本色化”的议题，并最终在1939年由时任教宗颁下撤销禁止中国教徒祭祖的正式文件。

另一方面，广大的中国人民随着时代的进步，中外文化交流更加频繁，也深入认识到振兴中国礼仪必须取其精华去其糟粕。因此，礼仪的简单化与国际化就成了现代礼仪发展的大趋势。今后随着社会的进步、科技的发展和国际交往的增多，中国礼仪的实践必将得到进一步的完善。

二、内涵与特色

中国是世界有名的“礼仪之邦”，无论是汉代、唐代或者明清，通过商贸或传教活动，古代中国的文化礼仪影响近至日本、韩国和泰国等东亚和东南亚国家，远至中东和欧洲，深受尊重。

礼仪在中国文化中起着“准法律”的作用，对皇室成员、官员或是普通市民的社交生活都有很大的影响。简单地说，中国礼仪文化至少有四方面的内涵与特色，值得广大的现代中国人参考。

（一）敬老尊贤

中国文化能够同时保留着“敬老”与“尊贤”两项优良传统，这是十分难得的。《礼记·礼运》说：“大道之行也，天下为公……使老有所终，壮有所用，幼有所长。”《孟子·告子下》说：“养老尊贤，俊杰在位，则有庆。”《礼记·祭义》记载：“古之道，五十不为甸徒，颁禽隆诸长者”。“敬老”是指尊敬年纪大的人，中国人数千年来重视让老年人的经验传承下去，事实证明这对国家民族的文化建设是有益的。中国礼仪的敬老，并不只是停留在思想和说教上。从古到今，大部分国民都努力躬行实践，并形成了世界上各个民族之中少有的敬老和养老的礼制。

另外，古代的中国人也非常注重“尊贤”。“尊贤”是指尊敬品德高尚、才能出众的人。《礼记·礼运》说：“大道之行也，天下为公，选贤与能……”；《论语·述而》说：“三人行，必有我师焉”；《论语·季氏》中说：“益者三友，友直，友谅，友多闻，益矣”。古代选拔官员也有“察举”“孝廉”的制度。察举制于汉武帝时确立，察举制不同于先秦时期的世官制和隋唐时建立的科举制，它的主要特征是由地方长官在辖区内随时考察、选取人才并推荐给上级或中央，不论长幼，唯才是用。

“敬老”与“尊贤”是两个互补的概念，集合“尊重劳动经验”和“先进个体”，可以说是中国礼仪文化的优良传统。

（二）礼有等差

中国早在上古时期，就已经形成了以礼为核心的“礼有等差”的宗法制度。“王、诸侯、卿、士、庶人”等不同的社会阶级，在正式的官方礼仪中，往往有非常细致和量化的具体要求。如春秋战国时代的丧礼墓葬的安排，《周礼·春官》记载：不论公墓或是邦墓，每个人的安葬都要按照礼制规定的次序来排列，有严格的规定和安放位置，如果不遵守，就是犯了“僭越”的大罪（见表6－1）。

表6－1　安葬礼制次序表

阶级	等级及墓室形制	墓地	封冢	封冢植树	地面建筑	葬具
王	四墓道，七层台	公墓	2丈4尺（8米）	松树	陵寝 宗庙	三椁二棺
诸侯	二墓道，五层台	公墓	1丈2尺（4米）	柏树	陵寝	二椁二棺
卿	单墓道，三层台	邦墓（春秋） 公墓（战国）	8尺（约2.67米）	杨树	无	一椁一棺
士	无墓道，二层台	邦墓（春秋） 公墓（战国）	4尺（约1.33米）	榆树	无	无椁一棺
庶人	土坑墓	野外	4尺（约1.33米）	榆树	无	一棺或无棺

现代社会讲求“法律之前，人人平等”。中国传统礼仪在现今有简单化与国际化的大趋势，不过“礼仪有等差”这一点也提醒大家出席重要的仪式时，要注意自己在其中不同的“角色”（social roles）与“身份”（self-identities），不然可能会闹出笑话来。

（三）守礼合宜

中国古代举行礼仪活动时，有必要的仪仗。但礼仪太过，就是“奢”，礼仪不足，便为“俭”。“奢”和“俭”分别是“太过”与“不及”，都是不好的。例如古代皇帝的仪仗队统称为“卤簿”，有着“明制度，示等级”的功效，古代皇帝的卤簿仪制分为四个等级，即大驾卤簿、法驾卤簿、銮驾卤簿、骑驾卤簿，各有用途。“大驾卤簿”是等级最高、随行官员和护卫人数最多，仪仗和乐舞也最为齐备的卤簿，用于皇帝祭祀天帝、祈求农业丰收和风调雨顺等活动，是最为隆重的礼仪。但皇帝也不会每天出外都是“大驾卤簿”。

真正合礼的做法，是要合宜，奢俭适度。古希腊的哲学家亚里士多德（Aristotle）也提倡“合宜的原则”（principle of appropriateness），现代礼仪学者称为“TPO原则”，即time（时间），place（地点），occasion（场合）的意思。

遵循守礼合宜这个原则，即人际交往应把握礼仪分寸，根据具体情况、具体情境而行使相应的礼仪，才能达到哈佛大学霍华德·加德纳教授（Howard Gardner）提出的全人教育多元智能理论（Theory of Multiple Intelligence）第二项的人际智能（Interpersonal Intelligence/People Smart）。

（四）四非三好

世界上最廉价而又能得到最大效益的东西，就是礼节。礼仪是现代社会做人做事必备的基本功，是个人素质能力的综合指数，西方社会同样把礼仪视为人生成功第一课。

《论语·颜渊》说："非礼勿视，非礼勿听，非礼勿言，非礼勿动。"现代人称之为"四非"。这是从消极方面得出的结论。《礼记·冠义》说："礼义之始，在于正容体、齐颜色、顺辞令。"服装仪表、言谈对话以至待人处事的态度，反映个人修养和文明程度。《弟子规》要求"冠必正，纽必结，袜与履，俱紧切"，比较具体地列出了对仪表的要求，但未免过于烦琐。

对现代中国人来说，能够做到以下的"三好主义"，其实已经达到古今中西对礼仪文化的要求了：说好话，做好事，存好心。论到行为举止，《论语·学而》有云："君子不重则不威，学则不固。"其实也是类似的指导。总的来说，期望同学们能做到服装仪表整洁干净、言谈对话规范合宜、待人态度平等谦和。

三、传统礼仪与现代生活

中国的传统礼仪繁多，其中既有精华，也有糟粕，对现代人来说应该择其精华来振兴及弘扬。总的来说，世界各国包括中国在内，礼仪的发展方向都是简单化与国际化。

借着2008年首次举办奥运会及接待大量外宾及游客的契机，并展示改革开放30年的成果，中国官方及民间机构进行大规模礼仪培训。因此在此前后，各种职业礼仪师资格认证蓬勃发展，各个礼仪协会及网站纷纷成立，例如香港中国礼仪振兴会筹备10年后在2006年正式成立，清华大学礼学研究中心也在2011年创建，2013年学步园上载"现代文明礼仪诗歌"，社会上也复兴了部分经过改良的传统礼仪。

最明显的是中国传统四大人生礼俗（出生礼、成人礼、婚礼和丧礼）在社会上再次盛行。

中国传统的出生礼，由五种礼仪组成：婴儿诞生，有诞生礼；三日后，有三朝礼；出生一月，为满月礼；出生百天，行百日礼；一周岁时，行周岁礼。这样，对一个新生命的迎接过程，才算完成了。时至今天，大多数家庭只会保留庆祝"满月"和"周岁"，而且与亲朋好友欢宴的地点也由家里改为在酒楼。

传统成人礼的复兴，以北京师范大学－香港浸会大学联合国际学院（以下简称UIC）

为例，UIC 举行的“大学成人礼”主要参考《礼记·冠义》，以传承和弘扬古代成人礼的精神为出发点，并邀请父母、师长、社会贤达为学生举行加冠、赐字、聆讯、明志、敬饮的仪式，宣告学生长大成人，担负成人的责任，完成社会角色的转变。UIC 的成人礼除了继承古代“冠礼”的精神，还融合了 UIC 师、生、家、国的四维教育和全人教育理念，参礼学生依次由学生父母、师长、主宾分别三次加冠，以明其成人责任之重，深化学生作为一个成人应该具备的对自己、家庭、社会和国家的责任感，同时也使他们在大学四年期间的成长和发展更具节奏感。在参礼服装的编排上，学生的着装由汉服到五四学生服、中山装至学士袍，寓意追溯中华文明、彰显与时俱进和开放面貌。在成人礼前，学子们还参加了由 UIC 全人教育办公室组织的三次体验学习活动，包括学习“礼”的传统文化知识，参加义工服务和登山静思，以提升其修身之道，增强社会责任感。正如 UIC 文化创意与管理专业（CCM）课程主任吴佩仪博士说：“礼仪文化，陶造心灵，律己服人，造福社群!”

传统婚礼（儒家拜堂礼）的复兴如 2018 年 11 月 11 日，来自中国各地的 20 对新人着汉服、行汉礼，在皖南古村落亲身体验中式传统婚礼。当日，第十三届国际乡村摄影大展暨传统集体婚礼大典在安徽省黄山市黟县西递景区举行。

中国传统丧礼的主色调为白色，故亦有白事之称，与红事（喜事，指婚礼）相对。现代社会则尊重宗教自由与多元文化，所以现时一些现代殡仪馆的礼仪师会为不同宗教信仰（如佛教、道教、基督教、伊斯兰教）和民族（满、回、藏、苗、瑶、黎）的来宾准备不同的丧服与仪式，这也是现代化与跟国际接轨的体现。

其他复兴礼仪的例子，尚有“拱手礼”。“拱手礼”是中国最古老的见面礼仪，行礼的方式是两手抱拳于胸前，男子左手居上，抱合右手；女子则右手居上，抱合左手。用于古人相见互表敬意，见于《论语》《礼记》等经典。进入 21 世纪后，国际上接连发生“禽流感”“SARS 非典型肺炎”等严重传染病，因此香港的中国礼仪振兴会以“千年古礼，古为今用，民族特色，清洁卫生”为宣传口号，大力提倡非接触式的中国“拱手礼”以取代接触式的西方“握手礼”，以降低染病风险。

此外，中国不少地方也在流行“小学生开笔礼”，如 2018 年 11 月 12 日贵阳达德学校为 237 名一年级新生举行“开笔礼”，当天的“开笔礼”分正衣冠、行大揖礼、朱砂启智、击鼓鸣志、人字启蒙、吟诵蒙学经典六个仪程，学校老师亲切地为小一新生点朱砂启智。值得一提的还有中国各地于孔子诞辰举行祭孔大典，以及由此而来的“传统敬师礼”，如 2013 年 9 月 9 日北京市东城区在北京孔庙举办庆祝教师节表彰大会，来自地坛小学的 60 名学生代表东城区十余万学生向现场教师行拜师礼。

目前中国已经成为世界上第二大经济体，正所谓“衣食足，知荣辱”，提倡礼乐教化可以提高中国国民的精神文明素质及国家软实力，期望不久的将来，在大众的共同努力下，中国再次恢复“礼仪之邦”的美誉。

古今中外

表6－2　中外礼仪文化对照表

时代	中国	世界其他地区
夏（前2070—前1600）	礼仪的起源时期	古埃及王国第五王朝国王伊塞西（Djedkare Isesi，约前2414—前2375），提倡礼仪规范
商（约前1600—前1046）	三星堆、金沙遗址等出现青铜礼器 殷墟商代妇好墓，发现明器及殉葬，中国开始出现国家的礼仪与制度 出现“五礼”的雏形	埃及、巴比伦等文明均有墓葬及丧礼的考古发现 前11世纪，希腊进入因荷马（Homer，约前9—前8世纪）著《荷马史诗》而得名的“荷马时代” 《伊利亚特》（*Iliad*）和《奥德赛》（*Odysseia*）作品中也有关于礼仪的论述
周（前1046—前256）	礼仪的形成时期 周公（姬旦）制礼作乐，提倡礼仪，五礼体制成熟	《希伯来圣经》（*Hebrew Bible*）的《摩西五经》（*Torah or The Five Books of Moses*）详细记载古犹太人的宗教礼仪规范，包括赎罪祭和感恩祭
春秋战国（前770—前221）	孔子编写经典，提倡礼仪 “三礼书”《周礼》《仪礼》《礼记》的集体编撰 五礼的修订 孟子、荀子（前313—前238）、管仲（约前723—前645）论礼仪 道家、法家、墨家论礼仪	希腊礼仪：哲学家柏拉图（Plato，前427—前347），亚里士多德（Aristotle，前384—前322）等人提倡希腊礼仪
秦汉（前221—220）	礼仪的强化时期 汉武帝（前156—前87）独尊儒术的治国方略，礼仪作为社会道德、行为标准、精神支柱，其重要性提高到了前所未有的高度	罗马帝国的礼仪：古罗马奥维德（Ovid，前43—17）的诗作《爱的艺术》（*Ars Armatoria*）内文有关于礼仪的论述 基督教的宗教礼仪传统开始影响欧洲文化达2 000年之久
魏晋南北朝（220—589）	—	宫廷礼仪、贵族礼仪盛行，影响欧洲中世纪文化超过1 000年

续上表

时代	中国	世界其他地区
隋唐五代（581—960）	唐礼不单对治国安邦、施政教化、规范行为、培养人格作用甚大，而且被周边小国及外族模仿 《唐六典》和《开元礼》的编写	—
宋元（960—1368）	民间礼俗盛行时期 宋初颁定了礼典《开宝通礼》 宋代重文轻武，提倡三纲五常，三从四德 学者朱熹写成《四书章句集注》 元代马上治天下，不重视礼教	12 世纪的冰岛诗集《埃达》（*Edda*）叙述了当时用餐的规矩，举杯祝酒礼仪 13 世纪的礼仪手抄本包括日耳曼地区德瑞瓦（Bonvicino da Riva）撰《礼仪》（*Courtesies*）、《宫廷礼仪》（*Hofzucht*）
明（1368—1644）	明代家庭制度逐渐完善 明清科举主要参考书为“四书五经”，考试以宋代朱熹的《四书章句集注》“传注为宗” “四书”是《大学》《中庸》《论语》《孟子》 “五经”是《诗》《书》《礼》《易》《春秋》	欧洲文艺复兴：14—15 世纪的礼仪手抄本包括英格兰地区约翰·罗素（John Russell，约 1450）著《教养之书》（*The Book of Nurture*） 引进印刷术之后：15 世纪卡克斯敦（William Caxton，约 1422—1491）撰《仪态之书》（*The Book of Courtesy*，1477），《优良礼仪之书》（*The Book of Good Manners*，1478） 尼德兰（今荷兰和比利时）人文主义者伊拉斯谟（Erasmus von Rotterdam，1466—1536）撰写《论儿童的教养》（*On Civility in Children*） 英国哲学家弗兰西斯·培根（Francis Bacon，1561—1626）撰写《培根论说文集》，其中第 52 篇为“论礼节与仪容”
清（1636—1911）	礼仪的碰撞时期 清代编写《钦定大清通礼》《满洲四礼集》等 清代封建礼教糟粕流行，例如贞节牌坊、妇女扎小脚等 中西礼仪之争：天主教传教士就中国传统礼仪是否违背天主教义提出争议	捷克教育家夸美纽斯（Johann Amos Comenius，1592—1670）编撰了《青年行为手册》

续上表

时代	中国	世界其他地区
中华民国（1912—1949）	礼仪的简单化与国际化时期：社会上出现反对传统礼仪，学习西方礼仪的风气 1939 年，罗马教廷撤销禁止中国教徒祭祖的禁令	英国学者埃尔西·伯奇·唐纳德（Elsie Burch Donald）编著《现代西方礼仪》
中华人民共和国（1949 年至今）	中国礼仪进一步简化及国际化 职业礼仪师资格认证 1999 年，中国礼仪网创办 2006 年，中国礼仪振兴会在中国香港成立 2008 年，中国首次举办奥运会，并进行大规模礼仪培训 2011 年，清华大学礼学研究中心成立	美国礼仪专家伊丽莎白·波斯特（Elizabeth Post）编撰《西方礼仪集萃》 美国教育家卡耐基（Dale Carnegie）编撰“成功之路丛书” 美国《礼仪百科全书》出版 美国《礼仪全书》出版 美国礼仪专家艾米莉·波斯特（Emily Post）著作多次再版 西方礼仪进一步拓展至计算机网络礼仪（netiquette）和商务礼仪（Robert's rules of order）

1 礼记·礼运

礼记［M］. 陈皓，注，金晓东，点校. 上海：上海古籍出版社，2006：248－249.

昔者仲尼与于蜡宾，事毕，出游于观之上，喟然而叹。仲尼之叹，盖叹鲁也。言偃在侧曰：君子何叹？孔子曰：大道之行也，与三代之英，丘未之逮也，而有志焉。大道之行也，天下为公。选贤与能，讲信修睦，故人不独亲其亲，不独子其子，使老有所终，壮有所用，幼有所长，矜寡孤独废疾者，皆有所养。男有分，女有归。货恶其弃于地也，不必藏于己；力恶其不出于身也，不必为己。是故谋闭而不兴，盗窃乱贼而不作，故外户而不闭，是谓大同。

今大道既隐，天下为家，各亲其亲，各子其子，货力为己，大人世及以为礼。城郭沟池以为固，礼义以为纪；以正君臣，以笃父子，以睦兄弟，以和夫妇，以设制度，以立田里，以贤勇知，以功为己。故谋用是作，而兵由此起。禹、汤、文、武、成王、周公，由此其选也。此六君子者，未有不谨于礼者也。以著其义，以考其信，著有过，刑仁讲让，示民有常。如有不由此者，在势者去，众以为殃，是谓小康。

2 礼记·冠义

礼记［M］. 陈皓，注，金晓东，点校. 上海：上海古籍出版社，2006：669－671.

古者冠礼筮日筮宾，所以敬冠事，敬冠事所以重礼；重礼所以为国本也。

故冠于阼，以着代也；醮于客位，三加弥尊，加有成也；已冠而字之，成人之道也。见于母，母拜之；见于兄弟，兄弟拜之；成人而与为礼也。玄冠、玄端奠挚于君，遂以挚见于乡大夫、乡先生；以成人见也。

成人之者，将责成人礼焉也。责成人礼焉者，将责为人子、为人弟、为人臣、为人少者之礼行焉。将责四者之行于人，其礼可不重与？

故孝弟忠顺之行立，而后可以为人；可以为人，而后可以治人也。故圣王重礼。故曰：冠者，礼之始也，嘉事之重者也。

是故古者重冠；重冠故行之于庙；行之于庙者，所以尊重事；尊重事而不敢擅重事；不敢擅重事，所以自卑而尊先祖也。

3 谈礼（节选）

金景芳. 谈礼［M］//陈其泰，郭伟川，周少川. 二十世纪中国礼学研究论集［M］. 北京：学苑出版社，1998：1－12.

一、什么叫礼？

《说文》示部礼下说："礼，履也。所以事神致福也。"我认为以履释礼是对的。因为礼，履二字音近，履是践履，是行动；而礼正是行动的准则。《论语·颜渊》说："子曰，非礼勿视，非礼勿听，非礼勿言，非礼勿动。"正是说明礼是行动的准则。不过，应当指出，这个行动是人的行动，而不是物的行动。古人虽然有的说："相鼠有体"、"羊羔跪乳"、"马不欺马"、"乌鸦反哺"，等，那只是一种比况之词，并不是说禽兽真正知礼，因为禽兽那些行动都是本能的，自发的，而不是自觉的，有意识的。

二、礼的起源

礼是时代的产品，并不是人生来就知礼。儒家一般都说礼产生于"男女有别"之后。《礼记·曲礼》说："夫唯禽兽无礼，故父子聚麀。是故圣人作，为礼以教人。使人以有礼，知自别于禽兽。"

那末，男女有别是什么意思，这种说法对不对呢？我认为男女有别就是实行个体婚制。因为实行个体婚制以前，是实行群婚制，知有母不知有父，既谈不到夫妇，也谈不到父子。儒家说"婚礼者，礼之本"，与恩格斯说"个体婚制是文明社会的细胞形态"的观点，基本上一致。

三、礼与仁义的关系

在《礼记·中庸》记孔子答哀公问政时说："为政在人，取人以身，修身以道，修道以仁。仁者人也，亲亲为大；艺者宜也，尊贤为大；亲亲之杀，尊贤之等，礼所生也。”这段话里，实际对仁义礼这三个概念的名词、含义特点及其相互之间的关系，都作了十分精确的说明。他说：“仁者人也”这一点，从文字学上来说，也是成立的，它表明仁是人类所独有，其意义为相亲相爱。

“义者宜也，尊贤为大”。宜是什么？宜就是适宜、合理。从政治来说，贤者在位能者在职，就是宜。

“亲亲之杀，尊贤之等，礼所生也。”这句话，既说明礼的内容，同时也说明礼与仁义的关系。“亲亲”说的就是仁，“杀”则是说实行仁，就会遇到有亲疏厚薄的等差。

“礼所生也”是说礼的产生是由于仁有亲亲之杀和义有尊贤之等。因此，仁义和礼三者应看作是一个整体。此三者，仁义是内容，而礼则是仁义二者的表现形式，仁义是抽象的，礼是具体的。

四、礼与俗法的关系

礼俗法三者，自其作为人的行动准则这一点来看，很相似。但它们在性质作用和产生的时间方面，有极大的不同。

首先说俗。俗是自然形成的，所谓“约定俗成”，并不需要有某一个人或某一个集体来制定它，它也没有强制性。

现在说礼。礼的产生在国家产生的前夜。礼是由官方制定的，与约定成俗不同。

法与礼俗比较，产生最晚。中国在夏商周三代都盛言礼，当时只有刑，还谈不到法。法的产生当在战国初年。法与礼比较，当然法是有强制性的。

七、今日研究礼学，是否有用？

据我理解，礼属于精神文明。如果自物质文明的角度来看，它当然是没有用。这好比眼睛是看东西的，自耳朵来说，眼睛确实没有用。然而以耳代目，能行吗？不行。自一个人来说，眼睛耳朵都有用，缺一不可。国家亦然，物质文明、精神文明都需要，不能畸轻畸重。

八、研究礼学的目的与做法

研究礼学的目的，简要地说，就是为制定新礼。制定新礼是一件大事，必须集中一些人力，用相当长的时间，参考古今中外若干有关的记载，经过最高领导机关审定批准向全国发布，然后才能成为符合中国国情、具有中国特色的，可以在相当长时期内实用的礼。

中国号称礼仪之邦，研究礼学自应首先从中国做起。

思考与讨论

1. 一对新婚夫妇的婚礼舞会变成了一场闹剧。新娘婚礼当晚宿醉至酒精中毒，而新郎与伴郎则因打架而遭逮捕。据悉，由于太过混乱，婚礼舞会最终演变成打斗现场。6名警察不得不前往现场维护治安。警察最终逮捕了新郎和伴郎，指控他们扰乱社会治安。而同时一名伴娘也遭到警方问话。警方还称，新娘最终因酒精中毒被送到医院接受治疗。

问题1：你认为为什么会发生这样的事件？

问题2：请就你参加过的婚礼谈谈现在的婚礼形式存在的合理性及不足之处。

2. 2005年美国全国大学及雇主的调查发现，49%的雇主认为，非传统服饰会“强烈影响”他们对应聘者的看法。

问题1：你认为上述关于雇主看法的情况，在中国是否同样如此？

问题2：假如你是大四快将毕业的学生，你会怎样为求职面试做准备？

推荐阅读

1.《二十世纪中国礼学研究论集》：“孔子的礼学体系”“礼——中国文化传统模式探析”，参见：陈其泰，郭伟川，周少川．二十世纪中国礼学研究论集［M］．北京：学苑出版社，1998.

2.《中国礼仪文化》：“第一章　礼仪概述”中“第二节　礼仪的分类”，参见：刘青，邓代玉．中国礼仪文化［M］．北京：时事出版社，2009.

3.《中国婚俗：汉英对照》：“汉族的传统婚俗”中“正婚礼俗”，参见：简洁．中国婚俗：汉英对照［M］．合肥：黄山书社，2013.

引　言

文字作为记录语言的书写符号，是人类最重要的辅助性交际工具。语言是一种听觉符号，声音是一发即逝的，所以语言凭口耳相传，用于交际时在时间和空间上就有其局限性。你在某地说的话，离你太远的人就听不见；你说完话才到的人也听不到。文字则是一种视觉符号，克服了语言交际在时间和空间方面的局限。清代学者陈澧（1810—1882）在《东塾读书记》中说："声不能传于异地，留于异时，于是乎书之为文字。文字者，所以为意与声之迹也。""传于异地"，可以使远隔千山万水的人使用同一种文字进行交际，交流思想，协调行动。"留于异时"，于是文字就成为记载一个民族文化和历史的重要工具，人类的思想、知识、经验得以大量地、系统地流传下去。文字的出现也因此被认为是一个社会进入文明的重要标志之一。

美索不达米亚的楔形文字、古埃及的圣书字和中国的汉字是人类文明史上最古老的三大自源文字体系。楔形文字和圣书字早已退出了历史舞台，只有汉字一直沿用至今。正如黄德宽先生所说，汉字的悠久性、持续性和稳定性，使得中华历史文化得以完整地记载、保存和传承，形成了世界上保存数量最多的古典文献。另外汉字还会通了不同的方言，在跨区域传递信息、传播文化、促进文化认同和民族融合、维护国家统一等方面都起着重要的作用。瑞典汉学家高本汉（1889—1978）在调查了中国三十几个方言点后说："在这个大国里，各处地方都能彼此结合，是由于中国的文言，一种书写上的世界语，做了维系的工具，假使采取音标文字，那这种维系的能力就要催迫了。例如北京人用音标文字根据北京的方言写成了一份公文，对于广东人或其他中国地方的居民，都是不明了的。"①

数千年来，汉字不仅承担了记录传承博大精深的中华优秀传统文化的使命，而且作为世界上唯一还在使用的古典文字，汉字的形音义系统本身也蕴含了丰富的原初文化信息。了解分析汉字自身特点及其内在文化信息，有利于我们进入中华传统文化的核心，把握中华历史文化的精髓。

---

①　高本汉．中国语与中国文［M］．上海：商务印书馆，1933：49.

一、汉字的发展与变迁

汉字又被称为文字。何谓“文字”？“文”的甲骨文作“”。东汉许慎（约58—149）在《说文解字》中的解释是：“文，错画也，象交文。”“文”的本意是交错的纹案。“字”的金文作“”。《说文解字》中说：“字，乳也，从子，在宀下。”“字者，言孳乳而浸多也。”“字”由生育后代的本意引申为文字的意思。清代段玉裁（1735—1815）在《说文解字注》中说：“析言之，独体为文，合体为字，统言之，则文字可互称。”独体字或叫“文”，即由一个独立的字符构成，不可拆分，如“山”“犬”“来”等；合体字或叫“字”，则由两个或两个以上字符构成，可以拆分成不同的部件，如“信”“得”“奔”等。

最流行的观点认为汉字是由黄帝的史官仓颉所创造的。《说文解字叙》中说：“黄帝之史仓颉见鸟兽蹄迒之迹，知分理之可相别异也，初造书契。”历代人们都把仓颉神化为“龙颜四目，生有睿德，生而能书”的神人。从历史的角度来看，汉字系统当然不可能是由一个人发明的，但我们可以推测仓颉很可能对搜集、整理、统一汉字做出了突出贡献，所以后人把汉字创造者这一殊荣给了他。从传说中我们可知，最先使用汉字的人是朝廷官员，也即巫和史。

最早的成体系的能够完整记录汉语的汉字是形成于商朝后期（约前14—前11世纪）的甲骨文。即使从商朝后期算起，汉字的历史也已经有3 300年左右了。在这段历史发展长河里，汉字的意音文字的本质没有发生变化，但是在形体和结构上却发生了一些重要的变化。

（一）汉字的基本结构类型

“书”的甲骨文作“”，表示手执毛笔，写写画画，所以“书”古代指写字，也指写下的字。“六书”是后世人对汉字进行分析而归纳总结出的汉字结构的六种基本原则和条例，包括象形、指事、会意、形声、转注和假借。“象形、指事、会意、形声”为造字之法。这四书与汉字的形体结构相关，是汉字的构造原则。而“转注、假借”为用字之法。因为转注和假借并不能产生新字，只是文字的使用方法，与汉字的构造无关，可以视为汉字的运用原则。这就是所谓的“四体二用说”。

1. 象形

象形，顾名思义就是像实物之形，也就是把客观事物的形体描画出来。许慎在《说文解字叙》中说：“象形者，画成其物，随体诘诎，日、月是也。”“随体诘诎”是指随着物体的外形而曲折字的笔画。象形所象的多是当时人所熟悉的客观事物，近的如人体、衣饰、器用、宫室等，远的如植物、动物、天象、地理等。象形字首先是独体字，由象形符号构成，字形近于图画，所画即为字义所表示事物的轮廓或具有特征的部位（例字见表 7－1）。

表 7－1　象形例字表

例字	甲骨文	金文	小篆	隶书	释读
女					甲骨文像交手屈膝跪坐的妇女形
自					甲骨文像鼻子形。后加声符成“鼻”，以表其本义
身					甲骨文像妇女腹部隆起，怀胎孕子。本义为怀孕
羊					甲骨文像羊头正视形
泉					甲骨文像流出泉水的泉穴
申					甲骨文像闪电形。本义是闪电
矢					甲骨文像箭形，上为箭镞，中为箭杆，下为尾翎

象形是最原始的造字方法。象形字数量虽然不算多，却是构成其他几种文字的基础。这类文字简单易识，有很强的直观性和象形性，但局限性也很大。首先是书写较为麻烦，且因人们观察事物的角度不一，往往造成形体不统一。其次是难以表示抽象概念或复杂事物，且难以区分同属一种类但分属更细类别的事物。

2. **指事**

许慎给“指事”下的定义是“指事者，视而可识，察而可见，上、下是也”。意思是说，一看到指事字的字形符号就可以识别它，再仔细观察就能了解它的意义。指事字是在象形字的基础上再加上指示符号做标记的一种文字。大部分指事字是用一个指示符号从全体中特指某一部位，指点该处是字义所在。指事可能是受到语言交际中用手势标指事物的启发而产生的。指事字一般表达象形字难以表达的一些比较抽象的概念，如位置、动作、状态等。所以指事字也是独体字，且有抽象的指示性符号，用以指示字义（例字见表 7－2）。

表 7－2　指事例字表

例字	甲骨文	金文	小篆	隶书	释读
本	（缺）				本义是树根，在“木”的根部加指示符号以示意
末	（缺）				在“木”的顶端加指示符号以表示树梢的意思
刃		（缺）			在“刀”字上加指示符号以表示刀口的意思

续上表

例字	甲骨文	金文	小篆	隶书	释读
甘					在“口”中加一点，表示用舌头品尝到美味
亦	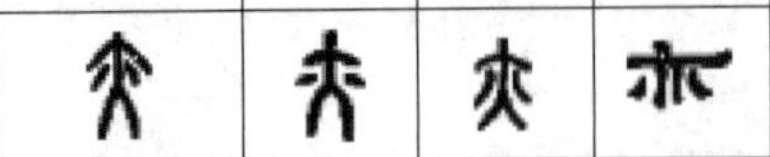				“腋”的初文，在正立人形腋部加指示符号以示意
寸	（缺）	（缺）	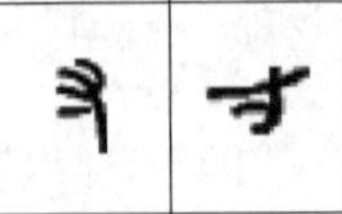		在“又”（手腕）的下面加指示符号以表示寸脉、寸口。后借以表示长度单位
四	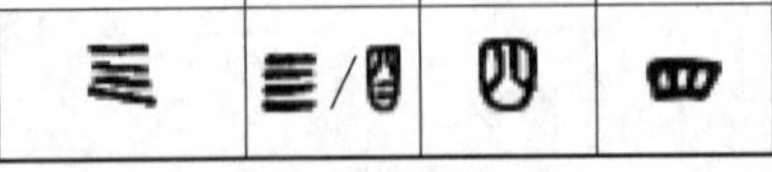	/			纯粹的符号指事字，用线条表数目

指事字在六书中最少。要说明客观物体，可以用象形来表示；要说明抽象概念，会意造字的能产性远优于指事。

3．**会意**

《说文解字》中的定义是“会意者，比类合谊，以见指抝，武、信是也”。会意是把两个或两个以上的独体字组合在一起来表示一个新的意思。会意是合字表义的一种造字法，具有很强的写意性。会意字是合体字，由可独立成字的偏旁组合而成，且偏旁都是表义的。会意字的字义是组成偏旁的意义的会合，记录了一个新词（例字见表7－3）。

表7－3　会意例字表

例字	甲骨文	金文	小篆	隶书	释读
从	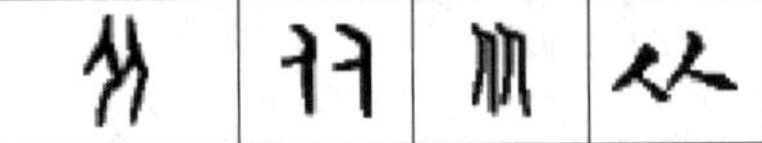				像两个人一前一后相随而行，本义为跟随
北	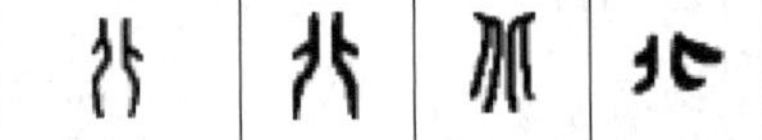				“背”的初文，像两人相背而立。后借作方位词，其本义在“北”下加“肉”字旁，另造“背”字代替
明	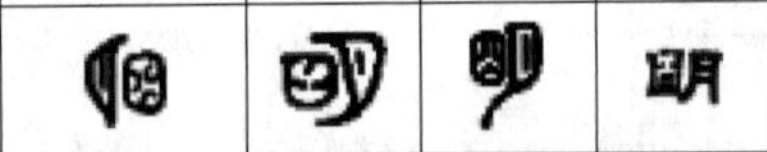				像月光透过窗户照亮房间。即“囧”，窗户
即					像一人跪坐在盛有食物的器皿前，本义为入席就餐
寇	（缺）				像手持器械进屋袭人，本义为入室劫掠
降	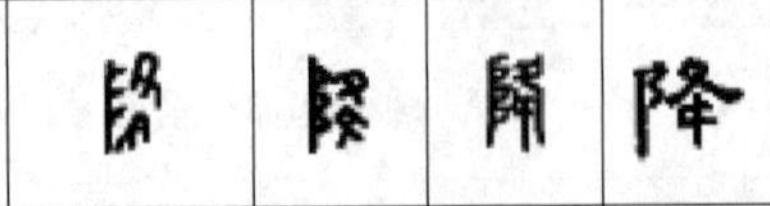				左为“阜”，盘山石阶；右为“夅”，即倒写的“步”，脚趾朝下表下山。本义为从山顶往山下走
并	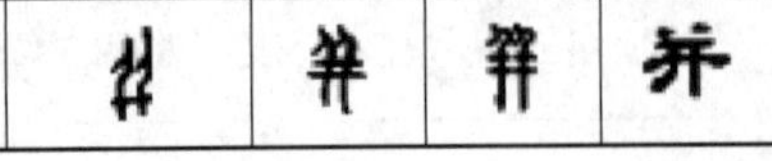				本义为两人同步而行或比肩而立

会意字弥补了象形字难以表抽象概念的缺憾，它是通过多种多样的组合排列，在不

增加新的构件的前提下，创造了很多新字，但是会意的局限性也很明显。首先会意字所会之意有时不易准确把握，如“武”，从止从戈，但“止”有脚趾和停止两义，所以对“武”的解读可以是挥戈向前，也可以是制止干戈。另外受词义组合的限制，一些代词、虚词以及很多抽象意义，仍然没法用会意来造字。

4. **形声**

形声又叫“象声”“谐声”。《说文解字》中的定义是：“形声者，以事为名，取譬相成，江、河是也。”形声字是用与字义所表事物有关的字来作形符，取与新字读音相同或相近的的字作声符，来合成新字。由此可见形声字也是合体字，且偏旁有表义的形符，有表音的声符。

造字如果不借助声音，一个事物一个字这样造下去，那将会出现无比庞大的文字量。几乎每个文字都要分别学习记忆，人们的记忆负担会很重，文字将变得难以学习和掌握。语言中的很多无形可象，无意可会的概念也无法加以记录。随着社会的发展，语言词汇日益丰富，为了适应文字记录语言的要求，人们借用现成的同音或近音字来标记一些之前有音无字的词，这就是假借。但假借以一字表多词会造成同音词，同音词在使用时容易让人混淆或产生歧义。为了更明确地表义，人们便在假借字上增加形符或声符以示区别，形符加声符就产生了形声字。例如“暮”，初文为“”，即现代汉语的“莫”，像日在草野或丛林中，表示太阳下山；后因“莫”被假借作“不要”，本义渐模糊，另造“”（晚期小篆，在“莫”下加形符“日”）来表本义。又如“齿”，甲骨文作“”，是象形字；小篆作“”，在象形的牙齿形符上加了声符“止”。

形声字越到后世发展越快，两汉以后形声字逐渐取得了主导地位。据统计，甲骨文时期，象形字、指事字和会意字约占当时总字数的72%，形声字约占28%。汉代的《说文解字》共收字9 353个，其中形声字7 679个，约占总数的82%。宋代《通志·六书略》共收字24 235个，其中形声字21 343个，约占总数的88%。现在的通用汉字中，形声字的比例占90%以上。

形声字的优点首先是形音兼备，能提供较大的信息量，兼有示义、标音、示源、分类等作用，提高了汉字的区别性和标识性；其次形符、音符都在已有汉字中选用，没有增加新的构件，便于人们识记，也提高了文字的复用率，经济实用；最后是系统性强，同一形符加不同的声符或者同一声符加不同的形符就可以形成一批以同一构件为纲的形声字。这一造字法简便灵活，已能应付记录汉语的需要，所以汉字发展到形声阶段便固定下来，没有走上完全拼音化的道路。

5. **转注**

许慎给转注下的定义是：“转注者，建类一首，同意相受，考、老是也”。多数学者认为，根据许慎的定义，转注字应有两个条件：一是有同一的部首；二是字义相同或相近，可以互相注释。

例如《说文解字》中，“考”和“老”均属“老”部，许慎的训释是“老，考也”，“考，老也”。又如“顶”和“颠”，《说文解字》的训释是“顶，颠也，从页，丁声”，

“颠，顶也，从页，真声”。

由此可见，转注字其实是同义词或近义词。它并没有为汉语创造新字，而是表明汉字与汉字之间的一种关系，因而不同于象形、指事、会意、形声这四种造字之法，转注是一种用字之法。按照语言的经济原则，转注字增加了人们的记忆负担。如今天表“年岁大”的意思我们就只用“老”字而不用“考”字了，“考”的意义用法已经转移。

6. **假借**

《说文解字》中给假借下的定义是：“假借者，本无其字，依声托事，令、长是也。”假借字是语言中的某个词本来没有表示它的字，就依据读音去找一个音同或音近的现成字来标记。因此假借和转注一样，并没有创造新字，而只是一种用字之法。

假借只是从音同或音近出发，本义与假借义之间是毫无联系的。“令”的甲骨文作“”，像在上位者张口向跪坐之人发号施令，本义是命令。因其读音与“县令”的“令”相同，故又被假借为“县令”的“令”。“长”甲骨文作“”，像一长发飘飘的拄杖老人，本义为年长。因其读音与“县长”的“长”相同，故又被假借为“县长”的“长”。

汉语中的虚词、语气词、代词、叹词、连接词、方位词、时间词、干支字等，不能造形，无意可会，多采用造字假借。例如，“我”，甲骨文作“”，本义是一种有许多利齿的武器，后假借为说话人对自己的称呼。“而”，甲骨文作“”，本义是胡须，后假借为人称代词“你”、连词和语气词。“奚”，甲骨文作“”，像一个被人抓住发辫或捆绑了绳索的奴隶，后假借为疑问代词。“包”，甲骨文作“”，金文作“”，本义是胞衣，假借为“包裹”的“包”，后加形符“肉”造“胞”表本义。

假借字是造字初期鉴于象形、指事、会意三种造字法的局限性而产生的变通方法。在上古时代假借的方法使用很广泛，这和当时的字少有关。假借造字很容易产生大量一字多义的情况，且各字义之间毫不相干，容易造成语义含糊混淆。甲骨文和钟鼎文中就有很多假借字，对后世的阅读和理解造成了较大的困难。据统计，假借字在甲骨文中占70%左右，在西周金文中占50%左右，到东周已经下降到30%左右。这是因为假借字没有良好的区分明确字义的功能。这也为之后的形声造字提供了契机。

（二）汉字的形体演变

汉字形体的演变以小篆为界，可以划分为古文字阶段和隶楷文字阶段。粗略来说，古文字阶段起自商朝，终于秦代，隶楷阶段起于汉代，一直延续至今。战国晚期到汉初是两者之间的过渡阶段。古文字阶段主要的汉字形体有甲骨文、金文、大篆和小篆。隶楷阶段的汉字形体主要有隶书、草书、行书和楷书。不同字体并非依次有序出现发展，它们的演进常常是前后交错的。

总体看来，汉字的形体是逐渐简化的。在古文字阶段，汉字的象形程度就不断降低。古文字本来大都很像图形，为了方便书写，人们把曲折婉转、连续的线条改为比较平直的线条。这可以称为“线条化”。古文字演变为隶楷阶段汉字的过程中，汉字的笔画变得越来越平直方正，圆笔变为了方笔，连笔变为了断笔，曲笔变为了直笔，确定了横竖撇点捺折的笔形，汉字的象形意味进一步丧失。这可以称为“笔画化”。汉字的形体演变历程见表7－4。

表7－4　汉字的形体演变历程

例字	甲骨文	金文	大篆	小篆	隶书	草书	行书	楷书
鱼								
马								
寒			（缺）					

1. **甲骨文**

甲骨文，是殷商时代的人用刀刻在龟甲或兽骨上的文字。商朝的统治者非常崇拜神，大到农业收成、打仗吉凶、设祭祈年、外出畋猎等，小到生育、疾病、做梦等，都要问卜。在占卜前，通常先在备用的龟甲或兽骨背面凿一些小坑，占卜时就在这些小坑上加热使其表面产生裂痕，这些裂痕被称为“兆”（甲骨文作“”），占卜的人根据“兆”的样子来判断吉凶。后期管理占卜事务的人员，往往把占卜的事由、卜兆的吉凶以及后来是否应验刻记在卜甲卜骨上。故甲骨文的内容以记录占卜之事为主，所以又称“卜辞”“契文”。又因最早是在殷墟（位于河南安阳西北郊）发现的，又叫“殷墟文字”。甲骨文具体形体的例字及甲骨文拓片见表7－5和图7－1：

表7－5　甲骨文例字

例字	页	象	鼎	保	初
甲骨文					

图 7－1　甲骨文拓片

目前收集到的甲骨文单字约有 4 000 多个，其中 1 000 多字已被释读。甲骨文是一种较为成熟完备的文字，但其局限性也显而易见：象形性很突出；尚有许多字形体不固定，一个字常常有多种写法，笔画有多有少，写法有反有正（见表 7－6）；繁简不一，繁体简体并存，有的差别比较大；行文不统一，从左到右写、从右到左写的都有。

表 7－6　同一个字的不同甲骨文写法

子			
车			
牢			
得			

2. 金文

图 7－2　西周毛公鼎

金文是商、周时期铸刻在青铜器上的文字（古人把铜叫作“金”），又称“铭文”。商、周的青铜器礼器以鼎为代表，乐器以钟为代表，所以“金文”也称“钟鼎文”。

商朝青铜器上的金文大都较简短。周朝不仅青铜器数量多，而且上面的铭文字数也多，最长的是周宣王时的毛公鼎，多达 499 个字（如图 7－2 和图 7－3 所示）。西周时期的青铜器大多为周王室的贵族、臣僚所有，可是到了春秋战国时期，青铜器几乎都属于各诸侯国。从内容上看，青铜器上的文字有的记载器物所有者，有的记载战功，有的记载祀典、赐命、诏书和盟约等活动或事件。金文的应用年代长达 1 200 多年，是研究西周、春秋、战国文字的主要资料，也是研究汉字早期形体演变的重要依据。

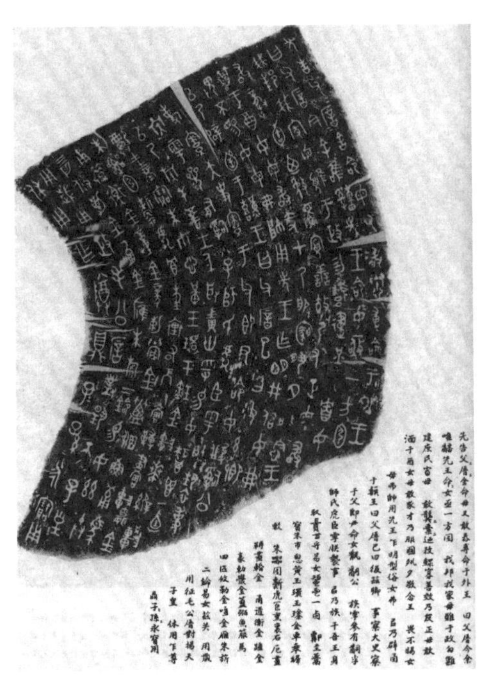

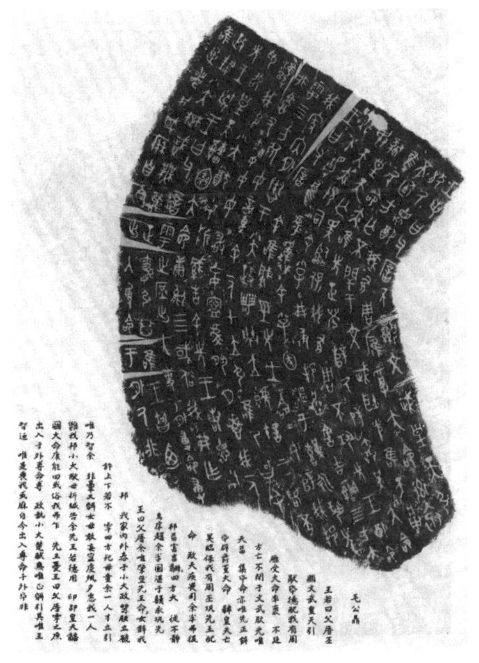

图 7－3　西周毛公鼎全拓图片

从形体上看，金文承袭甲骨文而来，甲骨文的象形性强、繁简不一等特点，金文在不同程度上也存在。不过金文还有自己的特点：在笔画和结构上总体要比甲骨文简化一些，线条化程度更高；前期金文笔画粗壮，浑厚质朴，后期则流利秀拔，笔势圆转，字形接近长圆，趋向工整；字体仍不固定，但异体字比甲骨文大为减少（例字见表 7－7）。

表 7－7　金文例字

例字	鱼	山	羊	斤	止
甲骨文					
金文					

3. **大篆**

大篆又称“籀文”，是春秋战国时期流行于秦国的一种书体。广义的“大篆”还包括秦国以外的六国文字。“籀文”得名于《史籀篇》，它是中国古代最早见于文献记录的一部字书，据说为周代史官教学童识字的课本。许慎《说文解字》和班固（32—92）《汉书·艺文志》都认为该书是周朝中兴之主周宣王的太史籀所作。收入《说文解字》中的籀文有 223 字。现今能看到的大篆的真迹是秦国刻于十枚石碣上的“石鼓文”（如图 7－4 和图 7－5 所示），也是目前发现的中国最早的石刻文字。大篆是金文和小篆之间的过渡文字，小篆主要是从大篆省改而来。

图 7－4　秦石鼓

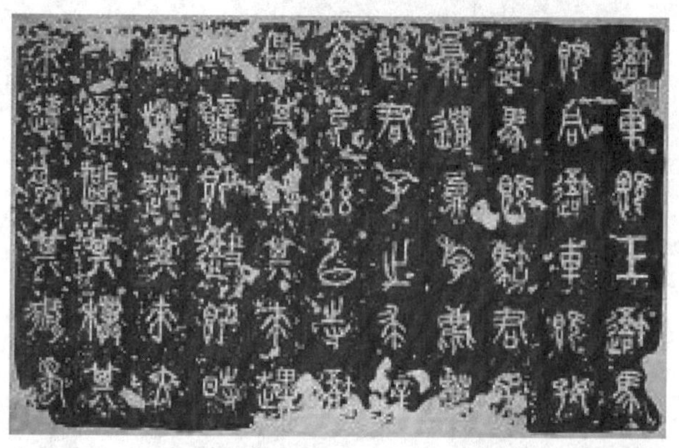

图 7－5　石鼓文拓片（局部）

大篆的形体特点主要有：线条化程度已经较高，笔形或圆转或笔直，线条均匀；笔画逐渐固定，结构整齐，为方块字打下了基础；异体字大为减少；有些字构形繁复，笔画较烦琐（例字见表 7－8）。

表 7－8　大篆例字

例字	雷	西	秋	礼	皮
甲骨文					（缺）

续上表

例字	雷	西	秋	礼	皮
金文			（缺）		
大篆					

4．**小篆**

小篆，与大篆相对，是秦统一天下后实行“书同文”政策而颁行的标准字体，又称“秦篆”。战国时期，群雄并起，列国割据，文字不能统一。秦始皇统一中国之后，对文字加以整理和简化，在大篆基础上简化，并取消其他六国的异体字，规定并推行了一种标准字体，就是小篆。据传李斯（约前284—前208）作《仓颉篇》，赵高（？—前207）作《爰历篇》，胡毋敬（生卒年不详）作《博学篇》，都是政府下令编制的标准字形方面的工具书。秦朝这一统一全国文字的重要措施，对汉字的规范化起了很大的作用。

现在能见到的小篆，除了《说文解字》保留的9 353个之外，还有秦代的石刻（如泰山石刻、琅琊石刻、峄山石刻、会稽石刻等）、秦量、秦权、玺印以及三体石经等。

說文解字標目
漢太尉祭酒許慎記
說文解字弟一
說文解字弟二

图7－6　《说文解字》书影

图7－7　峄山石刻

小篆对大篆的省改主要体现在省略偏旁和简化笔画两方面（例字见表7－9）。

表 7 – 9　小篆例字 1

例字	雷	西	秋	吾	革
大篆					
小篆					

小篆的字形固定，一般每字只规定一种写法；图画性、象形性被削弱，字体进一步符号化、线条化，笔画以曲线和直线为主，粗细大小均匀，整齐端庄（例字见表 7 – 10）。

表 7 – 10　小篆例字 2

例字	木	车	名	哲	隆
小篆					

小篆作为古文字阶段最后一种字体，是汉字历史上第一次大规模的文字规范化运动的产物，是古文字通向隶楷文字的桥梁。尽管小篆对古文字阶段的汉字字形做了系统的整理，但仍继承了汉字构形的传统原则和方法，保存了汉字寓义于形的特点，大部分字形具有可解释性。要追究汉字的渊源，小篆是一条途径。

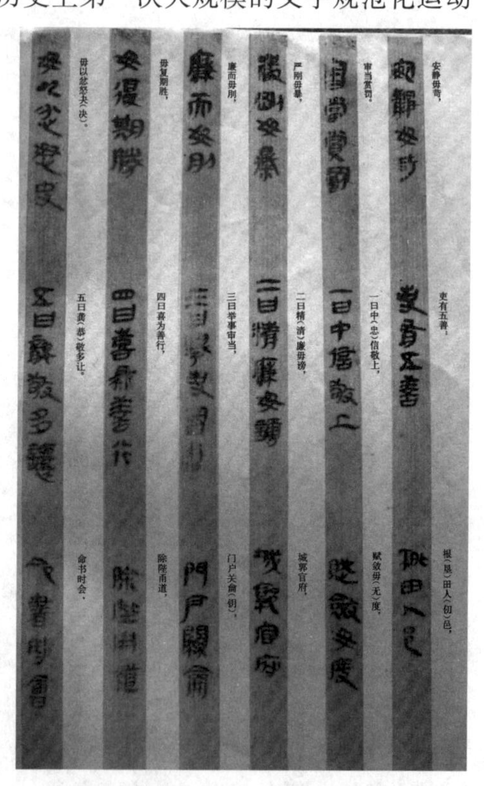

图 7 – 8　睡虎地秦墓竹简

5. **隶书**

隶书，始于秦末，是汉魏时期通用的文字字体。隶书最初为徒隶（管狱讼的小官）所用，又称为“佐书”。从出土文物所见隶书资料来看，隶书应是由大篆的草率写法演变而成。例如写于战国晚期及秦始皇时期的睡虎地秦墓竹简，隶书的痕迹已十分明显，反映了大篆向隶书转变阶段的情况。隶书比大篆简易，书写方便，在民间通行，后来官方只好规范这一简体字。据传，程邈（生卒年不详）是秦始皇时期整理规范隶书的人。

隶书经过整理，应用更为广泛。到西汉初期，经过一段与小篆混用的阶段后，隶书就逐步取代了小篆而成为通用文字。隶书在使用过程中，笔势也在不断变化，一般分为秦隶（西汉中期以前）和汉隶（西汉中期以后）。较之小篆，隶书完全抛弃了“随体诘诎”的象形原则，字形上由圆形变为方形，线条上由弧线变为直线，笔画上删繁就简，这一变化被称为“隶变”，标志着汉字进入了新的历史阶段，是古今汉字的分水岭。隶变大大提高了汉字书写速度，也使得汉字的形体结构基本上固定了下来，为后来的楷书奠定了基础（例字见表7－11）。

表7－11　隶书例字

例字	燕	冷	尿	春	春	怕	恭
小篆	燕	冷	尿	春	春	怕	恭
隶书	燕	冷	尿	春	春	怕	恭

6. 草书

草书大约始于汉朝初期。早期的草书由隶书的潦草写法发展而来，称为“草隶”，又叫“章草”。章草具隶书之形，字字区别，不相连接。东汉后期到魏晋时期，章草进一步简化，脱去隶书笔画的痕迹，大量使用连笔，偏旁部首简化和互借，形成“今草”。唐朝还出现了一种笔画更加放纵、省笔过多、难以辨认的“狂草”，其审美价值高于实用价值。现今通行的草书一般为今草，它源于章草，也作为楷书的草写体。

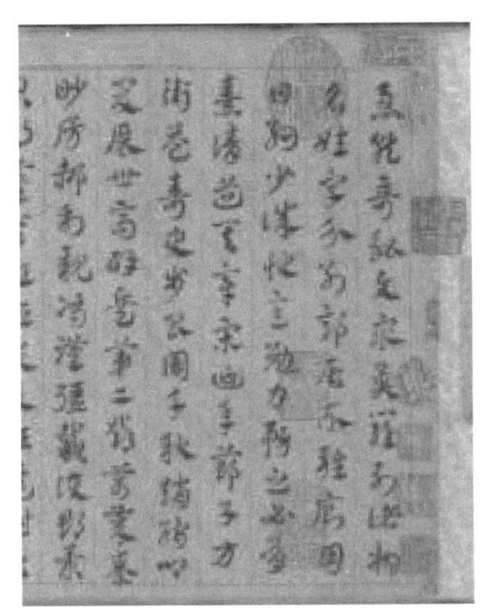

图7－9　元朝邓文原《急就章》（章草）

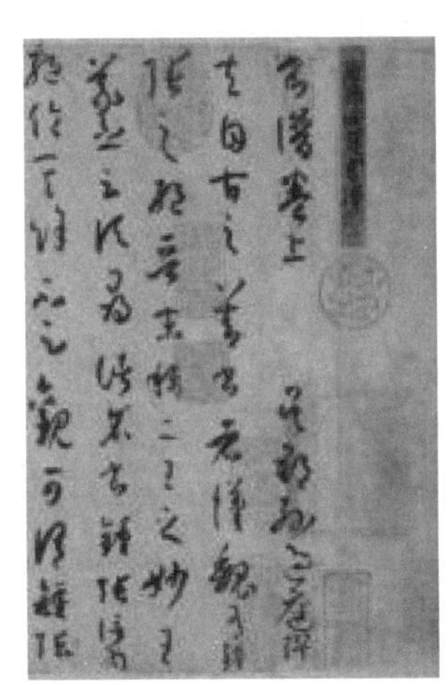

图7－10　唐朝孙过庭《书谱》（今草）

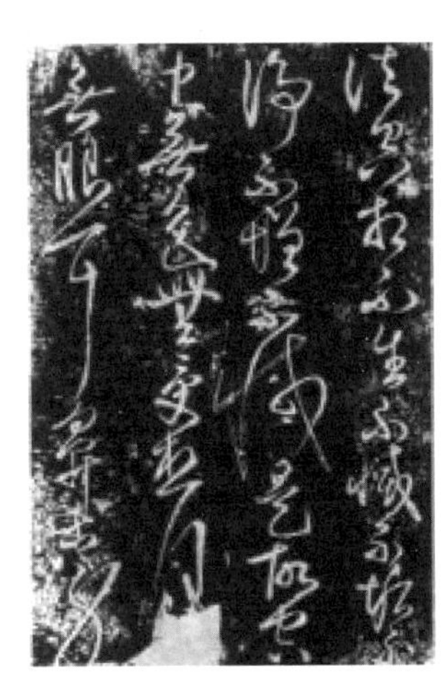

图7－11　唐朝张旭《心经碑》（狂草）

关于草书的特点，唐代书法家张怀瓘（生卒年不详）在《书断》中说：“存字之梗概，损隶之规矩，纵任奔逸，赴速急就，因草创之意，谓之草书。”草书打破隶书笔法的方法主要是连笔、偏旁互借和简化。但是由于草书字形太过简单，偏旁混同严重，损害了文字的交际功能，因此尽管出现较早，却没能替代隶书成为通用字体（例字见表7－12）。

表 7－12　草书例字

例字	南	事	热	尧	专
隶书	南	事	熱	堯	專
草书	南	事	熱	堯	專

7. **行书**

行书是介于草书和正体字之间的一种字体，东汉晚期开始出现，三国和晋朝以来成为人们手写的主要字体。早期的行书介于草书和隶书之间，现在常见的行书介于草书和楷书之间。行书不用像正体字那样一笔一画写得端端正正，但是又保持了正体字的形体和轮廓，比草书好辨认，所以受到人们的喜欢。行书没有严格的书写规则，行书中楷法多于草法的叫“行楷”，草法多于楷法的叫“行草”。

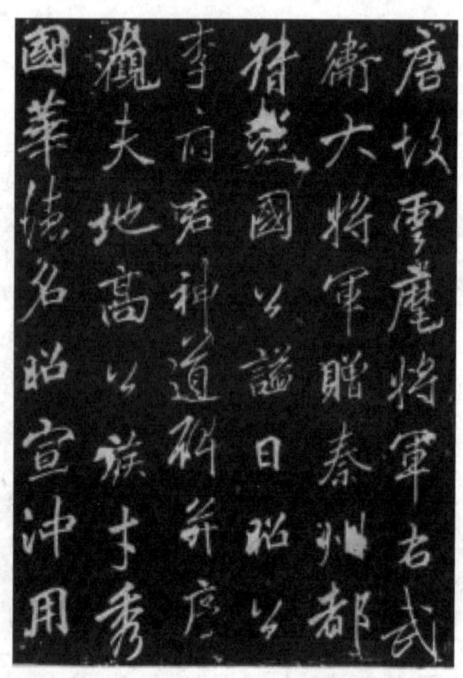

图 7－12　唐朝李邕《李思训碑》（行楷）

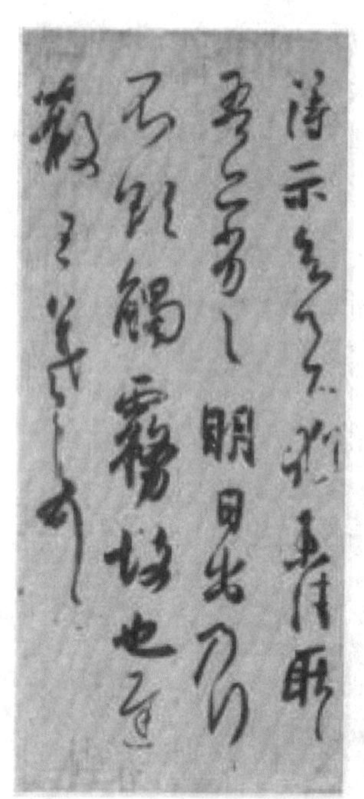

图 7－13　晋代王羲之《得示帖》（行草）

8. **楷书**

楷书，是始于汉末并一直通行至今的一种字体。印刷界所用的宋体、仿宋体和黑体都是楷书的变化应用。

楷书保留了隶书的结构，去掉了隶书的波挑，字体端正，横平竖直，气势流畅，足为楷模，所以被称为“楷书”，又叫“正书”“真书”。楷书用笔和组字的方法，基本遵循唐代张怀瓘提出的“永字八法”，按照现在的笔画名称即是：点、横、竖、钩、仰横、长撇、短撇和捺。

图 7－14　“永字八法”图解

（三）汉字的规范

汉字是一直处于发展变动中的，所以同一时期的同一个字可能有不同的形体结构，也就是所谓的异体字。前面所谈到的汉字形体演变，都是汉字为了适应社会的进步和语言的丰富，逐渐自我完善、变化发展的结果。但是如果汉字变化过大或过快，将会影响到该时期文字记录语言传递信息这一基本功能。因此在历史上，每当汉字发展到一定阶段，总会出现一些规范化运动。

秦始皇统一六国后实行的统一文字政策，结束春秋战国时期“言语异声，文字异形”的局面，是中国历史上第一次大规模的汉字规范化运动。《仓颉篇》《爰历篇》《博学篇》都是用小篆写成，是国家颁布的标准字样，也是秦朝人的识字教材，被后人称为“三仓”。

东汉灵帝熹平四年（175），蔡邕（133—192）和杨赐（？—185）等建议厘定《鲁诗》《尚书》《周易》《春秋》《公羊传》《仪礼》《论语》等七部经典的文字。随后蔡邕等奉诏用“横平竖直，蚕头燕尾”的隶书刻写了 46 块石碑，立于河南洛阳原太学门前，世称“熹平石经”。这是中国历史上第一部官定的石刻经书。

图 7 – 15　熹平石经拓片（局部）

汉末到南北朝时期，王纲失禁，社会动荡，文字的使用也非常混乱，异体字迅速发展。产生于汉末的楷书经过几百年的自由发展，逐渐发展成熟，在民间广为流传。到了唐朝，楷书被确立为新的标准字体，并兴起了以规范字形为目的的“字样”之学，如颜师古（581—645）的《颜式字样》、杜延业（生卒年不详）的《群书新定字样》、颜元孙（？—732）的《干禄字书》等。另外唐代的科举制度将考试者的汉字书写水平作为一项重要的考察标准，要考《说文解字》《石经》和《字林》，还规定宏文、崇文两馆学生在考试时“楷书字体，皆得正样。”

图 7 – 16　唐朝颜元孙撰，颜真卿写定的《干禄字书》

中华人民共和国成立后，文字规范被提到了国家法律的高度。在汉字字形规范方面的工作主要包括：第一，整理异体字。1955 年发布了《第一批异体字整理表》，废除了 1 053 个异体字。第二，规范简化汉字。以 1986 年重新发布的《简化字总表》为准，简化汉字总计 2 235 个。第三，规范汉字字形。1964 年公布了《印刷通用汉字字形表》，共收入 6 196 个汉字。1988 年 1 月公布了《现代汉语常用字表》，其中常用字 2 500 个，次常用字 1 000 个，共计 3 500 字。1988 年 3 月公布了《现代汉语通用字表》，规定了 7 000 个通用汉字的总量，规范了每一个字的字形结构、笔画数和笔顺。2013 年公布了《通用规范汉字表》，该表是在整合《第一批异体字整理表》《简化字总表》《现代汉语常用字表》和《现代汉语通用字表》后制定的，共收入了 8 105 个汉字。

相较于字形，字音的统一是比较迟缓也更难的。就现代汉语而言，就有七大方言区，分别是北方方言、吴方言、赣方言、湘方言、闽方言、客家方言和粤方言。中华人民共和国成立后，在字音规范方面做了很多工作。1958 年颁布了《汉语拼音方案》，确立以拉丁字母为汉语拼音字母。1985 年公布了《普通话异读词审音表》。此外还有《中国人名汉语拼音字母拼写法》《中国地名汉语拼音字母拼写规则》《中文书刊名称汉语拼音拼写法》等。汉字拼音采用拉丁字母是一个有远见的选择，汉字在大量排序上做不到线性化，这时候拉丁字母的优越性就显示出来了。现在我们的辞书、医院的病例等，用到大量排序的，一般都采用汉语拼音；电脑的汉语拼音输入也很方便。

（四）汉字书写工具与载体的演变

在计算机出现之前，文字的形体极大程度地受到书写工具和文字载体的影响。两河流域的苏美尔人用削尖的芦苇秆或木杆刻写在泥板上的楔形文字是明显的例子。书写工具的选择和演变，与在什么性质的文字载体上书写密不可分。在缣帛、皮纸等软薄、吸湿性强的载体上书写，笔墨是最佳选择；在金石、碑版、甲骨等坚硬、光滑、吸湿性差的文字载体上书写，契刻刀具才能使文字得以长久保留。

1. 汉字书写工具的演变

据考证，早在商周时期，汉字的书写工具就已经多种多样了。汉字的书写工具除了我们熟悉的笔墨以外，还有刻刀、剞劂（一种刀刃弯曲的镂刻刀具）等。当然，谈到汉字的书写工具，毛笔是最有代表意义的一种。

契刻工具主要用于在硬质、光滑、吸湿性差的金石、甲骨上书写。一般认为，甲骨文的刻字工具最可能是铜制的刀具或石刀。类似的契刻类书写工具还有剞劂、刻刀和明朝出现的铁笔。今天篆刻所使用的刻刀，至少在战国时期就产生了。用契刻的方式书写汉字费时费力，刻字的人为了提高效率，不得不改变毛笔字的笔法，主要是改圆形为方形，改填实为勾勒，改粗笔为细笔，有时还会简化字形。但总体而言，用契刻的方式书写汉字的效率不高，且相应的文字载体也不便于携带。商周以后，契刻工具逐渐退出了一般性的文字书写和记录，只在一定范围内使用。

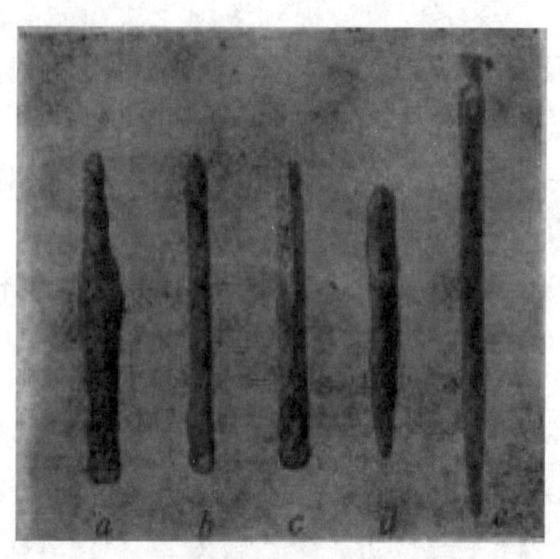

图 7－17　河南安阳大司空村出土的青铜刻刀和锥刀

毛笔是各种书写工具中对汉字字形影响最大的。毛笔的柔软与弹性使得写出的字体造型多变，汉字的字形得以创新，笔画得以丰富，推动了汉字从生硬繁复的象形文字发展成为易于书写的线条符号。

“笔”字繁体作“筆”，从“竹”从“聿”。“聿”是“笔”的本字，甲骨文作“[illegible]”，像手执毛笔形。毛笔书写的文字应该是在商朝的典册上，因为竹木易腐，未能保存下来。现代意义上的毛笔至少在商朝已经具备雏形了。现存最古的毛笔是春秋晚期楚国的毛笔，1954 年出土于长沙战国楚墓的毛笔，笔杆是实心的竹竿，笔杆一头劈成数开，笔毛夹在其中，用细丝线缠紧，外面再涂漆胶固定，笔毛是上好的兔剪毛，长约 2.5 厘米（如图 7－18 所示）。秦汉之际还有用木头做笔杆的。汉朝的毛笔制作工艺已经与后世的差不多了。东汉蔡邕在《笔赋》中写道：“削文竹以为管，加漆丝之缠束。”这一传统制笔方法一直相沿至今，后世只是在选料上越来越考究。毛笔制作在笔管的选材上，主要有象牙、琉璃、斑竹、玉管、犀角，笔头的用料主要有兔毫、羊毫、鹿毫、狼毫、小儿胎发、虎毛、马毫和貂毫等。

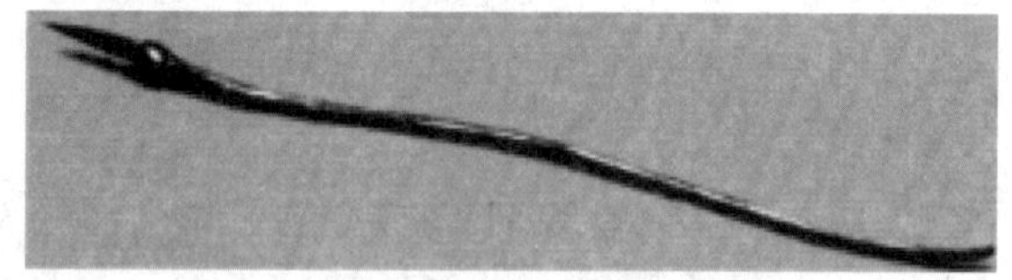

图 7－18　湖南长沙战国楚墓中出土的毛笔

近代以来随着社会物质文化水平的提高，毛笔逐渐被钢笔、圆珠笔等硬笔取代。而毛笔作为书法艺术的主要书写工具，仍然为书法家们所使用。

2．汉字载体的演变

汉字的书写载体主要有甲骨、金石、竹简、木牍、缣帛、玉器、石器和纸张等。

商周时期，汉字的载体主要有龟甲、兽骨、金石材料和竹简编排成的“典册”。最晚在西周时期龟甲、兽骨已退出汉字载体的行列。在青铜器上铸刻文字始于商朝，盛于西周，在战国时期开始衰落。《尚书·多士》中说："惟殷人先人，有册有典。"甲骨文里有"册"字，写作"卌"，竖直笔画代表细长的竹木简，曲线笔画代表把简片变成册的编绳。"典"甲骨文作"𠔚"，像双手捧着典籍之形。这表明竹简已经成为商朝人书写汉字的载体了。周朝的史官被称为"作册"，金文中"册"和"作册"也很常见。

用笔墨在编排成册的竹简上书写，比在坚硬的材料上刻写要方便得多，不仅书写速度也大大提高，而且也便于携带和收藏（如图 7－19 所示）。此外，竹简取材方便，制作简单。据推测竹简最迟在战国时期已经成为重要的汉字载体了。而且在纸被发明以前，竹和木是最普遍的书写载体，并且在纸发明出来后的数百年间，竹木简牍仍然被用作书写材料。

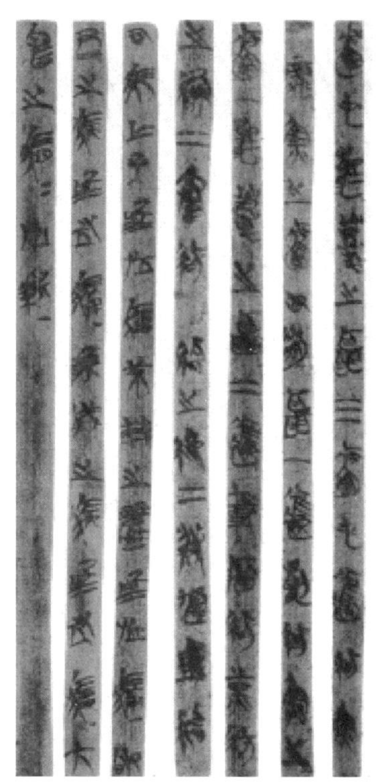

图 7－19　湖北随县战国早期曾侯乙墓出土的竹简

竹简虽较甲骨、金石等材料方便，但是若要记录较长的文件，还是显得笨重，而且太占空间。"汗牛充栋"就形象地道出了竹简记录文字的不便之处。在大量使用竹简的同时，人们也使用另外一种更轻便的文字载体——缣帛。缣帛的历史可追溯到春秋时期。《晏子春秋》中记载："昔吾先君桓公予管仲狐与穀，其县十七，著之于帛，申之以策。"《墨子·兼爱》中也有"书于竹帛，镂于金石，琢于盘盂"的记载。现存最早的帛书是湖南长沙楚墓中出土的"楚缯书"（如图 7－20 所示）。

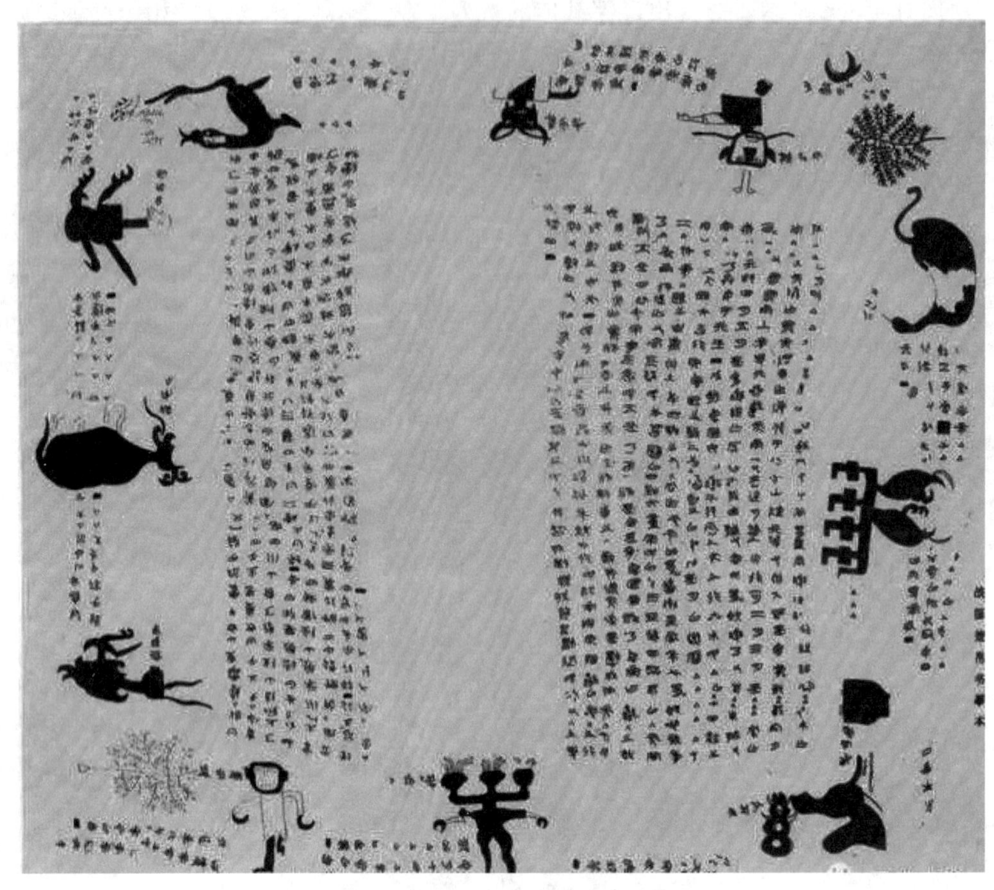

图 7－20　湖南长沙子弹库楚墓出土的楚缯书

缣帛具有便于书写、携带和长期保存、字迹清晰等优点，但是价格昂贵，难以普及是它的致命缺点。这促使人们进一步寻找取材容易、价格更便宜的替代物。纸张的发明就是沿着这一趋势发展的。

造纸术大约起源于秦末至西汉初。《说文解字》中对“纸”的解释是：“纸，丝滓也。从糸，氏声。”纸最先是漂洗丝帛时沉落在池底竹筛上的一层杂丝。西汉时期比较著名的是絮纸和麻纸。絮纸的原料为缣帛的下脚料，麻纸的原料为单一的大麻韧皮纤维。但是这两类纸要么原料有限要么纸质粗糙不便于书写，都不能满足社会日益增长的文化需求。到了东汉时期，蔡伦（？—121）发明制造出了便于书写的纸张。《后汉书·蔡伦传》记载，蔡伦“乃造意用树肤、麻头及敝布、鱼网以为纸”。蔡伦所造的“蔡侯纸”轻薄便携，原料丰富，成本不高，适合大量制造，很快普及开来。在汉魏时期，纸张与简牍同时使用。到了东晋，纸张彻底淘汰了竹简和缣帛，成了主要的文字载体。纸张的普及使得汉字书写变得更加轻松，提升了汉字的艺术价值，也催生了流畅的草书和清新悦目的楷书。

图 7－21　汉代造纸工艺图

蔡伦改进的造纸方法不仅盛行于中国本土，还传播到了世界各地，3 世纪传播到越南和中亚，4 世纪传到朝鲜，5 世纪传到日本，7 世纪传到印度，8 世纪传到西亚，10 世纪传到非洲，12 世纪传到欧洲。可以说纸张的发明影响了世界文明的进程，纸也因此成为中国古代“四大发明”之一。

3. **汉字与印刷**

印刷术也是中国古代的“四大发明”之一，它使文字得以更广泛、更便利地传播和继承。早在隋唐时期，中国就发明了雕版印刷术，能做到短时间、大批量印刷一部书籍，已经是手抄书时代所不可比拟的了。但是雕版印刷的问题是雕版的制作费工费时，大部头书籍的雕版制作往往需要好几年的时间；易抄错漏抄，且发现错别字需整版重新雕刻；对于不需要重印的书籍，相应的版片就不可重复使用，造成浪费；雕好的版片需精心存放，占大量房舍。这催生了活字印刷的发明。据《梦溪笔谈》记载，宋仁宗庆历年间（1041—1048）毕昇（约 971—1051）发明了泥活字印刷术。活字印刷制一套活字字模可反复使用，经济、省时、省力、省料，对世界印刷史有深远的影响。但是活字印刷也有缺点，如工艺要求高、排版不好容易导致字排倒排错等，故活字印刷的书籍常有字歪掉或者翻转，不如雕版印刷整体性强。另外汉字的数目庞大也制约了活字印刷的推广和普及。一副活字要满足排版的需要，最少也得有几万个，有的甚至要刻制十几万个。对于小作坊来说，这样的制作工程过于庞大，他们往往投资不起，如果制造金属活字，成本就更高了。正因为活字印刷排字的复杂性，促使人们研究每个汉字在文章中出现的频率，并发明了转轮排字架，将活字按韵分放在轮盘的特定位置，一次编号，登入成册。排版时一人看册子报号码，另一人坐在轮旁拣字。

图 7－22　元朝王祯发明的转轮排字架示意图

印刷术产生后不仅促进了以汉字为载体的中华文化的传播，同时也促使人们更深入地认识汉字。印刷术对汉字形体的塑造有重要作用。特别是有了活字印刷后就逐步形成了汉字的印刷字体，常用的有宋、仿、楷、黑四大系列。宋体最早是明代隆庆时的人所写，它直粗横细，横画以及横画与竖画连接的右上方都有钝角，醒目易读。后来端庄的宋体被作为印刷用的基本字体，一直沿用至今。仿宋则是模仿宋版精本雕刻的字，字身略长，粗细均匀，起落都有笔顿，显得秀丽挺拔。楷体似毛笔书写的字体，是最接近于手写体的字体，盛行于清朝。黑体字形粗壮，大方醒目，主要用于排印文段中的重点内容，也用于文章标题。

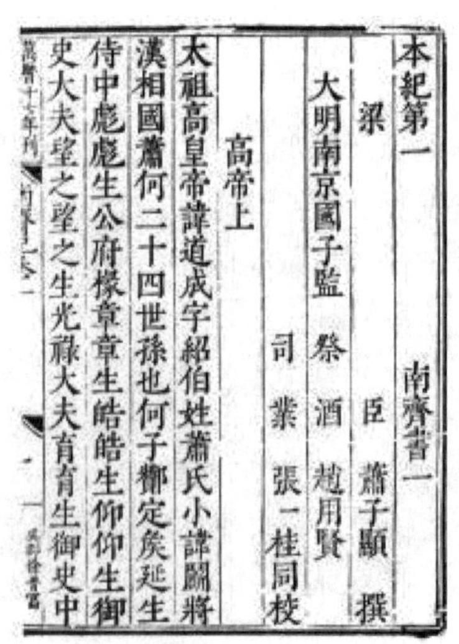

本紀第一　南齊書一
梁　臣　蕭子顯　撰
大明南京國子監　祭　酒　趙用賢
司　業　張一桂同校
高帝上
太祖高皇帝諱道成字紹伯姓蕭氏小諱鬬將
漢相國蕭何二十四世孫也何子酇定侯延生
侍中彪彪生公府掾章章生皓皓生仰仰生御
史大夫望之望之生光祿大夫育育生御史中

图 7－23　南京国子监刊本《南齐书》

二、汉字的内涵与特色

汉字系统是世界上唯一没有中断使用的表意性文字系统。汉字记载了悠久灿烂的中华历史文化；超越了方言的分歧，长期承担了数亿人用书面语交流思想情感的任务；还生发出了书法、篆刻等世界一流的艺术。而汉字自身的发展变化及其背后的社会历史文化，也是汉字文化内涵的一部分。每个汉字出现的时间、构形结体、形体演变、与语言中的哪些文字聚合类化等，无不携带着丰富的文化信息。因此，有人把汉字比喻为中国历史文化的活化石。

（一）汉字的表意性

语言是音和义的结合体，文字作为记录语言的符号需要通过自身的形体来记录语言的这两个基本单位。所以任何文字都是形、音、义的统一体。而文字的形体如何与语言的音和义相关联就决定了文字的性质。现代语言学的开创者和奠基人索绪尔把世界上的文字分为两大类：一类是表意文字，一个文字符号表示一个词，而这个符号与词的声音无关，例如：虎（甲骨文作“[illegible]”），字形提示“虎”的字义，不懂汉语的人只要看到这一“图像”很容易联想到这一语义，但可能并不知道汉语中“虎”的读音；另一类是表音文字，文字符号是把词中一连串连续的声音模写出来，例如“a-m-i-g-o”（西班牙语，男性朋友），字形提示的仅是该词的发音。即使你完全没学过西班牙语，只要知道西班牙语的读音规则，你就能读出这个词，但是你可能完全不知道这个词的意思。汉字是典型的表意性文字，是因义构形的，汉字的形体直接带来的信息是意义，由义而知音。这与表音文字直接带来的是语音信息，由音而知义，正好相反。

相较于现今大多数国家使用的拼音文字，表意性的方块汉字有其自身优势。因为汉字的字形不限于和一种读音直接相连，因此读音可变，字形却可以不变。从古至今，汉语的语音发生了很大的变化，即使是同一历史时期，各地的方言读音也各不相同，但是同一个汉字，不同时代的人，不同地方的人都认识。这就使得汉字的通用性和历时性非常强。另外汉字的视觉辨识度远高于表音文字。汉语中存在大量同音字，汉字字形能提供充分的区别性。较之表音文字，表意性的汉字形体承载的与意义相关信息是相应时代某些文化信息的生动提示或指向。例如邹晓丽在释读《说文解字》部首时发现，其所设的540个部首中，以人体为内容的部首有197个，以器用为内容的部首有180个，与动物、植物和自然界相关的部首共129个，印证了古人造字“近取诸身，远取诸物”的规律。以器用为内容的部首中与古代祭祀和打仗相关的部首占比很大，其次才是衣、食、住、用等相关器用的部首，这足以说明祭祀和打仗在古代生活中的重要性。

（二）汉字书法的艺术性

汉字是书法的母体，书法是汉字形态美的艺术化表达。汉字在独特的方块之内，既齐整又参差，构建精巧，结构多样而和谐。汉字的形态美之中还蕴含着深层的意蕴美。历代的书法家以汉字为材料，通过丰富的想象加工，创造出一种土生土长、高度民族化的造型艺术，而书法的艺术讲究又反过来影响了汉字字体的变革。

汉字以象形字为基础，由几百个象形字组织起几万个会意字和形声字。汉字的象形是从图画发展而来，然后逐渐削弱图画性，增强符号性。到了秦汉之际，隶变使汉字由“线条”走向“笔画”，“图绘意识”逐渐转变为“书写意识”。“书写”使得人们不再注重“图绘”的完美，而留意于“笔画”带来的点、线、面的变化，体验着“书写”带来的轻重疾徐的节奏动感之美。当然，汉字象形的特点仍受到历代书法家的重视，只是从具象转向了抽象。

正是汉字的抽象化让书写有了写“意”的可能性，可以摆脱文字交际的负担而具有了抒情、审美的功能。笔画、笔顺带来的是与书法息息相关的笔法、笔势（也称笔力），这是书法艺术形成的基础。由篆到隶的古、今文字转变时期，正是中国书法艺术的孕育期。汉字发展到汉末魏晋，书法艺术已经发展成独立的艺术门类，各式书体均已齐备，书法理论也已萌生。现存最早的较有系统的书法理论著作是西晋卫恒（？—291）所撰的《四体书势》。

1. 传世的草书精品

草书分章草和今草。章草的发展脉络维系于《急就篇》，最著名的是三国时期皇象（生卒年不详）所写的《急就章》。今草书体自魏晋以后盛行不衰，书家辈出。这里以张旭（约675—约750）和怀素（737—799）的作品示例。

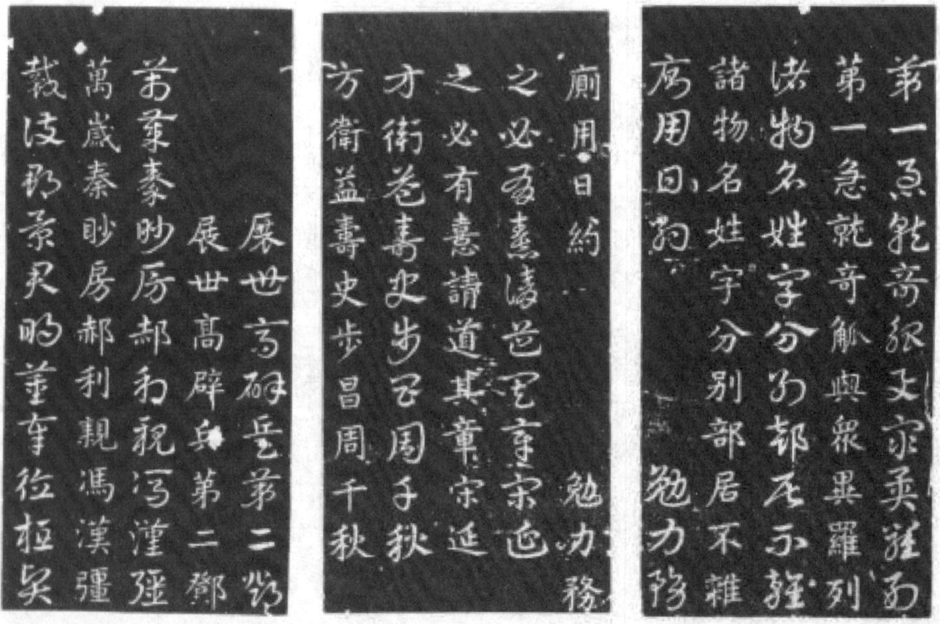

图7－24　松江本《急就章》

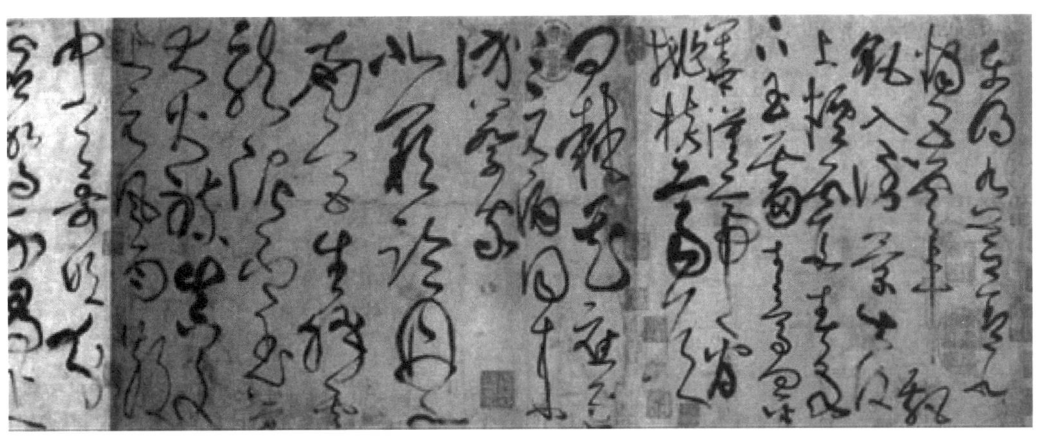

图 7－25 唐朝张旭《古诗四帖》（局部）

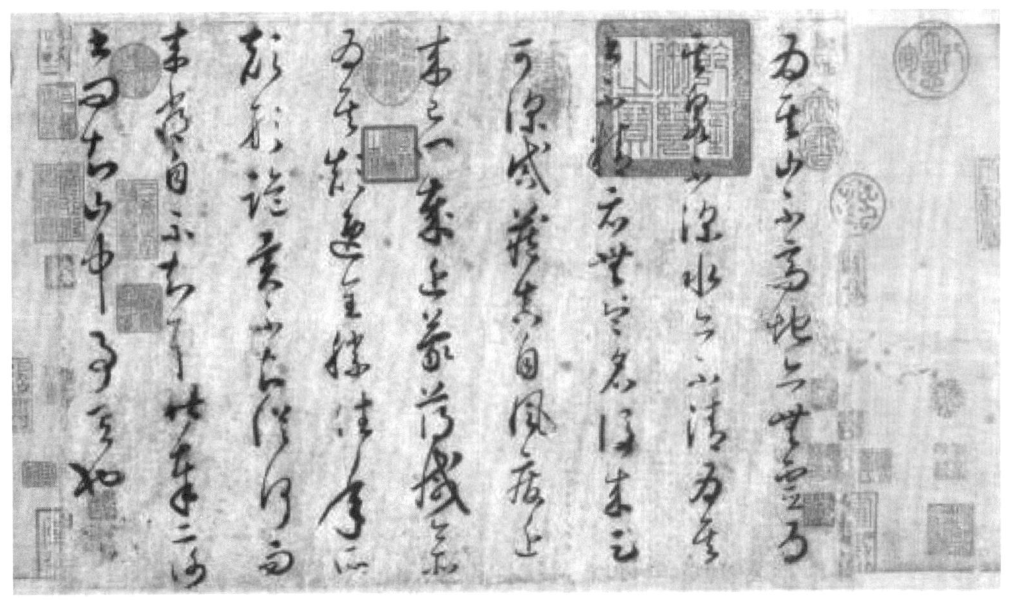

图 7－26 唐朝怀素《论书帖》

2. 传世的行书精品

被誉为“天下第一行书”的是东晋王羲之（303—361）的《兰亭集序》，可惜原本没有流传下来，现今能见到的只有书法家的临摹本。被誉为“天下第二行书”的是颜真卿（709—784）的《祭侄文稿》。苏东坡（1037—1101）的《寒食帖》被誉为“天下第三行书”。

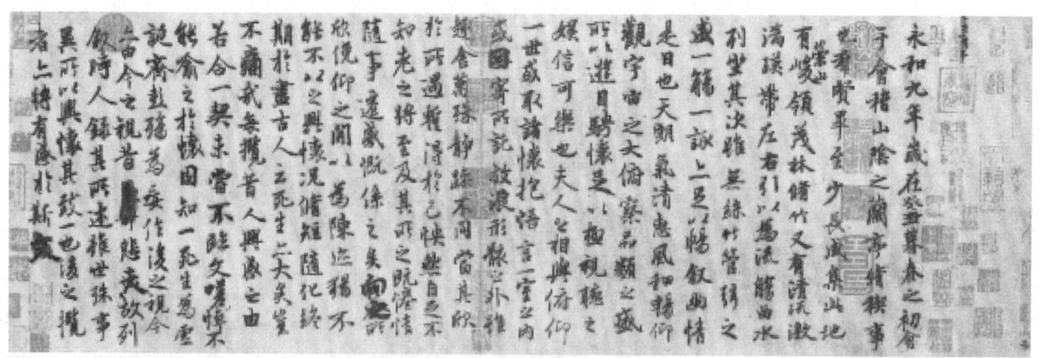

图 7－27　晋代王羲之《兰亭集序》

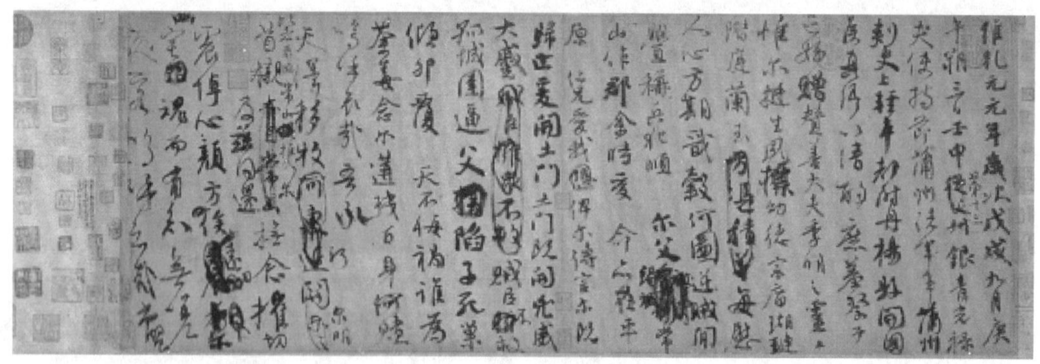

图 7－28　唐朝颜真卿《祭侄文稿》

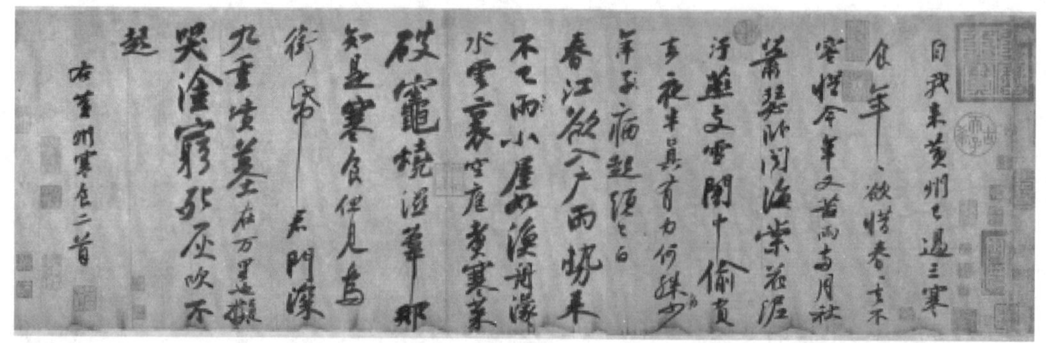

图 7－29　宋朝苏东坡《寒食帖》

3. 传世的楷书精品

历史上的书法家有不少楷书精品传世，欧阳询（557—641）的《九成宫醴泉铭》，柳公权（778—865）的《玄秘塔碑》，颜真卿的《麻姑山仙台记》和赵孟頫（1254—1322）的《玄妙观重修三门记》是其中的佼佼者，他们四位也被誉为“楷书四大家”。

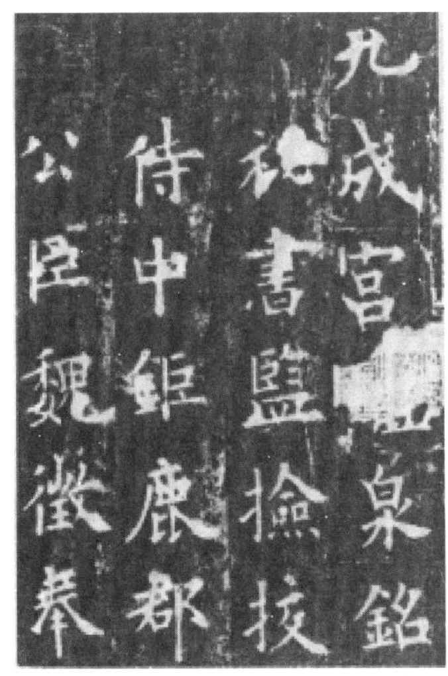

图 7－30　唐朝欧阳询《九成宫醴泉铭》（局部）

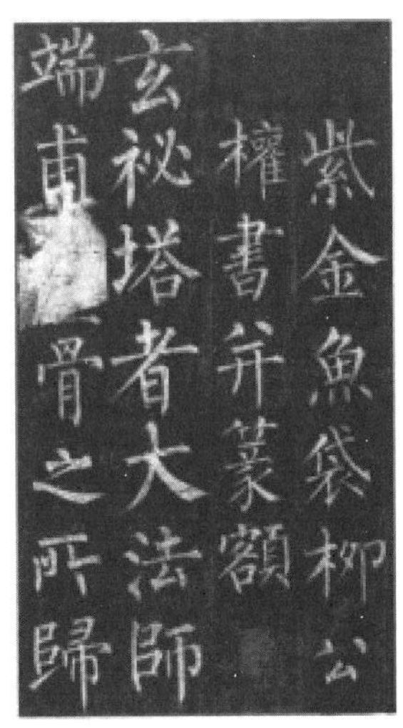

图 7－31　唐朝柳公权《玄秘塔碑》（局部）

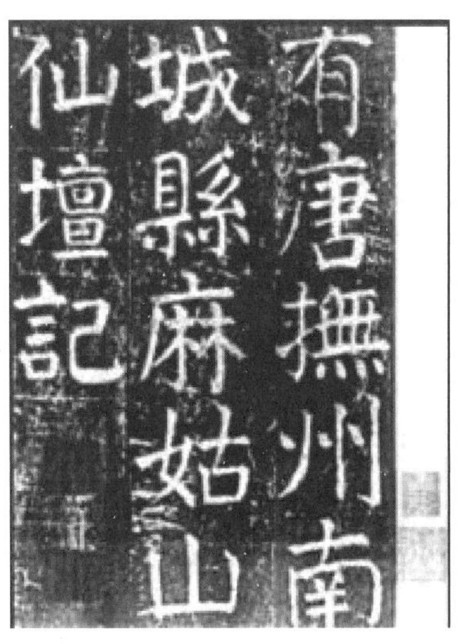

图 7－32　唐朝颜真卿《麻姑山仙台记》（局部）

图 7－33　元朝赵孟頫《玄妙观重修三门记》（局部）

（三）汉字构形与中国文化

文化为一个社会集体成员所共享、传承和构建。汉字作为中华文化的一部分，当然是具有社会性的。汉字根据它所记录的词的意义而构形，构形时需要选择一种形象或几个形象的组合来生成某个字。而选择形象和构形表意的过程要受到造字者和用字者的文化心理及其所处文化环境的影响，既受到政治、道德、宗教、艺术等多种文化外在因素的影响，又受到人们的行为方式、价值取向、思维模式、认识方式等深层文化心理的制约。汉字是一个成熟的系统，汉字之间并非各自孤立，汉字在字形演变、分化、孳乳、类聚的过程中，携带着一定的历史文化信息。所以一个个汉字本身便凝结着中华文化的信息，而汉字在历代发展演变过程中也附加沉淀了丰富复杂的文化信息。这些文化信息往往是某些历史文化因素生动具体的提示或指向，是对历史文化宏观问题很好的印证和补充。陈寅恪先生（1890—1969）曾说过：“依照今日训诂学之标准，凡解释一个字，即是作一部文化史。”因此从文化学的角度观照汉字，探究汉字背后所呈现的文化心态和所昭示的历史演进的轨迹，是非常有价值的。

1．汉字取象与字义之间的关系蕴含着丰富的历史文化信息

许多汉字是古人日常经验的直接反映。例如“旦”（甲骨文作“”）为日在地上，表天亮的意思。“朝”（甲骨文作“”），为日月同在草木之中，表月尽日出的清晨。“莫”（甲骨文作“”）为日在草中，像太阳落在草丛中，是“暮”的本字，表太阳落山的意思。汉字丰富的取象还常常反映出特定历史条件下的社会状况，让我们宛若看到了一幅幅鲜活有趣的民俗图画。例如“逐”（甲骨文作“”），上部是一头野猪，下部是一只脚趾头朝上的脚（“止”字），是一幅追逐野兽的画面。“封”（甲骨文作“”），左上是树，其下是土，右边是手，会意表示在土埂上植树的意思。古代分封的土地边界上栽种上树木作为标志，引申为分封、封疆。“邦”（甲骨文“”），像在土地边界种树之形。王国维在《古籀疏证》中说：“古封、邦一字。”“封”“邦”都是先秦分封制度的形象描绘。

2．汉字的生息变易过程常常反映中华文化及其观念的发展

甲骨文中取象于动物形体的文字十分丰富，且构形能传神地抓住各物种的突出特点，足见狩猎生活与当时人的关系之密切。而到了周秦时代，形声字大量增加。其中有一个现象是以植物类内容为部首的汉字比例增大。《说文解字》中记录表植物的四大部首“草木竹禾”所辖总字数为1 195字，约占《说文解字》总字数的12%。植物类汉字的增多，说明了中原地带在秦汉时期进入了农耕为主的生产时期，人类生活与植物的关系更为密切。从“草木竹禾”的划分可以看出，古人对草本和木本植物已经有了明确的区分。在草本植物中，自然野生的从“艸”，人工种植的草本植物从“禾”。与草本和木本相关的动词也分化了，种禾叫“种”，种树叫“植”。汉字的分化也受到文化的制约。例如从“阳（陽，本字昜）”分化出来的汉字，可以看出古代哲学中的“阴阳对立”思想最早是古人由对太阳的感受来思考积极的一面，是非常生活化的。从“阳”分化出的汉字主要有五组：

（1）炙热义：炀、烊、烫等。

（2）宏大义：洋、泱等。

（3）高空义：扬、翔等。

（4）长养义：羊、养、氧等。

（5）吉祥义：祥等。

把同类的汉字类聚在一起，可以从它们的形义关系中看出文化的观念。例如酒和中国文化关系非常密切，把和饮酒生理相关的汉字类聚在一起，可以看出古人对饮酒的种种体验。“醉”在《说文解字》中的解释是：“醉，卒也、卒其度量不至于乱也。”“卒”就是“终了”“终结”的意思，醉就是饮酒达到每个人所适应的酒量的极限。诚如《论语·乡党》所说：“唯酒无量，不及乱。”《说文解字》中与“醉”相关而程度有异的词有：“醺”，从酉从熏，熏亦声，《毛诗传》说：“熏熏，和悦也。”“熏”的和悦义就是“醺”的义源。饮酒恰到好处，尽兴而不乱，是谓“酣”。《说文解字》：“酣，酒乐也。”段玉裁引张晏（生卒年不祥）说：“中酒为酣。”饮酒而至醉意朦胧，而意识尚存，思维尚清正是“酣”的境界。酣、醉之后，酒便于人体有害，于心理更为不宜，不成其为享受了。“酖”是沉湎于酒。《说文解字》：“酖，乐酒也。”《字林》：“嗜酒为酖。”“酲”是指酒醒后神志不清有如患病的感觉。《说文解字》：“酲，病酒也。”“酗”是饮酒过量最激烈的表现。《尚书·泰誓中》：“淫酗肆虐”，疏：“酗是酒怒。”“酗”与“淫”“肆虐”并称，可见其恶劣程度。

（四）汉字与传统思维方式

客观物象是认知的起点，古人造字讲究“观物取象，立象尽意。”《说文解字》中有“仰则观象于天，俯则观法于地，观鸟兽之文与地之宜，近取诸身，远取诸物”的说法。王弼（226—249）在《周易·明象》中说：“象生于意，故可寻象以观意。”日本哲学家中村元（1912—1999）在《比较思想论》中说：“中国人的文字是象形文字，是具象的，而在概念的表达方面，他们也喜欢作具象的表达。即使是理论性的说明，也以来于知觉表象，喜欢作图例式的说明。”这种具象思维在汉字造字中体现为强烈的形象情结。当然人们的观察并不停留在客观事物表象的考察和描述，汉字是对客观物体进行抽象和归类，在造字时取其特征，由一个而知一类。比如甲骨文中的“人”字作“𠆢”，并不是具体某个人的肖像描绘，而是一个侧立的人形。形声字的极大发展正是对同音假借的抗阻和补充，表现了中国古人对单纯抽象思维的淡漠。汉字造字所体现的中国人的认知方式与西方科学不同，中国古人并不是通过内在微观本质的分析来获得规律，而是通过整体特征之上的高度抽象而获得概念，更注重直观性的、整体性的思维方式。王国维先生曾这样论述过：“抑我国人之特质，实际的也，通俗的也；西洋人之特质，思辨的也，科学的也……吾国人之长，宁在实践之方面，而于理论之方面则以具体的知识为满足，至于分类之事，则除实际需要之外，殆不欲穷究之也。”

汉字除注重观物取象之外，还注重比类体道，亦即进行归纳，最终达到从整体上掌握事物规律的目的，所谓“事以得比而有其类”。系统性思维在形声字的造字法上体现得尤为明显。形声字中不同发音的汉字通过相同或相近的意符联系起来，达到“同义相联”；而相同或相近的音符又可以帮助人们初步识别汉字的发音，做到“同音相授”。这种分类的核心不是科学，而是系统。从《说文解字》到《康熙字典》，中国的汉字在编排上都是按照部首归类，直到现代汉语字典才采用音序为主，辅以部首检字的方式编排。汉字部首的设置大大加强了汉字的序列化。中国近代哲学家张东荪（1886—1973）曾说过：“欧洲哲学倾向于在实体中去寻取真实性，而中国哲学则倾向于在关系中去寻求。”注重事物之间的关系，是中国传统思维的一个重要特点。

三、汉字与现代生活

19 世纪末到 20 世纪 50 年代间，传统汉字的使用受到了前所未有的挑战。大批寻求中国救亡图存之路的学者认为中国之所以贫穷、落后、腐败是因为旧的传统文化在作祟；而要扫除旧文化，就必须先废掉汉字。钱玄同（1887—1939）、陈独秀（1879—1942）、鲁迅（1881—1936）、吴玉章（1878—1966）、瞿秋白（1899—1935）等学人曾极力主张全面废除汉字，直接改用罗马字母拼写汉语。进入电子计算机时代以来，西方的拼音文字顺利地实现了二进制的计算机输入。而字形结构复杂，数量庞大的汉字如何实现计算机输入，一直成为计算机学界的一大难题。“汉字不适宜新时代”“汉字落后”“计算机是方块汉字的掘墓人”“汉字是振兴中华的绊脚石”等论调屡见不鲜。而最后汉字以多种方式解决了现代化信息处理问题而进入计算机，迎接了高科技的挑战。影响最大的是 1983 年王永明发明的五笔字型输入法。30 多年以来，依据汉字的读音和字形两种属性，已经出现了上千种编码方法。现今计算机的汉字输入已有三种途径：一是计算机键盘输入技术；二是汉字字形识别输入；三是汉字字音（语音）识别输入。王选教授带领的北大科研团队历时 15 年研发成功的“华光激光照排系统”被誉为“中国印刷术的第二次革命”，为汉字告别铅字印刷开辟了通途。21 世纪，汉字已然是无可替代的计算机用字，汉字字形简短、字音明晰，所以输入快捷；汉字字义信息量密集，具有“联想”特征，能提高输入速度；另外汉字本身信息高效，计算机容易识别，出错率低。

废除汉字、汉字落后论虽然已经销声匿迹，但是现当代汉字的生存环境却并不乐观。随着科技的发展，汉字正面临着新的挑战。读图时代的到来使得汉字受到各种图像的进攻，受到网络“雷词”的挑战，蒙受“文字整形”的摧残。书写键盘化和语音录入化带来的最大问题是提笔忘字。五笔输入法尚且有助于人们记住汉字的结构，但因其难学，现代人使用最多的是拼音输入法。互联网时代患“失写症”的人越来越多，更不用说书写的时候笔顺不规范、字迹不美观等问题了。更为严重的是，书报刊物、影视字幕、网络媒体等社会用字领域，错别字泛滥，繁体字被滥用，汉字被随意拆解等现象也时有发生。计算机、手机的普及为人们提供了自由书写的空间，人们用字、用词随心所欲，在虚拟的自由世界里，汉字的权威性和神圣性更是受到巨大挑战。

南京师范大学郦波教授认为，新文化运动以来的几次汉字危机，都是技术层面的而不是根本的问题，“因为从语言学角度讲，影响语言文化发展最关键的是民族生存状态。现在的键盘输入和语音录入使得大家提笔忘字，其实是对母语情感的淡化”。捍卫汉字及汉字文化，匹夫有责，任重道远。

古今中外

表 7－13　中外文字文化对照表

<table>
<tr><th>时代</th><th>中国</th><th>世界其他地区</th></tr>
<tr><td>新石器时代（距今约 10 000—2 000 年前）</td><td>半坡陶符出土于中国陕西市东郊半坡村
从半坡遗址出土的陶器碎片上共找到 112 个符号，这些符号与后来的甲骨文有某些相似之处</td><td>1. 温察符号
出土于欧洲南部，刻在陶制容器或陶制小人上
2. 楔形文字
美索不达米亚地区苏美尔人刻于陶土板上的文字，形如楔子
书写工具：削尖的芦苇秆或木杆
书写载体：软泥制成的板子，经火烤或日晒制成
行文方式：横向、纵向、倾斜
已知的最古老的文字，一直沿用至公元前 400 年左右
3. 埃及圣书字
绘于石碑上，雕刻在庙宇或墓地的墙壁上
书写工具：芦苇笔和墨水
书写载体：莎草纸、石块、陶土块
行文方式：从左到右或者相反，但均要从上到下换行书写</td></tr>
<tr><td>夏（前 2070—前 1600）</td><td>—</td><td rowspan="2">1. 原始闪米特字母
产生于埃及的西奈半岛，是埃及圣书字和腓尼基字母之间的过渡文字
2. 腓尼基字母
一种辅音文字，流行于地中海东岸沿海一带（巴勒斯坦、黎巴嫩、叙利亚等地），是今天使用的几乎所有字母文字的始祖
行文方式：从右向左</td></tr>
<tr><td>商（前 1600—前 1046）</td><td>1. 甲骨文
出土于河南安阳殷墟，是殷商时代的人用刀刻在龟甲或兽骨上的文字。
行文方式：从左到右或者相反
2. 金文
商周时期铸刻在青铜器上的文字，字形上上承甲骨文下启小篆</td></tr>
</table>

续上表

时代	中国	世界其他地区
周（前 1046—前 256）	广义的大篆指西周时期普遍使用的字体，狭义的大篆专指春秋战国时期的秦文字	1. 希腊字母 由腓尼基字母衍生发展而来，是世界上最早有元音的字母 书写工具：芦苇笔和石笔 载体：莎草纸、蜡版、木板 行文方式：起初从右向左换行交替，后演变为全部从左向右书写 2. 伊特拉斯坎字母 由早期希腊字母派生而来，为古意大利伊特拉斯坎人所使用 行文方式：初从右向左，后从左向右 有 26 个和同时代希腊字母形状差不多的字母，在古意大利北部地区一直沿用到公元前 2 世纪左右，随着拉丁字母地位的上升才逐渐消失 3. 拉丁字母 也叫罗马字母，通过伊特拉斯坎人的中介作用，拉丁人从西希腊字母中创造了拉丁字母，后成了世界上传播最广、最通行的字母 书写工具：芦苇笔和石笔 载体：莎草纸、蜡版、木板 行文方式：初从右向左换行交替，后从左向右
秦汉（前 221—220）	1. 小篆 秦始皇统一中国后颁布的统一标准字体，在大篆的基础上简化而成 2. 隶书 初为篆书（大篆和小篆的统称）的辅助字体，汉朝年间逐渐取代小篆而成为通行字体 3. 草书 由隶书的潦草写法演变而来，起源于汉朝 4. 楷书 由古隶演变而来，兴于汉末，在魏晋时期经历了不少变化，到隋唐之后基本定型，至此汉字的字体形态稳定了下来 5. 行书 出现时间和楷书几乎同时，相传为东汉末年书法家刘德升创立，是介于正体字和草书之间的一种字体	1. 罗马石刻 由石匠在楼房和凯旋门上刻字而创造，是一种纯粹的大写字母文字，是人们刻写石碑铭文时偏爱的字体 2. 方书体 从罗马石刻体发展出的字形，写在羊皮纸上，是罗马人使用的经典书所使用的手写体 3. 拉斯提克体 方书体的通俗写法，字形细瘦纤长，没有方书体庄严

续上表

时代	中国	世界其他地区
魏晋南北朝（220—589）	—	1. 安色尔体 由古罗马斜体字和拉斯提克体发展而来，是一种大写字母字体，主要用于书写早期基督教的经书 2. 半安色尔体 融合了拉斯提克体、安色尔体和早期罗马斜体字的特点而形成的一种日常手写体
隋唐五代（589—960）	—	加洛林小写体源于半安色尔体和晚期罗马斜字体，并参照了爱尔兰语和盎格鲁－撒克逊语的小写字母形状，在查理大帝统治时期成为标准的书面字体 是西方文字中最具罗马风格的字体，奠定了我们今天所用的小写字母、书写体以及印刷体的基础
宋元（960—1368）	宋徽宗赵佶疏于政而精于艺，自创书体，被称为瘦金体。据推测，仿宋体便是模仿瘦金体而创	1. 哥特小写体 始于公元12世纪，源于加洛林小写体，随着哥特式艺术的兴起而产生 2. 纺织体 是由哥特体高度发展而成的一种书籍字体，因而也常被称为哥特体
明清（1368—1911）	1. 宋体 一种印刷采用的字体，以模仿颜真卿、柳公权、欧阳修等书法家的楷书为基础而创 2. 仿宋体 由宋体演变而来。1916年前后，浙江丁氏兄弟依据收集的宋代木刻本字样，仿刻出一套新的印刷活字，成为我们今天熟悉的仿宋体 3. 黑体 随着19世纪初铅合金活字印刷术的传入，印刷工匠创造出一种没有衬线装饰，横竖笔画平直等粗，撇捺等笔画平滑不尖的“黑体”，常用于标题、导语及重点文段	1. 人文主义小写体 随着人文主义的兴起而诞生，在意大利被看作体现古典文化精神的字体 2. 文艺复兴衬线体 伴随着15世纪中期铅合金活字印刷术的发明而确立，继承了手写艺术的特点 3. 巴洛克衬线体 受到雕刻技术对字体构造的影响，字形柔和，充分体现了巴洛克风格 4. 英国手写体 一种为了日常快速记录信息而创造的手写体 5. 粗衬线体 19世纪初产生于英国，一种强调衬线的拉丁字体，广泛用于广告宣传中 6. 无衬线体 产生于19世纪初的英国，为满足宣传效果而创造

文献阅读

1 说文解字叙

张舜徽. 说文解字约注［M］. 武汉：华中师范大学出版社，2009.

古者包羲氏之王天下也，仰则观象于天，俯则观法于地；视鸟兽之文，与地之宜；近取诸身，远取诸物；于是始作《易》八卦，以垂宪象。及神农氏，结绳为治而统其事。庶业其繁，饰伪萌生。黄帝之史仓颉，见鸟兽蹄迒之迹，知分理之可相别异也，初造书契。百工以乂，万品以察，盖取诸夬。“夬，扬于王庭”，言文者宣教明化于王者朝廷，君子所以施禄及下，居德则忌也。仓颉之初作书，盖依类象形，故谓之文；其后形、声相益，即谓之字。文者，物象之本；字者，言孳乳而浸多也。著于竹帛谓之书，书者，如也。以迄五帝三王之世，改易殊体，封于泰山者，七十有二代，靡有同焉。

周礼，八岁入小学，保氏教国子先以六书。一曰指事。指事者，视而可识，察而见意，上、下是也。二曰象形。象形者，画成其物，随体诘诎，日、月是也。三曰形声。形声者，以事为名，取譬相成，江、河是也。四曰会意。会意者，比类合谊，以见指㧑，武、信是也，五曰转注。转注者，建类一首，同意相受，考、老是也。六曰假借。假借者，本无其字，依声托事，令、长是也。及宣王太史籀，著《大篆》十五篇，与古文或异。至孔子书《六经》，左丘明述《春秋传》，皆以古文，厥意可得而说。其后诸侯力政，不统于王。恶礼乐之害己，而皆去其典籍。分为七国，田畴异亩，车涂异轨，律令异法，衣冠异制，言语异声，文字异形。秦始皇帝初兼天下，丞相李斯乃奏同之，罢其不与秦文合者。斯作《仓颉篇》，中车府令赵高作《爰历篇》，太史令胡毋敬作《博学篇》。皆取史籀大篆，或颇省改，所谓小篆者也。是时秦烧灭经书，涤除旧典；大发隶卒，兴役戍；官狱职务繁。初有隶书以趣约易，而古文由此绝矣。自尔秦书有八体：一曰大篆，二曰小篆，三曰刻符，四曰虫书，五曰摹印，六曰署书，七曰殳书，八曰隶书。

汉兴，有草书。尉律：学童十七以上，始试。讽籀书九千字，乃得为吏。又以八体试之。郡移太史并课，最者以为尚书史。书或不正，辄举劾之。今虽有尉律，不课。小学不修，莫达其说久矣。孝宣时，召通《仓颉》读者，张敞从受之。凉州刺史杜业，沛人爰礼，讲学大夫秦近，亦能言之。孝平时，征礼等百馀人，令说文字未央廷中，以礼为小学元士。黄门侍郎扬雄，采以作《训纂篇》。凡《仓颉》以下十四篇，凡五千三百四十字。群书所载，略存之矣。及亡新居摄，使大司空甄丰等校文书之部。自以为应制作，颇改定古文。时有六书：一曰古文，孔子壁中书也；二曰奇字，即古文而异者也；三曰篆书，即小篆，秦始皇帝使下杜人程邈所作也；四曰佐书，即秦隶书；五曰缪篆，所以摹印也；六曰鸟虫书，所以书幡信也。

2 汉字与中国文化（节选）

王宁. 汉字与中国文化［M］//饶贵民，王杰. 领导干部国学大讲堂［M］. 北京：中共中央党校出版社，2011.

汉字形声字义符系统的变化，往往反映出社会的发展。例如：在小篆里，烹食器皿中从“鬲”的很多，鬲是一种陶制的器皿，“[illegible](guō)”“鬴（fǔ）”都从“鬲”，因为它们主要是陶制的，后来“[illegible]”写作“锅”，“鬴”写作“釜”，字都改为从“金”，反映了陶器时代向青铜器时代发展的文化信息。

小篆“又”与“寸”的分立，也反映制度带来的观念变化。酒器的“尊”甲文写作“[illegible]”，金文“[illegible]”加上“八”，表示酒倾而出。小篆“[illegible]”承袭金文，而将下面的两手改为“寸”作，这是因为古人以酒器定位。“尊”已发展出“尊卑”之义，而小篆中的“寸”含法度之义，改从“寸”，正是适应“尊卑”义而为之。同样，酒器的“爵”因象雀形而名，甲文“[illegible]”、金文“[illegible]”都是象形字。小篆作“[illegible]”，上半部是金文的变体，下从“鬯”，表示盛酒，从“又”，以手持之，以后也改“又”为“寸”，仍是为了适应“爵位”这种等级制度的变化的。我们可以看到，很多应当从“又”的字，都是表示用手操作的事物，到周秦时代的篆隶中，有相当一部分演变成“寸”了，除“尊”字外，还有“封”“射”“尉”等，小篆新造的“耐”“尋”“導”“辱”“寺”等字也从“寸”。这是因为，“寸”的构意表示法度，周秦的等级制度使法度观念被引进造字，才产生了这种构形的演进。这种变化，是社会变化与人的意识变化的反映，可以从中观察汉字携带的文化信息。

古代汉字的许多字形，有的一直保留到后代，也有的中途死亡，不复再用。这些个体字符的存亡，很多是有文化方面的原因的。仅从形声字来说：

《说文解字・二上・牛部》共 45 个正篆，1 个重文。其中就有 5 个字是为不同年龄的牛造的，还有 12 个字是为不同毛色的牛造的，这两部分就占了《牛部》的 37%。例如：一岁以下的牛叫“犊”，三岁的牛叫“犙”，四岁的牛叫“牭”……白黑杂毛的牛、白脊的牛、带虎文的黄牛、有黑斑的黄牛等，都有专门的名字。现代只有“犊”还保留来称小牛，“牺牲”转用作其它意义，其他的牛的专名都消失不用了。古代的牛有那么多专门造的字，是因为中国古代牛是驯养的牲畜，有多种用途：既是坐骑，又是耕畜，还是祭品，不同色的牛毛还可以选作旗旄，以为部落的标志。因而“物”字从“牛”从“勿”（勿是旗）。而祭祀时太牢用牛则必须纯色。放牧、役使和祭祀都使牛与人能够近距离接触，这就是当时对牛的年龄和毛色观察特别细致，以致需用不同的命名来分辨的原因。随着这种文化现象的消逝，这些专名不再需要，上述一系列字如其记录的词的词义不再引申，这些字便成为“死字”。《牛部》也有很多字传承为现代常用字，但相当一部分意义随时代和社会的变迁引申出新义或更宽阔的意义了。如：（独）特、牵（就）、（脾气）犟、（物）体、牺牲……字虽从“牛”，意义却与牛没有多大关系了。

再以《车部》字为例。古代实行车战，并以车代步和载重。《说文・车部》字正篆

99 字，重文 8 字，也算是一个大部。以车为义符的很多形声字的传承字意义随着时代和社会的变迁而引申。例如：輿（論）、（沒）轍、（生力）軍、（管）轄、輩（分）、輪（換）、（旋）轉、斬（斷）、輔（助）……字从“車”，如不深想，意义都与车的关系很疏远了。

3 中国书法里的美学思想（节选）

宗白华. 美学散步：彩图本［M］. 上海：上海人民出版社，2015.

唐代韩愈在他的《送高闲上人序》里说：“张旭善草书，不治他技，喜怒窘穷，忧悲愉佚，怨恨思慕，酣醉，无聊，不平，有动于心，必于草书焉发之。观于物，见山水崖谷，鸟兽虫鱼，草木之花实，日月列星，风雨水火，雷霆霹雳，歌舞战斗，天地事物之变，可喜可愕，一寓于书，故旭之书变动犹鬼神，不可端倪，以此终其身而名后世。”张旭的书法不但抒写自己的情感，也表出自然界各种变动的形象。但这些形象是通过他的情感所体会的，是“可喜可愕”的；他在表达自己的情感中同时反映出或暗示着自然界的各种形象。或借着这些形象的概括来暗示着他自己对这些形象的情感。这些形象在他的书法里不是事物的刻画，而是情景交融的“意境”，像中国画，更像音乐，像舞蹈，像优美的建筑。

现在我们再引一段书家自己的表白。后汉大书家蔡邕说：“凡欲结构字体，皆须像其一物，若鸟之形，若虫食禾，若山若树，纵横有托，运用合度，方可谓书。”元代赵子昂写“子”字时，先习画鸟飞之形，使“子”字有这鸟飞形象的暗示。他写“为”字时，习画鼠形数种，穷极它的变化。他从“为”字得到“鼠”形的暗示，因而积极地观察鼠的生动形象，吸取着深一层的对生命形象的构思，使“为”字更有生气、更有意味、内容更丰富。这字已不仅是一个表达概念的符号，而是一个表现生命的单位，书家用字的结构来表达物象的结构和生气勃勃的动作了。

这个生气勃勃的自然界的形象，它的本来的形体和生命，是由什么构成的呢？常识告诉我们：一个有生命的躯体是由骨、肉、筋、血构成的。“骨”是生物体最基本的间架，由于骨，一个生物体才能站立起来和行动。附在骨上的筋是一切动作的主持者，筋是我们运动感的源泉。敷在骨筋外面的肉，包裹着它们而使一个生命体有了形象。流贯在筋肉中的血液营养着、滋润着全部形体。有了骨、筋、肉、血，一个生命体诞生了。中国古代的书家要想使“字”也表现生命，成为反映生命的艺术，就须用他所具有的方法和工具在字里表现出一个生命体的骨、筋、肉、血的感觉来。但在这里不是完全像绘画，直接模示客观形体，而是通过较抽象的点、线、笔画，使我们从情感和想象里体会到客体形象里的骨、筋、肉、血，就像音乐和建筑也能通过诉之于我们情感及身体直感的形象来启示人类的生活内容和意义。

中国人写的字，能够成为艺术品，有两个主要因素：一是由于中国字的起始是象形的，二是中国人用的笔。许慎《说文解字叙》解释文字的定义说：仓颉之初作书，盖依类象形，故谓之文，其后形声相益，即谓之字，字者，言孳乳而浸多也（此依徐铉本，段玉裁据左传正义，补“文者物象之本”句)，文和字是对待的。单体的字，像水木，是“文”，复体的字，像江河杞柳，是“字”，是由“形声相益，孳乳而浸多”来的。写字在古代正确的称呼是“书”。书者，如也，书的任务是如，写出来的字要“如”我们心中对于物象的把握和理解。用抽象的点画表出“物象之本”，这也就是说物象中的“文”，就是交织在一个物象里或物象和物象的相互关系里的条理：长短、大小、疏密、朝揖、应接、向背、穿插等等的规律和结构。而这个被把握到的“文”，同时又反映着人对它们的情感反应。这种“因情生文，因文见情”的字就升华到艺术境界，具有艺术价值而成为美学的对象了。

第二个主要因素是笔。书字从聿（yù），聿就是笔，篆文，像手把笔，笔杆下扎了毛。殷朝人就有了笔，这个特殊的工具才使中国人的书法有可能成为一种世界独特的艺术，也使中国画有了独特的风格。中国人的笔是把兽毛（主要用兔毛）捆缚起做成的。它铺毫抽锋，极富弹性，所以巨细收纵，变化无穷。这是欧洲人用管笔、钢笔、铅笔以及油画笔所不能比的。从殷朝发明了和运用了这支笔，创造了书法艺术，历代不断有伟大的发展，到唐代各门艺术，都发展到极盛的时候，唐太宗李世民独独宝爱晋人王羲之所写的《兰亭集序》，临死时不能割舍，恳求他的儿子让他带进棺去。可以想见在中国艺术最高峰时期中国书法艺术所占的地位了。

4 中国今后之文字问题（节选）

林文光．钱玄同文选［M］．成都：四川文艺出版社，2010.

中国文字，衍形不衍声，以致辨认书写，极不容易，音读极难正确。这一层，近二十年来很有人觉悟，所以创造新字，用罗马字拼音等等主张，层出不穷。甚至于那很顽固的劳玉初，也主张别造“简”字，以图减省识字之困难。除了那选学妖孽、桐城谬种，要利用此等文字，显其能做“骈文”“古文”之大本领者，殆无不感现行汉字之拙劣，欲图改革，以期便用：这是对于汉字的形体上施攻击的。

又有人说：固有的汉字，固有的名词，实在不足以发挥新时代之学理事物。于是有造新字者，有造新名词者；有直用西文原字之音而以汉字表之者——，如“萨威棱帖”“迪克推多”“暴哀考脱”“札斯惕斯”之类——有简直取西文原字写入汉文之中者。种种办法，虽至不同，而其对于固有的汉字和名词认为不敷用之见解则一：这是对于汉字的应用上谋补救的。

以上两种见解，固然都有理由，然玄同今日主张废灭汉文之理由，尚不止此。

玄同之意，以为汉字虽发生于黄帝之世，然春秋战国以前，本无所谓学问，文字之用甚少。自诸子之学兴，而后汉字始为发挥学术之用。但儒家以外之学，自汉即被罢黜。二千年来所谓学问、所谓道德、所谓政治，无非推衍孔二先生一家之学说。所谓《四库全书》者，除晚周几部非儒家的子书外，其余则十分之八都是教忠教孝之书。“经”不待论；谓“史”者，不是大民贼的家谱，就是小民贼杀人放火的账簿，——如所谓“平定什么方略”之类；——“子”“集”的书，大多数都是些“王道圣功”“文以载道”

的妄谈。还有那十分之二，更荒谬绝伦：说什么“关帝显圣”“纯阳降坛”“九天玄女”“黎山老母”的鬼话；其尤甚者，则有“婴儿姹女”“丹田泥丸宫”等说，发挥那原人时代“生殖器崇拜”的思想。所以二千年来用汉字写的书籍，无论哪一部，打开一看，不到半页，必有发昏做梦的话。此等书籍，若使知识正确、头脑清晰的人看了，自然不至堕其彀中；若令初学之童子读之，必致终身蒙其大害而不可救药。

欲祛除三纲五伦之奴隶道德，当然以废孔学为唯一之办法；欲祛除妖精鬼怪、炼丹画符的野蛮思想，当然以剿灭道教——是道士的道，不是老庄的道——为唯一之办法。欲废孔学，欲剿灭道教，惟有将中国书籍一概束之高阁之一法。何以故？因中国书籍，千分之九百九十九都是这两类之书故；中国文字，自来即专用于发挥孔门学说，及道教妖言故。

但是有人说：中国旧书虽不可看；然汉文亦不必废灭，仍用旧文字来说明新学问可矣。此说似是而实非。既不废汉文，则旧学问虽不讲，而旧文章则不能不读。旧文章的内容，就是上文所说的“不到半页，必有发昏做梦的话”，青年子弟，读了这种旧文章，觉其句调铿锵，娓娓可诵，不知不觉，便将为其文中之荒谬道理所征服。其中毒之程度，亦未能减于读《四书》《五经》及《参同契》《黄庭经》诸书。况且近来之贱丈夫动辄以新名词附会野蛮之古义，——如译 Republic 为“共和”，于是附会于“周召共和”矣；译 Ethics 为“伦理学”，于是附会于“五伦”矣——所以即使造新名词，如其仍用野蛮之旧字，必不能得正确之知识。其故有二：（1）因国人脑筋，异常昏乱，最喜瞎七搭八，穿凿附会一阵子，以显其学贯中西。（2）中国文字，字义极为含混，文法极不精密，本来只可代表古代幼稚之思想，决不能代表 Lamark、Darwin 以来之新世界文明。

至于有人主张改汉字之形式，——即所谓用罗马字之类——而不废汉语：以为形式既改，则旧日积污，不难洗涤。殊不知改汉字为拼音，其事至为困难：中国语言文字极不一致，一也；语言之音，各处固万有不同矣，即文字之音，亦复纷歧多端，二也。制造国语以统一言文，实行注音字母以统一字音，吾侪固积极主张；然以我个人之悬揣其至良之结果，不过能使白话文言不甚相远，彼此音读略略接近而已；若要如欧洲言文音读之统一，则恐难做到；即如日本之言文一致，字音画一，亦未能遽期。因欧洲文字，本是拼音，日本虽借用汉字，然尚有行了一千年的“五十假名”。中国文字，既非拼音，又从无适当之标音符号。三十六字母，二百〇六韵，闹得头昏脑胀，充其极量，不过能考证古今文字之变迁而已，于统一音读之事，全不相干。今欲以吾侪三数人在十年八年之内，告成字音统一之伟业，恐为不可能之事；又中国文言既多死语，且失之浮泛，而白话用字过少，文法亦极不完备；欲兼采言文，造成一种国语，亦大非易事。于此可见整理言文及音读两事，已甚困难。言文音读不统一，即断难改用拼音。况汉文根本上尚有一无法救疗之痼疾，则单音是也。单音文字，同音者极多，改用拼音，如何分别——此单音之痼疾，传染到日本，日本亦大受其累：请看日本四十年来提议改良文字之人极多，而尤以用罗马字拼音之说为最有力；然至今尚不能实行者，无他，即“音读”之汉字不能祛除净尽，则罗马字必难完全实行也——吾以为改用拼音，至为困难者，此也。

5 汉字的境外传播（节选）

何九盈. 汉字文化学［M］. 2 版. 北京：商务印书馆，2016.

汉字在公元前或公元一世纪就逐渐向境外传播。北至朝鲜半岛，南至越南，东至日本。这三个国家输入汉字时间先后不一，但至少也有一千多年的历史。一种异族文字，能在本族流传一千多年之久，事实上已经成为“我们的”汉字了。尽管越南、朝鲜已经不用汉字作为官方文字了，但汉字、汉字文化早已深入骨髓，成为这些民族的文化遗产的重要组成部分，他们仍属于汉文化圈。

日语、朝鲜语、越南语、汉语，各不相同，由于千百年间都共同使用汉字，使用同一文化符号，不能不对其语言产生影响。日、朝、越都有大量汉语借词，字音和字义也深受汉语影响。

词语的借用，汉字的借用，意味着文化精神的同化，思维方式的同化，道德观念的同化，文学艺术趣味的同化，甚至风俗习惯的同化，从而形成东方文化的共同特色。

在汉字进入朝鲜、越南、日本之前，这些国家都没有创造自己的官方文字，汉字传入之后，他们就在很长的历史时期之内用汉字作为书写工具。日本创制了万叶假名（假名即字母。“假”为借用，“名”即字），经过改革又创制了片假名（借用汉字楷书偏旁盖底创造而成，只用于外来语的译音词和某些特殊词汇）、平假名（由汉字草书演变而成，一般书写或印刷用平假名，“平”有平易、通俗之意），朝鲜创制了谚文，越南创制了字喃。

汉字音义的研究，在日本、韩国均有悠久的传统。他们研究甲金文的著作，研究《说文》的著作，研究韵图韵书的著作，水平都是相当高的。中国的古典文言名著，仍是日韩的精英文化，仍是中文专业博士论文的首选课题。中国实行改革开放以来，中日、中韩的文化交流，开始进入一个新的历史时期。

汉字文化圈的交流，其障碍大大低于与“圈”外国家的交流。一个中国人行走在繁华的东京大街上与行走在纽约街头，感觉与心情显然不一样。东京街头随处可见的汉字招牌，使你有“宾至如归”的亲切感。语言不通可用笔谈。日本人，以及韩国人，有谁不知道孔夫子，有谁不知道李白、白居易，有谁不知道《论语》、《老子》，日本人对西安、对寒山寺的那份热情恐怕比某些中国人有过之而无不及吧。如果这些国家都使用罗马拼音文字，你就永远找不回那份感觉了。

汉唐时代所筑起的汉字文化圈，从 19 世纪开始，已经历了与西方文化中心主义的严重较量。19 世纪，日本废除汉字的呼声很高，此风一直刮到中国，并横扫越南、朝鲜半岛。但亚洲的三个主力国家，在吸收西方进步文化和科学技术方面都不甘落后，都不遗余力，而汉字仍然很“坚挺”。“即使是从高水平上着眼，汉字也仍然是汉文化民族之间，最宝贵的举世无双的交流桥梁。”（《新汉文化圈》第 148 页）以致“一种失落感正在西方滋生”（《新汉文化圈》第 153 页）因为他们已经敏锐地察觉到：“单独一个汉文化圈的实力就将必不可免地导致整个世界引力中心的转移。”（《新汉文化圈》第 150 页）这是“圈”外的感觉，“圈”内人由于身在“圈”中，大概还不识庐山真面目吧。

在历史上，一个强大的中国，必然是一个开放的中国，汉字传播至周边各国，就是国门大开，各国友好往来最为频繁的时候。不好的一面，就是千百年的文化输出，养成了中国人的文化自大心理，对西方世界不屑一顾。挨了几次痛打之后，才不得不痛定思痛，清朝末年制定了“中学为体，西学为用”的国策，我们也不得不实行文化输入的政策了。我们向谁学呢？在张之洞时代，首选目标是日本。日本比我们先走了几步，用的是汉字，学起来容易。张之洞说：“各种西学书之要者，日本皆译之，我取经东洋，力省速效，则东文之用多。”“若学东洋文，译东洋书，则速则速者也。是故从洋师不如通洋文，译西书不如译东书。”（《劝学篇·外篇·广译第五》第 128 页，中州古籍出版社 1998 年版）于是，一衣带水的中日两国，“遣唐使”不再源源不断西来，留日生却滚滚东去。一大批经日本人注入了新学内容的汉字词汇又回到了失去往日帝国风采的故乡。汉字回娘家，带来了新思想、新意义，中国人的现代化进程就从汉字意义的转换开始了。“文化”“文明”“经济”“同志”“精神”“具体”“专制”“劳动”“哲学”“科学”“物质”“意识”“解放”“干部”等等“旧貌换新颜”的汉字词汇，像潮水般涌入中国大地，掀起了思想革命的狂飙。

6 汉语的本质和历史（节选）

高本汉. 汉语的本质和历史［M］. 聂鸿飞，译. 北京：商务印书馆，2010.

对于我们这些习惯于字母拼写的人来说，写字就是分析发音并把一串音记录下来，每个音都有它自己的符号，如 s-c-r-i-p-t，用六个符号，这显得非常自然，简直是一看就懂。这条原则以及作为其基础的全部深奥的分析确实是许多聪明人研究的结果，是人类头脑最伟大的发明之一。这条原则特别适用于我们的西方语言。由于单词根据其在句中的作用而发生屈折变化，那么从实践的立场出发，就有必要把这些变化记录在文字里，如 man : men［人，单数：复数］、mouse : mice［鼠，单数：复数］。可是汉语都是很短的不变的单音节，这种方法就不是非用不可了。一个＊ȵĭĕn（ren，人）字的意思可以是 man［人］、the man［这人］、men［人们］、the men［这些人们］、man’s［人的］、the men’s［这些人们的］，等等。因为它总是不变的短音节＊ȵĭĕn，所以最简单最吸引人的方法就是为整个字造一个单一不变的符号：用两条腿前进的“𠆢”，现代字形写法稍有变化：“人”。情况就是这样。因此，最初阶段的汉字就不是表音的，不分析词中不同成素的发音，而是表意的象形文字，即一个符号标示整个词的意义而不标示读音。汉语的字形导致了这条原则。上章给出的句子里还有另外几个例字也是用这种简单的象形符号标示的。有个＊ĭĕt（yi），简洁地写作“一”，与它形成对照的有＊ĭər（er，写作“二”）和＊səm（san，用“三”来标示）。另外还有＊k’u（kou）字，古代写作“ㅂ”，现代形式是“口”；＊miər（mi），“米”，现在作“米”，标明了穗上的稻粒。“門”（现在作“門”）＊mwən（现在读 men），画得极像。我们发现，基督诞生前一千多年所创造的古汉字与现代汉字之间存在着某种区别，可是我们还看到，这种区别仅仅是字体书法上的修改，而大体上说，象形造字的方法则是完全一致的，多少年来一直未变。

这种纯粹的图画文字并不是汉语独有的，在一些别的古代语言中也有相似的创造，它显然不可能满足长期的需要。它只适用于像“人”“口”“米”这样的具体词，以及像“一”这样个别的抽象词，可是对于语言中的多数词来说，这种方法就不适用了。因此，人们就朝着各个方向进行了新的尝试，这里我们就涉及了汉字的特殊性质。下一步——仍然是为整个词造一个字，只考虑字义而不管字音——是把两个或更多现有的简单书写单位合成一个新的单位。有一个象形字“”，即现代的“宀”，代表＊mĭan（mian）这个词，还有个象形字“”，现在作“豕”，代表＊çĭər（shi）这个词，把它们合在一起就构成了代表＊kɔ（jia）这个词的字：“家”，屋顶下有猪——一幅画似的小场景。汉语文字系统中包含几百个这种会意的合体字。不过用长远的眼光看，这个方案也不适用，这时造字的人们就开始走上了一条危险的道路。

他们开始采用一种非常原始的表音字。由于汉语有许多短的单音节字，它也就包含了一大批同音异义词，就像英语的 sun［太阳］和 son［儿子］、two［二］和 too［也］、born［生］和 borne［负担］那样。于是有一个词，今天读 lai，古代读＊ləg，它的意思是“来”，同时还有另一个＊ləg（lai），意思是“麦”，写作象形字“” （现在作“来”）。因为不容易画出抽象的＊ləg（来），所以＊ləg（麦）这个书写单位就被借用来表示“来”，为了表示＊gĭwaŋ ləg（王来）这个句子，人们写“王麦”。聪明的读者很容易懂得这里的＊ləg（麦）是表示＊ləg（来）的书写单位。但是，由于像＊ləg（麦）和＊ləg（来）这样成对的绝对同音词其实际数量并不很多，所以造字的人们进而采取了一种鲁莽的办法。有大量这样的情况：两个词的发音虽然不完全相同，但却非常相似，比如有＊kĭəg（簸箕）和＊g'ĭəg（他的），于是，运用刚才描述的假借法，＊kĭəg（簸箕）的书写单位就被借以表示相近的读音＊g'ĭəg（他的），因为前者很容易画出来：“”（现代作“其”），而后者是抽象的，不容易表示。所以，如果要写＊ʂat g'ĭəg gĭwaŋ（杀其王＝杀他的王），他们就写＊ʂat kĭəg gĭwaŋ（杀箕王＝杀簸箕王），他们相信读者会从上下文中懂得，这里的象形字“其”的意思不是＊kĭəg（簸箕），而是假借作音近的＊g'ĭəg（他的）。

在这类情况下，上下文的联系直截了当地揭示出了假借的汉字，这个方法既聪明又实用，但却是一条行之危险的道路。这种假借情况如果为数不多，当然不会造成什么大乱子；可是假定有几百个假借字，那么在实践中就会导致极端的混乱，使人难以确定句中的书写符号究竟是什么意思：它们是用的本义、实义呢，还是作为语音假借来代替别的什么字？结果是，人们在相当早的阶段就不得不对这种假借方法加以改进和进一步地阐明。我们借以了解汉字体系的一个最古的时期是在公元前 13 世纪至公元前 10 世纪之间，关于这个阶段我们得到了刻在兽骨和龟甲上的简短的卜辞，并发现其中用了一种改良的方法。这是一种巧妙的方法。我们刚才阐明了一种将两个现有的独体字合成一个新字的造字法，比如“家”＊kɔ（屋顶下有猪），其中的两个成分都有助于表示意义，这是个合体的会意字。但是现在，写字人却用另一种方式来结合两个简单的书写符号。例如有一个简单的书写符号“”，读作＊çĭ^{u}g，意思是“手”（画的是一只手，五个手指）；我们还讨论过一个古读为＊k'u 的“口”字；现在又有另一个字：＊k'u（扣击），这后一个字怎么写呢？正如＊ləg（麦）假借作＊ləg（来）一样，＊k'u（口）也假借作＊k'u（扣击），但为了防止混淆和误解，就又加上了一个“手”（五个手指），以便清楚地指出所要说的词是用手来做的＊k'u（扣击）：“[illegible]”（现在作“扣”），而不是＊k'u（口）。通过这种方式得到了一种新的字，一种由表音的声旁＊k'u（口）和表意的形旁（手）组成的合体字。换句话说，“扣”字表示一个声音像＊k'u（口）而意义与手有关的词，显然是＊k'u（扣击）。

于是，一种高明的方法被设计出来了，它对于具有大量音同或音近的短小单音节词的汉语来说是极为适宜的。把现有的书写符号成对地结合起来，其中一个表音，另一个表意，用这种方法实际上可以设计出无限多的新字。根据这项原则，把简单的书写符号作为材料成对地结合起来，这种结构方式可以容易而迅速地表示任何一个本身难以画出的词。很快，成百上千个这种形声合体字就被相继造了出来，事实上，百分之九十的汉字都是根据这项原则构成的。

思考与讨论

1. 简繁之争

汉字简繁之争由来已久，最早可以追溯到五四时期，只不过当时主要限于文化圈内的人士探讨争论。当时甚至有很多知识分子，如钱玄同、陈独秀、鲁迅、刘半农、吴玉章等都提出，要废除汉字，改汉字为拼音文字，即所谓的拉丁化运动。新中国成立以后，自从 1956 年国务院公布《汉字简化方案》以来，汉字的简繁之争从未停止，而且逐渐发展为社会性的争论。两会上几乎年年都有的有关恢复繁体字的提案，港澳等地有关汉字标准的争论、2008 年联合国以简体字作为办公语言、“识繁写简”提法的出现等等，都引起了从学界到普通民众的热烈讨论。

提倡恢复繁体字的一派认为，简体字破坏了汉字的结构和美感，隔断了现代中国人与中华传统文化的联系。汉字的造字是有一套科学的体系的，繁体字更能反映造字原理和中国传统文化心理，所谓“字形藏理、字音通心”，而“简化后的汉字，亲（繁体为‘親’）不见，爱（繁体为‘愛’）无心，产（繁体为‘產’）不生，厂（繁体为‘廠’）空空，儿（繁体为‘兒’）无首，乡（繁体为‘鄉’）无郎”。

而力挺简化字的一派则认为汉字简化是历史的必然，可追溯到甲骨文时期。且简化字并非都是新中国成立后生造出来的，现行的简体字绝大多数来源于古代简体俗体字，有一些来自草书和行书，还有一些是古本字。简化字总数有 2 235 个，约占 8 000 通用汉字的 28%，约占汉字总数的 17%，可见大部分汉字并未被简化，还是传承之前的形体。所以简体字隔断了中国的历史或者阻断了中华传统文化传承的说法夸大其词。而且简化字书写学习都更简便，在较小字体下清晰易辨。总体而言之简化字是利大于弊的。

主张简体字繁体字并行的观点认为，汉字除了有工具属性外，本身更是文化的一部分。汉字特有的表意性使它超越了符号化工具的意义。所以汉字简化是大势所趋，尤其在书写方面有很大的优势。但是无论简体字还是繁体字都应该在尊重汉字发展的本原，不该在发展中失去了传统。所以他们建议繁体字和简体字应该在一定范围内共生共存。

问题：你认为汉字简繁之争是否有必要？简繁之争仍只止于争论而无定论，请结合这一讲所学内容谈谈你的看法。

2. 现代科技与汉字危机

现代科技深深地影响了现代人的生活，电子时代的到来却给汉字带来了危机。当电脑和手机逐渐成为人们生活中主要的阅读和书写工具，人们在纸上一笔一画地书写汉字的机会越来越少，人们的书写能力在退化，表现为不同程度地提笔忘字、频写错别字等现象，也有人把这称为“数码时代失写症”。近几年来，《汉字英雄》《中国汉字听写大会》等节目的热播正暴露出当下人们对“汉字危机”的热切关注。但也有人认为汉字危机乃危言耸听，汉字生命力依然很强，不用笔写，并不等于汉字会失传，所以不用小题大做。但是无论如何，“提笔忘字”“汉字危机”的热议能引发我们对于当代汉字问题更深入的思考。

问题：同样进入了电子时代，同样使用键盘，为什么就没听说有英文危机、德文危机、法文危机？造成“汉字危机”的原因到底是什么呢？汉字选秀节目为什么能在当年众多的电视综艺节目中脱颖而出？汉字书写渐行渐远是否意味着汉字的没落？汉字危机真的仅仅是汉字书写的危机吗？面对汉字，我们正确的态度应该是什么？

3. 汉语会代替英语，成为世界语言吗？

语言文字作为文化的载体，在文化的传承、发展、传播等方面有重要作用。语言文字和文化互为依托、相互渗透。所以一种语言能在多大范围内产生影响，无疑是一个民族“软实力”的显著体现，也是一个民族“文化自觉”和“文化自信”的反映。在世界范围内产生过巨大影响的语言有希腊语、拉丁语、阿拉伯语、梵语、法语、英语等。这些语言的盛衰更替，往往伴随着一个个伟大文明的兴替。影响语言影响力的因素有很多，比如主要语言使用者的数量、使用该语言的国家的经济实力、语言学习的难度、语言使用者的活动领域等等。

问题：随着中国实力的增强，作为世界上使用人口最多的语言的汉语是否能代替英语，成为世界语言呢？以下观点节选自英国汉学家魏根深的著作《中国历史研究手册》。你同意他的观点吗？请结合所学谈谈你对汉语未来走向的看法。

如果世界继续向更大的全球整合方向发展，伴随着国家主权的稀释，超国家语言的作用将逐渐增加，国家语言的作用将减弱。英语能否保住它统治性的超国家地位？它将保持此地位多长时间？其他语言是否有机会取代英语呢？……相对于亚洲语言，尤其是以汉语普通话为母语者的增长，以英语和其他欧洲语言为母语者的数量在下降。这是否意味着汉语有机会代替英语作为主导性的超国家语言呢？……汉语普通话是世界上使用人口最多的母语。……但是在中国之外，还没有与之关系密切的语言，可以让其使用者轻易地转而使用普通话。英语属于印欧语系，到目前为止，这一语系是世界上规模最大的（使用者达30亿）。这一语系中的成员学习英语相对来说比较容易。而对朝鲜人、日本人或是越南人来说，学习汉语就没这么容易了。影响英语和汉语成为世界语言的吸引力的另一个区别在于，英语书写使用的字母与全世界数百种其他语言使用的字母相同。另一方面，中国文字主要用于中国境内。

语言使用的国际扩张依赖于许多因素，其中非语言因素也极为重要，因此毫不夸张地说，英语（或汉语）的未来很大部分依赖于世界经济和政治的未来。……英语国家在世界产出中的份额在未来二十年中将会下降。然而，如果全球技术继续发展，将极大地促进一种全球语言主导地位的上升。无论上述语言或非语言的原因，这种语言可能仍然是英语，而非汉语。

推荐阅读

1. 陆宗达. 说文解字通论 [M]. 北京：中华书局，2015：143 - 192.
2. 裘锡圭. 文字学概要 [M]. 北京：商务印书馆，2013：1 - 20.
3. 张舜徽. 说文解字导读 [M]. 成都：巴蜀书社，1990：23 - 32.
4. 周有光. 人类文字浅说 [M]. 北京：人民文学出版社，2009：1 - 62.
5. 左安民. 细说汉字：修订版 [M]. 北京：中信出版社，2015：240 - 254，458 - 468.

引 言

近代以来，“普及教育”“国民教育”的概念自西方兴起，而成为教育的主流。现代儿童年满七岁就必须入小学读书，甚至还有“早教班”等学前教育。对当代学子而言，“受教”已是习以为常。然而，这一切并非理所当然，而是历经漫长演变而来的。

人生而蒙昧，需要经过长期的学习，才能适应人类世界的规范与活动。世界上曾经发现过一些“狼孩”，他们通常是婴幼儿时在野外遗失，由野兽收容养育成长，虽然生为人类，但习性、心智、行为都像抚养他的动物（狼养大的如同野狼，猴子养大的状如猿猴）。即使回到人类社会，再次接受人类文明的洗礼，“狼孩”们也很难学会直立行走、语言文字等人类特有的行为与文化。这类例子证明人类的知识与才能并非天生，而是后天学习、训练而来的，是人类社会培育的成果。

幼年时的学习奠定了“人之所以为人”的基础，使儿童能成为人类社会的一分子。而之后又依照不同的社会需要，再施以不同的教育。在文明发展初期阶段，家庭足以承担教育的职能，但是随着社群扩大，专业分工越来越细，专业技艺就需要“拜师”，必须向专业人士学习。

中国很早就出现了多学科的教育体系，不仅对贵族施以“君子”教育，培养“百工”等专业人才，也向平民施教。通过教育“选贤与能”，从中提拔有能力的人才为国服务，而不限于身份和血统。这是中国教育文化的一大特色，也影响了整个世界。

一、中国教育的发展与变迁

（一）原始时代：教育的萌芽

人类生而孱弱，在危机四伏的苍茫大地上，必须结成一个个小群体，合作以谋生存。为了群体的延续，人们必须把生火、采集、渔猎等生存技能手把手地传授给下一代，使孩子们学会在这艰难的环境中该如何求生；为了和睦共存，也必须教导孩子们群体生活的规范，以免因为争执与冲突，导致族群分裂甚至毁灭。

有巢氏教民构木为巢、燧人氏教民钻燧取火熟食、伏羲氏教民结网渔猎、神农氏教民农作等传说故事，不仅反映了文明的演进，也是智者传授子民各种生活技能的实际写照。葛天氏教民乐舞、女娲氏创制婚姻、仓颉创造文字等传说，则是为了使群体更加和谐，让人们能生活得更好，智者们建立规则，让人们学习并且遵行。

《礼记·明堂位》曰："米廪，有虞氏之庠也。"廪即谷仓，同时也是上古时代的学校。在生产力低下的原始时代，部族中所有人都必须承担工作职责，年老力衰的老人们便负责看守部族的共有存粮，同时这些老人也负责把自己丰富的生活经验传授给部族里的孩童，使他们能尽早加入生产工作，成为部族中不可或缺的一分子。

（二）夏商周：教育制度化与私学兴起

随着生产技术提高，人类聚落逐渐扩大，职业与阶级日益分化，争夺生存资源的现象也越发剧烈。为了顺应战争的需求，不仅战士的地位提高，军事训练也成为教育中重要的一环。

《礼记·王制》记载："夏后氏养国老于东序，养庶老于西序。殷人养国老于右学，养庶老于左学。周人养国老于东胶，养庶老于虞庠，虞庠在国之西郊。"这些都是指王国与诸侯国级的中央学校。"国老"是年老致仕（退休）的卿大夫，"庶老"则指退休的士与曾在官府工作的庶人，政府将他们奉养在教育机关中，让耆老们把丰富的人生经验与知识技能传授给年轻一代，同时在政府失政时提出谏言。由于国老与庶老的身份不同，经历与见识也有很大差异，因此他们养老之处也成为不同级别的教育单位。

夏代的学校称为"序"，孟子考证"序者，射也"，原指习射的场所，逐渐发展成为兼具教育、养老、议政、祭礼的军事教育学校。元代马端临（1254—1323）《文献通考·学校考》中分析历代教育特色，称"夏后氏以射造士"，尚武是夏代教育的主要特色。

商代的中央学校称为"学"，《礼记·王制》注曰："学者，觉也，觉民者所以反其质，故曰学。"强调文化知识与伦理道德的传授。又有"瞽宗"，即由盲眼乐师奏乐祭祖的宗庙，因此有"商人以乐造士"之称。殷人特重祭祀，《礼记·表记》中说"殷人尊神，率民以事神，先鬼而后礼"，宗庙中祭祀不断，也是贵族子弟亲身学习礼乐的处所。

周代的教育体制则是融合了前代的制度，《礼记·王制》云："天子命之教然后为学。小学在公宫南之左，大学在郊。天子曰辟廱，诸侯曰頖宫。”小学即养庶老的虞庠。周王都的大学规模宏大，称为“辟雍（廱）”，中设成均、东序、瞽宗等学，以进行不同的教学活动。诸侯国都的大学规模较小，仅有一学，称为“泮（頖）宫”。

这些设立在各国国都的中央学校也称为“国学”，教育对象为“国子”，也就是贵族子弟。以《诗》《书》《礼》《乐》等经典为教材，礼、乐、射、御、书、数等“六艺”为主要教学内容。

此外，乡里间也有学校，称为“乡学”。《孟子·滕文公上》云：“夏曰校，殷曰序，周曰庠，学则三代共之，皆所以明人伦也。人伦明于上，小民亲于下。”乡学在各代名称不一，但教学重点都是“明人伦”，以伦理道德教育为主。

在西周时期，各级学校的教师都是政府职官，而用于教学的各种礼器、乐器、典籍也都收藏于政府中，西周的教育特色可谓“学在官府”，学术与教育全为政府所掌控。

到东周以后，由于王室势衰，诸侯之间彼此征伐，后来连诸侯国君也被架空，权威受到臣下侵夺，传统的政治框架和道德理念逐渐崩溃，呈现出“礼崩乐坏”的局面。在战争频仍的时代，各国都追求快速富国强兵以争霸中原，对短期难以见效的文教工作不甚重视，学校也难以在战乱环境下维持正常教学，导致官学日益衰落。取而代之的是私人讲学的兴起。

生活于春秋末期的孔子打破了学术与教育为贵族所垄断的局面，主张“有教无类”，不论学生的身份高低，只要知礼且有心向学，都可以师从孔子受教。他不仅将古代的知识与学问毫无保留地传授给各种身份的学生，鼓励他们出仕以治国安民，还能按照学生不同的性格特点给予不同的教诲。孔子“有教无类”“因材施教”的教育理念，使他被后人尊为“至圣先师”。

战国以后，私人聚徒讲学之风更盛，如孟子“从者数百人”，墨家有严密的组织，“墨子服役者百八十人，皆可使赴火蹈刃，死不旋踵”。当时各种学派蜂起，为了救时之弊，诸子都试图以自家学说来解释与改善社会现况，形成了“百家争鸣”的私学盛世。

（三）秦汉：法治到德育

秦国自秦孝公（前381—前338）用商鞅（约前395—前338）变法以来，便以法家思想治国。秦始皇极为欣赏韩非（约前280—前233）的法治思想与理论，统一六国后，他所采取的施政策略多采用韩非的主张，教育政策自然也不例外。《韩非子·有度》云：“国无常强，无常弱，奉法者强则国强，奉法者弱则国弱”，如欲强国便须推行法治，而先决条件就是要施行法治教育，使全国百姓都能知法守法。其具体做法就是“明主之国，无书简之文，以法为教；无先王之语，以吏为师”（《韩非子·五蠹》）。

“以法为教”和“以吏为师”是秦代的教育特色。中央负责主管教育的长官是主持刑法的廷尉，政府设立“学室”，学生称为“学僮”，由执法官吏担任教师，向学僮讲习《秦律》等法律条文与施行细则。学僮结业后如能通过考试，就能够担任初阶官吏“史”。

地方上则在乡里设置“三老”职掌教化，除了以丞相李斯（约前284—前208）所编的《仓颉篇》、中车府令赵高《爰历篇》和太史令胡毋敬《博学篇》作为启蒙教材，教导儿童认识及书写秦朝的官方统一文字“小篆”外，还需要秉持“立法化俗”的精神，向民众推广国家的法治教化。

与此同时，政府下令禁私学，查禁民间私藏医药、卜筮、种树以外的书籍，只有朝廷任命的博士可以从事学术研究和教育活动。此举打击了东周以来的私学风气，将学术与教育再度回归到政府控制、官师合一的局面。

汉初政府废除秦代禁止私藏书籍的《挟书律》，使得诸子百家学说与民间私学得到复兴的机会。

汉武帝（前156—前87）采纳董仲舒（前179—前104）的建议，施行“罢黜百家，独尊儒术”的文化教育政策。在京师长安设立太学，置儒家五经博士（《诗》《书》《礼》《易》《春秋》）及博士弟子，由博士向弟子们讲授儒家经典中的微言大义。博士弟子如能通一经并且通过定期考试，就能被授予官职。太学的规模在汉代不断扩大，在东汉后期学生人数已达三万人。

除了长安的太学之外，地方也设立官学。汉景帝（前188—前141）时蜀郡太守文翁（前187—前110）在蜀郡兴学，使得蜀地文风大盛。汉武帝时下令“天下郡国皆立学校官”，以文翁兴学为范例，在各地设立“郡国学”。郡国学设郡国文学官，不仅担任教师，也要推行地方教化。郡国以下的侯国、乡、聚等也都设有各级学校，通过推广经学教育，向民间进行孝悌仁义等道德教化，以求移风易俗。

两汉官学以儒家经学为主，不过在东汉灵帝（157—189）时，由于皇帝对文学与艺术的偏好，又设立了“鸿都门学”，是中国第一所文学与艺术的专科学校。鸿都门学专门教授辞赋、书法、绘画等技艺，学生毕业后多有授予高官者，但是存在时间很短。

除了官学之外，汉代私学也很发达，除了教授儿童识字的“书馆”外，许多名儒经师自立“精舍”“精庐”“经馆”，收徒讲学，门生多者可至上万人。

由于汉代重视经学，民间遂有“遗子黄金满籯，不如一经”的谚语，一些家族便以经学传家，使后代子孙累世为官，逐渐形成了“士族”此一特殊阶层。

（四）六朝：门第教育

魏晋南北朝时期由于政局动荡，战祸不断，官学大为衰落。虽然曹魏、两晋、北魏等朝都曾设立太学，但常因动乱而荒废，办学效果也不佳。如《三国志》中就记载了曹魏时人对当时太学的评价：“自黄初以来，崇立太学二十余年，而寡有成者，盖由博士选轻，诸生避役，高门子弟耻其非伦，故无学者。虽有其名而无其人，虽设其教而无其功。”①

东汉以来，由于士族在政治与社会上的地位日高，“高门子弟”被视为特殊阶层，因此从晋武帝（236—290）开始，在太学之外又增设“国子学”，专门招收五品以上官员的子弟，太学则招收低阶官吏子弟及庶民。

除了汉代以来的经学之外，魏晋南北朝时期的官学也增添了新的教学内容，如曹魏

① 参见《三国志·魏书·卷十五·刘馥传》。

设置“律博士”以传授律学，后代颇多因袭；南朝宋文帝设立儒学、史学、玄学、文学四个学馆，将历史、佛老与文学等科提升至与经学相当的地位。又设置太医博士等医官，负责医学教育。这些创举对于后代的专科教育体制的发展影响很大。

然而，由于魏晋南北朝实行“九品中正制”，选官方法主要考虑其门第高低，不若前代由学校取士，官学自然衰落不振。相对的，世家大族为了保持其竞争力，十分重视子弟的教育，门第教育成为当时的主流。

世家大族的形成，主要来自于东汉以来家族内经学传世而形成的累世公卿，因此家学和礼法为门第教育的主要特征。

家学以经籍文史等儒家学问为基础，如范阳卢氏是儒学大族，在北朝倍受敬重。高门中也注重佛老玄学、琴棋书画等文艺修养，如琅琊王氏家族以书法著称，除了有“书圣”美誉的王羲之（约 303—361），其子孙也都善书。陈郡谢氏家族以“诗酒风流”闻名，谢灵运（385—433）、谢朓（464—499）皆出于其门，谢道韫（生卒年不详）亦有“咏絮之才”的雅称，可知在当时高门大族中也相当重视妇女的教育。由于高门大族间经常彼此嫁娶，也能藉此博采众学，使家学内涵更为丰富。

礼法也称为家法、家风，高门大族为了强化家族凝聚力，也为了避免在乱世招祸，特别强调了孙的品德教育。不仅以言传身教的方式教导子弟，也留下了许多书面训诫，如诸葛亮（181—234）《诫子书》、颜之推（约 531—597）《颜氏家训》。总的来说，忠孝是当时家风教育的重点，而且尤重孝道，反映了世家大族重视家族传承更胜于政权的特殊心态。

（五）隋唐：官学的普及

隋文帝统一天下后重新建立了官学体制，隋炀帝又创立“进士科”取士，虽然隋朝立国不长，但教育制度大体为唐代所承袭。

唐代中央官学由国子监主管，分为六学：

国子学招收文武三品以上子孙，学习《三礼》《毛诗》《春秋三传》《尚书》《周易》等儒家经典，及隶书和《说文》《尔雅》等文字学著作。

太学招收文武五品以上子孙，学习内容如国子学。

四门学招收文武七品以上子孙与庶人之俊异者，学习内容如国子学。如果学生学习表现优秀并通过定期考试，四门学生补太学，太学生补国子学。[①]

律学招收文武八品以下子孙及庶人之通其事者，学习《律》《令》《格》《式》《法例》等国家法律法规及判例。

书学招收文武八品以下子孙及庶人之通其事者，学习《石经》《说文》《字林》及各种字书，为文字学专业。

算学招收文武八品以下子孙及庶人之通其事者，学习《九章》《海岛》等各种数算会计之术。

① 参见《文献通考·学校考二》。

《唐六典》中规定六学学生若是学业有成，通过了国子监考试者，便可参加礼部试，及第者便有了任官资格。初唐时官学兴盛，贞观年间学生有三千多人，外国也派遣子弟来学习。但是后来因为科举在社会上的地位渐高，官学便有衰落之势。

六学之外，还有专门招收皇亲国戚的崇文馆与弘文馆、教习老庄思想的崇玄学、传授医学的太医署、教授兽医学的太仆寺等，这些专科学校也都属于中央官学。

地方官学则分为州学与县学二级，以经学教育为主，学生毕业后可以参加乡贡，也可以升学至中央四门学。医学与崇玄学也设有地方学校，可见政府对这两门专业的重视。

此外，唐朝的中央与地方官学，都是先设立孔庙，然后立学。此举不仅使教育神圣化，还能使学生亲身参与对先圣先师的释奠礼，强化对礼仪的学习。“自唐以来，州县莫不有学，则凡学莫不有先圣之庙矣”[①]，庙学合一成为此后官学的基本形制，是隋唐教育上的一大创举。

私学方面，士族在唐代地位崇高，门阀家学依然十分重要，但因为选官主要通过科举进行，而科举中进士科尤受社会推崇，门阀家学中自然也增添了诗赋杂文的修养。另外，唐代的文人学者常寓居于寺观中读书，或于山林里结庐研习学问，有些人更藉隐居读书来博取美名，时人甚至有“终南捷径”之讥。但不可否认，中唐以后习业山林的风气日盛，对于后代书院兴盛有很大的影响。

（六）宋元：化民成俗

在晚唐五代时期，由于北方经年战乱，文风不盛，宋代初期教育不甚发达，仅设有国子监作为中央官学，招收文武七品以上官员子孙，学生人数才七十多人，其中还有“系籍而不至”的长期旷课者。后来学生人数才逐渐增多，到宋仁宗时已多达千余人。当时国子监分为广文、太学、律学三馆，直到仁宗庆历年间，太学才从国子监中独立出来。

新建的太学采用学者胡瑗（993—1059）在苏州府学与湖州州学时的“苏湖教法”来治校，教学成效反而胜过国子监，使太学成为宋朝政府化育人才的重心。宋朝历次教育改革，主要都是以太学为对象。

王安石（1021—1086）变法时，认为之前朝廷取士主要来自科举考试，与官学制度几无关联，使得官学师生不重视学业，因此改革官学制度，实行“太学三舍法”，太学生初入学时为外舍生，入学后经过测验考核，成绩优秀者可升入内舍，内舍生经考核则可升入上舍。上舍生学行卓异者可以直接授官，中等者“免省”，取得等同于通过省试的资格，可以直接参加殿试；下等者“免解”，等同通过解试，可以再参加省试。[②] 此举使太学取得了部分任官权，有效加强了官学的影响力。

除了太学之外，宋代官学还有律学、医学、武学、算学、书学、画学、道学等，其中算学、书学、画学、道学都是在宋徽宗年间成立的专科学校。

---

① 高明士. 东亚传统教育与法文化［M］. 台北：台湾大学出版中心，2007：196－198.

② 杨惠生. 两宋文化史［M］. 杭州：浙江大学出版社，2008：385－386.

地方官学在范仲淹主持的“庆历兴学”后大为兴盛，地方官学都有学田，以此提供维持学校的经费，地方官员与名流学者也相当重视当地官学的教育状况，对于培育人才贡献很大。

不仅政府关心教育事业，平民百姓也积极让子孙读书识字。陆游诗云：“三冬暂就儒生学，千耦还从父老耕。识字粗堪供赋役，不须辛苦慕公卿。”（《观村童戏溪上》）“儿童冬学闹比邻，据案愚儒却自珍。授罢村书闭门睡，终年不著面看人。”（《秋日郊居》）农村百姓在冬季农闲时让儿童入学读书，虽然这类村学可能教学质量不高，但是学会断文识字就足以让小孩未来应付政府的课税和劳役。倘若子弟足够优秀，也能够脱颖而出，得到出仕的机会。

这些乡村蒙学采用《蒙求》《千字文》《太公家教》等编成韵文的启蒙教材，便于儿童诵读，内容包含了天文地理、历史故事、忠孝节义、人伦义理，对于儿童的道德培育起到潜移默化的作用。张载（1020—1077）、朱熹等理学家特别重视蒙学的作用，认为要在生活的应对进退中培养伦理，这些都是修身、齐家、治国、平天下的根本。

除了蒙学之外，学者们在民间推行“乡约”。北宋吕大钧（1029—1080）兄弟议定的《吕氏乡约》是中国最早的成文乡约，期使乡人能“德业相劝，过失相规，礼俗相交，患难相恤”，以道德规劝与互助合作为主。南宋时朱熹也推广乡约，对于后代的民间自治与乡村道德教育影响深远。

宋代的书院也是当时教育文化的一大特色，著名书院有白鹿洞书院、岳麓书院、应天府书院、嵩阳书院等。宋代名儒在发展自己学说时，常藉书院为其宣讲的舞台，或在书院中讲学，或与其他不同学派辩论。丰富的学术活动使宋代学术发展与传播更为迅速，对宋代学风影响极大。

到了元代，元朝统治者实行分族管理，对汉人的统治基本沿袭宋代制度，中央官学分为“国子学”“蒙古国子学”回回国子学“，对蒙古人与色目人的考核标准较为放松。而元代书院比宋代更盛，政府从山长派遣与财政支持两方面来促进书院发展。清代朱彝尊的《日下旧闻》称：“书院之设莫盛于元，设山长以主之，给廪饩以养之，几遍天下。”

此外，元代在地方教育上更进一步，创立“社学”：令五十户为一社，每社立一学，择通晓经书者为学师，在农闲时教导儿童。除了文化知识的学习，社学更重要的还是道德教化与政令倡导的作用。虽然这项政策在当时未必能彻底落实，但是对后代深有启发。此后，社学成为最基层的地方官学。

（七）明清：官学与科举的合流

元末动乱，使各地学校遭到毁灭性的打击。朱元璋在起兵之后，就清楚认识到人才对统治的重要性，立国后秉持“治国以教化为先，教化以学校为本”的理念，下令各地广立学校，不唯培育人才，还希望能“讲论圣道，使人日渐月化，以复先王之旧”，达到教化人心的作用。

明朝的中央官学主要是国子监，另有武学、医学、阴阳学等专科学校。

国子监分为六堂三级进行教学，学生先按其程度编入各堂，再逐级晋升。升级时要考虑其“坐堂”（出勤）与“考课”（定期考试），两者都合格才能升至高级的“率性堂”。率性堂的评分采用“积分”制，依每次考试等第获取积分，通过毕业门槛后就有了任官资格。若是再经过“实习历事”，到政府机关或者地方上实习各种政务，取得优秀成绩者就能够授予官职。这种实习制度加强了国子监生的实践能力，使得监生成为明初官吏的主要来源。① 然而随着科举入仕的官员增加，加上国子监招生浮滥，纳捐粮草马匹即可入监，使得国子监的地位日益低下。

明代地方官学除了传统的府、州、县学与承袭自元代的社学，还在卫所、土司等行政区也都设立学校。

然而，地方官学并非能够随意入学，学生须通过包含县试、府试、院试三关的“童生试”，才能取得入官学的资格，按照考试成绩分入府、州、县学。官学学生被称为“生员”，俗称为“秀才”。生员分为三等：廪膳生员、增广生员、附学生员，初入学者为附学生员，若是在学期间表现优秀，就能够向上递补。生员如果能够在定期举行的“科考”取得出色成绩，就能得到参加乡试的资格，称为“科举生员”。此制度使学校与科举紧密结合，成为明清教育制度的一大特色。

社学则是另一种面向的公立学校，招收八岁以上、十五岁以下的平民儿童。《明史·杨继宗传》称赞杨继宗（1426—1488）任嘉兴知府时“大兴社学，民间子弟八岁不就学者，罚其父兄。遇学官以宾礼。师儒竟劝，文教大兴”。虽然这明显不是常例，但可知社学入学具有一定强制性。从吕坤（1536—1618）的《社学要略》可以看出，社学的教育重心主要在于儿童生活习惯与道德质量的培养，教习诗歌也要选择“切于纲常伦理、道义身心”的作品。其中如有俊秀向学的学生，还能够透过社师推荐，成为官学里的生员。

清朝的教育政策几乎完全继承明代，不过为了因应外交需求，国子监增设了算学与俄罗斯学馆。同时为了保持民族特色，增加了“宗学”与“旗学”。宗学是为了教育宗室子弟设立的学校，分成为近支宗室而设的“宗学”和教育远支宗室的“觉罗学”。旗学则是为八旗子弟设立的各级官学，教授满文、蒙文、汉文、翻译、骑射等科目。② 由于满汉教育重视的专业不同，清朝还有“旗不点元”“旗人不录鼎甲”的惯例，旗人参加科举考试，最高只能得第四名，这个规矩直到晚清才被打破。

晚清时期，由于受到多次战败的刺激，清廷开展了洋务运动，同治元年（1862）设立京师同文馆，是中国第一所新式学堂。随后也建立起方言馆、水师学堂等各种与洋务相关的专科学校。

然而，“师夷长技以制夷”的洋务运动不足以挽救国势的衰落。在甲午战争失败与戊戌政变影响下，张之洞（1837—1909）等洋务派大臣提出了“中学为体，西学为用”的口号。受到八国联军之役的刺激，清末新政更是走向了“全盘西化”，清政府在1905

---

① 王凌皓，刘淑兰. 明代国子监的坐监积分与实习历事制度［J］. 教育科学，1994（3）：59－61.

② 叶高树. 清朝的旗学与旗人的翻译教育［J］. 台湾师大历史学报，2012（48）：71－154.

年下诏宣布自次年起废止科举制度，并在全国范围内推广新式学堂。此后，西学逐渐成为学校教育的主要形式。

二、中国教育文化的内涵与特色

（一）教育与个人道德

《说文解字》中，将教育的“教”解释为“上所施下所效”，“育”则是“养子使作善也”，可以看出古人在谈论教育时，一方面注重施教者的品德行为对受教者的影响，另一方面则强调对受教者道德品格的培养，即所谓“善”，而非只关注知识技能的学习。

教育应当如何培养道德，历来是教育家们关心的问题，教育家们也提出了各自的观点。

孔子曰：“性相近也，习相远也。”他认为人类的天性差别不大，人与人之间主要的差别在于后天的培养和教育。当然，这相近的人性还是有其分别：“生而知之者，上也；学而知之者，次也；困而学之，又其次也；困而不学，民斯为下矣”“唯上智与下愚不移”“中人以上，可以语上也；中人以下，不可以语上也”——生而知之者无须学习，天生就明白事理，是“上智”的天才；困而不学者指那些拒绝学习、不知学习，或者没有能力学习，属于“下愚”的蒙昧之徒，教育对于“上智”的大才和“下愚”的蠢人起不到什么作用。但是这两种人太少，大部分人都属于“中人”，具有理解和学习的能力，也需要通过学习来改善自己。

虽然孔子本人相当博学，但是他论及教育时，首先看重的是品格的培养。他认为“弟子入则孝，出则弟，谨而信，泛爱众，而亲仁。行有余力，则以学文”。先把品行道德锻炼好了，还有余力，才开始文化方面的教养。

在孔子看来，教育的目的是为了规范人们的行为，使人与人能和睦共处。每个人具有不同的天赋和秉性，如果恣意放纵本性，会给周围的人带来不同的困扰，“好仁不好学，其蔽也愚；好知不好学，其蔽也荡；好信不好学，其蔽也贼；好直不好学，其蔽也绞；好勇不好学，其蔽也乱；好刚不好学，其蔽也狂”。就像有人说话尖酸刻薄，却用“心直口快”来自我标榜，有人动辄逞凶斗狠，还自以为勇猛，不同性格的人需要不同的纠正方法。孔子的“因材施教”正是这种思想的反映。

孔子的弟子子夏（前507—?）也说：“贤贤易色，事父母，能竭其力，事君，能致其身，与朋友交，言而有信。虽曰未学，吾必谓之学矣。”如果一个人重贤轻色、忠孝双全、言而有信，即使没受过正规教育，但已经算得上学有所成了。

孟子在讨论教育时，提出“性善论”，认为“人之所不学而能者，其良能也；所不虑而知者，其良知也”；“恻隐之心，人皆有之；羞恶之心，人皆有之；恭敬之心，人皆有之；是非之心，人皆有之。恻隐之心，仁也；羞恶之心，义也；恭敬之心，礼也；是非之心，智也”。人类天生具有仁、义、礼、智等“善端”，这些善端有如土里的种子，必须具有合适的环境才能萌芽、生长。倘若没有好好维护心中的善端，它们也是会迷失消亡的。因此孟子云："仁，人心也；义，人路也。舍其路而弗由，放其心而不知求，哀哉！人有鸡犬放，则知求之；有放心而不知求。学问之道无他，求其放心而已矣。"教育的目的就是找回迷失的良善本心，并且好好维护它，使仁、义、礼、智等美好品质能够发展起来，最终"人皆可以为尧舜"。

由于认可人类具有天赋的善性，孟子在论教育时，认为教师应该以启发为主，更重要的是学生的自主学习，犹如"梓匠轮舆能与人规矩，不能使人巧"，学生在学习时要与自身内在的良能良知互通，最终到达"自得"的境界："君子深造之以道，欲其自得之也，自得之，则居之安。居之安，则资深。资之深，则取之左右逢其原，故君子欲其自得之也。"

荀子则反对孟子的"性善论"，主张性恶："人之性恶，其善者伪也。今人之性，生而有好利焉，顺是，故争夺生而辞让亡焉；生而有疾恶焉，顺是，故残贼生而忠信亡焉；生而有耳目之欲，有好声色焉，顺是，故淫乱生而礼义文理亡焉。然则从人之性，顺人之情，必出于争夺，合于犯分乱理，而归于暴。故必将有师法之化，礼义之道，然后出于辞让，合于文理，而归于治。用此观之，人之性恶明矣，其善者伪也。"他认为贪婪、暴虐、好色等"恶性"实际都是人类的天性，如果人人都放纵天性，社会必然一片混乱，必须要有教育来修正人天生的恶性，才能使社会趋于美善。善并非天然存在，而是需要人努力规范自我才能达成的。

荀子认为："人之欲为善者，为性恶也。今人之性，固无礼义，故强学而求有之也；性不知礼义，故思虑而求知之也。"人类虽然性恶，但是具有辨别美丑好坏的能力，也有追求美好之物的欲望，正是这样的能力和欲望促使他们愿意去学习和思考，以此习得礼义。

因此，荀子特别重视教育的作用，通过教育使人习得仁、义、法、正，而教育的终极目标就是"故学者，固学为圣人也，非特学无方之民也"，使人成为道德完美的圣人。

孔、孟、荀三人的教育理论对后代影响深远，后世教育家在阐发其教育理论时，首先都针对教育如何培养完善人格。

到了明清时期，在民间教育普及的社会条件下，甚至出现了"功过格"这样的每日善恶行评分表，供广大民众日日自我反省评分。虽然做法流于形式化，也掺进了宗教因果报应的成分，但依然是当时平民百姓乃至儒生士人规范自身的具体行为标准，以及道德教育在民间推行与实践的实际写照。

（二）教育与群体和睦

教育对于道德的培养，其目标是追求群体的和睦与进步。俗话说"法律是道德的最低限度"，法律只是维系社会不乱的界限，如果期望能有更团结稳定的状态，就需要诉诸道德。《论语·为政》云："道之以政，齐之以刑，民免而无耻；道之以德，齐之以礼，有耻且格。"如果政府只用法律和刑罚来管理百姓，人们行事就只管不要违法被抓到，要是能钻法律漏洞就会尽量做，也不以违法为耻；倘若用道德和礼法来约束，百姓不仅会遵守法纪，并且会以此为荣。荀子曰："隆礼尊贤而王，重法爱民而霸"，政府如果重视法制、爱护人民，就足以在诸侯中称霸；但若是能推广礼教、举用贤才，就更能称王于天下。

在这个理念的影响下，政府有意地推动道德教育，《孝经》记载："子曰：'先王有至德要道，以顺天下，民用和睦，上下无怨。……夫孝，德之本也，教之所由生也。'"因为父母子女的关系是人类最早体认的情感与人际关系，因而成为道德教育的基础，当时的道德教育通过建立家庭的上下长幼关系，从小培养儿童的社会能力。孔子的弟子有子（前518—?）说："其为人也孝弟，而好犯上者，鲜矣；不好犯上，而好作乱者，未之有也。"认为倘若一个人习于遵守家庭伦理，他就比较不容易冲撞社会规范，甚至颠覆政权。

因此过去的学校教育中十分强调伦理教育，教导人们"父子有亲、君臣有义、夫妇有别、长幼有序、朋友有信"，通过人伦关系的实践，推而广之，以此培养人们的社会适应能力。其中最基本的就是"孝"的概念。

不过，先贤们推崇的"孝"并非一味顺从父母之命，而是要以道德礼法为依归。《孔子家语》中记载了"曾子受杖"的故事：曾子（前505—前435）曾经因为小事而遭其父痛打昏厥，苏醒后装作若无其事地宽慰父亲。孔子闻知其事后十分不悦，教训曾子应当"小棰则待过，大杖则逃走"，否则若是被父亲失手打死，岂不是陷父亲于不义与杀子之罪吗?

从这个故事里，可以看出儒家认为道德必须要符合社会普遍价值，有子云："礼之用，和为贵。先王之道，斯为美，小大由之。有所不行，知和而和，不以礼节之，亦不可行也。"意思是礼法的应用，以达成和谐为上，但倘若只是为了追求和谐而和谐，不受礼法的约束，那就万万不行了。例如团体里本来有规则，当有人违反时，众人为了不要破坏和气而不加追究，和谐的表象之下，守规矩的人与因违规者而受害的人难免心生不满，长此以往，这个团体的秩序与和睦很快就会荡然无存。

这个规则不仅适用于家庭与一般社群，同样适用于国家：

> 曾子曰："若夫慈爱、恭敬、安亲、扬名，则闻命矣。敢问子从父之令，可谓孝乎?"子曰："是何言与，是何言与！昔者天子有争臣七人，虽无道，不失其天下；诸侯有争臣五人，虽无道，不失其国；大夫有争臣三人，虽无道，不失其家；士有争友，则身不离于令名；父有争子，则身不陷于不义。故当不义，则子不可以不争于父，臣不可以不争于君；故当不义，则争之。从父之令，又焉得为孝乎!"（《孝经·谏诤》）

就如同子女侍奉父母时，发现父母有不对之处应该要婉言相劝，而不是听从昏乱之命还自以为这就是孝顺，臣子侍奉君王也应该如此——对君王之命无有不从，不能称为忠诚，而是应该要考虑命令是否合宜，如不合宜便该有所劝谏。如果劝谏不得，就该辞职表明态度，这才是对君王和自己忠诚的表现。

在儒家的观念中，统治者的地位并非绝对不可动摇，倘若君王无道又不听从谏言，失国亡身便是理所当然的结局。唯有统治者拥有道德，按照社会规范的礼法行事，才能使臣民心悦诚服地受其管辖。《论语·为政》记载了一段季康子（？—前468）与孔子的对话：

季康子问："使民敬、忠以劝，如之何？"子曰："临之以庄，则敬；孝、慈，则忠；举善而教不能，则劝。"

季康子身为统治者，他希望百姓对自己恭敬、忠诚又勤勉，因此想知道培养乖顺勤奋的臣民的诀窍。孔子表示统治者必须要先培养出端庄稳重的品格，才能得到百姓真心实意的尊敬；如果能敬老爱幼，像亲人一样关心人民，他们就会回报以忠诚；选贤任能并且为弱势群体提供帮助与辅导，百姓就会勤奋。总之，想要培养优质的百姓，统治者自己要先有相应的品格和作为。

孟子对此说得更直白："君之视臣如手足，则臣视君如腹心；君之视臣如犬马，则臣视君如国人；君之视臣如土芥，则臣视君如寇雠。"臣民的态度取决于君主的表现，如果想要争取万民同心，君主必须要自己先善待臣民。

统治者个人的品德与能力不单影响他自己，还关系到国家社会的存续与发展，如有不当便会牵连无数。因此，教育不只是教导百姓遵从服膺道德秩序，更重视对统治者全方位的培养与教育，以免他玩忽职守，甚至祸国殃民，那样祸害就太大了。

（三）科举制度

科举制度是中国独创的文官选用办法，近代以来，欧美的文官制度与考试制度都借鉴了中国的科举制度，对世界文明的影响被认为可与四大发明相媲美。①

狭义来说，科举专指"分科举士"，即设立不同的考试科目，按考试成绩选拔人才的办法，起源于隋代隋文帝的创举。

不过广义而言，脱离世袭制度的束缚，依照才德表现来选用贤人的观念，却是中国自周代以来就有的传统，科举制度也是此观念的产物。在科举盛行以前，中国主要实行的是官员推荐任用式的荐举制。

《礼记》中记载周代已有层层选拔的贡士法：先在地方上选拔优良人才，集中到国学里学习，让他们能够和贵族子弟得到同等的顶级教育。再经过负责官员的考察，最优秀的人才能得到王的任命，获得官职、爵位和俸禄。倘若有人得到官职后不能胜任工作，将会遭到罢免，不能再度出仕。② 另一种选拔办法称为"宾兴"，由乡大夫及其以下的官吏，每三年一次考核地方上具备德、行、道、艺的贤能之士，推荐给国君参考聘用，不

---

① 李永强，马慧玥．论中国科举制度对西方文官制度的影响［J］．中国人民大学学报，2008，22(1)：112－117.

② 参见《礼记·王制》："命乡论秀士，升之司徒，曰选士。司徒论选士之秀者而升之学，曰俊士。升于司徒者，不征于乡；升于学者，不征于司徒，曰造士。……王大子，王子，群后之大子，卿大夫、元士之嫡子，国子之俊选，皆造焉。……大乐正论造士之秀者，以告于王，而升诸司马，曰进士。司马辨论官材，论进士之贤者，以告于王而定其论。论定然后官之，任官然后爵之，位定然后禄之。大夫废其事，终身不仕，死以士礼葬之。"

经过学校再教育。[①]

虽然不能知道这些制度在周代是否确有实行，但是“乡里举贤”的理念却被后代所继承。[②]“贡士”“进士”“三年大比”等词语，也都是来自于此。

春秋后期到战国时代“游士”之风盛行，具有学问、才华与理想的“士”在各国间游走，找寻施展抱负的机会，积极向各国君主推销自己的理念，孔子、孟子、墨子、庄子（约前369—前286）等人都留下了面见君王抒发胸臆的记载。当时君主也能礼贤下士，不拘一格任用贤才，如秦孝公用商鞅变法而使秦国大治，苏秦（？—前284）凭游说合纵抗秦，从平民一跃而身佩六国相印，“战国四公子”门下养士无数，都是一时佳话。“士无常君，国无定臣。得士者富，失士者贫”，各国权贵都十分重视聚集贤才，为己所用。

汉代实行察举制，由地方长官在辖区内考察人才并向中央推荐，分为孝廉、秀才、贤良方正等不同科目，经政府考核人才优劣，并在政府内实习后授官。“孝廉”是察举最主要的科目，按照人口比例定期推举之。东汉以后为了避免察举不实，加入了“诸生试家法，文吏课笺奏”，受到推举的儒生需考经学、官吏考公文写作，形成了荐举为主，考试为辅的模式。

然而东汉后期察举益发浮滥，名不符实现象极为严重，民间童谣讽刺：“举秀才，不知书；察孝廉，父别居。寒素清白浊如泥，高第良将怯如鸡。”有鉴于此，曹魏时改行“九品中正制”，地方设小中正将人才按品评等，再由中央的大中正核定，以此作为选官依据。

九品中正制本为改革察举弊病，但是到了晋代就已经呈现评价多依门第、不重贤愚的现象，乃至于“上品无寒门，下品无世族”，导致了世族子弟终日清谈不问“俗务”也能身居高官，寒门与庶人却报国无门的阶级分化。世家大族垄断朝廷权位，更是严重威胁皇权。

因此，隋文帝统一天下后，便废除九品中正制，改为由地方推荐人才应考“秀才”，形成以推荐为辅、考试成绩为主的选官制度。隋炀帝又设立“进士科”，一般认为科举制度始于此。事实上，隋代所录取的秀才和进士相当稀少，但也因此十分荣耀。

唐朝的科举分为常科与制科两类。常科每年举行，分为秀才、明经、进士、明法、明书、明算等科。制科则是皇帝不定时开科的考试，如贤良方正能直言极谏科等。科举登科者即取得任官资格，但是还要通过吏部试，考察其“身、言、书、判”，通过后方能释褐授官。如韩愈进士及第后，三试吏部而无成，只得投往节度使幕下任职。

唐朝科举以明经、进士两科目应试者最多，明经科考经义，进士科考诗赋，此外都要考帖经与时务策。由于进士科一科仅录取三十人上下，登科极难，当时人尤重进士，

---

① 参见《周礼·地官》：“乡大夫……三年则大比，考其德行道艺，而兴贤者、能者。乡老及乡大夫帅其吏与其众寡，以礼礼宾兴之。厥明，乡老及乡大夫、群吏献贤能之书于王，王再拜受之，登于天府，内史贰之。……此谓使民兴贤，出使长之；使民兴能，入使治之。”

② 周愚文．中国教育史纲［M］．台北：正中书局，2001：112－113．

有“三十老明经，五十少进士”之说。进士第一名称为状头，后来改称“状元”。而新科进士中最年轻的两人被称为“探花”，是由于在庆祝登榜的杏园宴时会让进士们到长安名园中探寻名花赏玩吟咏，是一种非官方的雅称。

不过唐朝科举仍带有荐举制的遗风，考生在应试前将自己的得意诗文投献于权贵，希望得到他们的赏识与向主考官的推荐，这种做法称为“干投行卷”。《唐语林》记载：“白居易应举，初至京，以诗谒顾著作况。况睹姓名，熟视曰：‘米价方贵，居亦不易。’及披卷，首篇曰：‘咸阳原上草，一岁一枯荣。野火烧不尽，春风吹又生。’乃嗟赏曰：‘道得个语，居即易也。’因为之延誉，声名遂振。”考官在评卷时，也会参考曾见过的行卷与考生名声，不纯以试卷内容来评等。虽然兼顾了考生的日常表现和人品风评，但也无可避免地造成了考试不公与权贵请托等弊病。

宋朝将科举定为三年一次，增加了科举的录取名额，高级官僚几乎全由科举出身，使得科举从此成为中国最主要的选官制度。宋代改良了唐代的科举制度，采用“糊名”“誊录”等防弊措施，使科举公平性大幅提升；由皇帝亲自主持殿试及决定名次，以免考生日后与考官相勾结，故而此后进士皆称“天子门生”，凡通过殿试的进士都能得到授官，不需要再经吏部铨试。“殿试”虽然是武则天（624—705）所创，但一直到宋太祖才成为定制。前期的殿试仍会黜落考生，由于曾有殿试落榜考生愤而投奔敌国，宋仁宗以后殿试便只定名次了。

由于唐末以来北方战乱不断，相形之下南方稳定许多，文风益盛，到北宋中期以后，南方录取人数已远超北人。因此在宋英宗（1032—1067）时，司马光便提出应给予北人保障名额，采“逐路取人”法，追求区域公平；欧阳修反对，认为应该“唯才是举”，凭考试成绩定高下，遵循考试公平的原则。后来司马光主政，“逐路取人”就成为宋代科举的录取办法，至明清依然遵循此一原则。

王安石变法时，取消了明经等其他科目，只用进士一科取士，并且改试经义与策问，罢考诗赋。他认为士人为考试而闭门学诗作赋，以至于不知世事，于治国无用，还不如熟读经典培养道德。但为了应试，士人专诵王安石所作《三经新义》，其他文史书籍一概不读不知，王安石后来也深感悔恨：“本欲变学究为秀才，不谓变秀才为学究也。”虽然宋代后来对科举内容进行调整，但是以经义为考试内容的观念却延续到后代。

元朝立国四十余年后才开科取士，录取方式也较为优待蒙古人与色目人。不过元代规定科举考试内容出自《论语》《孟子》《大学》《中庸》四书，并以朱熹的《四书章句集注》为答题标准，此一举措对后代影响极大。

明清是科举的盛世，在元代科举的基础上确立了科举定式：童生必须先通过预备考试“童生试”，取得“生员”身份，才有资格参加科举。科举每三年开科，正式考试是乡试、会试、殿试三级考试。乡试于八月开考，分为三场考试，初场试“四书义”与“经义”，二场试“论”“判”与“诏”“诰”“表”，三场试“经史”与“时务策”，通过乡试者为“举人”，第一名称“解元”。会试考试科目与乡试相同，通过者为“贡士”，第一名称“会元”。殿试只考时务策一场，虽不黜落，但将考生评为三等：一甲三人，分别称“状元”“榜眼”“探花”，赐“进士及第”；二甲赐“进士出身”；三甲赐“同进士出身”。

到明宪宗（1447—1487）成化年间，更规定经义题要以八股方式写作，格式严格，作答须按照经注，“代圣人立言”，不可自由发挥。虽然明清时人对八股文也有诸多批评，但其格式规整，评判标准客观，体现考试公平性的优点，却是其他文体难以匹敌的。一直到清光绪二十七年（1901），清政府才下令科举考试停用八股文。光绪三十一年（1905）更下诏从次年起停止各项科举考试，延续千余年的科举制度于焉终结。

科举考试对中国文化的影响深远，从社会文化上来说，由于科举考试带来了阶层上升的希望，使得儒家经典从士人阶层深入民间，强化了儒家学说在中国社会上的崇高地位，更形塑了民间普遍依循的道德规范。而极具仪式感的“考试—登第”，犹如“鲤跃龙门”中天火烧鱼尾而化龙一般，庶民经由科举得以转换身份，成为朝廷官员，家人乃至鸡犬都可以从而升天。无数戏曲、小说反复演绎贫穷书生高中进士、才子佳人大团圆的故事，“蟾宫折桂”的想象成为科举社会中最重要的信仰之一。

从政治上来说，科举打破了贵族与门阀世袭的局面——虽然中举者还是以士绅阶层为多，促进阶级流动的效果并不如想象中巨大。但是士族、贵戚不能再凭借出身的优越，理所当然地位居要津，而需要经由考试以证明自身的能力，并且通过王权认可，方能得到官职。科举制度加强了中央集权，但也同时产生了一批具有高度相似经历与群体认同感的官僚阶层，以及藉由儒家经典与伦理来主导地方自治的儒生与乡绅。君王与士大夫的“共治”，成为宋代以后中国政治的基本形态。清末政府骤然停止科举考试，激起许多经年赴考的考生的愤怒与强烈反感，从根本上动摇了“朝廷威望”的民间基础，加速了清廷的覆灭，也瓦解了“士、农、工、商”构成的传统社会。

（四）书院

书院是中国唐宋至清末盛行的一种教育机构，由私人或官府出资设立，以聚徒讲授、研究学问为主要目标，集教育、学术、藏书、祭祀为一体，对于促进地方文化教育的发展和繁荣居功甚伟。书院与政府官学及民间私学平行发展但又相互影响，形成了一种独具特色的文化教育模式。

书院之名，始于唐玄宗时的“丽正书院”，不过那是一所聚集饱学之士修撰著作的官方修书机构。后来改名“集贤书院”，增加了藏书与咨政功能，虽然也在御前侍讲，但并无学校功能。唐代也有一些读书人将私人读书之所命名为书院，但也是以藏书读书功能为主。

真正具有聚徒讲学性质的书院，大致到五代才出现。由于战乱不断，官学废弛，学子们如欲向学，就只能追随饱学鸿儒隐居山林习业，从而逐渐发展出了较具规模与规范的教育场所。白鹿洞书院、岳麓书院、应天府书院、嵩阳书院在当时有“天下四大书院”之称。

宋初虽然国家统一，人民生活相对稳定，但是官学一直不受重视，仅通过科举来吸收人才。书院在此时刚好填补了教育需求的空缺，各地重视文教的地方官与学者纷纷建立书院、进行讲学，政府对于私人书院的建立也持嘉奖态度，通过赠书、赠匾、赐予学田等方式，鼓励书院的发展。

但是随着北宋三次兴学的官学改革，官学教育状况大为改善，尤其重视知识实践，还能与朝廷选士结合。受此影响，各地书院日渐没落，有些甚至停办或者改为地方官学。

到了南宋，由于政治情势不稳，官学又见衰落，书院再度兴旺起来，并且与理学相结合。理学家们不仅专注本身学术理论的深造，也很注意其思想观念的传播，还热衷于相互交流切磋。他们采用书院的形式来弘扬学术，从而带动了书院的发展。

当时书院有官立、私立两种，而以私立为主，主持者多为当代名师大儒，融教学与学术研究为一体，讲学时尤重人伦教化与道德义理，以求培养传道济民之才。此外更举办各种“讲会”，即学术聚会、学术讨论或会同讲学的活动，学者可自由讲学，师生间亦能相互问难论辩，形成了书院不同于其他教学模式的教育特色。

此外，此时的书院逐渐制度化，各书院大都制定了教条学则，朱熹的《白鹿洞书院学规》最为著名，此后书院多所效法。

元朝建立后，书院比起宋代更为兴盛，原因有二。

一是亡国之痛，许多南宋遗民不愿仕朝任官，许多学者投身书院教育，冀望在异族统治之下继续传承文化。由于这些学者多信奉理学，当时书院主要宣讲程朱之学，并供祀两宋理学家。影响所及，不仅将本流传于南宋的程朱理学推广至北方，甚至促使朝廷重开科举，并采用朱熹学说作为考试内容。①

二是元朝政府的支持与保护，元朝政府多次下令在“先儒教化之地，先贤经行之所”等名人故里建立书院，也允许学者自建书院，并且禁止官府、私人等侵夺书院土地产业。同时，政府对书院进行制度化管理，如书院主持者“山长”由朝廷或地方政府委任或择聘，书院的直学、教授等需经地方政府审批备案，并且通过提供经费、学田等经济来源，对书院营运加以控制。书院学生毕业后，如果表现优异，能够留校为教官或属吏，或参加科举出仕。

由于书院讲学内容与科举考试一致，又须受政府管辖，元代书院自由讲学的特质日益淡薄，官学化的趋势十分明显。

明初政府重视官学，又将科举与官学密切结合，对书院采取冷落态度，使得书院教育归于沉寂。明中期以后，由于开放捐纳入监，加上科举逐渐僵化，官学学风低落，士大夫提倡讲学，使书院教育再度复兴。王阳明（1472—1529）、湛若水（1466—1560）的学说与讲学大大推动了明中叶书院的兴起。但书院讲学难免评论时政，明代政府当权者曾四度禁毁天下书院，如万历时张居正（1525—1582）推动“尽改各省书院为公廨”，意图将教育全都收归公办，后来人亡而政息。天启时东林书院士人与魏忠贤（1568—1627）相抗，因“东林党争”之故，东林书院被毁，全国的许多书院也同遭毁禁，到崇祯年间才得到恢复。

清初政府积极创办官学，禁止私设书院，到雍正时才转变政策，通令各省设立书院。但是清朝书院已完全官学化，为科举考试服务，不再具有私人讲学理想。不过乾嘉以后

---

① 李兵. 书院教育与科举关系研究［M］. 台北：台湾大学出版中心，2005：138－161.

考据学盛行，许多学者利用书院来推行考证训诂之学，对学术风气也颇有影响。

光绪二十七年（1901），清政府推动“旧学更新”，下诏将各省城书院改为大学堂，各府书院改为中学堂，各州县书院改为小学堂。长达千余年的书院教育自此终结。

书院教育的特色，在于其自由思辨的学风与“学为圣贤”的理念。官学与科举主要都是为政治服务，重视功名利禄，以出仕为务。相形之下，书院更重视自主学习、学术研究与道德培养，对于民间教育也更为看重。胡适曾盛赞“这一千年来造就人才，研究学问，代表时代思潮，提高文化的唯一机关全在书院里。……因为他注重自修而不注重讲授，因为他提倡自动的研究而不注重被动的注射，真有他独到的精神。可以培养成一种很有价值的教育制度。”

即使在清末废除书院之后，依然有许多志士仁人继承书院模式办学，或在现代教育体制中借鉴了书院教育精神。

三、传统教育与现代生活

近代以来，随着义务教育观念的普及，学校教育不再只是特定精英、权贵、性别或阶级方能享受的特权，而是由国家主导，对所有适龄儿童与少年施以统一教育，并另设有高等教育与职业教育供人们深造。教育已成为所有国家公民都能享有的权利。

然而，对照传统教育，我们可以看到现今教育的未足之处：

1. 忽视家庭与生活教育

“熊孩子”“怪兽家长”的新闻，经常会成为社会热点，显示出许多家庭缺乏教育子女生活纪律与应对进退的意识与能力。更有甚者，如“小学新生半数不会剥虾壳”“大学生不会系鞋带”等缺乏生活自理能力的新闻也时有所闻。相形之下，传统教育家在论及儿童教育时，首先呼吁父母应当培养儿童正常作息、卫生习惯、饮食礼仪、日常应对等良好生活习惯，并且以身作则，成为子女的榜样，视家庭中的生活教育为一切教育之基石，这是现代教育长期以来不够重视的一环。

2. 普法教育不足

历代政府推动地方教育的一大重点，便在于向百姓普及法治观念，以免其触法受刑。较之古代，现代社会的各类法律规定之繁复更是有过之而无不及，虽然政府时有倡导，但显得力度不足，学校教育对这块也缺乏重视。

3. 过度追求“分数教育”

前几年社会上出现检讨应试教育的声浪，认为学校教育只重视考试成绩与应试技巧，未能全方位地发展学生的能力，如先秦时“六艺”包含礼、乐、射、御、书、数，现代也不能偏重德育，应当德智体美劳全面培养，因此提倡素质教育。但是随着素质教育理念被学校教育采用后，人们发现结果依然是“考试引导学习”：学校评测学生对教科书的熟悉度时，学生便努力钻研教科书，学校评测学生的才艺能力时，学生便改学各种才艺，学校考体育就补体育，学校算竞赛成果就拼各项竞赛……学习的目标都是为了获取评测分数，以进入更好的学校。

这种状况可说是传统科举制度的翻版，虽然优秀人才确实能藉各种考试评测脱颖而出，但也有许多人却只是盲目地追随考试标准，死板地练习考试内容，对所学内容既无思考也无认同，一旦通过考试便将“敲门砖”抛开，所学一切与日后人生毫无关联。以至于虽然人人都学过语文与复利计算，“校园贷”等高利贷陷阱却成为这几年严重的校园与社会问题；人人都上过自然课，各种伪科学言论依然在网络上流传，受骗者无数……

古今观照，更可以看清当前教育的问题。如何参酌传统教育的优点来改革当前弊病，如何借鉴以往教育的缺失来纠正偏颇，如何精益求精，使自己变得更好，这是每个人都需要思考的问题。

表 8－1　中外教育文化对照表

时代	中国	世界其他地区
原始时代（距今 250 万—5 000 年）	有巢氏、燧人氏、伏羲氏、神农氏的传说体现文明的演进与人类技术提升，“仓颉造字”标志了文字的创立 “庠”为原始的学校教育	苏美尔的楔形文字被认为是世界上最早出现的文字（约前 3500），只有少数统治与专业阶层的子弟才能入学学习 古埃及的象形文字又称圣书体（约前 3200），仅有贵族、祭司与官吏可以学习
夏（前 2070—前 1600）	已有中央学校——“序”和地方学校——“校”之分，以习武和伦理教育为主	亚述、巴比伦的学校遗址中出土了大量用于抄写的泥版 埃及在古王国末期已有王族学校，中王国时期为培养各种官吏而设立了职官学校，另外也有文士私人开设的学校

续上表

时代	中国	世界其他地区
商（约前1600—前1046）	继承了前代的庠和序，又设立了“学”与“瞽宗”，“学”中进行文化与道德教育，“瞽宗”则实行乐教 从甲骨文与金文的记载可知，商代已经有“册”和“典”，即成文典籍	印度以《吠陀经》为教育内容，形成了以婆罗门为首的种姓阶级社会
周（前1046—前256）	周朝中央教育由春官大宗伯辖下的大乐正负责管理，以礼乐为教育核心，教授以礼、乐、射、御、书、数“六艺” 地方教育由地官大司徒总摄，负责地方教育的官员不仅要管理乡学，还要将地方贤才推举至中央学校 春秋时代王官之学衰落，孔子首倡“有教无类”之说，将学术对平民开放，并奠定了因材施教、学思行结合等教育理念，被后世尊为“至圣先师” 战国时期各派思想蓬勃发展，诸子皆大规模地授徒讲学，史称“百家争鸣”。各国亦积极地招贤纳士，其中齐国“稷下学宫”最为著名，各派学者都可以在此讲学授课，同时对政治提出谏言，荀子曾三度被尊为祭酒（学宫之长）	印度孔雀王朝时期出现了由饱读经书的婆罗门在自家开设的“古儒学校”，学生以婆罗门为主 斯巴达实行军国民教育，对男女自由民都施以军事教养；雅典则实行文雅教育，重视音乐、文法与体育的培养，唯有男性自由民才有受教育的机会 希腊三哲苏格拉底、柏拉图、亚里士多德的教育理论对后代影响很大
秦汉（前221—220）	秦朝实行“以吏为师”的吏师制，除法家之外的学者虽可受聘为博士以供资政，但不可私自授徒 汉武帝“罢黜百家，独尊儒术”，建立起以儒家经典为主轴的教育体系。不仅从学校取士，地方荐举贤才的察举制也需通过经术、对策等考试 东汉灵帝时创立的鸿都门学是中国最早的文学专科学校	罗马共和国前期以家庭教育为主，重视军事训练；共和国后期受到希腊文化影响，建立起许多学校。为了适应政治需求，修辞学与雄辩术特别受重视，西塞罗（前106—前43）与昆体良（约35—约100）是罗马著名教育家 罗马帝国时期，政府逐渐将此前多为私立的学校收为公有，由政府对教育内容进行管理，并且成立了一些职业学校
魏晋南北朝（220—589）	晋武帝于太学之外另立“国子学”，将士族与平民学生分别教育，成为此后千余年的教育常规 高门大族的家族教育是魏晋南北朝文化传承的主流	东罗马帝国承袭了希腊罗马古典教育的传统，425年建立的君士坦丁堡大学成为当时的教育中心，以文法、修辞、辩证、算术、几何、天文、音乐“七艺”为教学基础科目

续上表

时代	中国	世界其他地区
隋唐五代（581—960）	隋代首开科举，隋炀帝设立进士科，唐朝时科举取士已成为常规 唐朝在首都长安设立“六学”，各府、州、县设立地方官学，并将孔庙与官学结合，成为后代兴建官学的规范 门阀家学依然盛行，寺观教育与习业山林的风气，也从唐代开始流行 雕版印刷术的发明与应用，推动了书籍的流通，亦使教育更加普及	西欧中世纪教育以修道院的神学教育为主，教士成为当时的知识分子代表 伊斯兰教兴起后热衷推动教育，虽以神学为根基，但也重视世俗文化教育，促进了阿拉伯地区数学、医学、科学、天文学、文学、哲学等文化的发展。位于摩洛哥的卡鲁因大学（建于 859 年）是现存最早的大学
宋元（960—1368）	宋代科举采用“糊名”“誊录”等防作弊措施以提高考试公正性，并使用“逐路取人”的录取规则，兼顾地域公平 范仲淹主持的“庆历革新”采用胡瑗的“苏湖教法”治理太学。王安石实行“太学三舍法”以强化学校教学与取士职能 朱熹作《四书集注》，此书后来成为明清教学与考试的主要依据 元朝设立“社学”，对平民施以教育	骑士教育是西欧中世纪封建制度的重要一环 十字军东征后，东罗马与阿拉伯文化传入西欧，刺激欧洲学术的发展，促进了欧洲文艺复兴 位于意大利的博洛尼亚大学（建于 1088 年，1158 年获得皇帝特许状）是欧洲最古老的大学
明清（1368—1911）	明朝初期国子监教育严谨，“实习历事”制度筛选出擅长实务的监生，成为明初官吏的主要来源 明宪宗时，规定采用“八股文”作为科举考试的固定格式 由于科举与官学结合，官僚体制和科举也紧密挂钩，出现了“非进士不入翰林，非翰林不入内阁”的现象 明末清初时的许多学者对八股取士提出批判，认为钻研八股使读书人脱离现实，无益于国计民生。但因为缺乏更具公正性的选才办法，八股考试一直沿用到清末 晚清洋务运动时建立许多新式学堂 癸卯学制（1904 年）确立实行新式教育的学制，推行义务教育 1905 年，清廷宣布从次年起停止各项科举考试	古腾堡于 1448 年发明活版印刷术，促进教育普及化 宗教改革与启蒙运动动摇了天主教廷主导的知识体系，一些日耳曼邦国开始推行境内的义务教育。1717 年，腓特烈·威廉一世（1688—1740）颁布义务教育法，普鲁士成为第一个实行义务教育的国家 法国在大革命时期亦推行普及教育，并加入爱国精神教育，是近代国民教育之始 工业革命促使社会加速发展，为了培养合适的技术工人，19 世纪欧洲各国纷纷推行教育普及，也促进了科学与技术的进一步发展

文献阅读

1 礼记·学记（节选）

礼记译解［M］. 王文锦，译解. 2版. 北京：中华书局，2017：460－462.

发虑宪，求善良，足以謏闻，不足以动众；就贤体远，足以动众，未足以化民。君子如欲化民成俗，其必由学乎！

玉不琢，不成器；人不学，不知道。是故古之王者建国君民，教学为先。《兑命》曰："念终始典于学。"其此之谓乎！

虽有嘉肴，弗食，不知其旨也；虽有至道，弗学，不知其善也。是故学然后知不足，教然后知困。知不足，然后能自反也；知困，然后能自强也。故曰：教学相长也。《兑命》曰："斅学半。"其此之谓乎！

古之教者，家有塾，党有庠，术有序，国有学。比年入学，中年考校。一年视离经辨志；三年视敬业乐群；五年视博习亲师；七年视论学取友，谓之小成。九年知类通达，强立而不反，谓之大成。夫然后足以化民易俗，近者说服而远者怀之，此大学之道也。《记》曰："蛾子时术之。"其此之谓乎！

2 劝学文

王炳照，徐勇. 中国科举制度研究［M］. 石家庄：河北人民出版社，2002：2.

富家不用买良田，书中自有千钟粟。
安居不用架高堂，书中自有黄金屋。
出门莫恨无人随，书中车马多如簇。
娶妻莫恨无良媒，书中自有颜如玉。
男儿若遂平生志，六经勤向窗前读。

3 白鹿洞书院揭示

邓洪波. 中国书院史［M］. 上海：东方出版中心，2004：161－162.

父子有亲。君臣有义。夫妇有别。长幼有序。朋友有信。

右五教之目。尧、舜使契为司徒，敬敷五教，即此是也。学者学此而已。而其所以学之之序，亦有五焉，其列如左：[1]

---

① 古代书籍竖排，行文由右至左。本文"右五教之目"相当于现代的"上五教之目"，"其列如左"如同"其列如下"。

博学之。审问之。谨思之。明辨之。笃行之。

右为学之序。学、问、思、辨四者，所以穷理也。若夫笃行之事，则自修身以至于处事、接物，亦各有要，其列如左：

言忠信。行笃敬。惩忿窒欲。迁善改过。

右修身之要。

正其义不谋其利。明其道不计其功。

右处事之要。

己所不欲，勿施于人。行有不得，反求诸己。

右接物之要。

熹窃观古昔圣贤所以教人为学之意，莫非使之讲明义理，以修其身，然后推以及人，非徒欲其务记览，为词章，以钓声名，取利禄而已也。今人之为学者，则既反是矣。然圣贤所以教人之法，具存于经，有志之士，固当熟读、深思而问、辨之。苟知其理之当然，而责其身以必然，则夫规矩禁防之具，岂待他人设之而后有所持循哉？近世于学有规，其待学者为已浅矣。而其为法，又未必古人之意也。故今不复以施于此堂，而特取凡圣贤所以教人为学之大端，条列如右，而揭之楣间。诸君其相与讲明遵守，而责之于身焉，则夫思虑云为之际，其所以戒谨而恐惧者，必有严于彼者矣。其有不然，而或出于此言之所弃，则彼所谓规者，必将取之，固不得而略也。诸君其亦念之哉！

4 《学而不思则罔》八股文范例

周新曙. 明清八股文鉴赏［M］. 武汉：湖北人民出版社，2008：1－3.

破题：惟学而不求诸心，则昏而无得于己。

承题：盖学贵乎思也。不然，宁能免夫罔之失哉？昔圣人言此之意谓。

起讲：夫理散于事，非学无以聚之，非思无以得之也。

起二股：使或求之于博，知所以为学矣，而不能殚精研思，以探其至理之所存。继之以勤，知所以用力矣，而不能沉潜反复，以求其至理之所在。

中二股：或稽于五常之训，而徒役志于文学之间，未尝思其所以根于心者何也。或习于六艺之文，而徒从事于口耳之末，未尝思其所以切于身者何也。

过接：为学如此，其能以无失乎？

后二股：吾见虽多闻以为博，而无反观之妙，逐其外而无得于中。虽多见以为劳，而无默识之功、泥其迹而无得于义。

束二股：稽其训而不知，非不学也，学之非在内也。不亦昏然而无得耶。习其文而不察，犹不学也，学之犹在外也。不亦茫然如有失耶。

结语：不思之失则罔如此，此学之所以必贵乎思也欤！

5 你不知道的中国教育传统（节选）

龚鹏程. 书院何为［M］. 济南：山东画报出版社，2016：236－247.

近代中国的教育，正是建立在对传统教育的批判上而形成的。通过批判与扬弃，我们才逐步建立了新的现代教育体制。

当时批判与扬弃的，是些什么呢？

一、光绪二十九年废科举、立学堂，首先即是要切断科举与教育的关系。

此举之另一意义，是要改正考试引导教学之弊。考试引导教学，凡不考的东西，考生当然也就不看了；就算考生爱看闲书，也愿浏览，家长亦必严格禁止。

现今学校教育，问题也仍是如此，可是当时士大夫确实是下了决心要废止它的。

再者，科举考试左右甚或主宰着教育，也显示了国家意识形态对教育的控制。可是传统教育在这方面又是不彻底的，国家意识形态仅贯注于精英的高层教育，因为它要藉此选拔官吏，可是它又并未贯注发展为国民教育。所以一般民众多属文盲。

二、切断科举与教育之关系之外，认为过去的教育亦因配合科举之故，只培养了一批会背四书、写文章的文人，缺乏实业精神，不娴实务。因此新式教育不再重视这类文史知识，转而以发展实业实学为目标，口号是“科教救国，实业兴邦”。风气延续到现在，教育咸以工商实用学科为重。

三、内容转向实业实用，方法则反对传统的背诵记忆之法，认为那种方法仅能桎梏性灵，摧残创造力。

因此，即使教传统的经典，也绝不会让青少年直接去读诵原文，一定要用新时代的眼光予以重新编组，将其内容“系统化”。例如《老子》五千文、《论语》都是一则一则的格言口谈，毫无体系，不便了解。故皆须以伦理观、政治观、宇宙论、知识论等框架，重予归类，另附解析，以教生徒。

老经典都须如此换上时世新妆，以知识化、系统化、时代感为尚，则新教育与传统教育取向上之不同也就显而易见了。

过去的教育是教人“继往”，面向传统，吸收前人智慧之成果。新式教育注重的是“开来”，强调获取新知，纵使读旧书，也应有新意，能创造出新知识新体系来。过去的教育更重历史性，新教育则是革命性的。

四、这样子革命创新不已，于是便逐渐建起了一套新的教育制度。其中，中学堂，做为小学堂与大学堂之中介或衔接，是古来所无的。

大学则为中学之延伸，读完了称为毕业，谓学业已毕，将进入社会就职了。

因此，大学教育也就不再是传统的“大学之道，在明明德，在新民，在止于至善”，而是与职业挂钩的。大学号称专业教育，然这个业字乃是指职业之业。一个大学生读了水利工程，将来毕业入社会，就去水利局、建水库、修水坝、挖水沟；若竟去了别个行业，大家就惋惜其“学非所用”了。这种产学关系，也是古来所无的。

以上所有改革，总体上就是教育国家化，由国家来办教育，并期待通过教育能够富国强兵。个人随之启蒙开智、习艺谋生、改善社经地位。这就为尔后计划经济形态的教育奠下了基础。

而在这样的改革浪潮中，传统教育乃是“过街老鼠，人人喊打”，其被泼脏水、污名化亦是必然的。上面我引用那段文字即很好地总结了改革以来社会一般人对传统教育的观感：在中国，东方专制主义下的教育，只是灌输知识、练习作文、培养奴仆，以为统治者服务；西方之教育则相反，是培养自由的公民。

事实当然不是如此。现代人对西方的浪漫想象，如何不切实际，姑且不说。古代中国在世界教育史上的地位到底如何，倒不妨略述一二。

中国教育在世界教育史上第一大重要性，即在于它历史最悠久，而且是真实存在的。

因现今所谓“西方传统”都是早已中断了的，凭着后人的想象重新捏塑建构起来，其实考古难征。如埃及、巴比伦、古印度，如今哪还有影儿？勉强以推测为实事罢了！古希腊文明，早已灭亡，赖阿拉伯翻译增饰及文艺复兴时期诸多人文式的解读，才有现在看起来颇为光彩的古希腊教育史可说。

但讲中国上古史，如果你把那些三皇五帝之盛治文明的传说当真，认为那就是六千年前的史事，必有顾颉刚一类史家跳出来告诉你：“错啦，那些常是战国秦汉间的史料。越是晚期的说法，越是会讲得古。原只说三代，后就说黄帝，再又说伏羲神农，最后则是女娲盘古，此即‘古史层迭造成说’是也。治史者应该把这些增饰一层层剥去，才可能还原真相！”

话讲得很好，但为何一面对古希腊史，大家就忘了该做这种工夫呢？古希腊史事上，经由阿拉伯、基督教及文艺复兴与人文学增饰过的色彩可太多了，焉能当真？

再说，就算没增饰，那个传统也早已中绝。后世基督教之教育体系和近代的大学，都是另起炉灶另造窑子，成品与古希腊无甚关系，不过有时还仿用着老商标而已。

与此相关的第二个重点，是体系最为完备。

《孟子·滕文公上》说教育制度：“夏曰校，殷曰序，周曰庠”。这种战国时人溯古之词，一般我们并不真信。不过，即使以周朝来看，“家有塾，党有庠，术有序，国有学”（《礼记·学记》）应该仍不假。50 家为党，1 250 家为术，这是指地区分布和学校的规格。至于教学内容，有小学有大学，各有定规，也是很明确的。显然此时教育体系已颇完备。

而后世的教育亦即由此发展而来。怎么说？当时的教育自然只是贵族教育，可是后来孔子开创的平民教育、宋明理学家办的书院教育，却都是延续式的非革命式的。仍用庠序学校诸名、也仍用六艺及小学大学之教育内容。

第三个重要性，就是教育内容最完整。

周朝，保氏教国子以六艺（礼、乐、射、御、书、数）。古希腊则仅只智者三艺：逻辑、修辞、文法。到柏拉图，才改为四艺：算术、几何、天文和音乐。这四艺就是革命性的，故当时还在其学园门口大书：“不懂几何者不能入内”，颇有标新领异之姿态。后来基督教当道，修道院以神学七艺为教，其实也别无奥秘，即是将老三艺与新四艺拼起来而已：文法、修辞、逻辑为前三艺；算术、几何、天文、音乐为后四艺。

不过，此时毕竟已非古希腊了，学术与教育之目的是要为基督教上帝服务的。故七艺有附会七大行星、七件圣事（洗礼、圣餐、告解、婚礼、圣职、终敷礼、坚振礼等）。

拿这七艺与我们的六艺相比，你就会发现它无礼，礼须外附于七圣事；无射御，亦即无武备、无驭事之能力的训练。整体而言，绝对不及六艺内容完整。

不只此也，自古以来我国教育的特点就在于不将教育局限于庠序学校，而是与家庭、社会整体结合着的。

因此，学校同时也是明堂、辟雍；也是择士、议军、献俘、养老的地方。学生则除了知识技能之习得外，其礼乐教养就与吉、凶、军、宾、嘉诸礼，或成年礼、婚礼、祭祀礼等社会制度结合着，这与修道院孤立式教育是不同的。

还有一个重要性更有意思：儒家本身就是个教育家团体，出于司徒之官。它后来成为中国社会文化的主干，以致整个中国文化的内容就是教育，整个社会就是学校。这在其他任何文明中都是找不到的。

以上这些特征相互关联，在世界教育史上可以说独一无二。而这种独特性事实上也就是优越性，底下我们将一一分说。

思考与讨论

1. 每年“开学季”一到，就会出现许多“儿童拒绝上学”“父母代写假期作业”“对学校适应不良”等新闻事件，“不想上学”也是广大群众共同的童年回忆。

教育部门为了改善层出不穷的教育问题，提出了“教育减负”“快乐学习”的口号，但也引发了许多争议。

问题1：你是否赞成中小学“教育减负”？请说明理由。

问题2：你认为有哪些知识或能力是应该培养却被现代教育忽略，应当加入学校教育中的？请说明原因和观点。

2. 随着中国国力上升，民族自信心增强，民众对于传统文化的热情日益高涨。加上市场经济发达之后，拜金主义、消费主义、享乐主义的泛滥，使人们不知所措，人们试着回顾传统文化，希望能藉此重建社会道德与价值观，“国学热”的现象应运而生。

但是与此同时，也出现了一些打着传统名号，却行扭曲文化之实的伪教育单位，如传播畸形男尊女卑思想的“女德班”、暴力体罚治网瘾的“豫章书院”等，令社会大众对于“传统/糟粕”产生了疑问。

问题1：你如何看待“国学热”现象？请结合自身经验说说你的看法。

问题2：你认为哪些传统文化在现代社会应当传承，为什么？

1.《中国教育史》："第二章　夏、商、西周与春秋时期的教育"；"第三章　战国时期的教育"。参见：孙培青．中国教育史［M］．3版．上海：华东师范大学出版社，2009.

2.《科举教育的传统与变迁》："第十章　走不出的应试教育"。参见：田建荣．科举教育的传统与变迁［M］．北京：教育科学出版社，2009.

引 言

中国是世界上最早的文明发源地之一，有着悠久的历史和灿烂的文化，薪火相传，绵延至今。作为中国传统文化重要组成部分的传统科技文明，自秦汉至宋元的千余年间，都处于世界领先地位，不仅对本国社会发展有着巨大的推动作用，也为世界文明的进步做出了重要贡献。

然而，随着16世纪开始的欧洲近代科技文明的爆炸式进步，中国很快就被远远甩在身后。在欧洲已经掀起科学革命和工业革命狂潮的时候，中国仍旧像一位慈祥的老大爷，不紧不慢地踱着自己的方步，甚至可以说在这一时期，中国科学技术的发展基本处于一个停滞期。到了19世纪中叶，西方已经完成初步的工业化，中国则开始沦为西方侵凌、掠夺的对象。直至时下，中国的现代化建设虽然取得显著进展，但科技文明落后于西方的基本现状尚未扭转，中国也很少进入科技发明发现的前沿。为什么中国在科学技术史上会有如此大的前后落差？对此，英国科学家李约瑟（Joseph Needham，1900—1995）提出了自己的疑问："自17世纪伽利略时代以来的近代科学为什么没有在中国发生……为什么在公元前1世纪及公元前15世纪之间，中国文明在将自然知识应用于人类实践需要方面比西方更有效得多？"① 这就是有名的"李约瑟难题"。

李约瑟难题揭示出中西文明史的路径差异，理当引发人们从理论与实践两个层面去寻求解答。而要认真对待李约瑟难题，首先需要做的就是对中国传统科技的发展历史以及中国人独特的科技思想理念有所了解，只有如此，才能够做出足够客观的判断，否则，不过是鹦鹉学舌，人云亦云罢了。

---

① 李约瑟．李约瑟集［M］．段之洪，等译．天津：天津人民出版社，1998：73－74．

一、中国古代科技的辉煌成就

（一）天文学

因为农业生产和制定历法的需要，中国古人对天文学特别重视，从而长期进行天文观测，积累了极其丰富的资料，发展了先进的观测手段，形成了我国独特的天文学体系。

图 9－1　苏州石刻天文图

我国天文学家在对天象观测记录的丰富性、完整性方面，一直走在世界前列。据《春秋》记载，公元前 613 年，“有星孛入于北斗”，星即指哈雷彗星。这是世界上公认的首次关于哈雷彗星的确切记录，这一记录比欧洲早 600 多年。西汉关于太阳黑子的记录，被世界公认为是有关太阳黑子的最早记录。在恒星观测方面，我国的“甘石星表”被公认为世界最早的星表。在敦煌发现的我国唐初的星图，绘有星 1 350 颗。现存的苏州石刻天文图（见图 9－1），约有星 1 434 颗，数量之多，为天文望远镜出现之前的世界第一。此外，在“客星”（新星和超新星）的观测及详备记录方面，中国亦是雄冠全球。例如《汉书·天文志》关于元光元年（前 134）五月出现于天蝎星座头部的新星记录是中外历史上都有记录的第一颗新星，但欧洲没有记载月日，也没有标注方位，远不如《汉书·天文志》的记录详细。另外，从汉初到公元 1785 年，我国共记录日食 925 次，月食 574 次，堪称世界之最。

迟至春秋时期，我国历法已经形成自己固定的系统，基本上确立 19 年 7 闰的原则，这比西方早 160 年。唐朝天文学家僧一行（683—727）制定的《大衍历》比较准确地反映了太阳运行的规律，系统周密，表明中国古代历法体系的成熟。僧一行还是世界上用科学方法实测地球子午线长度的创始人。元朝杰出天文学家郭守敬（1231—1316），主持编定《授时历》，一年的周期与现行公历（格里高利历）基本相同，但问世比现行公历早 300 年。

图 9-2　郭守敬

公元前 4 世纪，我们的祖先为了观测日月星辰的变化，制定季节，创制了世界上第一架测天仪器——浑仪。随着天文知识的丰富和发展，浑仪不断改进。元代的郭守敬对其进行改革，制造了简化的浑仪——简仪。其设计和制造水平在世界上遥遥领先 300 多年，直到 1598 年，丹麦天文学家第谷（Tycho Brahe，1546—1601）发明的仪器才能和它相比。北宋天文学家苏颂（1020—1101）建造的水运仪象台，把观测仪器、表演仪器和计时仪器结合起来，很有可能是后来欧洲中世纪天文钟的直接祖先。

（二）数学

中国古代的数学称“算学”，侧重于解决实际应用问题。由于天文历法与数学计算有极其紧密的联系，许多天文学家同时也是数学家。例如，有名的《周髀算经》实质上是一部讲天文的书，但包含了大量的数学运算。其中最有名的就是有关勾股定理的记载。《周髀算经》成书于公元前 2 世纪左右，所记载的周公与商高问答的事是在公元前 11 世纪左右，比古希腊数学家毕达哥拉斯（约前 580—约前 500）的相同记载要早得多。

中国人的数学还与日常生活紧密相关。成书自东汉时期的《九章算术》，分 9 章介绍了许多算术命题及其解法，是当时世界上最先进的应用数学，它的出现标志着中国古代数学形成了完整的体系。《九章算术》采用十进位制的算筹算法，在计算方面具有当时无可比拟的优越性。书中还提出了正负数的概念，并有了正负数加减法的运算规则，这在世界数学史上也是最早的。对于中国数学而言，《九章算术》有着奠基式的重要意义，它所代表的数学体系注重实际的计算问题，而不考虑抽象的理论性和逻辑的系统性。此一体例和风格一直为后世沿用，后世中国数学家在对它的注释中推动了中国数学的发展。

魏晋时期的数学家刘徽（约 250—?），运用极限理论，提出了计算圆周率的正确方法。南朝祖冲之（429—500）精确地计算出圆周率是在 3.1415926～3.1415927 之间，这一成果比外国早近 1 000 年。

图 9－3　祖冲之

中国古代数学在宋元时代达到顶峰，出现了一批高水平的数学著作和著名的数学家，代表了当时中国也是世界上最先进的数学水平。宋代的秦九韶（约 1202—1261）在其著作《数学九章》中提出了高次方程的数值解法和一次同余式解法。元代的朱世杰（1249—1314）把《九章算术》中的四元一次联方程解法推广为四元高次联方程的解法（四元术），他对高阶等差级数的研究，也达到了较高的水平。相对的，欧洲直到 16 世纪才出现联立一次方程，联立高次方程的研究就更加晚了。

相对来说，中国的数学只是天文、农业、赋税、商业的附庸，特别强调实用和经验累积，重于计算，轻于逻辑。而传统的筹算和珠算制度也只能借助文字来叙述其各种运算，同样妨碍了数学语言的抽象化，四元术因此也就成为我国古代方程式发展的极限。14 世纪以后，中国的数学就停滞不前，没有向更高的方向发展了。

（三）中医药学

传统中医药学与印度医药学、阿拉伯医药学三足鼎立，被世界卫生组织认为是世界传统医学的三大重要组成部分。

战国晚期问世的《黄帝内经》是我国现存较早的重要医学文献，它与东汉的《神农本草经》《伤寒杂病论》一起奠定了中医理论、方剂和药物诸学的基础。其中《黄帝内经》记载的阴阳五行理论和脏腑经络理论，被后世千百年来的中医奉为圭臬。《神农本草经》是中国第一部完整的药物学著作。《伤寒杂病论》的作者张仲景，是东汉末年名医，被称为“医圣”，他创立了“辨证诊治”的方法，要求将诊脉结果与病人的症状表现进行辩证分析。扁鹊是战国时期最著名的医生，后代把他奉为“脉学之宗”，他采用

“望闻问切”四诊法，从脉象中诊断病情。切脉是扁鹊的主要成就。四诊法成为我国中医的传统诊病法，2 000 多年来一直为中医所沿用。东汉末年的名医华佗，擅长外科手术，被人誉为“神医”，他发明的麻沸散，比西方发明的麻醉剂早 1 600 多年。此外，华佗还创制了“五禽戏”，提倡通过体育锻炼强身健体。扁鹊、华佗和张仲景三人被称为中医三大祖师。

图 9－4　张仲景

独特的针灸疗法也是我国医学中引人注目的内容。晋代皇甫谧（215—282）著的《甲乙经》，是世界最早的针灸专著。早在秦汉时期，中国医学包括针灸就传到朝鲜、日本和中亚各国。宋元以后，随着海路航运事业的发展，针灸疗法逐渐被介绍到欧洲，并被采用至今。

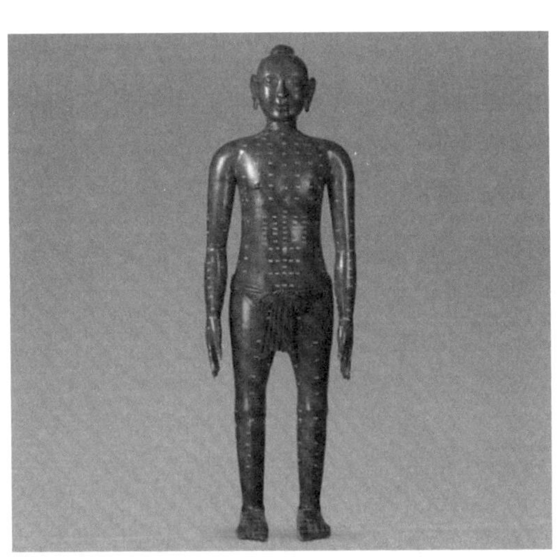

图 9－5　仿古针灸铜人

唐朝杰出的医学家孙思邈的《千金方》，全面总结历代和当时的医药学成果，并有许多创见，在理论和实践两方面均大大提升了中医学水平，在我国医药学历史上占有重要地位。唐高宗时期编修的《唐本草》，是世界上最早的、由国家颁行的药典。明朝李时珍编纂的《本草纲目》，不仅是一部伟大的药物学著作，也是一部伟大的博物学、生物学和化学著作。该书记载药物 1 800 多种，方剂 10 000 多个，全面总结了 16 世纪以前的中国医药学，被誉为“东方医药巨典”。

（四）农学

农业是中国社会的经济基础。中国农业科学源远流长，内容丰富，在理论与实践方面都处于世界领先水平。

当欧洲人还在使用木犁时，中国已经在全国推广使用铁犁。在 16 世纪的西方还在用手来播种的时候，公元前 2 世纪的中国已经开始使用一种新型农具——耧车。牛拉着耧车在前面走，人跟在后面扶着耧车播种。耧车有几只脚，就能播种几行。耧车的出现极大地提高了农民的播种效率，一天就能够播种一百亩的地，省时又省力。当欧洲农业还是休闲制时，我国已进入轮作复种阶段。早在战国时代，中国就修建了享誉世界的大型水利工程——都江堰，中国古代的农田水利建设规模之大、建设之早和收益之宏，实属世界罕见。我国在水稻种植、饲养家蚕等方面也走在世界前列。此外，中国还是世界上种茶、制茶和饮茶最早的国家。我国不仅输出茶叶，而且还向很多国家提供茶树或茶籽。种茶和制茶技艺先后传到日本、印度等国家。

图 9－6　牛拉耧车播种图

中国不少政府官员深入农业实践之中，不断总结劳动人民积累的农业生产知识，使之系统化，成为有中国特色的农学体系。据不完全统计，我国古代农书多达 300 多种。

贾思勰（约480—约550）著的《齐民要术》，系统地总结了6世纪以前黄河中下游地区农牧业生产经验、食品的加工与贮藏、野生植物的利用等，真实反映了我国黄河中下游地区当时的农业生产水平。《齐民要术》是中国现存最早最完整的农书，奠定了我国农学发展的基础。元朝王祯（1271—1368）的《王祯农书》，则是一部综合了黄河流域旱田耕作和江南水田耕作两方面生产经验而写成的大型农书。特别为后世重视的是，书中介绍了农业生产工具和农业机械的构造和制造方法，连有些在当时即已失传的古代机械也经反复试制恢复原型，具有极高的科学史价值。明末徐光启（1562—1633）编写的《农政全书》，综合介绍了我国传统农学的成就，集古代农业科学之大成。书中大多内容是对古代和当时农书的转录和摘编，此外还引入了《泰西水法》，介绍了欧洲先进的水利技术和工具。

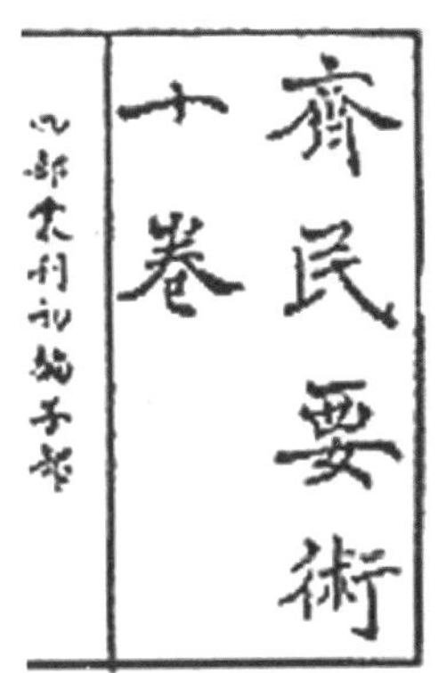

图9－7　贾思勰与《齐民要术》

（五）四大发明

中国古代科技发明中最享誉世界的，是火药、指南针、造纸术和印刷术。它们被统称为四大发明，影响、改变了整个世界历史进程，在人类科学文化史上留下了光辉灿烂的一页。马克思特别指出：火药把骑士阶层炸得粉碎，指南针打开了世界市场并建立了殖民地，而印刷术则变成新教的工具。这三者的合力，宣告了资本主义社会的到来。[①]

火药的研究始于古代炼丹术，炼丹术的实验方法导致了火药的发明。宋元时期，火药的配方有了比较合理的定量配比，在军事上得到应用（见图9－8）。火药技术随着蒙古西征而被传到欧洲，成为欧洲资产阶级战胜封建贵族统治的重要力量。

---

① 中共中央马克思恩格斯列宁斯大林著作编译局．马克思恩格斯全集：第47卷［M］．北京：人民出版社，1979：427．

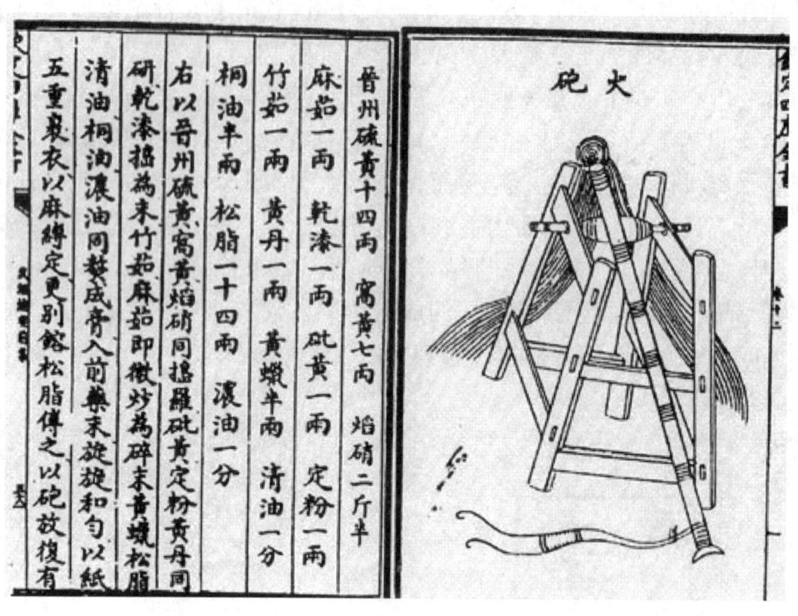
晉州硫黃十四兩 窩黃七兩 焰硝二斤半
麻茹一兩 乾漆一兩 砒黃一兩 定粉一兩
竹茹一兩 黃丹一兩 黃蠟半兩 清油一分
桐油半兩 松脂一十四兩 濃油一分
右以晉州硫黃窩黃焰硝同擣羅砒黃定粉黃丹同
研乾漆擣為末竹茹麻茹即微炒為碎末黃蠟松脂
清油桐油濃油同熬成膏入前藥末旋旋和勻以紙
五重裹衣以麻縛定更別鎔松脂傅之以砲放復有

火砲

图 9－8　《武经总要》中的宋代火炮

指南针是指示方位的仪器，战国时期《韩非子·有度》中说：“先王立司南以端朝夕。”其中的“司南”就是最早的指南针。从战国到宋代，司南逐渐发展变化为指南鱼、指南龟，最终定型为指南针。指南针的改进给航海事业带来划时代的影响，有力促进了人类的海上贸易和地理探险活动。

纸的发明是人类文字载体的一次革命。早在西汉初就出现了用废旧麻绳头和破布为原料制成的麻纸。东汉的蔡伦总结前代技术经验，进行技术革新，大大降低了造纸的成本，提高了纸的质量。造纸术对人类优秀文化成果的保存、传播以及世界范围的交流做出了重要贡献。

图 9－9　汉代造纸工艺流程图

印刷术是伴随着纸张的广泛使用而出现的。隋代已经发明了雕版印刷术，宋代此项技术达到鼎盛，更趋完善。在此基础上，毕昇发明了活字印刷术：用胶泥刻成单字烧硬，再排版印刷。这是印刷史上又一次重要的技术革命，既能节省费用，又能缩短时间，非常经济方便。印刷术从亚洲传播到欧洲，改变了欧洲的社会文化环境，将欧洲的学术中心由修道院转到各地的大学，为当时的宗教改革和文艺复兴运动提供了有力的武器。

二、中国古代科技思想的内涵与特色

作为中国传统文化的一个子系统，中国古代科技在众多领域都取得了辉煌成就，由此而生成了中国独有的科学思想、技术观念和逻辑理论。科学实践活动推动了这些科技思想的产生和发展，科技思想反过来又成为古代科技实践的发展动力，影响和制约着传统科技的发展方向，决定了传统科技的发展高度。中国古代科技的辉煌及局限，也都可在此中探求。

（一）气、阴阳和五行——中国古代科技的基本概念

中国古代科技的辉煌成就的取得，与先民独特的科学思想关联甚深。要想深入了解中国古代科技的成就、局限及其背后的成因，就必须认识先民的科学思想，了解其基本概念。在先民的科学思想中，最具有理论范式意义的莫过于“气”“阴阳”“五行”三个基本概念。事实上，当我们考察那些被纳入传统科技范畴的学科体系，例如数学、医药、天文、农学等，在任意一个学科体系中，我们都能看到气与阴阳五行思想的存在。

1. 气

在中国古人的认识中，在先秦文献中，关于气的论述很多。空气、云烟、蒸汽之类的自然气态物质可以用气来表示，如云为“山川气”，烟乃“火气”。人的精神状态、生理功能等也可以用气来做说明，《左传》中记载曹刿总结战术时说：“夫战，勇气也。一鼓作气，再而衰，三而竭。”《孙子兵法》说：“三军可夺气，将军可夺心。是故朝气锐，昼气惰，暮气归。”这里的“勇气”“锐气”等都是表示士兵的战斗精神。甚至国家兴亡、天地翻覆都与气之变化有关。《国语・周语上》记载，公元前780年，西周三川发生了地震，周大夫伯阳父为此现象解释道：“夫天地之气，不失其序；若过其序，民乱之也。阳伏而不能出，阴迫而不能烝，于是有地震。”宇宙由气构成，而气的运行有其特定的秩序，若阳气和阴气不和，则自然界就要发生灾异。总之，在中国人的观念中，气贯通一切，无处不在，无所不包，小到真实的气态物质，大到人类的精神面貌，甚至宇宙山川，都由气所负载。

中国古代思想家进一步提出了“元气”的概念，元通“原”，元气即天地万物的本原之气，用以表示宇宙演化的原始物质，即万物的本原。成书于战国后期的《鹖冠子・泰录》即说：“天地成于元气，万物乘于天地。”古人在使用元气概念时，往往略去“元”字，直接以“气”表示“元气”，后人也因此把“元气论”简称为“气论”。气具

有精微无形、连续无间又运动不息的特点。气论的核心内容就是以气的运动变化来阐释宇宙万物的生成、发展、变化和消亡等现象。古人以气为基础，形成了一幅运动的、连续的、浑然一体的宇宙图像。

与中国的气论不同，古希腊的哲人德谟克利特（约前460—前370）在探讨物质结构的问题时，提出了原子论的思想。他认为万物的本原是原子和虚空。原子是一种最后的不可分割的物质微粒，它的基本属性是“充实性”，每个原子都是毫无空隙的。原子论反映了自然界物质的粒子性和空间的间断性，元气论则反映了物质的非离子性和空间的连续性，它们代表了自然界两种互补的图像。李约瑟曾指出：“中国和欧洲之间最深刻的区别也许是在于连续性和非连续性之间的重大争论方面。”① 中国古人用气概念建立了一幅连续的、整体的自然图像，与西方的原子论自然观有着根本性差异。这种自然观的差异，决定了中西方两种传统文化在思维方式、认识方法等方面的巨大差异，从而使得两种文化在面临科学课题时，走向了不同的探寻之路。

2. **阴阳**

阴阳学说本于气论，其主体思想是阴阳交感、对立统一观念。具体而言，古人用阴阳概念表示事物相反相成的对立属性，对事物进行二元化分类，进而阐明宇宙万物运动变化的原因。李约瑟认为，阴阳是“古代中国人能够构想的最终原理”。②

在殷商和西周时期，阴和阳本是表示暗与明的两个普通词语。经过长期的发展，迟至战国早期，在中国古人看来，宇宙中的所有事物，有形的，无形的，具体的，抽象的，大到天地，小到男女，都可用而且也必须用阴阳范畴来进行分类。万事万物，不属于阳，必属于阴。而事物的阴阳属性也并不完全固化，皆可以随时随地因位置变化而产生性质改变。阴中有阳，阳中有阴，阴中有阴，阳中有阳。举例来说，同样一位男子，相对女子，他就是阳性，但面对父兄，他又是阴性。

黄帝认为，“生之本，本于阴阳。”荀子也说：“天地合而万物生，阴阳接而变化起。”阴阳二气决定了宇宙中一切事物的生灭变化。正是阴阳二气相互作用，不停地消长变化，万事万物才得以顺利产生和发展变化。古人所说的阴阳交感，也即是泛指这种事物由之而生的阴阳间的相互作用。

古人认为，任何事物都有阴阳两个方面，阴阳的孰主孰次决定了事物的主要特征。不过，事物的阴阳主次是处于不停的消长变化之中的，一旦变化达到一定阈值，即有可能导致阴阳属性的转化。阳可以转化为阴，阴可以转化为阳，事物的性质因此而发生变化。《太平经》指出“夫阳极者能生阴，阴极者能生阳，此两者相传，比若寒尽反热，热尽反寒，自然之术也。”《素问·阴阳应象大论》也强调：“重阴必阳，重阳必阴”。这里的“重”和“极”分别指阴和阳达到了极端状态。当事物发展到极端就会走向自己的反面，阴阳发展到极点就会发生转化。

如果说阴阳消长是一个量变过程，那么，阴阳转化即是在量变基础上发生的质变过

① 李约瑟. 中国科学传统的贫困与成就［J］. 科学时代，2008（3）：13－14.

② 李约瑟. 中国科学技术史：第二卷　科学思想史［M］. 北京：科学出版社，1990：254.

程。在古人看来，这种理论揭示了事物最一般的联系和最深刻的本质，反映了事物运动变化的普遍规律。

阴阳学说对古代的科学认识活动影响广泛，尤其是中医，特别具有指导意义。中医从理论思维、临床诊断到疾病治疗过程中都运用了阴阳理论。中医把人体看作一个阴阳对立统一的有机整体，认为人体的生理活动都是由阴阳相互作用维持，所有的人体病症，都可以用阴阳失衡予以说明。在治疗时，医生会根据病体的阴阳盛衰情况，结合药物的阴阳属性选择适当的药物，予以对应治疗，以纠正人体内的阴阳失衡情况，达到治愈疾病的目的。

3. **五行**

五行学说也是中国古代重要的哲学理论，对古代科学文化产生了广泛的影响。

“五行”表示水、火、木、金、土五种物质。《尚书·洪范》说：“五行，一曰水，二曰火，三曰木，四曰金，五曰土。”这是已知最早的关于“五行”内容的表述，被认为是五行概念形成的标志。

五行概念形成之后，古人对木、火、土、金、水五种物质的性质有了进一步的认识，并逐渐形成了两种基本理论：五行相生和五行相胜理论（五行“相胜”是战国时期的用语，汉代以后习惯于称“相胜”为“相克”）。五行相生说认为，木、火、土、金、水依次循环相生，即木生火，火生土，土生金，金生水，水生木；五行相胜说认为，木、土、水、火、金依次循环相胜，即木胜土，土胜水，水胜火，火胜金，金胜木（如图 9－10 所示）。

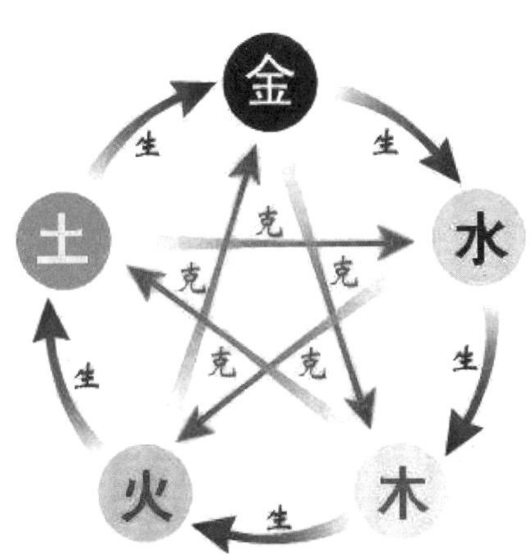

图 9－10　五行生胜关系图

五行说在秦汉时期已经发展成熟，被广泛用于阐述各种事物。古人借助五行生胜（克）关系模式，赋予木、火、土、金、水新的意义，把一系列自然事物及人类活动都与之比附，从而形成了一套特殊理论体系，可称之为五行归类理论。古代社会的方方面面，包括政治、军事、天文、方术等都涉及五行归类理论，几可谓无所不包。中国古代科学的许多领域同样受到五行归类影响。

作为中国传统医学的奠基之作，《黄帝内经》一书中也充分运用了五行归类思想。其中许多篇章在论述人体疾病时，将人体五脏与五行、五声、五色、五味、五谷等对应归类，由此建立了人体脏腑与许多事物的关联，从而为医疗活动提供了理论支持。

炼丹术是古代方士追求长生的一种特殊实践活动，其理论颇晦涩难懂。一些丹家在论述炼丹机理时也运用了五行语言。东汉魏伯阳《周易参同契》说："丹砂木精，得金乃并，金水合处，木火为侣。四者混沌，列为龙虎。龙阳数奇，虎阴数偶。"这是借用五行生胜理论说明炼丹过程中的复杂变化。

天文学家也利用五行说进行理论诠释。汉天文书《五星占》最先以五行、五方与天上五星相配属，岁星（木、东）、荧惑（火、南）、太白（金、西）、辰星（水、北）、填星（土、中）是天上的五大行星，《五星占》认为它们也是五行所对应的五方天神。在此基础上，《淮南子·天文训》则直接以木、火、土、金、水代表岁星、荧惑等天上五星。之后，天文及星占家即以木火金水土指称五大行星。

应该承认，五行说对于科学认识活动产生过积极的影响。例如古人在运用五行模式归纳经验材料、构造理论体系的过程中，既建立了相应的理论、满足了认识活动的需要，也不自觉地训练了自己的理论思维能力。但五行说的缺陷也相当明显。首先，五行说硬性强调要素必须为五的量化规定，使得在很多时候都不免有削足适履的情况发生。其次，五行生胜说只是有限的经验认识，不能全面反映事物之间的复杂联系。最后，五行生胜理论的滥用，也会让学者陷入无止境的循环论当中。尤其是当认识发展到了一个新的阶段，需要上升到新的理论高度看问题时，五行说的保守性就成了科学认识活动的桎梏。

但是，我们必须站在历史而非当下的立场来回顾过往。李约瑟说："我们对于五行和两种力量（即阴阳）的理论所做的思考已经表明，它们对中国文明中科学思想的发展起了一种促进的而不是阻碍的作用。只有到了17世纪当欧洲最后摒弃了亚里士多德的四元素以后，这两种学说与西方人的世界图像比较起来，才使中国人的思想呈现某种程度的落后。"①

（二）实用性、经验性——中国古代科技的两大特点

1. 实用性

中国古代科技具有强烈的实用性，而且这种实用性还体现为绝对地以国家主导的"实用"为主。

中国古代天文学之所以高度发达，主要原因就是天象直接关乎皇家统治的合法性。《易·系辞上》曰："天垂象，见吉凶"。历代王朝无不设置专官来负责观测天象，修明历法。因为天象的变化昭示着当代统治者的治理能力，历法的准确与否标志着王朝是否合乎天意。司马迁说："王者易姓受命，必慎始初。改正朔，易服色，推本天元，顺承厥意。"（《史记·历书》）由此，中国古代哪怕是如魏晋南北朝的大动乱时代，天文研究的

① 李约瑟. 中国科技史：第二卷　科学思想史［M］. 北京：科学出版社，1990：330.

传统也得以延续，甚至连北方少数民族所建立的政权也必设天官。中国古代天象记录丰富、历法层出不穷，且极尽精确的原因也在于此。中国古代农学发达，也同历代统治者以农立国的方略关系密切。农业是国家财富的根本，是王朝稳定的基石。统治者们重视天文历法，“敬授民时”，也是出于对全国农业生产宏观控制，以维护国家安全利益的考虑。中国古代不少官员关心物产民情、农技沿革，乃至大量著作农书，并精于土地丈量和绘制地图技术，原因也不外于此。

中国古代数学也是在这种实用目的的推动下逐步发展起来的。要制定精确历法，就要准确测天，更要精于计算。《周髀算经》中相当一部分内容就是数学计算，目的是解决天文学中的数值问题。《九章算术》分列了方田、粟米、衰分、少广、商功、均输等 9 个部分 246 个应用题，都与生产需要有密切关系。甚至在图书的保存、传承方面，“非官曹民事所必需者，虽九章古法，亦所摒弃”，也表现出强烈的实用主义色彩。

国家的实用需要，使得封建王朝可以利用国家的权力，“利用集中组织的社会力量”① 推动科技的发展，这也是中国古代科技长期居于世界前列的重要原因。中国长期保有钦天监、太医院等专门的官方科研机构，并以国家之力网罗大量专门人才从事天文学、数学、医学以及工艺技术等领域的研究。国家还会组织大规模的相关科技人员进行史籍整理和图书编写，例如公元 659 年唐政府组织编写并颁行的《新修本草》，载药 9 类 844 种，是中国古代第一部，也是世界上最早的药典，连邻国日本都因之而受惠，带回本国学习研读。

实用需要固然可以推动科技事业的发展，但过于偏重甚至过分强调实用性，恰恰又是对科学事业的巨大伤害。科学技术的发展历程揭示，世界上大部分伟大的科学理论，往往跟实用性关联不大。古希腊数学家欧几里得非常讨厌实用性，他毕生追求的是通过几何图形探讨世界本质。正是他那本不实用的《欧式几何》，在文艺复兴后与代数结合成一崭新的数学模型，为欧洲近代科技的飞跃奠定了雄厚、坚实的基础。在中国，实用性的价值取向局限了人们的思维，注定了中国科技无法进入更高层次的研究，不能构成独立的科学体系。

2. **经验性**

中国古代科技的另一个显著特色是经验性色彩浓厚。无论是天文学领域的种种星象记录、数学领域的《九章算术》，还是农学领域的《齐民要术》，抑或是中医药领域的《本草纲目》、工业领域的《天工开物》，这些古代的科技著作，要么是对当时生产经验的直接记载，要么是对自然物象的直观描述，极少有著者会将之提升到科学理论层面进行探讨，进行理论性的概括和升华。

因为大多从日常经验和自身感受出发，缺乏理论的升华，中国古代的科技工作者们花费大量时间进行重复性的劳动，但劳作的意义只在忠实记录现象，聊备一格。即使有新的发明创造出来，其更新也过于迟缓。四大发明中的火药配方，早在唐初就由名医孙

① 马克思. 资本论：第一卷［M］. 中共中央马克思恩格斯列宁斯大林著作编译局，译. 北京：人民出版社，2004：861.

思邈提出，并在唐末开始批量用于军事。但即使有国家力量在后面推动，因为只是着眼于材料搭配比的更新，无其他更新途径，以至于其后几百年间，火药的破坏力并没有很大进步，因此也一直得不到特别重视。直到欧洲人用化学方法研制出新型火药，我们才算真正认识到它的巨大威力。此外，我们有很多水平很高的工艺技术，因为只是经验传承，知其然而不知其所以然，往往在经历了社会动荡之后，就会因为传人的意外死亡而导致技艺消亡，十分令人惋惜。

强调实用性，注重经验的记录和总结，固然让中国的科学技术有着优良的持续传承，同时在很多领域长期走在世界前列，但因为一切从直接经验和直观感受出发，缺乏理论的改进与升华，我们那些曾经璀璨夺目的科学技术，只能各自独立地缓慢进步，甚至有着趋于饱和的倾向。因此，当西方的科学技术在16世纪开始实现从理论到实践大步跨越式前进时，我们就很快被远远抛于别人的身后，成为落后就要挨打的一方了。

三、科技与现代生活

（一）近代科学的传入

17世纪西方近代科学革命开始兴起的时候，传教士利玛窦（1552—1610）以“学术传教”的方式进入中国，为中国带来大量新鲜的科学技术。利玛窦在中国同徐光启一起翻译了《几何原本》前6卷，不仅传播了西方最基础、最核心的几何学知识，而且输入了一种对中国传统思维方式极具冲击力的逻辑工具和证明方法（见图9－11）。利玛窦还在中国制作和展示了浑天仪、地球仪及自鸣钟等有一定科技含量的物品，绘制和传播了带有中文注释的世界地图，开阔了中国人的眼界，改变了中国人的地理观。自利玛窦成功“学术传教”后，众多西方传教士纷纷模仿利玛窦在中国开展他们的传教活动，明末清初也成了西方近代科学在中国传播的第一个高峰期。这一时期传播的内容包括天文学、数学、物理学、逻辑学以及水利、建筑、科学仪器和兵器等技术。尽管传教士的本意并非引进科学，但这些传播活动毕竟从客观上帮助中国迈开了接受西方近代科学的第一步。

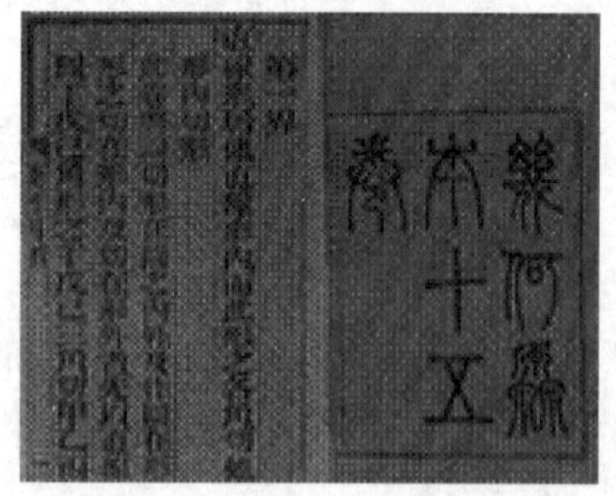

图9－11　利玛窦与徐光启

明清朝代更迭后，中国再次闭关锁国。政治上的变动使得利玛窦等传教士前期的诸多努力付诸东流。中国接受西方近代科学的脚步被打断了。直到1840年，鸦片战争打破了清朝人“天朝上国”的美梦。也就是从这场战争后，中国人被迫开眼向洋看世界，重新和这个世界上的其他文明交流，同时也开始扭正自己原本对科学的态度——不再一味排斥科技所体现的“奇技淫巧”，西学东渐的大幕由此拉开。清末意图自强的洋务运动，不仅是一场富国强兵的军事、实业运动，也是一场西方科技的大规模传播运动。大量的西方科技书籍包括兵学、工艺、医学、矿学、农学、化学、算学、船政等被翻译成中文出版发行，使得近代科学各学科的基本知识第一次较系统地进入中国，对中国的社会进程发生了多方面的影响，尤其是哺育了中国第一代科技工作者，为中国近代科学的体制化奠定了基础。而1894年中日甲午战争失败，更使中国人认识到自身的局限性，在维新派及辛亥革命的推动下，中国的科技教育开始纳入国民教育体系，科技学会纷纷成立，留学教育也大规模展开，科学思想在中国开始广泛传播。这其中，留学教育的展开成绩最为突出，尤其是留美计划非常成功，绝大部分留美学生获得学士以上学位，其中一大批留学生成长为知名科学家。中国建立自己的专门科研机构，从事独立的科学研究和实现科学体制化的时机也在此期间走向成熟。

（二）中国科学技术的新纪元

中国人民经历一系列艰苦卓绝的斗争，终于在共产党的领导下建立了中华人民共和国。自此，中国迈入了科学技术的新纪元。尤其是20世纪70年代以来，随着我国经济体制改革的启动和不断深化，我国科技体制也进行了大刀阔斧的改革更新，中国的科技列车驶上了快车道，在基础研究和高技术领域都纷纷取得领先世界的成就。

然而我们也必须清醒认识到，我们与国际科学技术的先进水平还存在一定差距，许多核心技术仍旧依赖追踪、模仿和引进，自我创新发明能力明显不足。因此，中国科学技术的发展既蕴含着良好的机遇，又面临巨大的挑战。我们必须根据我国的实际情况，坚持改革开放，增强吸收能力，为科技发展赢得更多的知识资源、技术资源和人才资源，同时加强人员培养和引进，增加研发收入和产学研合作，深化体制改革，为科学事业的发展插上腾飞的翅膀。

（三）科技改变生活

科学技术是第一生产力。无数史实告诉我们，人类社会的每一次进步，都离不开科学技术的发展。科学技术的进步已经为人类创造了巨大的物质财富和精神财富。经历了第三次工业革命洗礼后的当今世界，科技发展突飞猛进，更是有力地推动了经济和社会的发展，为人类的文明开辟了更为广阔的空间。

科学技术与人们日常生活的关联也越来越紧密，无时无刻不在改变我们的生活。科技给现代人类生活带来很大的便利。以交通为例，过去觉得天遥地远，一辈子也不可能去到的地方，现在或乘高铁，或坐飞机，转瞬即至。“世界那么大，我想去看看”，放在近代以前，这个想法想要变成现实，需要面临各种各样的困难，交通、食宿、医疗卫生以及人身安全等都难以保障。江湖险恶，绝不是一个玩笑话。而现在，来一场说走就走的旅行，已经是很多年轻人很容易做到的事情。因为无论是交通、食宿还是安全等旅行需要注意的事项，用手机或电脑在很短的时间内即可搞定。过去，人们通过报纸、杂志等获取自己想要的信息；十多年前，人们获取信息的快捷方式还是依赖于电视、电脑等；而如今，伴随着移动智能终端的普及，人们获取信息的方式已经逐渐转向了互联网。高科技覆盖了地球，把世界连在了一起，为人们带来方便、快捷的同时，更节约了时间成本，提高了办事效率。

科学技术也改变了人们的思维方式，使人类劳动更多地依靠知识和智力。种类繁多的高科技设备，让整个社会生活的社会化程度都在不断提高。生活在现代社会的人，已经完全被高科技产品包围。电脑、手机等成为人们对外联络的基本工具；离开汽车等现代交通工具，多数人会发现出行都成了问题；没有了空调、冰箱、热水器等家用电器，很多人会发现家里已经不适合居住了。在现代社会，与其说人在操纵机器，不如说很多时候，人被机器控制了。当然，我们没有理由执意地放弃这些高科技产品转而去追求一种原始的生活，但在享受现代科技给我们提供的便捷服务的同时，如何摆脱对现代科技的依赖，也成了时下一个重要问题。

表 9－1　中外科技发展对照表

时代	中国	世界其他地区
旧石器时代（距今 250 万—1 万年）	200 万年前，人类进入打制石器的旧石器时代 100 万年前，人类掌握了火的使用技术 2 万年前，人类发明了弓箭 1 万年前，人类进入定居农业社会	—
新石器时代（距今 1 万—2000 年不等）	公元前 7000 年，中国仰韶文化时期已有陶窑及模制的陶器	公元前 4000 年，古埃及发明了世界上最早的太阳历。埃及人已掌握冶金术、酒醋制造、颜料染色等技术 公元前 2500 年，埃及人用沙和苏打制取玻璃

续上表

时代	中国	世界其他地区
夏（前2070—1600）	—	公元前2100年，美索不达米亚人发明六十进位制乘法表 公元前2000年，埃及人发明十进制、整数和分数计算法，三角形和圆面积计算法，正方角锥体和锥台体积计算法；发明防腐剂以保存木乃伊
商（约前1600—前1046）	公元前1200年，中国用蚕丝织丝绢；青铜（铜锡合金）冶铸技术已达成熟阶段	—
周（前1046—前256）	公元前7世纪，中国已会铸铁，开始用干支记日 公元前611年，中国有彗星的最早记录，即后来有名的哈雷彗星 公元前5世纪，《周礼》中记载了用金属凹面镜从太阳取火的方法 公元前400年，墨翟（约前468—前376）发现小孔成像	公元前7世纪，巴比伦人发现日月食循环的沙罗周期 公元前6世纪，希腊的毕达哥拉斯（约前580—约前500）证明了勾股定理，发现了无理数，提出了地球球形说 公元前6世纪，印度人计算出2的平方根为1.414 215 6 公元前5世纪，希腊的德谟克利特（约前460—前370）提出古代原子论，认为万物是由大小和质量不同、运动不息的原子组成的 公元前4世纪，希腊的亚里士多德（前384—前322）对数学、动物学等进行综合研究，在《天论》一书中提出了地球中心说；认识到声音是由空气运动产生的；发表《动物自然史》等书，记载有500多种动物，第一次把生物学置于广泛观察的基础之上 公元前3世纪，希腊的欧几里得（前330—前275）发表《几何原本》13卷 公元前3世纪，希腊的阿基米德（前287—前212）发现杠杆原理和浮力定律，发明阿基米德螺旋

续上表

时代	中国	世界其他地区
秦汉（前221—220）	公元前221年，秦始皇统一度量衡，其体制沿用到20世纪 公元前2世纪，刘安（前179—前122）著《淮南子》，记载用冰做透镜，用反射镜做潜望镜 前2世纪，中国西汉用丝麻纤维纸 105年，东汉时蔡伦（？—121）改进造纸术 132年，东汉时张衡（78—139）发明世界上第一个测量地震的仪——器地动仪	1世纪，希腊的希龙（Hero，62—150）发明蒸汽旋转器和热空气推动的转动机，这是蒸汽涡轮机和热气涡轮机的萌芽；发明虹吸管 1世纪，罗马的老普林尼（23—79）的百科全书《博物学》问世 100年，希腊的尼寇马写《算术引论》一书，此后算术开始成为独立学科 2世纪，希腊的托勒密（90—168）运用圆锥、圆筒等方法绘制地球，建立了以地球为中心的宇宙体系；发现大气折射
魏晋南北朝（220—589）	3世纪初，汉末华佗（约145—208）发明麻醉剂麻沸散用于外科手术 3世纪，魏晋时期的刘徽（约225—约295）提出割圆术，得圆周率为3.141 6 5世纪，南北朝时南朝的祖冲之（429—500）算出圆周率的值到小数点后第七位，比西方人早1 000多年 北魏时贾思勰写《齐民要术》，在世界农学史上占有重要地位	—
隋唐五代（581—960）	唐朝已采用刻板印刷 725年，僧一行等人实测子午线的长度 8世纪，中国造纸术传入西方 9世纪，唐朝的炼丹士发明火药	9世纪，阿拉伯的花剌子模发表《印度计数算法》，使西欧人熟悉了十进位制，他也是代数学的奠基人；阿拉伯的阿尔·拉兹（865—925）写成《医学集成》，被后人认为是医疗化学的先驱 阿拉伯炼金术获得发展，制出了硫酸、硝酸、王水等，为炼金术向化学过渡准备了条件 阿拉伯的伊本·西拿（980—1037）写成《医学经典》，对以后6个世纪影响很深

续上表

时代	中国	世界其他地区
宋元（960—1368）	1041年，北宋毕昇（约971—1051）发明活字印刷术，早于西方400年，奠定了现代印刷术的基础 1054年，《宋史》记载了一次超新星爆发，这是世界上最早的有关超新星爆发的文字记载。该超新星的残骸形成了现在所见的蟹状星云 1231年，宋朝人发明“震天雷”，充有火药，可用投掷器射出，是火炮的雏形 1259年，南宋抗击金兵时，使用一种用竹筒射出子弹的火器，是火枪的雏形 13世纪，中国火药传入阿拉伯 14世纪，中国开始应用珠算盘	1202年，意大利的斐波那契（1175—1250）发表《计算之书》，把印度—阿拉伯计数法介绍到西方 13世纪，欧洲人开始使用眼镜
明清（1368—1911）	1385年，中国在南京建立观象台，是世界上最早的设备完善的天文台 1596年，明代李时珍（1518—1593）《本草纲目》出版，书中记有药物1 892种，是重要的科学典籍 1637年，明朝宋应星（1587—约1666）完成《天工开物》，总结了中国工农业生产技术	1500年，达·芬奇（1452—1519）设计了风力计、湿度计、降落伞、纺纱机、踏动车床等草图 1519—1522年，葡萄牙人麦哲伦（1480—1521）完成第一次环球航行，证实地球是球形 1539年，波兰的哥白尼（1473—1543）提出了以太阳为中心的宇宙理论。1543年，哥白尼的《天体运行论》出版，从此自然科学开始从神学中解放出来 1593年，意大利的伽利略发明空气温度计 1605年，英国的培根（1561—1626）著《学术的进展》，提倡以实验为基础的归纳法 1609年，意大利的伽利略制成第一架天文望远镜，用其发现了木星的四颗卫星

续上表

时代	中国	世界其他地区
明清（1368—1911）		1628年，英国的哈维（1578—1657）发现血液循环 1666年，英国的牛顿（1643—1727）提出万有引力定律 1677年，德国的莱布尼兹（1646—1716）发明微积分 1687年，英国的牛顿提出力学三定律和绝对时间、绝对空间的概念 1750年，美国的富兰克林（1706—1790）发明避雷针 1781年，英国的瓦特（1736—1819）改良蒸汽机 1789年，法国的拉瓦锡（1743—1794）发表《化学纲要》，开创了化学新纪元 1802年，英国的特里维西克（1771—1833）造出了蒸汽机车 1826年，德国的欧姆（1789—1854）发现欧姆定律 1831年，英国的法拉第（1791—1867）发现电磁感应现象 1849年，英国的开尔文（1824—1907）提出热力学第一和第二定律 1850年，英国的赫姆霍兹（1821—1894）提出了能量守恒定律 1859年，英国的达尔文（1809—1882）发表《物种起源》，开创了生物进化论 1869年，俄国的门捷列耶夫（1834—1907）发表元素周期表 1876年，美国的贝尔（1847—1922）发明电话 1879年，美国的爱迪生（1847—1931）发明电灯 1885年，德国的本茨（1844—1929）发明汽油内燃汽车 1887年，德国的赫兹（1857—1894）发现电磁波，发现光电效应 1903年，美国的莱特兄弟发明飞机 1905年，瑞士的爱因斯坦（1879—1955）创立狭义相对论 1908年，德国的普朗克（1858—1947）提出动量统一定义，肯定了质能关系的普遍成立

文献阅读

1 黄帝内经·素问·四气调神大论篇（节选）

黄帝内经［M］. 姚春鹏，译注. 北京：中华书局，2010：31－32.

夫四时阴阳者，万物之根本也。所以圣人春夏养阳，秋冬养阴，以从其根。逆其根，则伐其本，坏其真矣。故阴阳四时者，万物之终始也；死生之本也。逆之则灾害生，从之则苛疾不起。是谓得道。道者，圣人行之，愚者背之。从阴阳则生，逆之则死；从之则治，逆之则乱。反顺为逆，是谓内格。

是故圣人不治已病治未病；不治已乱治未乱，此之谓也。夫病已成而后药之，乱已成而后治之，譬犹渴而穿井，斗而铸兵，不亦晚乎？

2 勾股圆方术（节选）

周髀算经译注［M］. 程贞一，闻人军，译注. 上海：上海古籍出版社，2012：1－2.

昔者周公问于商高曰：窃闻乎大夫善数也，请问古者包牺立周天历度，夫天不可阶而升，地不可得尺寸而度，请问数安从出？

商高曰：数之法出于圆方，圆出于方，方出于矩，矩出于九九八十一。故折矩，以为勾广三、股修四、径隅五。既方之外，半其一矩，环而共盘，得成三四五。两矩共长二十有五，是谓积矩。故禹之所以治天下者，此数之所生也。

3 方田（节选）

九章算术译注［M］. 曹纯，译注. 上海：上海三联书店，2015：1－2.

今有田广十五步，纵十六步。问：为田几何？

答曰：一亩。

又有田广十二步，纵十四步。问：为田几何？

答曰：一百六十八步。

方田术曰：广纵步数相乘得积步。

4 鸟铳制法

宋应星. 天工开物译注［M］. 潘吉星，译注. 上海：上海古籍出版社，2008：285－286.

鸟铳：凡鸟铳长约三尺，铁管载药，嵌盛木棍之中，以便手握。凡锤鸟铳，先以铁梃一条大如箸者为冷骨，裹红铁锤成。先为三接，接口炽红，竭力撞合。合后以四棱钢锥如箸大者，透转其中使极光净，则发药无阻滞。其本近身处，管亦大于末，所以容受火药。每铳约载配硝一钱二分，铅铁弹子二钱。发药不用信引，（岭南制度，有用引者。）孔口通内处露硝分厘，捶熟苎麻点火。左手握铳对敌，右手发铁机逼苎火于硝上，则一发而去。鸟雀遇于三十步内者，羽肉皆粉碎，五十步外方有完形，若百步则铳力竭矣。鸟枪行远过二百步，制方仿佛鸟铳，而身长药多，亦皆倍此也。

5 李约瑟：中国在科学技术史上的地位（节选）

黎先耀．百年人文随笔：外国卷［M］．长春：吉林人民出版社，2003：433－435．

我们讨论一个问题，即，在科学技术史上中国文化的地位。只有研究了中国的社会、文化和经济制度，才能理解为什么在上古和中古时代，中国的理论科学和应用科学有惊人的发展，而在17世纪初期伽利略时代之后，现代科学在中国却没有发展，或者，可以说，完全没有发展。从广义说，我们可以说，在纪元前3世纪至公元15世纪之间，中国比欧洲的科学技术（除了希腊光辉灿烂的理论建设高潮之外）要进步得多，但是从文艺复兴以后，欧洲的科学就开始占领先地位了。确实，到了伽利略时代，可以说科学发明的技术本身被发现了，其结果就产生了现代科学的统一世界，科学为全人类所公有，从而消除了中古世纪标志各种科学技术形式的种族烙印。我以前已经说过，文艺复兴后欧洲产生的并不是“欧洲的科学”，而是全世界普遍适用的现代科学，所有各种文化的男男女女都可以自由地享受的。虽然这一突破是在欧洲发生，而且只是在欧洲发生的，但这并不能证明欧洲人具有德国的神秘主义者常常标榜的所谓“浮士德灵魂”的特殊品质，也不能以此为理由而像某些作家那样坚持要把欧洲文化列为最高级的“世界性文化”。因为欧洲有许多特殊的因素必须考虑进去：欧洲历史发展的具体条件，欧洲封建制度的形式，欧洲的重商主义和工业化建设日益增长的需要，希腊人从先苏格拉底时期以后对欧洲文化历史一贯的推动和促进作用——所有这一切以及其他类似的因素都足以充分解释那个“伽利略奇迹”之谜；因此，我们没有理由把现代科学在欧洲的产生和成长归之于什么欧洲精神的神秘命运或者欧洲人的天赋才智。同时，看到其他民族对于现代科学的建立所作出的伟大贡献，我们更觉得不应该这样说。对于中国本身，我们要研究的问题仍然是：为什么在公元8世纪以前中国社会比西方社会更有利于科学的发展，而到18世纪以后却阻止了科学的发展呢？

文艺复兴时期欧洲所发生的情况：如，伽利略时代以后现代科学的蓬勃发展，数学证明推理方法的臻于完善，等等；这一些对于东方和西方人民的关系有深刻的影响。它所产生的后果我们都很清楚。我们知道，由于现代技术的发展，西方的生活水平大大地提高；我们也知道近二三百年来由于西方人在军事上取得统治地位，轻而易举地慑服了其他的文化，造成了多么恶劣的影响。但是，如果全世界能够防止由于现代科学所产生的无穷力量而自行毁灭，那么，我们从现代科学所能获得的利益也是无穷无尽的。（虽然中国过去在科学、数学和技术领域中已经取得了那么多的伟大成就）为什么现代科学的勃兴发生在欧洲而不发生在东亚的文明中？在这个问题后面，牵涉到有关中国社会的性质和发展的一切问题。

我们以前已经提出一些意见，说明为什么中国历史从来没有发生过类似欧洲文艺复兴的运动。在中国，古希腊城邦的概念是完全不存在的。在西方，商人的利益对于现代科学的勃兴起重大的作用；而在中国，商人的利益是一贯受抑制的。此外，还有思想意识方面的因素。一方面是神圣化的宗族祖先体系；另一方面是人格化的上帝造物主，上帝的理性训示人们认为可以用自己的数学语言勉强地演绎出来。一方面是一切事物内在的“道”使他们自然地达到和谐；而另一方面则是原子作用和机械推动的理论。现代方式的自然科学的产生似乎需要有一种启发性的自然淳朴的因素，而这种因素恰恰是中国天赋的智能中所缺少的。

就是这个问题首先促使我下决心今后要以毕生的力量编纂一部关于中国的科学、科学思想和技术发展的全面和系统的著作。后来，我认识到，在这个问题后面，还有一个至少是同样重要的问题：为什么在文艺复兴以前，从纪元前 200 年至大约公元 1400 或 1450 年这一段时期内，中国比欧洲总是要进步得多？还需要回答一个问题：为什么中国的官僚封建主义能够更好地把科学（可以说，常常是一种客观上似乎并不存在的理论科学）应用于人生事务上，在这方面比希腊的帝国主义，或者中古世纪的西方封建主义，要高明得多呢？这种情况似乎不大好解释；但是我们可以举出许多例子来证明，不一定都是在技术的范围之内。我们且不谈那著名的三大发明：印刷术、火药和指南针，——过去由于弗兰西斯·培根的誉扬已经脍炙人口了。我以前还谈到铸铁技术的发明，把铁熔化而浇铸的方法——在欧洲一直到公元 1380 年才知道，可是在中国早在纪元前 2 世纪人们已经习惯用浇铸法制造农具了。当然，我不能在这里详细说明如何浇铸，我想这是大家都知道的。这只是一个特殊的例子，说明在很早的年代里中国的技术已经远远超过西方。同样令人惊奇的是，虽然在中国没有欧几里特和阿波罗尼所创立的演绎法几何学，可是早在文艺复兴以前就发明了望远镜上的赤道仪装置和机械钟的却是中国而不是欧洲。机械钟的发明尤其使人惊奇，因为中国一向被说成是一个“没有时间观念”的农业社会。

在这方面，可能非常重要的一点是：这些中古世纪的发明有一些是和中国文化的官僚性质密切联系的。我们可举出地震仪、量雨计和量雪计作为例子。在结构严密的官僚体系中，那些有高度组织性和远见性的上层知识分子集团，即使是封建性的，也感到有必要及时了解任何地方发生了地震，以便立即给予赈济，或者，对于严重的受灾区，还要派遣军队前去。显然，在公元 2 世纪就是由于这种情况促使张衡制造和使用最早的地震仪。由于同样的原因，量雨计和量雪计也是很重要的，因为任何地方可能发生水灾，统治集团必须要得到预报。在 11 和 12 世纪的一些数学书籍中列示关于量雨计形状的习题，从中我们了解这种量雨计使用极为广泛，可能设立在西藏高原附近的西部山麓下，为了了解雨量和雪量是如何形成的。还有一个例子，我和我的合作者最近写了一篇详细的文章，那是关于一次惊人的大地测量：公元 723 年派遣的一个远征考察队进行了 2 ~ 3 年的实地观测，综合观测结果确定了子午线。这一伟大的工作是在皇家天文学家南宫说和杰出的僧人数学家一行的领导下完成的。毫无疑问，这是整个中古世纪中最惊人的一次有组织的大地测量；起自蒙古边境直到印度支那，沿着全长达约 2500 公里的路线上，设立了 9 个主要的观测站，系统地观测了夏至和冬至的日影长度和极地高度。我不相信在任何其他的中古世纪的文明中有可能设想和进行这样大规模的有组织的大地测量。这确实是值得纪念的，而这和中国封建社会的官僚特性也是分不开的。

6 中国古代科技中的思想智慧（节选）

孙小淳. 中国古代科技中的思想智慧［N］. 北京日报，2016－08－15（15）.

古代“格物致知”的方法，与现代科学的方法是并行不悖的

“格物致知”，出自《大学》。关于“格物”究竟什么意思？朱熹讲就是“穷究事物道理”的意思。怎么个研究法？说到底就是对事物进行观察分类。《说文解字》说，“格，从木各声”，是树高长枝为格的意思，引申为“木格”。“格”说白了就是木做的格子，好比中药铺里的药格子，用来对草药进行分类。分类作为研究事物的方法，其重要性是不言而喻的。要研究事物，首先要会对其进行分类。中国古代特别注重观察事物并对其进行分类，虽然是初步的研究，也是富有成效的。中国古代对天文、气象、地震、植物等有非常丰富的观察和记录，至今具有科学价值。例如，古代的天象记录被用来研究超新星、宇宙演化和太阳活动，本草资料被用来进行现代医药学研究。古代“格物致知”的方法，与现代科学的方法是并行不悖的。

取象类比的思维方式，是中国古代科学得以发明、得以创造的思想源泉

科学创造离不开丰富的想象。中国古代通过“取象类比”这种“关联性思维”以建立事物之间的联系，达到对事物的认识。这里“象”的形成是关键。《诗经》的“兴”是建立意象的典范，如从“关关雎鸠，在河之洲”就能联想到“窈窕淑女，君子好逑”。“象”的形成是一个通过想象而“兴象”的过程。中国古代用这种取象类比的关联思维，构建了关于天、地、生、人的宇宙图式。讲述天地宇宙之间音律、节气、阴阳的变化，论证它们变化的规律，都是用取象类比的方法，往往是根据“音似”、“形似”或“神似”。而这些“相似”又是与总的宇宙图式、经验的观察、直观的想象、表述的方式等紧密相关联的。理解中国古代的科学，必须对古代科学思维的“兴象”方式有认真的研究。这套取象类比的思维方式，是中国古代科学得以发明、得以创造的思想源泉。

天人合一，使人们相信宇宙是人可以认知的，这应该算是科学的“第一原理”

“天人合一”，是中国古代另一重要的思想，其要点是宇宙与人是和谐的，是一个整体。人类生活在宇宙之中，如果宇宙与人不构成一个和谐的统一体，那就意味着宇宙对人来说是完全混乱的，人类在其中不可能生存，宇宙对人来说也是不可知的。所以“天人合一”的思想，本质上是正确的，也是必要的。宇宙生人，人类本来就带有宇宙印记，人类的音乐、审美、身体节律，都与宇宙密切相关。天人合一，使人们相信宇宙是人可以认知的，这应该算是科学的“第一原理”。当代最著名的科学家，如霍金、温伯格等，相信宇宙的和谐，追求“终极理论之梦”，讨论“人择原理”和“伟大的设计”，与追求“天人合一”终极目标是完全一致的。

“天人合一”的思想，虽然在古代不时被统治者作为“君权神授”的依据，但作为一种基本思想，同时也指导了科学的研究，“究天人之际”，是中国古代科学研究的最高目标。中国古代天文，主要目的是“观象授时”，即通过天文观测确定时节，指导人们按照“时令”去从事生产和礼仪活动。还值得一提的是，中国古代探究“天人合一”，

认为“气”是天地感应的媒介，因此早在汉代，就设计了“候气”的实验，与现代科学测“以太”的迈克尔逊—莫雷实验，在探索科学终极问题这一点上，有相通之处。

“天人合一”思想的另一个要点就是“大宇宙”与“小宇宙”的对应。天地是“大宇宙”，人体是一个“小宇宙”，国家也是一个“小宇宙”。大小宇宙的结构、功能和运行方式都是相类似的。例如，《黄帝内经》把人的身体当作“小宇宙”，其结构与功能是与“大宇宙”相对应的。身体的健康就是体内阴阳之气的平衡和各脏腑功能的正常运行。这套理论构成了中医的理论基础。国家也犹如身体，国家强盛，犹如身体健壮；国家贫弱，犹如身体病弱。要像调理身体一样治理国家，而且按照“大宇宙”的节律来治理。这一思想，对于当今的国家治理都有启发意义。

中华文明就是有一种兼容并蓄、博采众长的气度，所以才历久而弥新

过去我们讲中国古代科技，总是倾向于追寻所谓“中国第一”。这种历史观带有很大的片面性，而且也不符合历史事实。看中国数千年文明史，中华文明其实一直都在吸收、改造和利用外来文明。与域外文明的交流比我们起初想象的要早得多，内容也丰富得多。自汉以来，中国就先后受到印度文明、阿拉伯文明、欧洲文明的影响，中华文明就是有一种兼容并蓄、博采众长的气度，所以才历久而弥新。儒家思想，以经世致用为目的，对于科技历来是非常重视的。事关国计民生的科技知识的探索，历来受到国家的肯定与支持。这也是中国古代在很多科技方面能够取得重大成就的原因。如在宋代，国家重视天文学和医学，所以天文学和医学在宋代达到了一个高峰。再如，元明以来，中国官府的天文机构，对外来的阿拉伯天文学一直采取翻译、学习、传播的做法，使中国古代天文学保持着一种活力。今天，我们更应该本着兼容并蓄的态度，更加积极主动地向西方学习科学思想和科学精神。我们应该发扬中华文明“有容乃大”的气质，凡是有利于思想活跃、有利于创造、有利于国计民生的，都拿来为我所用。吸取中国古代科技发展方面的经验教训，对于我们今天发展科技也是有益的。

思考与讨论

1. 历史上的中医药废止案

作为传统文化中非常重要的一门学科，即使从汉代算起，中医也已经存在并发展了两千多年历史，为中华民族的生存发展，为中国人民的身体健康做出了巨大贡献。长期以来，中国人对本国医术并无异议，直至晚清时期，西方医学大规模输入中国，两种从理论到实践完全不同的医学体系开始正面碰撞。在五四新旧思潮激烈冲突中，激进的知识界批评中医愚昧落后之声日渐高涨，最激进人士如余云岫者，于1929年公然提出废止中医之说，他认为“旧医（编者注：对中医的贬称）所用理论，皆凭空结构，阻碍科学化。旧医一日不除，民众思想一日不变，卫生行政不能进展”。他的主张在当年的国民党中央卫生委员会上得到通过。后经中国传统医学和中医界共同发起请愿活动，打出“提倡中医以防文化侵略，提倡中药以防经济侵略”口号，获得全国业界支持，最终获得政府支持，余云岫的议案被取缔。该事件史称“废止中医案”。

中医废止的提案被取缔，却并不代表中医在自己的国土上地位得到巩固。时隔70余年后的2006年，网上突然爆发了一波取消中医的签名活动。此次活动的主要发起人，中南大学科学思想史学者张功耀认为中医是不能进行临床医疗解决问题的，而所谓中医药大学培养出来的人，其实也没学到多少东西，因为中医其本身就是不科学，而且没有实践的基础。他说，他知道中医有些成功的案例，但是案例的有效具有偶然性，所谓的有效并不能直接还原到实验中。张功耀的呼吁在网上一经发出，引起广泛争议。不过与民国时期政府对中医的否定倾向不同，本次官方态度鲜明，坚决反对此种言论和做法，一场闹剧就此收场。

问题：请谈谈你对中医废止案的看法。

2. 2018年美国制裁中兴事件

2018年4月16日晚，美国商务部发布公告称，美国政府在未来7年内禁止中兴通讯向美国企业购买敏感产品。消息一出，世界震惊。中兴通讯是全球领先的综合通信解决方案提供商，中国最大的通信设备上市公司，公司业务遍布全球。只是这样一个庞大的工业帝国，却因为美国政府这一禁令，直接陷入无法经营下去的尴尬甚至悲凉局面。当然，这次制裁事件的背景相当复杂，既有美国对中国制造业崛起的警惕与打压因素，也是中兴公司自己手脚不干净，一再违反美国政府禁令导致的恶果。但抛开这些外部原因，世界那么大，缘何美国的一纸禁令，就能让一个巨无霸企业陷入濒临倒闭的境地呢？而中国作为仅次于美国的世界第二大经济体，却也同中兴公司一样，不能拿出足以抵消美国的制裁令威胁的对应方案，这不得不令人深思。

中兴公司是世界顶尖的通信设备供应公司，但公司的业务开展所需的核心芯片，无法自主生产，必须从美国公司手中购买，而且短期内中国国内不可能有替代品。换句话说，美国政府一出手，就卡住了中兴公司的命脉所在。中兴公司只能在马拉松式的谈判中不断认错、认罚，最终在答应美国的种种条件后，才得以重新开工。

中美这次围绕中兴公司的博弈，说到底，还是核心科技之争。作为后起之秀，中国虽然在近三十年的改革开放中，取得长足进步，各行各业都基本越过世界中等线，但距离成为世界顶级科技强国还有很远的路要走。

问题：如何从中兴事件汲取教训，提高中国的科技实力？

推荐阅读

1. 金观涛，刘青峰，等. 问题与方法集［M］. 上海：上海人民出版社，1986：403－433.

2. 杨小明，张怡. 中国科技十二讲［M］. 重庆：重庆出版社，2008：1－57.

3. 胡华凯. 中国古代科学思想二十讲［M］. 合肥：中国科技大学出版社，2013：278－296.

引言

有史以来，艺术就是人类生活中必不可少的一部分。如果说衣食住行是人类生存和发展的基础，那么艺术则是人类文明发展的主要推动力之一，中国人也不例外。艺术也是中华文化不可或缺的一部分，是我们了解中华文明非常重要的切入点。

说到文明就不得不提文字。文字是文明发展的重要标志，更是记录文明的重要载体。我们学习和了解历史与文明最主要的线索之一就是文字记载。而中国文字一个非常重要的源头就是绘画。汉字最早的造字方式——象形，就是古人从绘画中得到启发，以描摹事物具体形态作为记录和表达的一种方式。从这个角度说，艺术（绘画）是中华文明的起源。

当然艺术不仅仅指模拟事物具体形象的绘画，绘画也不仅仅是用来描摹事物的具体形状。甚至在中国历史上很长一段时期，中国的画家，尤其是文人画家，认为绘画的主要目的不是为了写实，而是为了写意，也就是表达艺术家本人的内心感受、生活态度和政治思想。以至于有很长一段时间，很多文人画家对写实性的绘画嗤之以鼻，认为那是匠人的技巧，而非艺术创作。所以在漫漫历史长河中，“艺术”或者“绘画”的概念并非一成不变，而是在不同的时空背景下有着不同的意涵。

文人当然是古代中国艺术创作的主要力量，但他们并不是唯一的力量。职业画师和民间工匠也有他们的创作习惯和市场，从而形成另外一股重要的力量，共同推动中国艺术的发展。当然，因为文人掌握话语权，是主要的留下文字书写的历史亲历者，所以如果我们只通过阅读文字文本，比如文人所写的艺术史和艺术理论，来了解古人的艺术创作，往往会觉得文人画是传统中国艺术的核心，甚至将之视为中国艺术的同义词。但如果我们结合物质文化史料，就会发现仅仅通过文人视角来看中国艺术和文明史是非常片面的。因此，第十讲将试着结合文人和非文人两种视角，来更全面地探讨中国艺术（主要是视觉文化）的发展历程。

一、中国艺术的发展与变迁

（一）石器时代：彩陶文化

现在一提到绘画，我们最直观的印象是绘于纸上的图像，但纸在中国历史上其实是比较晚近的发明，而纸作为中国绘画的主要媒介则要到更晚期的时候。那么在纸被发明和广泛应用前，我们的古人作画吗？是怎么作画的呢？又是以什么为媒介？

当然，他们一定也会像我们小时候经常做的那样——随手抓一根树枝或者一块石头在地面、墙壁、沙滩上随心所欲地涂鸦和记录。但是，这样的“艺术创作”显然不能留存到今天让我们看到。那么我们今天所能看到古人最早的艺术创作是什么样的呢？

目前所知最早的中国艺术品大约是新石器时代的彩绘陶器。今天，我们依然无法确切地知道何时、何地、何人创造了彩陶艺术，但通过对发掘的彩陶进行观察和分析，学者们一般认为最晚从仰韶文化时期（前5000—前3000）开始，古人已经开始装饰他们的陶器了。半坡的陶工们主要生产红色陶器，并在抛光后的器表涂抹黑彩，选用的纹饰主要是几何图形或者高度抽象化的符号，也有一部分比较具象的图案如鱼纹和人面纹等。[①]

图10－1　彩陶漩涡双耳罐（仰韶文化马家窑类型，现藏于故宫博物院）

图10－2　彩陶人面鱼纹盆（仰韶文化半坡类型，现藏于中国国家博物馆）

后来，古人在烧造红陶的过程中发现渗入碳可以生产出黑色的陶器。龙山（前2500—前2000）的陶工们尤其擅长制作精美的黑陶。[②] 这些黑陶的陶壁非常薄，常常被打磨到只有0.3～0.5毫米厚，表面漆黑光亮，被形象地称为蛋壳陶。怎么装饰黑陶呢？古人主要采用了“刻”的方式，将图案刻画到黑陶表面。事实上大多数黑陶都比较朴

---

① 半坡遗址在陕西省西安市灞桥区半坡村，属于黄河流域新石器时代的仰韶文化，距今约6 700—5 600年。

② 龙山文化因最早发现于山东省济南市龙山镇而得名，距今约4 000年。主要分布于黄河中下游的河南、山东、山西、陕西等省。

素，有的话也是较为简单的纹饰，比如弦纹，有些甚至没有纹饰，主要以造型取胜。当然也有一些相对复杂的纹饰，比如饕餮纹。[①] 饕餮是中国上古神话里的四大凶兽之一，面目狰狞，凶恶贪食。饕餮纹一般是高度抽象画的兽面纹，其更广为人知的展示媒介则是商、周时期的青铜器。

图 10－3　黑陶蛋壳高柄杯（新石器时代后期龙山文化类型，现藏于中国国家博物馆）

图 10－4　黑陶饕餮纹壶（商中期，现藏于中国国家博物馆）

（二）商周：青铜礼器

青铜铸造大约是商（前 1600—前 1046）、周（前 1046—前 256）时期最重要的艺术生产形式，以至于这个包含商朝和周朝的历史阶段被直接称为中国的“青铜时代”。中国人大约从汉朝开始收藏青铜器，从宋朝开始对青铜器作专门的研究。[②] 我们今天能看到的商周时期的青铜器几乎都是祭祀用的礼器（还有少部分兵器）。一般认为，这些青铜礼器是用来盛装献祭给祖先和神灵的食物与酒水的，因而是王室和贵族祭祀礼仪的核心。因此，商周的青铜礼器见证并参与了早期中华文明的祖先崇拜和政治权力表达，而不仅仅是“艺术”创作。

中国人何时以及如何掌握青铜铸造技术的，现在依然是有待进一步探讨的问题。化学分析显示，商周青铜器主要是铜与锡的合金，少部分含有铅（一般低于 2%，最多也不超过 4%）。[③] 商周的青铜器基本是以块范法制成的，凸出器壁的部分如耳和鋬一般是

---

① 饕餮是中国古代传说中的一种凶兽，特别贪食，其形状为羊身人面，眼在腋下，虎齿人手。《吕氏春秋·先识》记载“周鼎著饕餮，有首无身，食人未咽，害及其身，以言报更也。”北宋时首次使用饕餮这个名称。关于三代以前的饕餮纹的学术探讨，可参考：李学勤. 良渚玉器文化和饕餮纹的演变［J］. 东南文化，1991（5）：42－48.

② 北宋吕大临所写的《考古图》以及由宋徽宗敕撰、王黼编纂的《宣和博古图录》就是关于青铜器的专门著录。

③ 内田纯子，饭冢义之. 从殷墟青铜器化学分析重新解读中国古代铸造技术［J］. 故宫学术季刊，2017，34（4），：1－38.

单独铸造然后与器身焊接在一起的。[①②] 这样的铸造方式将器物分成主体、耳、足以及其他附件或附饰等多个部分分别进行模件化生产。这样的生产方式是为了适应作坊生产的分工协作，从而提高效率和进行大规模生产。[③]

青铜容器种类繁多，按功能分主要包括了烹器、盛食器、酒器、盥洗器等。这些礼器大小不一，既有仅十几厘米的小型礼器，也有高度超过一米、重量接近一吨的大型容器（如图10－5所示）。[④] 主要的青铜烹食器包括鼎、鬲和甗。鼎一般三足圆腹，也有四足方形的，一般无耳或两耳。鼎是商周时期数量最多的青铜礼器器型之一，并且有重要的政治意义。[⑤] 相传禹铸九鼎作为传授帝位的重器，此后九鼎象征王位。列鼎制度规定只有周天子可以使用九鼎。鬲与鼎非常相似，一般圆腹、三足，足壁与器壁相连无明显区分。甗是蒸煮食物的容器，由底部的鬲和上部的甑组合而成。甑的底部有孔，以便蒸汽通过。使用时下方的鬲用来煮水，食物放在上方的甑里，利用蒸汽将食物蒸熟。此外，盛食器主要有簋、豆、盨、簠等，酒器则包括壶、卣、尊、觥、盉、爵等。它们共同形成了一个庞大的青铜礼器系统，是形塑西周礼乐制度的重要元素。

除少数例外，大多数青铜器都以雄奇的造型和华丽优美的纹饰而引人注目。许多学者认为商周青铜器有一个题材和内容相对明确的装饰母题库或者装饰体系。艺术史家罗樾（Max Loehr，1903—1988）认为商代青铜器纹饰的艺术风格可以划分为五个连续的风格发展序列，即从以简单抽象的线形浮雕纹饰为主的风格一阶段发展到复杂、繁密的曲线纹样覆盖于整个器表的风格二、三阶段。风格四阶段，主体纹样从地纹中分离出来并在对比中被凸显。风格五阶段，主体图案从地纹上凸出，轮廓更为鲜明。[⑥] 商代青铜器的动物母题繁多，既包括自然界存在的动物也包括神话中虚构的动物，最为后人熟知的就是前文提到的饕餮。这些复杂多样的动物纹饰有着丰富的含义，很可能是作为古人与祖先和神沟通的媒介。[⑦] 它们常常以高度抽象的形式被展现，身体被分解、再组合，某些部位如眼睛、鼻子等被凸显，其他部分则抽象化为线条或纹样或者转化为另一种动物的形态，整体组合成看起来离奇夸张，但又奇妙地和谐流畅的画面。

---

① 关于块范铸铜法，可参考：张光直．中国青铜时代［M］．北京：生活·读书·新知三联书店，2013：7.

② 青铜焊接技术的讨论可参考：张昌平．商周青铜礼器铸造中焊接技术传统的形成［J］．考古，2018（2）：88－98.

③ 青铜器的模件化生产，可参考：雷德侯．万物：中国艺术中的模件化和规模化生产［M］．张总，钟晓青，陈芳，等译．北京：生活·读书·新知三联书店，2005：37－73.

④ 如1939年安阳出土的商王祖庚或者祖甲为纪念其母而造的后母戊鼎，通高133厘米，重832.84千克。

⑤ 青铜鼎最早见于二里头文化（前1880—前1521）遗址，该遗址因位于河南省洛阳市偃师市翟镇二里头村的而得名。二里头文化是跨越新石器时代和青铜时代的文化。

⑥ LOEHR M. The bronze styles of the Anyang period［J］. Archives of the Chinese art society of America，1953（7）：42－53.

⑦ 张光直．中国青铜时代［M］．北京：生活·读书·新知三联书店，2013：438－440.

图 10－5　后母戊鼎（商朝后期方鼎，现藏于中国国家博物馆）

图 10－6　青铜器纹饰的五种风格及其发展序列①

西周早期的青铜器基本继承了商代青铜器的风格，最大的变化主要在铭文（又叫金文）上。商代的铭文较为简洁，常常只有几个字，甚至很多时候只有一个族徽，主要是记录族名、祖先名或铸者名。② 从商晚期尤其西周早期开始，铭文变长了，有时多达数百字，内容则变成了记录活着的家族成员所取得的荣耀和成就以告慰祖先。“何尊”是西周早期一位叫“何”的贵族所拥有的用以祭祀的酒器。其内底的铭文，共有 122 字，是研究西周初期历史的珍贵资料，也是已知最早的提到“中国”一词的文献。其实，一直以来，中国历代的鉴赏家和研究者对于西周的青铜器所重视的都不是，或者不仅仅是其外在艺术形式而是其铭文的史料价值。

图 10－7　何尊（西周早期，现藏于宝鸡青铜博物馆）

图 10－8　何尊铭文拓片

青铜器铸造技术在东周时期继续发展，但也出现了不可忽视的变化。出土遗物发现

① 方闻，黄厚明，谈晟广．中国青铜时代的艺术：研究方法与途径［J］．西北美术，2015（1）：56－69.

② 商代青铜铭文研究，可参考：严志斌．商代青铜器铭文研究［M］．上海：上海古籍出版社，2013.

更多实用型的青铜器物，比如铜镜和带钩。商和西周时期数量丰富的酒器则迅速减少。另外，在铜器表面镶嵌金银的做法逐渐流行起来，尤其到战国时候，随着黄金工艺的完善，大量精美的错金银铜器被生产出来（如图 10－9 所示）。在曾国（今湖北随州）出土的曾侯乙编钟是这一时期青铜艺术的代表性作品。整组编钟共65 件，按大小和音高编成8 组悬挂在3 层钟架上。钟及架上遍布各种采用多种技法雕刻而成的精美纹饰。钟上还有错金银铭文，铸有律名、调式和高音名称等信息（如图 10－10 所示）。整组作品大气壮观，细节华丽繁复，反映了战国时期青铜铸造技艺和音律学的超高水准。

图 10－9　错金银斗兽纹铜镜（战国，现藏于日本永青文库）

图 10－10　曾侯乙编钟（战国，现藏于湖北省博物馆）

（三）秦汉：墓葬艺术

秦（前 221—前 206）、汉（前 206—220）时期，中国的墓葬艺术成就达到了巅峰。早期的中国墓葬并没有纪念性雕塑，到秦汉时期发生了根本性改变。其实，将陶俑放置在墓葬内或旁边以替代人殉的做法在战国时期就已可见，到秦汉时期则更加普及。最具代表性的当然是规模宏大的秦始皇陵的随葬兵马俑。秦兵马俑在规模和写实程度上代表了我国古代墓葬雕塑艺术的巅峰。汉代雕刻艺术在秦的基础上持续发展，并发展出新的形式。

秦俑坑在秦始皇陵墓东面 1.5 公里处，目前共发掘有四个坑。除了四号坑是回填的土以外，其余三个坑都有俑。其中一号坑规模最大，包括陶俑、陶马 6 000 多件。二号和三号坑分别位于一号坑的东北和西北两侧，分别有陶俑、陶马 1 300 余件和 70 件。陶俑主要有士兵和军吏两类。其中军官戴冠，士兵不戴冠。士兵又细分为步兵、骑兵和车兵。军吏则有低、中、高级之分。各级军官可根据他们戴的冠和穿的铠甲的不同来进行区分。每个俑都单独制作。首先需要和泥做胚并分别制作俑的各个身体部位的大型粗胚，手和头是单独制成后拼合而成的，腿部是实心的，用以支撑空心的躯体。然后陶工们会在表面涂抹细泥，打磨平整，再雕刻服饰和其他细节。仔细观察，这些陶俑神情各异、千人千面，这说明秦代陶工们非常注重写实。素俑制好后，要进行高温烧结。最后还要进行修饰和彩绘，尽管我们目前看到的兵马俑几乎已看不出它们原来的色彩。秦朝早就消逝在历史的时空中，但秦陵兵马俑以其宏大的规模、细腻写实的雕琢向我们展示着那个短暂帝国的永恒风采。

图 10－11　秦始皇陵兵马俑

雕刻技艺在汉代继续发展，不仅皇室贵族，连平民百姓也要求丧葬的“艺术性”。画像石或者画像砖成为汉，尤其是东汉时期最具代表性的墓葬艺术。这是一种结合绘画和雕刻的技艺，先在石头或者砖头上作画，然后再进行雕刻。石刻浮雕技术可能来自西亚，到东汉的时候已经基本本土化了。汉画像石、画像砖雕刻、模印的内容非常丰富，既包括那个时代的日常生活场景，也有想象中的世界（如神话故事），还有贤主名臣、侠士烈女，以及各种珍禽异兽、日月形象等。同时它们也有非常鲜明的地域性，主要产地包括山东、河南、江苏、安徽和四川等地。山东嘉祥武梁祠的画像石，年代在145—168年，是汉代石刻艺术的绝佳代表，巧妙地将儒家思想、道教神话以及民间传说等因素糅合在一起。我们看到了东方的东王公和西方的西王母，传说中老子和孔子相会的场景，后羿射杀赤乌的故事，以及古代孝子、节妇和圣王的形象。[①] 汉代平民所制作的石刻主要展现日常农耕收获、打猎和娱乐的场景，如四川广汉的汉墓中出土的画像砖记录了工人获取井盐的过程。汉画像石、画像砖丰富而生动的内容让墓室主人与天界、与人间紧密相连，死亡似乎也变得不那么可怕了。

图 10－12　弋射、收获画像砖（东汉，现藏于成都市博物馆）

---

① 武梁祠石刻的研究，可参考：巫鸿．武梁祠：中国古代画像艺术的思想性［M］．柳扬，岑河，译．北京：生活·读书·新知三联书店，2015.

（四）魏晋南北朝：佛教艺术

墓葬艺术陪伴着死者，宗教艺术则抚慰着活着的人。公元 1 世纪左右，佛教由印度传入中国，并在魏晋南北朝（220—589）时期得到了快速的发展。与此同时，佛教艺术也向北跨过印度山脉传至中亚，最终到达中国，自此，便在中国长盛不衰，与本土的儒、道共同形成中国艺术的主要表现形式。佛教艺术以佛像建造为核心，并与佛教建筑、壁画以及雕刻等共同形成一个复杂完整的艺术表达系统。佛陀雕像可能最先出现于印度西北部的犍陀罗地区。在那里，佛教接触到希腊式建筑和神像，逐渐形成糅合了希腊艺术中的古典现实主义和印度本土风格的犍陀罗风格。① 这种希腊式佛像艺术随着佛教僧侣、旅行者和朝圣者传到中国，被中国的佛教信仰者们所瞻仰、认同并模仿制造，从而在中国的佛像和石窟建造上留下了印记。

中国的佛教造像大约开始于十六国的前秦（350—394）时期。366 年，佛教朝圣者们在敦煌鸣沙山东部的断崖上开凿了第一个洞窟，称莫高窟。之后在近千年的时间里，一代一代的僧侣们在这里开凿了 700 多个洞窟，并用壁画、彩塑雕像和佛龛装饰它们。这些石窟寺、雕像和壁画象征着僧侣们的虔诚和敬仰之心，见证并参与了他们的修行、生活乃至死亡的过程。460 年，北魏僧人昙曜奉旨在大同武周山的断崖开凿一系列的佛教洞窟并造像，这便是云冈石窟最早开凿、气魄最大的窟群“昙曜五窟”。之后，窟群向东、西两个方向扩张。随着北魏迁都洛阳，云冈石窟的开凿热潮逐渐衰退。孝文帝开始在距离洛阳约 20 公里的龙门开凿石窟造像，其后魏宣武帝将工程扩大，并在之后的朝代，尤其是唐和宋进行大规模的扩建。

早期佛教艺术主题大多是佛陀生平的故事，取材于印度传说和民间故事。表现上有明显的异域风格，包括紧窄、袒肩的服饰，人物体态特征和佛陀的怪异姿势等。云冈石窟第 20 窟的主雕像露天大佛是一尊释迦坐像，高达 13.7 米，深目高鼻，轮廓硬朗，皮肤细腻，面相丰盈。其粗犷神秘而写实的展现方式明显受犍陀罗风格影响。到龙门石窟时期，佛像在艺术造型上则更多吸收中国元素，瘦削的“秀骨清像”、飘逸层叠的服饰、流畅的衣饰线条等使得佛陀的形象更接近中国人的形象。同时，这样的艺术风格也让我们自然地联想到东晋著名画家顾恺之（约 348—406）的作品，他的“春蚕吐丝描”和他笔下瘦长而充满活力的人物。② 当时中国的画家和雕刻家们可能共同创造了一种视觉语汇系统：注重线条的韵律感，强调服装与人物的关系。佛教艺术与本土风格进一步交融。佛教壁画里面也融合了中国元素，比如对背景的处理更多结合中国的山水画的笔法。甚至在一幅壁画里面佛陀、印度教神祇和道教神仙会同时出现。直到公元 845 年的灭佛运

---

① 关于犍陀罗艺术的历史，可参考：宫治昭. 犍陀罗美术寻踪［M］. 李萍，译. 北京：人民美术出版社，2006.

② 春蚕吐丝描又叫高古游丝描，因其线条描法形似游丝，故名。其画法为：用中锋笔尖圆匀细描，要有秀劲古逸之气为合。此技法适合表现丝绢、衣纹圆润流畅之感，古人多用于描绘文人、学士、贵族、仕女等。《绘事雕虫》中记载：“游丝描者，笔尖遒劲，宛如曹衣，最高古也。”

动之前，佛教建筑、雕像和绘画在中国各个地方都可以见到。我国最早的绘画史论著《历代名画记》（847）详细记录了当时长安和洛阳的佛教壁画目录。当时的艺术家对佛教雕塑和壁画似乎也有着极大的热忱。

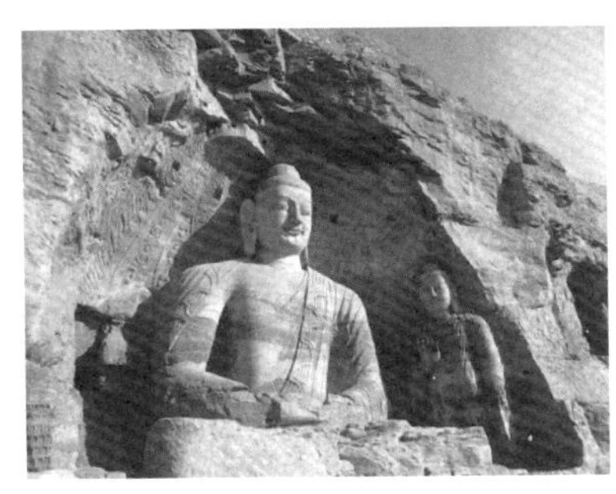

图 10－13　云冈石窟第 20 窟露天大佛（北魏）

图 10－14　顾恺之《女史箴图》局部（东晋，现藏于大英博物馆）

（五）隋唐五代：宫廷绘画和山水画

唐代（618—907）不仅延续了魏晋南北朝时期佛教艺术的发展势头，其宫廷艺术的辉煌成就一样引人注目。尽管当时这些绘画者被称为画师，其社会地位无法同士大夫、高官和学者们相比，在绘画史论著里面着墨也不多，我们依然能通过流传至今的唐朝宫廷绘画作品窥见这些宫廷画师们高超的绘画技巧，以及当时宫廷贵族日常生活的场景，是不可多得的历史资料。当然，在许多画家忙于制作佛教雕像和壁画，为帝王和贵族绘像时，也有一些画家带着他们早已远离尘嚣的心开始将情感诉诸笔端的山水。也是从唐朝开始，始于六朝时期并一度停滞的山水画开始发展，并成为之后历代中国士大夫画家最喜爱的题材之一。

唐朝宫廷画家阎立本（601—673）出生于一个绘画世家，父亲和兄长都是著名画家。阎立本本人是唐太宗的待诏宫廷画家（到高宗时官至右相），善画人物、车马、台阁，尤其擅长肖像和历史人物画。他的绘画，人物形象饱满，线条刚劲流畅，设色古朴淡雅，擅长使用散点阴影以凸显人物的神态和质感。据传曾为太宗作《凌烟阁功臣二十四人图》《秦府十八学士图》《步辇图》等。现藏于美国波士顿美术馆的《历代帝王图》长期以来被认为是阎立本的代表作之一。这幅手卷描绘了从西汉至隋朝的 13 位帝王（或站或坐）和他们的侍从。画面上每个帝王独成一组，组合在一起又共同构成无与伦比的皇家盛会的场景。表现技巧方面的最突出的特征是为了凸显天子，在比例上将侍者画得比较矮小。但和其他许多早期作品一样，这幅画也被怀疑是后世的摹本。

图 10－15　阎立本《步辇图》局部（唐，现藏于故宫博物院）

图 10－16　阎立本《历代帝王图》局部（唐，现藏于美国波士顿美术馆）

除了帝王外，贵族妇女的日常生活是唐朝宫廷绘画的另一重要题材。张萱和周昉（8—9 世纪初）大约是唐朝仕女画题材最具代表性的画家。两人的原作都未能保存下来。我们现在能看到的两人的作品基本都是后世的摹本，而且极有可能是宋徽宗和他的宫廷画家们的仿作。《簪花仕女图》相传是周昉的作品，描绘了五位宫廷女性和一位侍女赏花游园的场景，还有小狗、白鹤和花木点缀其间。画面色彩丰富，细节精致。六位女性都穿着低胸及地长裙，头插步摇，除侍女外均戴簪花，外披透明大袖衫和披帛，圆脸，蛾眉，体态丰腴。整幅手卷虽无背景，但画面人物间却有一种奇妙的空间感。

图 10－17　周昉《簪花仕女图》（唐，现藏于辽宁省博物馆）

此外，形成于魏晋南北朝时期的山水画也在唐朝得到极大发展。一般认为，唐代的山水画画家主要分成两个流派——北宗和南宗。北宗以宫廷画家李思训（651—716）父子的青绿山水为代表，重视色彩，其发明的斧劈皴法非常适合表现北方挺拔陡峭的山峰，是后来宫廷画家和职业画家的源头。南宗则被认为是由诗人王维（699—760）所创立的水墨山水画，是此后文人画家和业余画家的滥觞。王维生活在唐朝由盛转衰的年代，目睹并被卷入安史之乱（755—763），身在官场，却向往山林。在辋川别墅，他作了大量的山水田园诗，这些可能也是他山水画的理论基础。受禅宗影响，融合道家，王维推崇简洁的黑与白，化世间的纷扰为纸上的悠远、宁静、淡泊与空灵。事实上，

图 10－18　李思训《江帆楼阁图》（唐，现藏于台北故宫博物院）

山水画南北分宗的观点是由晚明的士大夫们提出来的。他们的目的在于将自己的绘画（文人画）提高到比职业画家和宫廷画家的画作更高的地位。

五代至北宋初期是山水画飞跃式发展的关键期。这主要归功于荆浩（855—915）、关仝（约907—960）、董源（？—约962）、李成（919—约967）、范宽（约950—约1032）等艺术家。他们在皴法、章法构图、疏密位置、透视比例等方面做了很大改进，从而使得中国的山水画向前迈进了一大步。李思训父子之后北方画派最具影响力的画家是荆浩。他融合吴道子的笔描和项容的泼墨技法，开创了山水画的“全景山水”模式，对后世影响深远。《匡庐图》是其最出名的传世作品，从中可窥见其所创的“全景山水”。整体画面采取立轴构图，远景的山峰巍然耸立，山石用尖锐转折的笔法勾勒，呈现出突兀、冷、硬的气质，与近景的树石、村舍、行人以及渔翁等形成强烈对比却又绝妙融合。荆浩的画法对其后北宋的山水画家李成、范宽等人都有很大影响，成为北宋山水画坛占绝对优势的风格。荆浩还曾撰写《笔记法》，论山水画的构思和技法，提出绘景“六要”：气、韵、思、景、笔、墨，是我国美术史上第一部山水画论著。

图 10－19　荆浩《匡庐图》（五代后梁，现藏于台北故宫博物院）

（六）两宋：院画中的花鸟和山水

院体画或者院画，一般指供职于皇室宫廷的画家所绘的作品，以及受宫廷绘画风格影响的作品。其风格主要是以细腻的笔触描绘繁复的细节，从而创造出写实逼真的效果。宋朝（960—1279）是院体画发展的鼎盛时期，画院制度也至此发展至完备。为迎合帝王的爱好和需求，院画作品一般有固定的主题，主要包括花鸟、山水和宫廷生活。宋朝最著名的画院赞助人是宋徽宗（1082—1135），他本人也是一位极具天赋的艺术家，对绘画有极大的热情，在位时设置翰林绘画院，将绘画作为科举取士的一种考试方法。同时，徽宗个人的审美情趣也影响了他的画院画家们的创作，因为画院画家们争相模仿皇帝的笔法与构图，以至于后人很难将原件和摹本区分开来，因而现在被认为是徽宗作品的绘画也有可能是他的宫廷画师们的作品或者是徽宗与他们合作的作品。徽宗最为擅长的一个题

图 10－20　宋徽宗《腊梅山禽图》（北宋，现藏于台北故宫博物院）

材是花鸟画，也留下很多作品，比如《腊梅山禽图》《池塘晚秋图》《五色鹦鹉图》等。

五代时期大约是花鸟画的形成期。一般认为，西蜀画院的宫廷画师黄筌（903—968）和比他稍年长的徐熙（886—975）对宋初的画院画家有着直接的影响。黄筌的画作“妙在赋色，用笔极新细，殆不见墨迹，但以轻色染成，谓之写生”。而徐熙则以“墨笔画之，殊草草，略施丹粉而已，神气迥出，别有生动之气”。[①] 二人以及他们的艺术风格在当时被评价为“黄家富贵，徐家野逸”。据传，宋初学花鸟画者不入于黄，即入于徐，可见二人影响力之大。

皇帝的重视和喜爱使得绘画在宋朝蓬勃发展。尽管经历了1125—1127年的剧变，随着南宋王朝在临安（杭州）的确立，南宋皇帝也立即恢复了宫廷画院的职能，御画院画家和皇帝对艺术的热情得以继续发挥和发展。当然，宫廷绘画传统也没有因为战火而断裂。李唐（1066—1150），原供职于徽宗的宫廷画院，宋室南渡后继续供职于高宗的画院，善画山水和人物，初学李思训，后以墨斧劈皴染的画法备受推崇。其代表作《万壑松风图》就以斧劈皴的技法呈现出山石的质感和山势的深度感（如图10－21所示）。李唐的大部分作品应该同北宋王室的其他收藏一样被毁于战火了，流传下来的摹本和文献资料显示他的风格影响了南宋院画的表现形式，是连接北宋绘画和以马远（1160—1225）、夏圭（约1180—约1230）为代表的南宋绘画的桥梁。

图10－21　李唐《万壑松风图》（北宋，现藏于台北故宫博物院）

马远出生于绘画世家，是南宋宁宗、光宗两朝的画院待诏。他继承并发展了北宗山水画的风格，受李唐影响，也形成了自己独特的表达方式。他的山水画特色包括使用大斧劈皴描绘山石，画面从观者的角度出发，视野相对收敛，以简洁的构图突出主景于画面的一角，多用横斜曲折的线条来表现树枝、树叶的姿态，善用渲染的手法来表达空间感。他对人与自然关系的处理也明显区别于李唐。对比《万壑松风图》，《山径春行图》（如图10－22所示）展示的明显就是一种更加更祥和、宁静、温顺、驯服的关系。马远的画被评价为“边角之景”“马一角”，因其“全境不多，其小幅或峭峰直上而不见其顶；或绝壁直下，而不见其脚；或近山参天，而远山则低；或孤舟泛月，而一人独坐”。[②]

---

① 对黄筌和徐熙的评价出自宋人沈括的《梦溪笔谈》卷十七“书画”，同样的评价可见于宋代《宣和画谱》卷十八。

② 王伯敏．中国美术通史：第一卷［M］．济南：山东教育出版社，1987：120.

图 10－22　马远《山径春行图》（南宋，现藏于台北故宫博物院）

夏圭，宁宗画院待诏，与李唐、马远、刘松年并称为“南宋四家”。他同马远一样师法李唐，也都更进一步形成了自己的风格，并与马远一起被认为是“马夏”派的创始人。夏圭也喜好简化构图，减少实体，运用留白，将景物集中于一侧，被称为“夏半边”。其效果与“马一角”相似，引导观者的视看路径和角度。夏圭喜欢用秃笔，呈现出更加老苍雄放的效果。在大斧劈皴的基础上融合浓、淡水墨的效果发展出别具一格的“拖泥带水皴”。所画山水，构图别致，笔意简洁，以虚代实，给观者独特的视觉体验。《溪山清远图》是夏圭的传世之作，描绘了晴日江南的湖光山色。图 10－23 所选局部细节图足以让我们窥见他的构图章法和用墨技法，以及所呈现出来的苍润、灵动、清净、旷远的自然之景。

图 10－23　夏圭《溪山清远图》局部（南宋，现藏于台北故宫博物院）

（七）元明清：瓷器与外销艺术

作为一个异族统治的王朝，元代（1271—1368）艺术创作的活力往往被低估。除了我们熟知的精英艺术比如元四家——黄公望（1269—1354）、吴镇（1280—1354）、倪瓒（1301—1374）和王蒙（1308—1385）——创作的极富个性色彩的山水画，在装饰和商业艺术领域，元代也是一个充满创新和实验精神的时期。尽管中国传统知识精英很少在他们的文字中将这些作坊产物作为“艺术”去讨论，但不可否认它们同样充满生机和活力，不仅在国内被广泛消费，甚至其影响力扩展到国境之外。如今被称为“瓷都”的景德镇，在元代，随着官窑的设置，逐渐成为中国瓷器生产和出口的中心。那里出产的青花瓷因其在国外尤其在欧洲市场大受欢迎，构成了外国人“中国想象”的最重要的元素之一。

景德镇制瓷史的源头现在依然有争议，一般认为，最迟从公元6世纪起，景德镇就开始生产瓷器。公元1004年，其出产的瓷器进贡到宋真宗的宫廷，标志着景德镇成为一个重要的瓷器生产中心。一直到1278年，元朝政府在景德镇设置“浮梁瓷局”用以管理全国贡瓷的生产，至此确立景德镇在瓷器产业的主导地位。其间，在1608—1679年间，景德镇瓷窑被迫短暂关闭，到清朝康熙年间又被重新启用并一直延续到1910年。

卵白釉瓷可能是景德镇生产的最早的宫廷用瓷器，主要包括碗、碟等小件器，上面一般饰以简单的印花，表面涂抹透明釉，色白微青，常常还带有“福禄”等吉祥文字。传世作品以元代枢密院定制的卵白釉瓷为上，因其往往在花卉纹饰间加刻有“枢府”二字，因此也被称为枢府釉瓷。此外，元代景德镇也生产相对复杂的器体。现藏于美国纽约大都会博物馆的卵白釉观音坐像大约是元景德镇卵白釉工艺的巅峰之作。此像胎质洁白细腻，通体施青白釉，色泽温润，塑像姿态优美，衣饰繁缛，线条流畅，在青白色釉料的映衬下更显生动逼真。卵白釉瓷是14世纪之前景德镇的主要产品，并为之后的青花、釉里红等奠定了基础。

图10－24　景德镇卵白釉印花云龙纹盘
（元，现藏于故宫博物院）

图10－25　景德镇卵白釉观音坐像
（元，现藏于纽约大都会博物馆）

从14世纪早期开始，极富实验精神的景德镇陶工们开始采用新技术，创烧新品种，如白瓷、釉里红、青花等。釉下彩是工匠们用色料在素胚上直接描绘纹饰，然后再于其上施一层透明釉或者青釉，最后高温烧制的技术。釉里红或釉下红是用铜红料在瓷器胎坯的表面绘画，再施透明釉，然后入窑高温一次烧成。青花则是以氧化钴为色料，以同样的方式烧造而成。出土于保定的青花釉里红透雕盖罐表明元代工匠曾经尝试将釉里红、青花、雕花等技术融合于一体，而形成一种独特的“元代趣味”，再一次证明了景德镇瓷器产业的创造性活力。

图 10－26　**青花釉里红透雕盖罐（元，现藏于河北省博物馆）**

关于青花瓷的历史源头一直存在争议。但资料显示从元代开始，青花瓷的历史有一条连续发展的脉络。14 世纪之后，景德镇成为青花的主要产地，其生产的青花瓷器不仅供国内使用，而且出口到近东地区。元青花的器型较大，常有直径 40 厘米以上的盘子，这可能是为适应国外市场。西亚的伊斯兰饮食习惯是以大器皿盛装足够的食物供一家人围坐分食。其他代表性器型还包括瓷罐、梅瓶、高足碗等，皆纹饰繁密（区别于传统中国式审美的留白），以龙凤、花草和人物为主，应该也是受西亚审美的影响。

青花在明代达到顶峰，制瓷技术和品种皆比之前有显著提高和增加。明青花完美地将中国绘画、水墨与瓷艺相结合，以一种高铁低锰的釉原料为墨，用毛笔以各种点染、渲染在瓷器表面展现绘画的美感。明青花不仅征服了整个亚洲，也造成中亚、东非，以及欧洲皇室对中国瓷器的疯狂痴迷和收藏。装饰图案由早期多层次交错的花草藤蔓等转变为士大夫喜爱的梅竹松石芭蕉等，带有非常明显的宫廷花鸟画风格，“明代趣味”非常鲜明。早期洪武年间（1368—1398）青花仍较接近元代风格，到永乐（1402—1424）、宣德（1425—1435）时期，明青花则在之前的基础上迅速发展，最终成为世界知名的艺术品。另外，异域元素的影响也很鲜明。正德年间（1506—1521）生产了许多具有强烈伊斯兰文化元素的瓷器，有很多瓷器的装饰中夹杂了波斯文或阿拉伯文。这种带有异域风情的瓷器应当与当时外销瓷器市场上阿拉伯国家对青花瓷的需求增加相关。

图 10－27　**青花瓷盘（明，现藏于加拿大多伦多阿加汗博物馆）**

明晚期各地民间瓷窑展示出旺盛的生命力和活力。民窑产品主要包括国内日常生活用瓷器和出口到东南亚国家的瓷器，后者相对粗糙。到1600年之后，一种特别轻薄易碎的青花瓷“克拉克瓷”到达了荷兰并在欧洲市场引起极大轰动，随后欧洲的陶瓷工人们争相模仿制造“克拉克瓷”。民间瓷窑生产的瓷器中最具特色的当属法华器，可能源自山西一带，其烧造法吸收了山西壁画的绘画技法，最早应该是陶胎彩器。制作工艺与琉璃相似，差异主要在助熔剂：琉璃以铅而法华以牙硝为助熔剂。法华器烧造比较特别的是泥浆袋的使用。陶工们在勾勒坯胎图案时，边挤压浆袋使其出浆，边以挤出的浆绘画，然后用釉料填彩，再经低温烘烤而成。景德镇在晚明应该也产法华器，当然以瓷胎为底。法华器颜色以孔雀绿、孔雀蓝和茄皮紫为主，缀以黄、白等花纹，一般施加在器物表面的花卉纹饰上。

图10－28 “克拉克瓷”盘（明，现藏于美国大都会博物馆）

图10－29 法华器（明，现藏于大英博物馆）

16世纪还有一种主要生产在中国南方，用于出口的瓷器，一般称为“汕头器”或者“漳州器”。在潮州、福建、泉州都有发现此类瓷窑，反而汕头目前为止并没有发现瓷窑。有可能汕头是作为此类瓷器的主要出口港而知名。东南地区早在宋元时期就有繁荣的海外贸易。明代外销瓷，除了景德镇瓷器还有磁州瓷、德化瓷等，出售到世界各地。从菲律宾到东非都有大量中国瓷器被发现。其中有一种外销瓷叫军持（kendi），是一种取水器，其基本造型是长颈、圆腹，颈部和顶部各有一个口。① 宋朝时期，中国就生产了大量外销军持，主要针对东南亚市场。到明代晚期，随着海禁的解除，景德镇和福建等南方瓷窑又开始生产大量军持出口到世界各地。1602年荷兰将其海外的各贸易公司联合组建成荷兰东印度公司，同中国进行贸易活动。占据台湾也更加便利了荷兰同中国的贸易。从此中国的瓷窑和陶工们开始按照欧洲订单生产符合欧洲人口味的瓷器。瓷器纹饰里也开始出现“欧洲趣味”。最常见的是采用西方的绘画技巧如透视和明暗阴影法描绘异域主题或者将熟悉的主题“异域”化。当时的海外贸易之繁荣可以从以下几个数据看出来；1643年，至少有129 036件瓷器被运送到荷兰；1752年仅一艘荷兰东印度公司的

① Kendi是马来语，源于梵语kundika，是一种佛教器物的名字。

商船就运输了多达15万件瓷器去往阿姆斯特丹。[①]

明清剧变使得中国的瓷器生产一度衰败，但很快随着满族政权的稳定，瓷器工业也在康熙年间恢复了生产，外销瓷的生产在清朝达到顶峰。18世纪早期，随着“中国风”的盛行，青花在欧洲受到了空前的欢迎。这种与当时西方流行的东方主义视角密切相关。所谓的“中国风”、其实是西方对中国这个遥远的东方国度的一种理想化、标签化的想象。法国传教士殷弘绪（François Xavier d'Entrecolles，1664—1741）在1712年对景德镇外销瓷器的描述中曾指出，销往欧洲的瓷器（与内销的瓷器比）往往看起来是怪异的和难以复制的。因而那些稍有瑕疵的产品既不能卖给外国人，也无法卖给国内的消费者。[②]到了18世纪晚期，随着欧洲自己陶瓷工艺的成熟，他们对中国瓷器的热情才逐渐减退，而这也标志着中国外销瓷器黄金时代的终结。

外销瓷在18世纪晚期逐渐降温这一事实并未影响清朝宫廷对瓷器的消费。珐琅彩大约是清朝瓷器艺术发展的最大成就。欧洲传教士在康熙年间将铜胎珐琅器带到了中国，并得到康熙皇帝的喜爱。皇帝便邀请欧洲的画珐琅艺人到宫廷里给造办处的中国工匠传授画珐琅的技艺，并要求他们研制以瓷胎代替铜胎的画珐琅技术。这项革新技术也确实于康熙末年研究成功，并在雍正和乾隆年间得到完善和发展。中国的陶工们很快将西洋珐琅彩和绘画技巧应用到陶瓷装饰上，从而产生了一种充满活力的“洋彩”，并大量运用到雍正宫廷瓷器上。清代为雍正、乾隆两朝皇帝服务的督陶官唐英（1682—1756）曾这样解释“洋彩”：“洋彩器皿，新仿西洋珐琅画法，人物、山水、花卉、翎毛无不精细入神。”[③] 可见欧洲趣味也对清宫廷瓷器艺术产生影响。西洋画技巧和西方内容都出现在皇帝喜爱的瓷器上。

图10－30　洋彩瓷（清雍正，现藏于美国沃尔特斯艺术馆）

---

① SULLIVAN M. The arts of China [M]. California: University of California Press, 2008: 282.

② BURTON W. Porcelain: its nature, art and manufacture [M]. London: B. T. Batsford, 1906: 105.

③ 熊寥. 中国陶瓷古籍集成：注释本 [M]. 南昌：江西科学技术出版社，2000：133.

雍正宫廷不仅大量预定和消费洋彩瓷，而且还完成了一项重要的革新，也就是御窑厂研制出了中国自己的珐琅颜料“茶色釉”。这种釉色是通过将青色粉彩吹到铁色釉上形成特殊的斑点，其效果就如同将茶叶研磨成细末调在了颜料里。同时，雍正珐琅瓷更进一步将诗、书、画和陶艺完美结合。不仅绘画内容比康熙时期增加，几乎包括了中国画的所有题材，当然以花鸟、翎毛为最多，山水、人物次之，同时还增加了题诗、印章。

乾隆时期生产的珐琅器在数量上远远超过了康、雍两朝，珐琅颜料的研制更加细致多样，纹饰图样和器型品种也更加丰富。乾隆朝不仅复制古典的宋窑瓷器，而且在瓷器工艺上仿制出漆器、铜器、玉器等的色彩和质地。乾隆皇帝也不吝于表达自己对“洋彩”器的爱好，留下许多印记。也许受欧洲洛可可风格的影响，乾隆宫廷产生了一种对奢靡、夸张的形式和色彩效果的追求，而这些耗费了大量的精力和人力。最终，随着皇帝个人兴趣爱好的转移，洋彩瓷在乾隆中期以后走向衰弱。

图 10－31　珐琅彩花瓶（清乾隆，现藏于美国大都会博物馆）

二、中国艺术的内涵与特色

中国艺术的历史源远流长且门类丰富多样。这一讲所讨论的彩陶、青铜礼器、雕塑、绘画、瓷器等仅仅是其中的一部分，还有很多未列入讨论，比如中国漫长的书写艺术的传统、建筑艺术、纺织艺术、音乐等，不是因为它们不重要，而是因篇幅有限（有些如书法、服饰和建筑会有专章讨论），因而笔者只选择性讨论一些各时代有代表性的艺术表现形式。尽管按照时间划分，很多门类是跨时段的，比如文人画传统和瓷器艺术，将它们归类在某个时间段下讨论并不是否认其延续性。正因其复杂性和多样性，试着将所有这些门类放到以一个统一的“内涵与特色”的旗帜之下的讨论就显得有些过于草率和简单化，但无论如何，这样的一个总结值得一试，这也是为了便于我们今天的讨论。

（一）作为意义载体的艺术品本身

中国传统的艺术讨论往往看的是艺术品本身之外的东西，比如题跋、款识、印章等及其与意识形态（比如儒家传统）的关系。这样的讨论当然重要，但艺术品本身也是重要的讨论内容，因为它们是意义的载体。石器时代彩陶的装饰图案及其具体用途我们今天其实已经不大清楚，随后的青铜器据我们今天所知几乎都是祭祀用礼器，其装饰图案从彩陶基础上发展出相对抽象化的动物纹（比如饕餮纹）。战国末期画在丝绸上的帛画大约是中国绘画的开端，其主体是人物，一直到唐之前人物画都是中国画的主要题材。五代时期山水画蓬勃发展，再到宋朝花鸟画鼎盛，至此，中国绘画的三大主要门类：人物、山水、花鸟便形成了。

注重“笔法”是中国绘画第一大特征。这当然与传统绘画工具相关。毛笔作为古代中国最重要的书写工具和绘画工具，注定了绘画者对笔法的重视，也就是线条的运用。从战国时期的人物帛画就已经运用以线条勾勒人物形态的做法，到 5 世纪顾恺之运用中锋笔尖的“春蚕吐丝描”、8 世纪吴道子的“莼菜条描”笔法下形成的“吴带当风”的效果等，都明确强调用特别的线条体现人物的优雅体态。[①] 即使是从 9 世纪开始被热情追捧的山水画，尽管文人们追寻的不是写实而是山水的“质”与“趣灵”或者“写意”，也是以“笔法”作为手段。为表现山石、树木以及人皮肤的状态纹理的特别技巧叫皴，运用淡干墨侧笔而画。线条对于职业画家（画院）和民间画家同样重要。不管是宋朝宫廷花鸟画（更不用说界画）画家还是明清时期的商业画家，线条都是主要的描绘和表达工具。南朝谢赫就提出了“骨法用笔”，也就是线条的特别运用，此后他的绘画六法成为中国传统绘画的评价标准。[②]

在画面的空间处理方面，不同于西方从一个固定视点出发并最终消失于某一点的“焦点透视法”视角，中国艺术家采用“散点透视法”，将不同时空的风景、人物和事件展现在同一幅画面中。与古代的卷轴画的表达和呈现方式相对应的是一种特别的观看方式，即观看者不会也不可能同时看完所有画面内容，而是通过用手慢慢展开画卷同时目光随着画卷展开而移动，从而产生的一种动态的观看形式。

“模件”化生产大约是中国艺术生产的另一个重要特征。这个观念是艺术史家雷德侯概括出来的。[③][④] 青铜器的铸造是工匠们通过生产和组装部件；与之相似的兵马俑的制作也是基于一套适用于宏大工程的模件生产和组装体系；佛教壁画和雕刻的制造是通过

---

① 线条对与中国画尤其人物画重要性的讨论，可参考：高居翰. 图说中国绘画史［M］. 李渝，译. 北京：生活·读书·新知三联书店，2014：3－17.

② 南朝齐、梁画家和艺术理论家谢赫所著《古画品录》中提出了绘画六法：一、气韵生动是也；二、骨法用笔是也；三、应物象形是也；四、随类赋彩是也；五、经营位置是也；六、传移模写是也。

③ 雷德侯. 万物：中国艺术中的模件化和规模化生产［M］. 张总，钟晓青，陈芳，等译. 北京：生活·读书·新知三联书店，2005：37－143.

④ 雷德侯. 万物：中国艺术中的模件化和规模化生产［M］. 张总，钟晓青，陈芳，等译. 北京：生活·读书·新知三联书店，2005：191－247.

对易于辨识的母题的重复；在这一讲未专门讨论的木版印刷则是一种能够多次复制同一文本和图画的技术；到了16—17世纪，随着工业化生产的进一步发展和完善，景德镇瓷窑能生产出大量的外销和皇家瓷器也是基于成熟的模件化生产方式。除了这些为赞助人、市场和皇室生产艺术品的“匠人”外，模件化思维也被认为是中国画家的一个重要特征。我们往往认为中国画家，尤其注重“写意”的画家，应当是“自由”的、笔法是“无拘无束”的，但无数流传至今的摹本、从6世纪开始出现的画论以及随着出版业发展而开始的《画谱》等艺术“教科书”也确实体现了中国精英画家的“不自由”，因此模件化生产和思维大约是中国艺术生产者，从工匠到宫廷画家、文人画家都共享的一种创作模式。

（二）艺术与政治（儒家秩序）

大约从6世纪开始，中国传统艺术讨论的一个习惯就逐渐形成了，也就是关注点在绘画（艺术品）之外，尤其是作品如何体现儒家秩序观的。任何“笔法”的运用或者“模件”式思维主导下的模仿练习都要求绘者以磨炼个人道德品质为首要目的，然后通过笔下的画来体现个人道德品质。当然，主宰中国历史近两千年的主导意识形态是以道德为核心的儒家体系，因而这样的个人表达事实上是对当下正统政治秩序的图像化、理想化展示。宋朝的苏轼等人在夸赞唐朝的王维“诗中有画，画中有诗”时遵循的是这样的逻辑——王维作为传统的儒家知识分子，他的书法（诗歌）和绘画自然而然是其个人道德品质的外在体现，因而是对儒家知识和道德规训的外在表现，因而自然是高明的，是相互契合的，是应该作为楷模被学习的。[①] 宋朝随着理学的发展，“格物致知”的学习模式被追捧，体现到绘画上则表现为对细节的追求，对花卉的肌理、鸟的羽毛形态、风的方向等细节的追求，从而使得花鸟画成为流行的类别。

中国绘画的主要门类，即人物、山水和花鸟则进一步体现了中国传统儒家秩序观的核心，也就是“天人合一”的思想。中国的艺术家们，包括石器时代的陶工、主张“书画同源”的士大夫、服务于宫廷的职业画家以及民间作坊的画工们，创作的主题之一便是探讨人与自然的关系。因而，我们看到长着鱼耳朵的人面彩陶纹饰，陪伴死者的描绘狩猎、农忙以及奇异的神仙鬼怪形象的画像石、画像砖，还有广阔自然中人几乎渺小到看不清的山水画。这一切都是画家在试着寻找人与自然（天）之间的关系而作的。当然，传统思想里的天不仅仅是自然。追求“性灵”“神韵”等目的也是士大夫艺术评论家（同时也是画家）强调画家与天（和描绘对象）间的相互感应。理想状态是“天人合一”，因而理想状态下通过感受天（自然）与人之间的联系，画家的笔自然而然就能捕捉到“趣灵”“气韵”。反之，要达到“天人合一”的理想状态，画家要尽量寻求捕捉到“趣灵”“神韵”。

---

① 参见苏轼《东坡题跋》下卷《书摩诘〈蓝田烟雨图〉》：“味摩诘之诗，诗中有画；观摩诘之画，画中有诗。”

（三）艺术与社会：道家与佛教

儒家文化作为中国历史上最重要的政治思想文化，不可避免地影响到中国的艺术创作者和他们的作品。同时我们也不能忽略中国古代的知识精英在官场之外的身份认同。道家思想为中国知识分子提供了一种出世的思想，尤其当仕途不顺或者不愿与新王朝合作时，他们更愿意转向道家寻求心灵的慰藉以渡过心理层面的危机。道家思想的核心“无为”为传统知识分子蒙上了一层神秘面纱，使他们看起来似乎是逍遥和自由的化身。而这种“无为”思想更直接的体现是在他们的美学观和艺术作品上。事实上，道教比儒家更直接地影响了中国艺术家对人与自然关系的探讨。

儒家对绘画者（士大夫）的规训要求他们是道德高尚的君子，其作品也应当是高尚的。而道家“道法自然”的思想更直接反映在从五代开始便为中国知识分子所推崇的水墨山水画上。“朴素而天下莫能与之争美”最直接的体现是对颜色的极致简化，仅仅靠黑（墨）与白来构图。当然，“朴素”的黑色也有极强的表现力，通过调节水墨比例而呈现出浓与淡的各种色调，从而产生不同的效果。道教从自然山水中寻求的朴素、自然、无为等思想也是其对生命意义的追求。因而道家影响下的山水画不仅仅是对大自然的解释，也是对人与自然关系的解释，人之道要遵循自然之道。

同样出世的另一个重要思想来自佛教，尽管源于印度，但从公元1世纪左右进入中国后便很快对中国社会产生影响。从佛教题材的壁画和菩萨雕塑到禅画皆体现了这一外来宗教对中国艺术的影响。佛教美术大约随同佛教僧侣来到中国，其色彩运用很快影响到中国的青绿山水的色彩技法，以及其后唐、宋的工笔重彩人物画、花鸟，甚至山水画中的皴法。

其后禅宗的兴起直接导致青绿山水的衰落和文人画的兴起。禅宗不是汉传佛教，其实是中国化后的佛教，产生于中国本土，当然它的产生离不开汉传佛教，同时也受中国本土思想的影响，尤其是道家，也许禅宗可以被理解为“道家化”后的佛教。佛教里的“虚无”“空”与黑白、道家的无为和朴素观念是相互融合的。山水画的黑白色彩不仅仅是道家的素淡美，也是佛教的“色即是空”“无相为体”。禅宗强调修行上的顿悟和性灵，要求艺术创作者具有主观能动性，追求创作上的自由和灵感的突然迸发，与道家的“逍遥游”不谋而合，也是中国文人画“写意”背后的重要思想支撑。

（四）艺术与消费

在中国传统士大夫看来，艺术从来不能与金钱、市场和消费相联系，他们的作品是为“写意”，表达个人政治思想和价值观，因而艺术创作是非常私密的事情，作品可以与同侪间相互交换、欣赏与评价，但只限于文人圈，不能为外人见，更不用说拿到市场上去交易。但其实“艺术市场”一直存在，至少从唐开始民间瓷窑生产的大部分瓷器（可能有皇宫订单，比如景德镇，但它同时生产民间用以及外销瓷器）以及宋以后蓬勃发展的出版业的出版物都是商业艺术，或者为买卖而生产的手工艺产品。其实随着市场经济的发展，明清时期很多知识分子也将自己的画作拿到市场上去卖或者与商铺合作为书籍做插画。明末著名的诗人画家陈洪绶（1599—1652）也是当时有名的插画家，为商业出版书籍比如《西厢记》做插图，同时他还制作游戏用的《水浒叶子》，据说后世描绘水浒人物的画工都受他影响。18世纪的“扬州八怪”以及19世纪的“海派画家”的作品更是与市场紧密相连。因而，士大夫画家主动或者被动加入到早已存在的艺术市场，尽管他们可能同民间手工艺人和画坊画师有不一样的消费群体。

19世纪末20世纪初，随着西方印刷技术及商业艺术运作模式的引入，中国的商业艺术市场进一步发展，甚至有新的职业出现，比如专门为报纸和杂志画插图的画师。晚清最出名的商业画家吴友如是《点石斋画报》的专业插画师，为该报提供当时的新闻、新事物（如火车、外国人习俗）的画稿，后来他自己创办《飞影阁画报》，反而将图画内容限制到传统题材，如仕女和历史人物。20世纪初除了报纸、杂志插画师，还兴起了一门新的职业——广告画画家，最具代表性的大约是月份牌画家，其主要题材也是美人，包括古装美人和时装美人，后来还加入了别的题材。至此，商业与美术更是密不可分。

三、传统艺术与现代生活

19世纪末以来，对现代化的追求一度让我们以一种怀疑甚至否定的态度对待过去与传统。紧接着，在全球化和后现代主义主导之下，去中心化和地方化思潮的兴起则使得传统再度回归到我们的视野。现如今，自20世纪末以来，随着对后资本主义时代的反思和全球化浪潮的负面影响逐渐明晰，一股反全球化思潮也随之而起。仅仅一百多年来的这一系列的变化其实反映的正是我们对于如何处理传统与现代、自我与他者、地方与全球等一系列关系问题的答案的追寻。依然被全球化、反全球化思潮裹挟的我们应该如何在挣扎中寻找出路？也许我们可以从前人，尤其是五四思潮下成长起来的、被传统与现代化问题困扰的中国知识分子的经历中来试着寻求可能的答案。

漫画家丰子恺（1898—1975）可能是一个完美的例子。他生长于一个传统中国知识分子家庭，他的父亲一生为考科举而学习，直到1905年科举废止。小时候丰子恺的家庭教育是传统的儒家文化教育，但丰子恺很早就显示出对绘画的兴趣和天赋。父亲书房里的儒家典籍内容对年幼的丰子恺来说是无趣的，但是书里美妙的插图却是吸引人的。他甚至开始寻找绘画教科书，开始自己练习与模仿，这大约是他绘画生涯的开端。这个习惯一直保持到后来丰子恺进入浙江第一师范学校学习。在那里，他得到了夏丏尊（1886—1946）、单不庵（1877—1903）和李叔同（1880—1942）等既精通国学又接受过良好的西学教育的大学问家的教导，尤其后者对丰子恺以后的艺术生涯影响极大。浙江第一师范学校是当时出名的新式学校之一，注重教导学生儒家道德和社会责任感以及西方的公民意识。李叔同，也就是后来的弘一法师，曾在东京艺术大学学习西方绘画，并将西方绘画技巧带回了国内，比如素描和室外写生等。这些对丰子恺的艺术生涯影响极大。当然李叔同作为丰子恺的老师，也没有忽略对学生人格品质的训练。正是在李叔同的教导下，丰子恺定下了他日后艺术创作的基本原则，也就是将人品与画品相融合。

1921年，丰子恺东渡日本，得以更直接地接触西学。第二年他回到浙江，在上虞春晖中学教授图画和音乐。后来他又活跃在上海的文艺界，很快便公开发表了他的第一幅漫画作品《人散后，一弯新月如钩》。这幅水墨漫画运用中国传统的绘画工具，结合西方素描技巧，以古典意象[①]，表达现代情感。《一肩担尽古今愁》《无言独上西楼》等同样以传统水墨笔法和传统文学意象，描绘现代人，表达现代情感。那个挑担人与举头望月之人也许就是丰子恺本人，或者是他同时代的中国知识分子的缩影，生活在那个东与西、传统与现代激烈碰撞的年代，古典的怡然自得的心境被现代对家国、民族的担忧所取代。几乎每一幅画都以一个古典意象为出发点，展现的都是现代情感，而背后则都是对传统或失落、或忧愁、或无奈的复杂情愫。

图10－32　人散后，一弯新月如钩

图10－33　一肩担尽古今愁

图10－34　无言独上西楼

丰子恺以画笔表达他对那个复杂、断裂时代的情感与责任感，还有很多知识分子，如鲁迅，以文笔表达相似的情感与困惑。一百年后的我们，面对相似的矛盾与问题，依然在寻找将传统与现代相融合的更好办法。

就如这一讲开始所提到的，近一千年以来中国的知识精英对艺术的定义和我们今天的定义是很不一样的。一直以来，占据士大夫艺术排行榜首位的都是书法，因而与之关系最密切的艺术形式如水墨山水也受到文人珍视，相反地，彩陶、兵马俑、青花瓷、版画等都只是手工艺品，被排除在“艺术”之外。有些艺术品在制作的当下就被视为艺术，并在之后的艺术史文献里被肯定，因而其艺术性一直延续到当下，有些作品的艺术身份则是后来添加的，当然“中国艺术”这一概念本身也是19世纪才被创造出来的。因此，这一讲中大约除了文人画可以被视作经得起时间考验的“经典杰作”外，很多都是在不同的时空或者当下被赋予艺术内涵的作品，因而这一讲的目的大约是通过艺术的视角来看待历史上的中国人，包括皇帝、文人和普通人的政治、社会与文化活动。

---

① 该漫画运用的古典意象是宋朝谢逸的《千秋岁・咏夏景》：楝花飘砌，蔌蔌清香细。梅雨过，萍风起。情随湘水远，梦绕吴山翠。琴书倦，鹧鸪唤起南窗睡。密意无人寄，幽恨凭谁洗？修竹畔，疏帘里。歌余尘拂扇，舞罢风掀袂。人散后，一钩新月天如水。

表 10－1　古今艺术发展对照表

时代	中国	世界其他地区
新石器时代（距今1万—5000至2000年前不等）	彩陶 黑陶	美索不达米亚：乌尔南姆庙塔、楔形文字、阿布神庙大理石群像 古巴比伦：汉谟拉比法典碑刻 欧洲：巨石阵 瓦尔卡莫尼卡：谷地岩画
青铜时代（约前3300—2000年至约前1200—300年）	青铜礼器 甲骨文 金文 三星堆青铜雕像 古蜀文明：太阳神鸟金饰、金面具、祭祀用象牙等	亚述帝国：建筑与浮雕，如萨贡二世城堡、拉马苏雕像 新巴比伦：空中花园 波斯：波斯波利斯宫殿、浮雕如《大流士与泽克西斯向群众致意》、金银器如金制角状酒杯 埃及：建筑如金字塔、浮雕如《蛇王碑》、雕像如《斯芬克斯狮身人面像》、绘画如《家庭和乐图》、彩绘石膏如《宴会中的余兴节目》 爱琴海文明：建筑如克诺索斯皇宫和迈锡尼卫城、雕塑如《迈诺安执蛇女神》、雕刻如《黄金面具》
秦汉（前221—220）	墓葬艺术：兵马俑（陶俑）、画像石、画像砖	希腊：雕像如《拉奥孔群雕》和《米罗的维纳斯》 罗马：建筑如万神殿、雕塑如《演说家》《奥古斯都雕像》、庞贝风格壁画
魏晋南北朝（220—589）	佛教艺术：敦煌壁画、雕塑（印度影响） 绘画：顾恺之和吴道子的人物画	基督教艺术：从符号转向图像，代表作包括大理石雕塑《善良的牧羊人》，目前所知最早描绘耶稣的画像出现在罗马康茂迪拉殉道者墓窟的壁画 拜占庭：宗教建筑如圣索菲亚大教堂（用穹隅支撑穹隆的圆屋顶巴西利卡式建筑）、圣像画、马赛克装饰艺术

续上表

时代	中国	世界其他地区
隋唐五代（581—960）	宫廷绘画：阎立本《历代帝王图》、张萱和周昉的仕女图如《捣练图》和《簪花仕女图》 山水画：分南、北宗；代表作如荆浩《匡庐图》和董源《潇湘图》 山水画理论：荆浩《笔记法》 绘画史论著：张彦远《历代名画记》	拜占庭：圣像破坏运动对艺术造成破坏，许多绘画、雕塑被毁，直到843年该运动结束，进入马其顿文艺复兴时期，对世俗艺术和古典晚期艺术发生新兴趣 伊斯兰：建筑如带有尖塔的清真寺，8世纪初出现穹隆建筑釉方形或者圆形的柱子支撑拱门；伊斯兰书法装饰艺术、织毯 欧洲：海岛艺术，手抄本风格融合细节化的几何图形，缠绕曲线，风格化的动物图形，以及由胸针等世俗冶金件衍生的艺术形式等
两宋（960—1279）	院画：花鸟画、山水画、风俗画（代表作《清明上河图》） 工艺美术：玻璃器、瓷器（五大名窑：汝、哥、官、定、钧）	欧洲：罗马式艺术，包括带拱顶的罗马式建筑（教堂和修道院）、罗马式雕刻主要是为宗教服务（更进一步强调写实）、罗马式抄本绘画 哥特式艺术风格始于12世纪的法国，盛行于13世纪：哥特式建筑（最有特色的部分是尖拱和肋架拱顶）、哥特式绘画（画面比较黑暗和沉闷）
元明清（1271—1911）	外销艺术：瓷器、绘画（17、18世纪的木版画、19世纪的广州外销画） 商业画：版画、书籍插画、广告画 精英艺术：文人画（明代董其昌提出“文人画”的概念） 宫廷画（西方绘画技巧的运用，清朝宫廷尤其喜爱用绘画记录南巡、战争等重要事件）	文艺复兴艺术：主要体现在绘画、雕刻和建筑，油画得以发明和推广（意大利文艺复兴“美术三杰”：米开朗琪罗、达·芬奇、拉斐尔） 风格主义或者矫饰主义艺术（16世纪）：瘦长的形式、夸大的风格、不平衡的人和动物，画面极具喜剧张力 巴洛克风格（17—18世纪）：绘画中人体动势生动大胆，色彩鲜明，强调明暗对比 洛可可风格：最初出现于装饰艺术，以轻快、纤细的元素为主，后来扩展到绘画、雕塑和建筑等领域；洛可可绘画逐渐摆脱宗教影响，画中人不再只有神和圣人，而是更多描写贵族男女，田园诗歌式的风景画 浪漫主义：与民族主义思潮相伴随，重视历史和自然题材，是对启蒙时代的反思

文献阅读

1 古画品录

谢赫，姚最．古画品录　续画品录［M］．王伯敏，标点注释．北京：人民美术出版社，2016：1.

夫画品者，盖众画之优劣也。图绘者，莫不明劝戒、著升沉，千载寂寥，披图可鉴。虽画有六法，罕能尽该。而自古及今，各善一节。六法者何？一，气韵生动是也；二，骨法用笔是也；三，应物象形是也；四，随类赋彩是也；五，经营位置是也；六，传移模写是也。唯陆探微、卫协备该之矣。然迹有巧拙，艺无古今，谨依远近，随其品第，裁成序引。故此所述不广其源，但传出自神仙，莫之闻见也。

2 历代名画记

张彦远．历代名画记［M］．北京：京华出版社，2000：17－18.

论画六法

昔谢赫云："画有六法：一曰气韵生动，二曰骨法用笔，三曰应物象形，四曰随类赋彩，五曰经营位置，六曰传模移写。自古画人，罕能兼之。"彦远试论之曰：古之画，或能移其形似，而尚其骨气，以形似之外求其画，此难可与俗人道也。今之画，纵得形似，而气韵不生，以气韵求其画，则形似在其间矣。上古之画，迹简意澹而雅正，顾、陆之流是也；中古之画，细密精致而臻丽，展、郑之流是也；近代之画，焕烂而求备；今人之画，错乱而五旨，众工之迹是也。夫象物必在于形似，形似须全其骨气，骨气、形似，皆本于立意，而归乎用笔，故工画者多善书。然则古之嫔臂纤而胸束，古之马喙尖而腹细，古之台阁竦峙，古之服饰容曳，故古画非独变态有奇意也，抑亦物象殊也。至於台阁、树石、车舆、器物，无生动之可拟，无气韵之可侔（móu），直要位置向背而已。顾恺之曰："画人最难，次山水，次狗马，其台阁，一定器耳，差易为也。"斯言得之。至於鬼神人物，有生动之可状，须神韵而后全。若气韵不周，空陈形似，笔力未遒，空善赋彩，谓非妙也。故韩子曰："狗马难，鬼神易，狗马乃凡俗所见，鬼神乃谲怪之状。"斯言得之。至于经营位置，则画之总要。自顾、陆以降，画迹鲜存，难悉详之。唯观吴道玄之迹，可谓六法俱全，万象必尽，神人假手，穷极造化也。所以气韵雄状，几不容于缣素；笔迹磊落，遂恣意于墙壁。其细画又甚稠密，此神异也。至于传模移写，乃画家末事。然今之画人，粗善写貌，得其形似，则无其气韵；具其彩色，则失其笔法。岂曰画也？呜呼！今之人，斯艺不至也。宋朝顾骏之，常结构高楼，以为画所，每登楼去梯，家人罕见。若时景融朗，然后含毫；天地阴惨，则不操笔。今之画人，笔墨混于尘埃，丹青和其泥滓，徒污绢素，岂曰绘画？自古善画者，莫匪衣冠贵胄、逸士高人，振妙一时，传芳千祀，非闾阎鄙贱之所能为也。

论画山水树石

魏晋以降，名迹在人间者，皆见之矣。其画山水，则群峰之势，若钿饰犀栉。或水不容泛，或人大于山，率皆附以树石，映带其地。列植之状，则若伸臂布指。详古人之意，专在显其所长，而不守于俗变也。国初二阎擅美，匠学杨、展精意。宫观渐变，所附尚犹。状石则务于雕透，如冰澌斧刃；绘树则刷脉镂叶，多栖梧菀柳。功倍愈拙，不胜其色。吴道玄者，天付劲毫，幼抱神奥。往往于佛寺画壁，纵以怪石崩滩，若可扪酌。又于蜀道写貌山水。由是山水之变，始于吴、成于二李（李将军李中书）。树石之状，妙于韦鶠，穷于张通（张璪也）。通能用紫毫秃锋，以掌摸色，中遗巧饰，外若混成。又若王右丞之重深、杨仆射之奇赡、朱审之浓秀、王宰之巧密、刘商之取象，其馀作者非一皆不过之。近代有侯莫陈厦、沙门道芬，精致周沓，皆一时之秀也。吴兴郡南堂有两壁树石，余观之而叹曰："此画位置若道芬，迹类宗偃，是何人哉?"吏对曰："有徐表仁者，初为僧，号宗偃，师道芬则入室，今寓于郡侧。年未衰而笔力奋。"疾召而来，徵他笔皆不类。遂指其单复西折之势，耳剽心晤，成若宿构，使其凝意，且启幽襟。迨乎构成，亦窃奇状。向之两壁，盖得意深奇之作，观其潜蓄岚濑，遮藏洞泉，蛟根束鳞，危干凌碧，重质委地，青飚满堂。吴兴茶山，水石奔异，境与性会，乃召于山中，写明月峡，因叙其所见，庶为知言。知之者解颐，不知者拊掌。

3 陶说

熊寥．中国陶瓷古籍集成：注释本［M］．南昌：江西科学技术出版社，2000：250－264．

《陶冶图》说

乾隆八年五月，内务府员外郎，管理九江关务唐英，遵旨由内廷交出《陶冶图》二十张，次第编明，为作《图说》，进呈御览。谨就所编，录其大略，附以管见，用志一时陶器之所由盛云。

其一曰采石制泥

石产江南徽州祁门县坪里谷口二山，距窑厂二百里。开窑采取，剖之，中有黑花如鹿角菜者，土人藉溪流设轮作碓，舂细淘净，制如土砖，名曰白不（敦上声，凡造瓷泥土，皆从此名，盖景德土音也）。色纯质细，用制脱胎、填白、青花、圆琢等器。别有高岭、玉红、箭滩数种，皆出饶州府属境内，采制法同白不。止可参和制造，于粗器为宜。

……

其三曰炼灰、配釉

釉无灰不成。釉灰出乐平县，在景德镇南百四十里，以青白石与凤尾草制炼，用水淘细而成，配以白一个细泥，调和成浆，按器种类以为加减，盛之缸内。用曲木横贯铁锅之耳，以为渗注之具，其名曰盆。泥十盆，灰一盆，为上釉；泥七八，灰二三，为中釉；若平对，或灰多，为下。

……

其五曰圆器修模

圆器之造，每一款式，动经千百。不有模范，断难画一。其模子必须与原样相似，但尺寸不能计算。生坯泥松性浮，经火，则松者紧，浮者实。一尺之坏，止七八寸，伸缩之理然也。欲求立坯之准，必先模子，故模匠不曰造而曰定。一器非修数次，尺寸款式出器时定不能吻合。必熟谙火候泥性，方能计算加减以定模范。此匠一镇推名手者，不过三两人。

……

其八曰采取青料

瓷器青花、霁青大釉，悉藉青料。出浙江绍兴、金华二府所属诸山。采者入山得料，于溪流漂去浮土，其色黑黄，大而圆者为上青，名“顶圆子”，携至镇，埋窑地三日，取出，重淘洗之，始出售。其江西、广东诸山产者，色薄不耐火，止可画粗器。

其九曰拣选青料

青料拣选，有料户专司其事。黑绿润泽，光色全者为上选，仿古霁青、青花，细器用之；虽黑绿而欠润泽，衹供粗瓷；至光色全无者，一切选弃。用青之法，画坏上罩以釉水，入窑烧成，俱变青翠。若不罩釉，其色仍黑。火候稍过，所画青花亦多散漫。青中有“韭菜边”一种，独为清楚，入火不散，细器必用之。

……

其十三曰蘸釉、吹釉

圆琢青花与仿古官、哥、定、汝等器，均须上釉入窑。上釉旧法，将琢器之方长棱角者用羊毛笔蘸釉上器，失之不匀。至大小圆器，浑圆琢器，俱在缸内蘸釉。有轻重且多破，故全器难得，今于圆器之小者，仍于缸内蘸釉，其琢器与圆器大者，用吹釉法。截径寸竹筒，长七寸，口蒙细纱，蘸釉以吹，吹之遍数，视坏大小与釉之等类为多寡之差，多至十七八，遍少亦三四。

……

其十七曰圆琢洋彩

圆琢白器，五彩绘画，仿西洋曰洋彩。选画作高手，调合各种颜色，先画白瓷片烧试，以验色性火候，然后由粗入细，熟中取巧，以眼明、心细、手准为佳。所用颜色与珐琅色同，调法有三：一用芸香油；一用胶水；一用清水。油便渲染，胶便拓刷，清水便堆填也。画时或倚卓，或手持，或侧眠低处就器，各随其宜，以取运笔之便。

思考与讨论

1. 我们目前为止所讨论的都是过去的艺术品，但其实讨论传统艺术与现代这个话题，还有一个不可避免的部分是美学观和美感体验。我们以孔子对水的美感体验为例来看。《论语·子罕》里是这样描述的——“子在川上，曰：‘逝者如斯夫！不舍昼夜。’”

孟子对孔子观水体验的理解是这样的——“观水有术，必观其澜。日月有明，容光必照焉。流水之为物也，不盈科不行；君子之志于道也，不成章不达。”荀子的理解则是——“夫水遍与诸生而无为也，似德。其流也埤下，裾拘必循其理，似义，其洸洸乎不淈尽，似道。若有决行之，其应佚若声响，其赴百仞之谷不惧，似勇。主量必平，似法。盈不求概，似正。淖约微达，似察。以出以入，以就鲜絜，似善化。其万折也必东，似志。是故见大水必观焉。”

问题1：孔子对水有一种什么样的美感体验？孟子和荀子又是如何解释孔子对水的美感体验的？因而儒家美学观的基础是什么？

问题2：你自己对水有什么美感体验吗？你认为为什么你和孔子的体验有这样的差异？

2. 在消费主义主导的当代社会，文化似乎成了一种消费品。国家博物馆也在淘宝开了旗舰店，销售带有“传统符号”的现代物品。你可以购买印有徐渭绘画的帆布包，当然如果你足够有钱，你也可以在拍卖行比如苏富比购买一幅国画真迹或者一个明代青花，通过这样的方式，我们似乎可以与传统艺术能够有直接的“接触”。但是这样的接触能够让我们与古人的情感产生共鸣吗？

问题1：你对国家博物馆在淘宝开店贩卖“传统艺术”是怎么理解的？这是对传统艺术复兴的一个好方法吗？如果是的话，为什么？如果不是，你有更好的方法吗？

问题2：通过文中提到的“购买”方式而与传统艺术相接触时，我们就理解了传统艺术了吗？我们复兴传统艺术的目的是什么？

推荐阅读

1.《武梁祠：中国古代画像艺术的思想性》：“第三章　屋顶：上天征兆”，参见：巫鸿. 武梁祠：中国古代画像艺术的思想性［M］. 柳扬，岑河，译. 北京：生活·读书·新知三联书店，2015.

2.《艺术、神话与祭祀》：“第四章　艺术：通向政治权威之路”，参见：张光直. 艺术、神话与祭祀［M］. 刘静，乌鲁木加甫，译. 北京：北京出版社，2016.

3.《心画：中国文人画五百年》：“第一章　北宋”，参见：卜寿珊. 心画：中国文人画五百年［M］. 皮佳佳，译. 北京：北京大学出版社，2017.

参考文献

[1] 梁漱溟. 中国文化要义［M］. 上海：上海人民出版社，2017.

[2] 钱穆. 国史大纲：全2册［M］. 北京：九州出版社. 2011.

[3] 弗兰克. 白银资本：重视经济全球化中的东方［M］. 刘北成，译. 2版. 北京：中央编译出版社，2013.

[4] 许倬云. 万古江河：中国历史文化的转折与开展［M］. 长沙：湖南人民出版社. 2017.

[5] 亨廷顿. 文明的冲突与世界秩序的重建［M］. 周琪，刘绯，张立平，等译. 北京：新华出版社，2005.

[6] 葛兆光. 宅兹中国：重建有关“中国”的历史论述［M］. 北京：中华书局，2011.

[7] 彭慕兰. 大分流：欧洲、中国及现代世界经济的发展［M］. 史建云，译. 南京：江苏人民出版社，2010.

[8] 王学泰. 中国饮食文化史［M］. 桂林：广西师范大学出版社，2006.

[9] 赵建民，金洪霞. 五味杂陈：中国传统饮食文化［M］. 济南：山东大学出版社，2017.

[10] 徐海荣. 中国饮食史［M］. 北京：华夏出版社，1999.

[11] 希施费尔德. 欧洲饮食文化史：从石器时代至今的营养史［M］. 吴裕康，译. 桂林：广西师范大学出版社，2006.

[12] 周锡保. 中国古代服饰史［M］. 北京：中国戏剧出版社，1984.

[13] 沈从文，王孖. 中国服饰史［M］. 西安：陕西师范大学出版社，2004.

[14] 沈从文. 野人献曝：沈从文的文物世界［M］. 北京：北京出版社，2005.

[15] 杨志刚.《司马氏书仪》与《朱子家礼》研究［J］. 浙江学刊，1993（1）.

[16] 李允鉌. 华夏意匠：中国古典建筑设计原理分析［M］. 天津：天津大学出版社，2005.

[17] 梁思成. 图像中国建筑史［M］. 北京：中国建筑工业出版社，2016.

[18] 楼庆西. 中国小品建筑十讲［M］. 北京：生活·读书·新知三联书店，2004.

[19] 潘谷西. 中国古代建筑史：第4卷　元明建筑［M］. 2版. 北京：中国建筑工业出版社，2009.
[20] 茹竞华，彭华亮. 中国古建筑大系1：宫殿建筑［M］. 北京：中国建筑工业出版社，1993.
[21] 孙大章. 中国古代建筑史：第5卷　清代建筑［M］. 北京：中国建筑工业出版社，2009.
[22] 王其钧. 中国建筑图解词典［M］. 北京：机械工业出版社，2007.
[23] 许嘉璐. 中国古代衣食住行［M］. 北京：北京出版社，2016.
[24] 中国建筑艺术全集编辑委员会. 中国建筑艺术全集［M］. 北京：中国建筑工业出版社，1999.
[25] 周维权. 中国古典园林史［M］. 3版. 北京：清华大学出版社，2008.
[26] 董莉莉，陈树淑. 周流天下：中国传统交通文化［M］. 济南：山东大学出版社，2017.
[27] 赵云旗. 中国古代交通［M］. 北京：中国国际广播出版社，2011.
[28] 陈高华，陈尚胜. 中国海外交通史［M］. 北京：中国社会科学出版社，2017.
[29] 白寿彝. 中国交通史［M］. 长沙：岳麓书社，2011.
[30] 陈鸿彝. 中华交通史话［M］. 北京：中华书局，2013.
[31] 章必功. 中国旅游史［M］. 昆明：云南人民出版社，1992.
[32] 王崇焕. 中国古代交通［M］. 北京：商务印书馆，1996.
[33] 傅林祥. 交流与交通［M］. 南京：江苏人民出版社，2011.
[34] 张聪. 行万里路：宋代的旅行与文化［M］. 杭州：浙江大学出版社，2015.
[35] 刘文杰. 路文化［M］. 北京：人民交通出版社，2009.
[36] 刘青，邓代玉. 世界礼仪文化［M］. 北京：时事出版社，2010.
[37] 彭林. 中国古代礼仪文明［M］. 北京：中华书局，2004.
[38] 吴丽娱. 礼与中国古代社会（全四卷）［M］. 北京：中国社会科学出版社，2016.
[39] 叶国良. 礼制与风俗［M］. 上海：复旦大学出版社，2012.
[40] 浙江大学古籍研究所. 礼学与中国传统文化：庆祝沈文倬先生九十华诞国际学术研讨会论文集［M］. 北京：中华书局，2006.
[41] 钟敬文. 中国礼仪全书［M］. 合肥：安徽科学技术出版社，2003.
[42] 朱筱新. 中国古代的礼仪制度［M］. 北京：商务印书馆，1997.
[43] 陈彬龢. 中国文字与书法［M］. 北京：文化艺术出版社，2010.
[44] 顾欣. 比文较字：图说中西文字源流［M］. 重庆：重庆出版社，2009.

［45］国家图书馆中国记忆项目中心. 我们的文字［M］. 北京：清华大学出版社，2015.

［46］何九盈，胡双宝，张猛. 中国汉字文化大观［M］. 北京：北京大学出版社，1995.

［47］胡朴安. 文字学常识［M］. 济南：山东画报出版社，2017.

［48］黄德宽，常森. 汉字阐释与文化传统［M］. 北京：北京师范大学出版社，2014.

［49］金开诚，王岳川. 中国书法文化大观［M］. 北京：北京大学出版社，2003.

［50］林西莉. 汉字王国［M］. 李之义，译. 2 版. 北京：生活·读书·新知三联书店，2017.

［51］裘锡圭. 文字学概要［M］. 北京：商务印书馆，2013.

［52］唐兰. 古文字学导论［M］. 上海：上海古籍出版社，2016.

［53］叶蜚声，徐通锵. 语言学纲要［M］. 北京：北京大学出版社，1997.

［54］邹晓丽. 基础汉字形义释源：《说文》部首今读本义［M］. 北京：中华书局，2007.

［55］李弘祺. 学以为己：传统中国的教育［M］. 香港：香港中文大学出版社，2012.

［56］高明士. 中国教育史［M］. 台北：台湾大学出版中心，2004.

［57］李沈阳. 传道授业：中国传统教育［M］. 济南：山东大学出版社，2017.

［58］林德伯格. 西方科学的起源：公元前六百年至公元一千四百五十年宗教、哲学和社会建制大背景下的欧洲科学传统［M］. 王珺，译. 北京：中国对外翻译出版公司，2001.

［59］韦斯特福尔. 近代科学的建构：机械论与力学［M］. 彭万华，译. 上海：复旦大学出版社，2000.

［60］怀特海. 科学与近代世界［M］. 何钦，译. 北京：商务印书馆，2011.

［61］丹皮尔. 科学史及其与哲学和宗教的关系［M］. 李珩，译. 桂林：广西师范大学出版社，2001.

［62］管成学，王兴文. 简明中国科学技术通史［M］. 长春：吉林人民出版社，2004.

［63］郝宁湘. 当代科学前沿概览［M］. 北京：中国社会科学出版，2002.

［64］刘夙. 万年的竞争：新著世界科学技术文化简史［M］. 北京：科学出版社，2017.

［65］王鸿生. 世界科学技术史［M］. 北京：中国人民大学出版社，2001.

［66］吴国盛. 科学的历程［M］，北京：北京大学出版社，2002.

［67］张岱年，方克立. 中国文化概论［M］. 2 版. 北京：北京师范大学出版社，2004.

［68］《中国古陶瓷图典》编辑委员会. 中国古陶瓷图典［M］. 北京：文物出版社，1998.

［69］朱雪菲. 仰韶时代彩陶的考古学研究［M］. 北京：文物出版社，2017.

［70］张光直. 艺术、神话与祭祀［M］. 刘静，乌鲁木加甫，译. 北京：北京出版社，2016.

［71］阎文儒. 云冈石窟研究［M］. 桂林：广西师范大学出版社. 2003.

［72］巫鸿. 武梁祠：中国古代画像艺术的思想性［M］. 柳扬，岑河，译. 北京：生活·读书·新知三联书店，2015.

［73］柯律格. 中国艺术［M］. 刘颖，译. 上海：上海人民出版社，2013.

［74］雷德侯. 万物：中国艺术中的模件化和规模化生产［M］. 张总，钟晓青，陈芳，等译. 北京：生活·读书·新知三联书店，2005.

［75］石守谦. 风格与世变：中国绘画十论［M］. 北京：北京大学出版社，2008.

［76］熊寥. 中国陶瓷古籍集成：注释本［M］. 南昌：江西科学技术出版社，2000.

［77］高居翰. 图说中国绘画史［M］. 李渝，译. 北京：生活·读书·新知三联书店，2014.

［78］HUANG E C. From the imperial court to the international art market：Jingdezhen porcelain production as global visual culture［J］. Journal of world history，2012，23（1）.

［79］SULLIVAN M. The arts of China［M］. California：University of California Press，2008.

［80］朱裕平. 元代青花瓷［M］. 上海：上海科学技术出版社，2010.

后　记

本书是由“UIC 中国语言文化中心”的教师合作编写完成的，是大家在多年来“中国历史与文明专题”课程教学经验的基础上的一种创新尝试。

历经多年的“中国历史与文明专题”课程教学，我们越发觉得旧有的教学形式有所欠缺，应当增加课程的深度与广度，并且结合生活体验，使学生更能有所体会。文化无所不在，历久而弥新。从古至今，生活在中国这片土地上的人类创造出令人惊叹的物质文明与精神文明。更重要的是，中国文化未曾中断，不仅代代相承，也向外传播，不断地吸纳外来的优秀文化，进一步完善自身，成为现代的中国，乃至全世界的宝贵文化资源与遗产。

文化并非独立存在，而是与人们的生活息息相关。通过对中国传统文化的研习，除了知识的增长，更重要的是透过传统与现代、中国与世界的相互对比观照，让学生反思自身及周遭习以为常的生活方式和价值观，思考在新时代应当如何生活，承担国民应当具备的社会责任，这是大学教育不可或缺的一环。

本书由伍鸿宇教授提出编写理念和宗旨，并统筹推进相关工作。龚元之博士协助编写中的具体事项，并为本书序言和后记提供了资料。

每一讲的撰写分工如下：

伍鸿宇负责第一讲；龚元之负责第二讲、第三讲、第八讲；冯瑞龙负责第四讲、第六讲；黄花负责第十讲；杨勇负责第九讲；刘春华负责第七讲；孙思琪负责第五讲。

本书在编写过程中，参考、借鉴了许多前人的研究成果；同时，UIC 中国语言文化中心的其他同事帮助审稿并提出了许多宝贵的修改建议；学校的 UIC 科研基金对本项目立项资助；广东高等教育出版社对本书的出版给予了大力支持，在此一并致以诚挚的谢意！

限于时间、经验和学识，本书还存在一些不足之处，期待使用本书的师生和读者不吝赐教，以待今后不断完善。

UIC 中国语言文化中心
2019 年 12 月